霍州年鉴

2023

HUOZHOU YEARBOOK

中共霍州市委党史研究室
（霍州市地方志研究室） 编

方志出版社
Publishing House of Local Records

图书在版编目（CIP）数据

霍州年鉴 . 2023 / 中共霍州市委党史研究室（霍州市地方志研究室）编 . — 北京：方志出版社，2024.3

ISBN 978-7-5144-5923-4

Ⅰ . ①霍… Ⅱ . ①中… Ⅲ . ①霍州－ 2023 －年鉴 Ⅳ . ① Z522.53

中国国家版本馆 CIP 数据核字（2024）第 059115 号

责任编辑：顾洁
责任校对：张玉霞
责任印制：梅中英
出 版 者：方志出版社
地　　址：北京市朝阳区潘家园东里 9 号（国家方志馆 4 层）
邮　　编：100021
网　　址：http: / / www.zgfzcb.cn
发　　行：方志出版社图书营销中心（010-67110500）
印　　刷：山西省史志印业有限公司
开　　本：889 毫米 ×1194 毫米　1/16
印　　张：20.75
字　　数：454 千字
版　　次：2024 年 3 月第 1 版
印　　次：2024 年 3 月第 1 次印刷
定　　价：208.00 元

霍州市地方志编纂委员会

名誉主任　李青雁

主　　任　张可新

副 主 任　陈占平　田晋川　吕文博　史　澎　王强（市委常委、人武部部长）　王强（市政府副市长）
张卫东　李新平　朱文平　杜燕忠

委　　员　朱军军　孙友臣　韩腊丽　闫　昭　刘新华　张建军　刘成军
张文轩　刘伟伟　毋永明　路　林　关文旗　张文林　朱泽军
宋李强　成晓林　刘　杰　杨五锁　赵利娟　马　丽　赵　涛
时宏伟　杨敬奎　郭国彪　闫会波　张　伟　刘建平　左晓斌
尚海虹　刘亚明　荀彦龙　张　斌　段小刚　陈菊菊　马四玲
李晓燕　薛国平　董　阳　房文斌　李晋峰　李建国　张文萍
段永存　周云龙　杨民祥　刘雅斌　张志勇　董　娟　朱朝晖
朱红平　陈建华　贺立华　贾康民　王海清　张忠民　成彩梅
郭　斌　曹艳玲　陈　鹏　杨京瑾　张　超　陈宇鹏　马　琴
刘峻林　要　将　薛忠华　刘羽飞

《霍州年鉴（2023）》编纂人员

主　　编　杜燕忠

副 主 编　李宝珍　杨建骁　乔小安

责任编辑　王晓英

编　　辑　李　玲　赵　捷　曹荣华　张　峰

排版校对　张　晶　伊　萌　刘苗苗

图片提供　除署名外均由霍州融媒提供

霍州夜景

2022 年 1 月 24 日下午，霍州市召开第八届人民代表大会第二次会议中共党员大会

2022 年 1 月 24 日，中国人民政治协商会议第八届霍州市委员会第二次会议开幕

2022 年 2 月 7 日，市四大班子领导到师庄乡冯南垣村，重走习近平总书记在霍州看望慰问受灾群众之路，追寻领袖足迹，感悟初心使命

2022 年 2 月 8 日，中共临汾市委党校、临汾行政学院冯南垣现场教学点揭牌成立

2022 年 1 月 15 日，“霍嬷嬷”霍州特色产品进驻临汾超市揭牌仪式在临汾大丰超市举行

2022 年 1 月 1 日“凤凰涅槃”霍州市灾后重建纪实摄影展在霍州市文化活动中心开展

2022 年 2 月 5 日，山西省摄影家协会冯南垣村摄影创作基地举行揭牌仪式

2022 年 1 月 10 日，霍州市人民政府与山西园区建设发展集团有限公司举行框架合作签约仪式

2022 年 2 月 25 日，霍州市第一中学举行 2019 级高三百日誓师动员大会，千余名高三师生参加

2022 年 9 月 6 日，“霍州 · 中国镇山文化高层论坛”在中镇霍山脚下开幕

2022 年 5 月 16 日，以“牢记领袖嘱托、推动高质量发展”为主题的 2022 年临汾市哲学社会科学普及周活动在师庄乡冯南垣村开幕。此次活动由临汾市委宣传部和霍州市委宣传部联合举办

2022 年 6 月 24 日，临汾市文化科技卫生“三下乡”集中示范活动在霍州市师庄乡冯南垣村启动

2022 年 3 月 11 日，霍州市举行重点项目集中开复工活动

2022 年 3 月 30 日，由霍州市人力资源和社会保障局主办，霍州市职教中心、霍州年馍协会承办的霍州市 2022 年（霍州年馍）技能培训在冯南垣村正式开班

2022 年 9 月 29 日，“故宫来临·霍州有礼”文化创意产品展示会在霍州市文化活动中心开幕

2022 年，退沙街道什林村光伏项目（退沙街道供图）

2022 年，辛置镇北村集体经济养殖场项目（辛置镇供图）

2022 年，辛置镇段庄产业园基地（辛置镇供图）

山西省群众文化活动锣鼓大赛暨霍州市第十二届文化旅游月开幕式

2022年8月18日，由山西省委宣传部指导，省文旅厅主办，临汾市文旅局、霍州市委、市政府、临汾市文化馆承办的“喜迎二十大　奋进新征程”2022年山西省群众文化活动锣鼓大赛暨“中镇霍山·华夏州署”第十二届文化旅游月开幕式在巍巍霍山脚下七里峪镇山广场隆重举行，来自全省8个地市的16支锣鼓代表队800余人在此同台竞技、切磋交流。

开幕式讲话

开幕式鸟瞰图

锣鼓大赛精彩瞬间

锣鼓表演

编辑说明

一、《霍州年鉴》以马克思列宁主义、毛泽东思想、邓小平理论、“三个代表”重要思想、科学发展观、习近平新时代中国特色社会主义思想为指导，坚持辩证唯物主义和历史唯物主义的立场、观点和方法，遵循真实、准确、客观、公正的原则，致力科学、严谨、细致、规范的编纂方法，体现存史、资政、育人、服务的功能。

二、《霍州年鉴》是由中共霍州市委党史研究室（霍州市地方志研究室）编纂的综合性年度资料性文献。2016 年开始正式出版，一年一卷，《霍州年鉴（2023）》为第 8 卷。

三、《霍州年鉴（2023）》记述时限为 2022 年 1 月 1 日至 2022 年 12 月 31 日。

四、《霍州年鉴（2023）》采用分类编排法，设类目、分目、条目三个层次，部分分目下设次目，不同层次的标题用不同的字号、字体和辅助标志区别。条目为基本记述单元，个别条目由于内容较多分若干层次。

五、《霍州年鉴（2023）》的稿件资料均由市直有关部门和各乡（镇、街道）组织专人提供，中共霍州市委党史研究室（霍州市地方志研究室）负责审核。所有数据由于统计来源、口径、方法、时间不同而有差异，以统计局提供的资料为准。

六、《霍州年鉴（2023）》数字用法、标点符号用法分别采用国家标准《出版物上数字用法》（GB/T 15835—2011）、《标点符号用法》（GB/T 15834—2011）。计量单位采用国家技术监督局 1993 年 12 月发布的《量和单位》系列国家标准；考虑到社会使用习惯，全书中亩不统一换算，1 公顷＝15 亩。

七、《霍州年鉴（2023）》资料、照片均由各有关单位和个人提供。

目　录

大事记

市情概览

中国共产党霍州市委员会

霍州市人民代表大会

霍州市人民政府

中国人民政治协商会议
霍州市委员会

纪检监察

民主党派

群众团体

法　治

军 事

经济管理

农业　农村

工 业

商业贸易

通信　邮政

财政　税务

金融　保险

交　通

城乡建设

生态环境

教　育

科学技术

文化　广电　旅游

医药卫生　体育

社会生活

乡镇 街道

开发区和风景区

重要文献选摘

附 录

索 引

大 事 记

1月

1日，“凤凰涅槃”霍州市灾后重建纪实摄影展在霍州市文化活动中心开展。

10日，霍州市人民政府与山西园区建设发展集团有限公司举行框架合作签约仪式。

15日，“霍嬷嬷”霍州特色产品进驻临汾市揭牌仪式在临汾大丰超市举行。这标志着霍州特色农产品“霍嬷嬷”正式进驻临汾各超市。

19日，中国共产党霍州市第八届委员会第四次全体会议暨市委经济工作会议召开。

24日下午，霍州市第八届人民代表大会第二次会议召开中共党员代表大会。市委书记李强出席并讲话。市人大常委会主任陈占平主持会议。

24日，中国人民政治协商会议第八届霍州市委员会第二次会议开幕。

26日下午，习近平总书记到霍州市师庄乡冯南垣村，走进村民家中看望，实地了解山西灾后恢复重建、秋冬补种、确保群众安全温暖过冬，以及巩固拓展脱贫攻坚成果、接续推进乡村振兴等情况。

2月

5日，山西省摄影家协会冯南垣村摄影创作基地举行揭牌仪式。山西省摄影家协会副主席李文风，市领导李强、李青雁、郭丽华、吕文博等出席仪式，并为摄影创作基地揭牌。山西省摄影家协会文艺志愿服务小分队成员参加仪式。

7日，市委书记李强，市委副书记、市长李青雁等四大班子领导到师庄乡冯南垣村，重走习近平总书记在霍州看望慰问受灾群众之路，追寻领袖足迹，感悟初心使命。

8日，中共临汾市委党校、临汾行政学院冯南垣现场教学点揭牌成立。临汾市委党校副校长秦希亮、霍州市委书记李强出席揭牌仪式，并共同为现场教学点揭牌。市委常委、组织部部长任臻主持仪式，市委常委、宣传部部长郭丽华以及市委组织部、市委党校全体机关干部参加揭牌仪式。

14日，“山西农业大学乡村振兴示范村”和“山西省土特产行业协会乡村振兴示范村”在冯南垣村揭牌。山西农大党委书记廖允成，山西省土特产行业协会书记、会长宋俊泽，市委书记李强，市委副书记、市长李青雁出席揭牌仪式，并进行揭牌。

15日，由中共霍州市委、霍州市人民政府、山西焦煤霍州煤电集团主办，中共霍州市委宣传部、山西焦煤霍州煤电集团党委宣传部、工会协办，霍州市文学艺术界联合会承办的2022年赏月诗会在师庄乡冯南垣村上演。

16日，霍州市2022年“党员进党校”

第一期集中培训班在市委党校开班。

25 日，霍州市第一中学举行 2019 级高三百日誓师动员大会，千余名高三师生参加。

27 日，霍州市首台智能防疫一体机在霍州西高速口投入使用。

28 日，中国共产党霍州市第八届委员会第五次全体会议召开。

3 月

1 日，市委书记李强主持召开市委第六十七次专题会议暨市疫情防控工作领导小组会议，传达贯彻省委、临汾市委第六十七次专题会议暨疫情防控工作领导小组会议精神，对做好当前疫情防控工作进行安排部署。

1 日上午，由山西省人力资源和社会保障厅主办，山西省就业局、临汾市人力资源和社会保障局承办的“2022 春风行动”山西云招聘——临汾专场正式开场。

8 日，召开纪念“三八”国际劳动妇女节第 112 周年大会暨全市妇女工作会议。市委副书记、统战部部长晋红峰，市人大常委会副主任张云峰，市政府副市长靳阳阳，市政协副主席杜明出席会议。

11 日，霍州市举行 2022 年重点项目集中开复工活动。

21 日，霍州市在人武部举行 2022 年森林防火宣传月“携手护林防火、共享生态美景”暨森林草原防灭火应急演练。

28 日，霍州市召开干部大会。临汾市委常委、组织部部长郝献民出席会议并讲话。临汾市人大常委会秘书长、市委组织部副部长宋大鹏宣布省委、临汾市委关于霍州市委主要领导调整决定：李青雁任霍州市委书记。

30 日，由霍州市人力资源和社会保障局主办，霍州市职教中心、霍州年馍协会承办的霍州市 2022 年（霍州年馍）职业技能培训在冯南垣村开班。

4 月

12 日下午，“机关企事业单位党员干部下沉一线助力疫情防控”工作部署后，北环路街道举行机关企事业单位党员干部下沉一线助力疫情防控启动暨临时党支部成立仪式。

13 日，霍州市召开副县级以上领导干部大会。临汾市人大常委会秘书长、办公室主任、临汾市委组织部副部长宋大鹏出席会议并讲话。

14 日，霍州市召开全面建设清廉霍州工作推进会，贯彻落实省市关于全面建设清廉山西、清廉临汾、清廉霍州行动方案要求，安排部署 2022 年工作任务，压实清廉霍州建设责任，全面推开清廉霍州建设各项工作。

14 日上午，霍州市退役军人法律援助工作站揭牌成立，是霍州市法律援助拥军优属工作的又一重要举措。

25 日下午，霍州市医保定点零售药店医保服务协议签订会召开。

5 月

6 日，霍州市农村集体经济发展有限责

任公司挂牌成立。

7日，临汾市打击整治养老诈骗专项行动部署会后，霍州市迅速行动，立即部署，全面启动了专项行动。

9日上午，白龙镇召开中共白龙镇委员会党校成立大会。市委常委、白龙镇党委书记王昕光作专题授课，镇机关全体干部、村“两委”主干及站所负责人参加会议。

11日，霍州市召开“清化收”工作推进暨农村集体经济壮大提质座谈会，全面贯彻落实抓党建促基层治理能力提升专项行动的部署要求，听取大家对集体经济壮大提质和“清化收”工作的汇报，了解基层的进展情况，推动村级集体经济壮大提升、“清化收”工作扎实推进，确保专项行动取得实实在在的成效。

16日，以“牢记领袖嘱托、推动高质量发展”为主题的2022年临汾市哲学社会科学普及周在师庄乡冯南垣村开幕。此次活动由临汾市委宣传部和霍州市委宣传部联合举办。

18日，霍州市人民法院举行“三晋执行利剑”集中攻坚行动启动仪式，力求通过扎实推进执行领域突出问题整治，向全社会展现人民法院司法为民、坚决解决执行难的信心和决心。市人民法院院长张晋君出席启动仪式。

19日，由霍州市文化和旅游局主办，霍州市美术馆承办、霍州市美术家协会协办的“喜迎二十大奋进新征程——霍州市首届美术作品展”在市文化活动中心开展。

23日晚，市委书记李青雁主持召开霍州市“村改社区”工作座谈推进会，听取市民政局、农业农村局、自然资源局、农发公司等部分涉及“村改社区”市直单位主要负责人关于“村改社区”工作进展及存在问题情况的汇报，进一步安排部署推进“村改社区”工作。

24日，由市人力资源和社会保障局主办，市教科局、市退役军人事务局、市总工会、市妇联、市残联、市工商联协办，市公共就业人才服务中心承办的“就”在民企“职”向未来2022年霍州市民营企业现场招聘会举行。

25日，市人武部举行2022年度基干民兵出入队暨基干民兵分队授旗仪式。市委常委、人武部部长王强，市人武部政委迟大鹏，市政府副市长张发宁出席活动。

30日，霍州市5月份安全生产工作例会暨2022年防震减灾工作会议召开。市委副书记、代市长张可新出席会议并讲话。

6月

8日，霍州市召开村改社区工作推进会。市委常委、组织部部长任臻，政府副市长郭惠民出席会议，市民政局、公安局、自然资源局、农业农村局、各相关乡镇（街道）负责人及市委组织部、市民政局相关工作人员参加会议。

13日，霍州市举办公共机构节能宣传周启动仪式，力促全市公共机构节能工作取得新成效。市直属机关事务服务中心班子成员，各乡镇、街道及市直各部门联络员80余人参加启动仪式。

15日，由市委组织部举办的霍州市2022年度第一期党员发展对象培训班开班，全市160余名党员发展对象参加培训。

19日，霍州市举办2022年全国安全生产月“霍山杯”演讲赛，旨在通过比赛，在全市上下牢固树立“人民至上、生命至上”的安全理念，努力提升全社会的安全意识，形成人人讲安全、事事保平安的良好氛围。

21日，省科协宣调部部长张学东带领的省农科院专家团队在霍州市冯南垣村开展科技惠农活动。市委常委、市委办公室主任吕文博及市科协负责人一同参加活动。

21日，临汾市人民政府新闻办公室举行第六届霍州市道德模范评选表彰活动新闻发布会。霍州市委常委、宣传部部长郭丽华介绍历届霍州市道德模范评选表彰情况和第六届霍州市道德模范评选表彰工作并回答记者提问。发布会由临汾市委宣传部对外宣传科科长李华锋主持。

21日，临汾市人民政府新闻办公室举行霍州市特色产业提质增效促进乡村振兴新闻发布会。霍州市委常委、宣传部部长郭丽华及相关人员介绍了特色产业发展及未来规划情况，并回答记者提问。发布会由临汾市委宣传部对外宣传科科长李华锋主持。

22日，霍州市第三届“千名医生进万家”活动启动。政府副市长靳阳阳出席启动仪式并宣布活动启动。

24日，2022年临汾市文化科技卫生“三下乡”集中示范活动在霍州市师庄乡冯南垣村启动。

27日，霍州市召开2022年基干民兵基地化轮训开训动员大会。市委常委、人武部部长王强，人武部政委迟大鹏出席动员大会。

28日，市委书记李青雁主持召开市委理论学习中心组集中学习会。市领导张可新、邢鑫伟、陈占平、张伟兴、王昕光、任臻、任鹏伟、吕文博等在主会场参加会议，市、乡、村三级党员干部在200多个分会场以视频形式进行集中学习。

28日，霍州市召开“向人民群众交好账”实践活动动员大会，安排部署霍州市“向人民群众交好账”实践活动，动员全市各级各部门进一步提高认识，加大力度，确保把好事办好、实事办实。

28日，霍州市2022年“安全生产月”“遵守安全生产法，当好第一责任人”建筑工地应急救援演练在中央公园项目部工地举行。市领导张可新、任鹏伟、王强、陈英出席活动并观看应急救援演练。市委副书记、代市长张可新宣布演练开始。

7月

5日，霍州市道路运输行业安全生产综合应急演练在市客运站举行。市领导李青雁、张可新、任鹏伟、吕文博、张发宁、张强强同各乡镇（街道）、市直相关部门、各道路运输企业负责人观看演练。

6日，霍州市召开“推广公勺公筷、共建文明餐桌”专项行动安排部署会。市委常委、宣传部部长郭丽华出席会议并讲话。

6日晚，由霍州市纪委监委、霍州市委宣传部主办，霍州市蒲剧团自主编排、表演的首部以廉政教育为题材的蒲剧剧目《廉吏曹端》，在临汾市九州广场文化消夏月活动暨“清廉临汾”专场精彩上演。

7日，市委副书记、代市长张可新在霍东小学规划选址区，就项目设计和前期准备工作进行现场办公。政府副市长靳阳阳以及市教科局、自然资源局、大张镇、大张村负责人参加办公。

12 日，霍州市召开全市防汛工作部署会议。李青雁、张可新等市四套班子在家领导，各乡镇（街道）党政负责人，市直各单位、各条管单位负责人及市应急、水利、住建等重点单位班子成员参加会议。会议由市委副书记、代市长张可新主持。

14 日，霍州市举办“纾困解难助力发展”中小企业服务月启动仪式并召开“助企纾困”政策培训会。

15 日，中共霍州市委宣传部举办以“学习在我，强国有我”为主题的“学习强国”学习平台知识竞赛。

15 日，巩固拓展脱贫攻坚成果同乡村振兴有效衔接考核评估问题排查整改市级提级验收霍州汇报会召开，临汾市乡村振兴局副局长张友邦出席会议，霍州市政府副市长郭惠民及市政府办、市农业农村局、乡村振兴服务中心等相关部门负责人参加会议。

16 日至 17 日，2022 年全国“大国农匠·面花”制作大赛在运城市永济举行。霍州市参赛选手师红兵、朱海丹的作品“霍州年馍”在“邮政储蓄杯 2022 大国农匠”面花制作大赛暨第二届运城小麦文化节中荣获最具影响力奖。

18 日，市总工会联合市文旅局在霍州署举办爱心托管班“人文历史探秘之旅”研学营，让学生们开阔视野，丰富暑期生活。

19 日，霍州市四级人大代表履职能力提升培训班开班。市人大常委会主任陈占平，市人大常委会副主任沈晓静、张云峰出席开班仪式并参加学习。

19 日，市妇联“弘扬德孝文化践行乡风文明”主题系列活动在师庄乡周村举行，对周村在活动中涌现出的具有中华传统美德、家庭美德和良好社会风尚的“好婆婆”“好媳妇”“最美家庭”和“美丽庭院”示范户进行表彰，以此拉开了市妇联喜迎二十大主题系列活动的序幕。市领导蔡献君、任臻、沈晓静、靳阳阳、陈英出席活动。政府副市长靳阳阳主持。

8 月

6 日至 16 日，“闻道——朱源洪纸上素描作品展”在北京美门艺术馆成功举办。霍州市部分书画爱好者参观了展览。

10 日，霍州市举行乡镇综合行政执法车辆集中发放暨委托协议签订仪式。

18 日，由省委宣传部指导，省文旅厅主办，临汾市文旅局与霍州市委、市政府及临汾市文化馆承办的 2022 年山西省群众文化活动锣鼓大赛暨“中镇霍山、华夏州署”第十二届文化旅游月开幕式在巍巍霍山脚下七里峪镇山广场举行，来自全省 8 个地市的 16 支锣鼓代表队 800 余人在此同台竞技、切磋交流。

18 日至 20 日，2022 年晋阳湖·数字经济发展峰会在省城太原市举办。霍州市大数据中心受邀参加，分享数字经济新技术、新业态，共谋高质量发展新良策。

25 日，山西省工商联副主席郭卫东在霍州市开展“强服务，稳经济，助推民营经济高质量发展”专题调研。临汾市委常委、市委政法委书记、统战部部长李强，霍州市领导李青雁、蔡献君、王昕光、吕文博、靳阳阳等参加调研。在市州里街非遗文化馆、霍州年馍协会等地，通过实地走访、座谈交流等方式，详细了解了市工商联商会组织建设、服务企业举措、民营企业生产经营现状等情况。

25 日，黎霍高速霍州段太岳山隧道右洞顺利掘进突破 2000 米大关。

26 日，八届霍州市委第三轮巡察工作动员部署会议召开。市委常委、市纪委书记、监委主任、市委巡察工作领导小组组长王卫成，市委常委、组织部部长、市委巡察工作领导小组副组长郭婧出席会议。市委巡察组、巡察办工作人员，市纪委监委案件监督管理室、信访室、相关监督检查室负责人，市委组织部相关科室负责人，被巡察单位党组织主要负责人及联络员参加会议。

29 日，霍州市 2022 年四类贫困家庭学生救助暨爱心助学大会召开，全市 50 余家爱心企业和 100 余名科级干部会聚到一起，用爱心为优秀学子构筑美好未来。这是霍州市连续 14 年举办爱心助学活动。14 年来，累计募集资金 3000 余万元，救助困难学生 2 万余人。

30 日，霍州市委副书记、代市长张可新主持召开霍州市安委会第三次（扩大）会议暨全市“反三违、除隐患、防事故”专项行动动员部署会议。

30 日，在收听收看省委、临汾市委第 102 次疫情防控专题会暨疫情防控工作领导小组会议后，市委副书记、代市长张可新立即主持召开霍州市委第 102 次疫情防控专题会暨市疫情防控工作领导小组会议，对全市疫情防控以及当前重点工作进行安排部署。

31 日，临汾市委统筹提级交叉巡察五组巡察霍州市农村集体“三资”管理贪腐问题进驻动员会议召开。临汾市委统筹提级交叉巡察五组组长郭光辉出席会议并讲话，市领导邢鑫伟、王卫成、吕文博、王强、张云峰、郭惠民、薛云彪出席会议，市农村集体“三资”管理贪腐问题专项整治领导小组全体成员，包联相关乡镇、街道的市级领导干部，相关乡镇党委书记、街道党工委书记，被巡察村“两委”班子成员参加会议。

31 日，白龙镇举行漪汾村党支部及村民委员会揭牌仪式。市委常委、白龙镇党委书记王昕光，市人大常委会副主任张云峰出席揭牌仪式，市民政局、白龙镇班子成员、村（社区）“两委”主干参加揭牌仪式。

9 月

1—5 日，主题为“服务合作促发展绿色创新迎未来”2022 年中国国际服务贸易交易会在北京国家会议中心举办。霍州市作为中国天然氧吧创建基地之一受邀参加。政府副市长郭惠民带领市气象局、农发公司、霍山年馍食品厂等相关单位、企业的负责人代表霍州参加了服贸会。

6 日，由中共霍州市委、霍州市人民政府主办，山西师范大学历史与旅游文化学院、霍州市委宣传部承办的“霍州·中国镇山文化高层论坛”在钟灵毓秀、美丽神奇的中镇霍山脚下开幕。来自东镇沂山、西镇吴山、南镇会稽山、北镇医巫闾山、中镇霍山的中国五镇代表及来自全国各地的知名专家学者齐聚一堂，共议文化传承，共商发展大计，同心协力，联袂打造光耀华夏的五镇文化品牌。

7 日，由中共霍州市委、霍州市人民政府主办，霍州市科学技术协会承办的“喜迎二十大，科普向未来”2022 年霍州市“全国科普日”启动仪式举行。

7 日上午，霍州·中国镇山文化高层论

坛完成各项议程，圆满闭幕。市委常委、宣传部部长史澎主持闭幕式，并宣布霍州·中国镇山文化高层论坛闭幕。山西省社科院副院长、研究员高春平，山西师范大学历史与旅游文化学院院长、教授侯慧明出席闭幕式。

7日，省能源局副局长王茂盛在霍州市就新能源项目建设情况进行调研。临汾市能源局局长刘鹏，霍州市市委书记李青雁，市委常委、常务副市长任鹏伟及市能源局负责人一同调研。

7日，在收听收看省委、临汾市委第103次疫情防控专题会暨疫情防控工作领导小组会议后，市委副书记、统战部部长蔡献君立即主持召开霍州市委第103次疫情防控专题会暨市疫情防控工作领导小组会议，对全市疫情防控以及当前重点工作进行安排部署。

8日，霍州市召开农村户厕摸排整改交叉互检动员会，进一步巩固提升农村问题厕所摸排整改成效，扎实推进厕所革命。政府副市长靳阳阳出席会议。市爱卫办、市政府办相关负责人及各乡镇街道分管副职参加会议。

15日，省级生态环境保护督察整改任务核查验收第四组在霍州市，就霍州市省级生态环境保护督察中涉及的问题整改情况进行核查验收。市政府副市长王强及相关部门负责人参加霍州市举办的专题座谈会。

15日，市委书记李青雁主持召开农村民生短板问题集中整治提升工作专题会。听取全市农村住房、道路交通、饮水等安全整治工作的专项汇报，并就相关工作进行安排部署。

15日，霍州市召开2022年度下半年新兵入伍欢送会。市委常委、常务副市长任鹏伟出席会议并讲话。市委常委、市人武部部长王强主持会议。各相关部门负责人参加会议。会议宣读了霍州市2022年度下半年新兵入伍名单，新兵代表作了表态发言。各与会领导为新兵代表佩戴大红花，发放光荣之家门牌。

29日，“故宫来临·霍州有礼”文化创意产品展示会，在霍州市文化活动中心开幕。

10月

6—7日，西安建筑科技大学文物保护科技研究院院长、教授，中国古迹遗址保护协会副理事长兼法定代表人柴晓明带领西安建筑科技大学相关专家、教授就霍州窑文物保护利用工作进行考察。霍州市领导李青雁、张可新、王昕光、吕文博等参加考察。

11日，市城市管理局开展新一轮的门前包保入户宣传活动。号召广大商户踊跃参与、积极配合城市管理工作，各商户纷纷表示一定会支持配合工作，并签订了门前保证书。

17日，政府副市长胡文杰主持召开国资国企统一监管工作会。各涉改企业、市国企改革和党建工作领导组成员单位相关负责人参加会议。

19日，霍州市召开农村劳动力就业信息采集推进会。政府副市长郭惠民出席会议。市人社局、市公共就业人才服务中心、市乡村振兴服务中心负责人及各乡镇（街道）分管人社工作副职、劳动保障所负责人参加会议。

20日，市委书记李青雁深入大张镇、北环路街道、白龙镇、辛置镇，对全市建筑工地、砖厂、地质隐患点、企业等重点领域安全生产和疫情防控工作进行检查。市委常委、白龙镇党委书记王昕光，各涉及乡镇、相关部门负责人一同检查。

26日晚，由市委宣传部牵头组织的“霍州年馍”品鉴会在州里街年馍协会举办。市委宣传部、发改局、农发公司等部门和企业负责人，霍州年馍协会各企业代表参加了品鉴会。

27日，霍州市纪委监委组织召开加强基层监督暨全市农村集体“三资”管理贪腐问题专项整治和第二阶段“三个一批重点村社”监督治理工作、清廉霍州建设工作推进会，霍州市委常委、市纪委书记、市监委代主任马德辉出席并作讲话，对“三资”管理贪腐专项整治、“三个一批”重点村社监督治理和“清廉建设”工作进展情况、目前存在的问题进行通报，并就下阶段开展工作提出要求。

11月

8日，市委书记李青雁主持召开市委常委会会议。市领导张可新、蔡献君、王昕光、张发宁、任鹏伟、吕文博、史澎、王强、马德辉、郭婧等出席会议。市人大常委会主任陈占平，市政协主席田晋川，霍州经开区党工委书记、管委会主任张伟兴列席会议。

8日，市消防救援大队在鼓楼东大街香江广场开展以“抓消防安全，保高质量发展”为主题的2022年“119”消防宣传月活动。市委常委、常务副市长任鹏伟参加活动。

14日，市委副书记、代市长张可新看望慰问临汾援霍医疗队，感谢他们不畏艰险、顽强拼搏、日夜奋战，为霍州疫情防控作出了重大的贡献。霍州市领导蔡献君、郭婧、靳阳阳、王强，临汾市卫健委医政科主任王向阳陪同。

17日，市委书记李青雁深入霍州经济技术开发区霍州科技智创园项目建设现场，调研项目进展情况。市委副书记、统战部部长蔡献君，开发区党工委书记、管委会主任张伟兴，开发区党工委副书记、管委会常务副主任张卫东，开发区党工委委员、管委会副主任马魁东、梁冰和智创园项目负责人一同调研。

21日，市委书记李青雁在汾河流域南涧河治理项目部主持召开汾河流域生态治理PPP项目协调会。市委常委、市委办公室主任吕文博同市水利局、人社局、自然资源局、大张镇、开元街道、鼓楼街道、南环路街道及部分村（社区）负责人参加会议。

12月

5日，市委书记李青雁在市第二生活污水处理厂建设项目现场办公。市人大常委会主任陈占平，市委常委、市委办公室主任吕文博陪同。

13日，科级干部学习贯彻中共二十大精神专题培训班在市委党校开班。

13日，市四大班子领导李青雁、张可新、蔡献君、张伟兴、王昕光、张发宁、吕文博、史澎、王强、马德辉等与霍州市委宣讲团成员分别在两个分会场集中收听收看了“学习贯彻党的二十大精神省委宣讲团临汾报告会”录制视频。

14 日，市委常委、常务副市长任鹏伟主持召开土地综合整治项目推进会，对土地综合整治项目工作进行安排部署。市政府办、自然资源局、财政局、农业农村局及涉及乡镇相关负责人参加会议。

29 日，市委副书记、代市长张可新以视频连线的方式与东莞市鑫鼎鸿光电有限公司总经理罗俊举行招商洽谈。经开区党工委书记、管委会主任张伟兴，经开区副主任梁冰及市政府办负责人一同参加。

市情概览

自然环境

【地理位置】 霍州市位于山西省中南部，临汾市的北部。东倚霍山，与沁源、古县毗邻；西跨汾河，与汾西县接壤；南扼白壁关，与洪洞相连；北隔韩信岭，与灵石交界。地处南北交通要冲，历来为兵家必争之地，素有中州重镇、河东屏障之称。

【地形　地貌】 霍州市地处霍山背斜与吕梁隆折带之间，地层出露较为完整，受地层地质影响，境内四周环山，中间低洼。山高塬阔，丘陵起伏，山谷梁峁、台塬阶地、沟堰河滩俱全。以山地丘陵为主，山地主要分布在市境东部，是太岳山断隆的一部分。霍山是霍州市最大的山脉，为五岳五镇十大名山之一的中镇。霍山跨越洪洞、古县、安泽、沁源、灵石、介休、霍州七县市，在霍州部分全长53千米，总面积234平方千米。霍山重峦叠嶂，险峰峻岭极多，较大山峰有老爷顶、莲花山、摩天岭、溺陀翁、金沟漫、五龙壑。其中老爷顶是霍山主峰，海拔2343.8米，位于市境东南端，距市区35千米。五龙壑是霍山最高峰，海拔2504.3米，位于三教乡东北，距市区40千米。境内总体上东北高，西南低，山地丘陵占总面积的68.9%，平原占31.1%。

【气候条件】 霍州市地处温带纬度，四季变化分明，属温带大陆性气候。冬季盛行偏北风，夏季盛行偏南风。年平均气温13.2℃，年降水量为783.2毫米，年日照时数2297.9小时。

自然资源

【土地资源】 霍州全域总面积765平方千米，境内东西长40千米，南北宽30千米，四周环山中间低洼，东北高、西南低，其中，平原面积238平方千米，丘陵面积294平方千米，山地面积233平方千米。全市森林面积37.85万亩，有自然保护区1个，自然保护区面积11.83万亩，有植物124种，其中树木、乔灌木76种。

【水资源】 霍州市水资源总量17.79亿立方米，其中平均地表径流量5720万立方米，地下水蕴藏量2450万立方米，河道径流量16.98亿立方米。

霍州市境内共有大小河流32条，汾河是境内第一大过境河流，年平均流量16.5亿立方米。其他较大的河流有：南涧河、北涧河、西涧河、姚村河等。这些河流多为季节性河流，大都从高原、山地流入平原，落差大，水流急，含沙量高。全市有小型水库2座。地下水根据地质类型可分为孔隙水、裂隙水、裂隙熔岩水3个含水组和5个含水层，蕴藏量2450万立方米。泉水散布于霍山石山区、丘陵区、沿河横槽地区，境内出露源泉49处，其中郭庄泉清水涌出量最大，为8.86米^3/秒。沿东部霍山山峪有很多山间小溪流出，因霍山山区降雨量较为充裕，植被覆盖较好，长年溪流不断，但出山口进入洪积扇即大部渗漏。

【矿产资源】 霍州市矿产资源丰富，境内发现的矿产资源共计24种，其中有金属矿产4种，即铁、铜、铝、金。非金属矿产20种，即石灰岩、白云岩、石膏、耐火黏土、磷、硅线石、高岭石黏土岩、伟晶岩（长石、石英）、石英砂、重晶石、石墨、花岗石、紫砂、陶土、硫铁矿、水源黏土和砖瓦黏土、砂和砾石、稀土矿产、能源矿产煤、矿泉水。

【生物资源】 霍州市生物资源品类繁多，主要粮食作物有小麦、玉米、谷子、大豆、薯类等，经济作物有棉花、油葵、油菜和各类蔬菜。境内天然牧坡辽阔，草种丰富，有牧草地总面积57982亩，天然牧草地共分为亚高山草甸类、灌木草丛类、山地灌丛类三大类，野生植物有草本植物，木本植物和可食用植物，植物有124种，其中乔木、灌木76种，主要有松树、云杉、柏树等，野生动物有褐马鸡等珍禽、走兽及其他。

建置区划

【建置沿革】 霍州古为唐尧畿内纳总之地，夏为古冀州之域，西周置霍国。先秦为河东属地，西汉设彘县，新莽朝改称黄城，东汉更名为永安。北魏置永安郡。隋置霍山郡，唐先置汾州，又改吕州，复改霍邑。金贞祐三年（1215）改置霍州。清乾隆三十七年（1772）改为直隶州。中华民国改称霍县。中华人民共和国成立后，1950年1月临汾专区建立，霍县属临汾专区。1954年临汾、运城2专区合并为晋南专署，霍县改属晋南专署领导。1958年6月，霍县与汾西县合并为霍汾县，县治设于霍县城内。同年12月霍汾县并入洪洞县。1959年6月恢复霍汾县建置。1961年5月恢复霍县建置，一直属晋南专署。1971年晋南专署又分为临汾地区和运城地区，霍县属临汾地区。1989年12月霍县经国务院批准撤县设市，为省辖市，1990年6月挂牌。

【行政区划】 霍州市下辖5个街道（鼓楼街道、北环路街道、南环路街道、开元街道、退沙街道）、4个镇（白龙镇、辛置镇、大张镇、李曹镇）和3个乡（陶唐峪乡、三教乡、师庄乡），25个社区，127个行政村，297个自然村。其中，北环路街道办事处辖1个行政村，南环路街道办事处辖7个行政村，退沙街道办事处辖7个行政村，白龙镇辖10个行政村，辛置镇辖16个行政村，大张镇辖11个行政村，李曹镇辖27个行政村，陶唐峪乡辖16个行政村，三教乡辖19个行政村，师庄乡辖13个行政村。

民族宗教

【民族】 霍州居民以汉族为主，少数民族人口均是因工作、婚姻等原因迁入，主要分布在鼓楼街道、北环路街道、开元街道及辛置镇、李曹镇、三教乡等乡镇，根据2020年第七次全国人口普查，霍州市共有蒙古族、回族、维吾尔族、苗族、彝族、壮族、满族、瑶族、白族、土家族、哈萨克族、黎族、佤族、土族、怒族 15 个少数民族，共 277 人，占全市人口的 0.10%。

【宗教】 霍州市有佛教、道教、天主教、基督教四大宗教。有合法宗教活动场所 42 处，信教群众 3 万余人，其中，信仰佛教的 1.2 万人，信仰道教的 2500 人，信仰天主教的 9000 人，信仰基督教的 8000 人。依法登记佛教活动场所共 7 处，分别是祝圣寺、赵家庄活动点、水月庵、宋庄活动点、辛置活动点、白龙活动点、退沙活动点，分布在霍州辖区内的 12 个乡（镇、街道）。

2022 年经济与社会发展

【概况】 全年全市地区生产总值 115.17 亿元，按不变价格计算，比上年增长 5.3%。其中，第一产业增加值 5.16 亿元，比上年增长 5.4%，占生产总值的比重为 4.5%；第二产业增加值 70.63 亿元，增长 8.9%，占生产总值的比重为 61.3%；第三产业增加值 39.38 亿元，增长 1.2%，占生产总值的比重为 34.2%。人均地区生产总值 42561 元。按 2022 年平均汇率计算为 6163 美元。

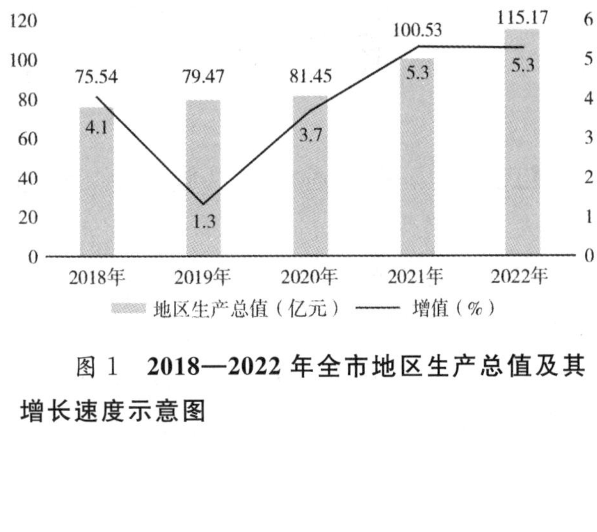

图 1 **2018—2022 年全市地区生产总值及其增长速度示意图**

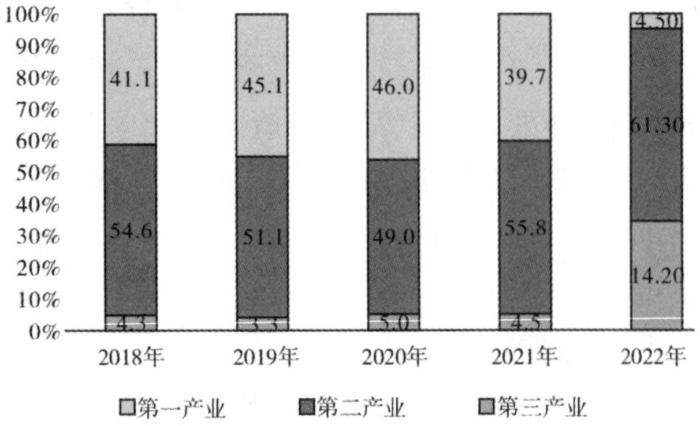

图 2 **2018—2022 年全市地区生产总值构成示意图**

年末全市常住人口 27.06 万人，比上年末减少 285 人。其中城镇常住人口 184926 人。全年出生人口 1113 人，出生率为 4.11‰；死亡人口 1743 人，死亡率为 6.44‰；自然增长率为-2.33‰。

2022 年末全市常住人口数及其构成一览表

表 1　　单位：人

指　标	年末数	比重（%）
霍州市全市人口	270595	—
其中：城镇	184926	68.34
乡村	85669	31.66
其中：男性	138459	51.17
女性	132136	48.83

全年全市城镇新增就业 5670 人，转移农村劳动力 3735 人。

【农业】 2022 年，全市农作物种植面积 22752.8 公顷，比上年增加 127.6 公顷，增长 0.56%。其中，粮食种植面积 21848.45 公顷，增加 80.7 公顷；油料种植面积 186.53 公顷，增加 18.26 公顷；蔬菜种植面积 658.15 公顷，增加 41.97 公顷。在粮食种植面积中，玉米种植面积 10288.31 公顷，增加

109.3公顷；小麦种植面积10383公顷，增加15.51公顷。果园种植面积612.9公顷，增加20.8公顷。

全年全市粮食产量54007.42吨，比上年增长5.18%。其中，夏粮30676.1吨，增长1.66%；秋粮23331.32吨，增长10.19%。

2022年全市主要农产品产量及其增长速度一览表

表2　　　　单位：吨

农产品	产　量	比上年增长（%）
粮食	54007.42	5.18
其中：小麦	30676.1	1.66
玉米	19669.96	14.2
油料	298.9	4.8
棉花	1.89	-5.5
蔬菜	31844.1	6.8
瓜类	446.2	-16.7

全年全市完成造林300公顷。全年木材产量2万立方米，比上年下降13%。

全年全市猪牛羊肉总产量8313.9吨，比上年增长3.28%。其中，猪肉产量7822.9吨，增长4.5%；牛肉产量208.4吨，下降12.9%；羊肉产量282.6吨，下降13.7%。年末生猪存栏5.96万头，生猪出栏10.14万头。牛奶产量3375.5吨，下降5.5%。禽蛋产量3675.5吨，增长0.7%。

年末全市农业机械总动力10.038万千瓦，比上年增长5.48%。机械耕地面积20.456千公顷，比上年增长5.45%；机械播种面积20.396千公顷，增长5.38%；机械收获面积18.61千公顷，增长17.35。全市农机化经营总收入达到4470万元，比上年增长0.4%。

【工业】　2022年末全市规模以上工业企业27家。全年全市规模以上工业增加值比上年增长11.0%。其中，采矿业增长13.78%，制造业下降0.65%，电力、热力、燃气及水生产和供应业增长21.88%。

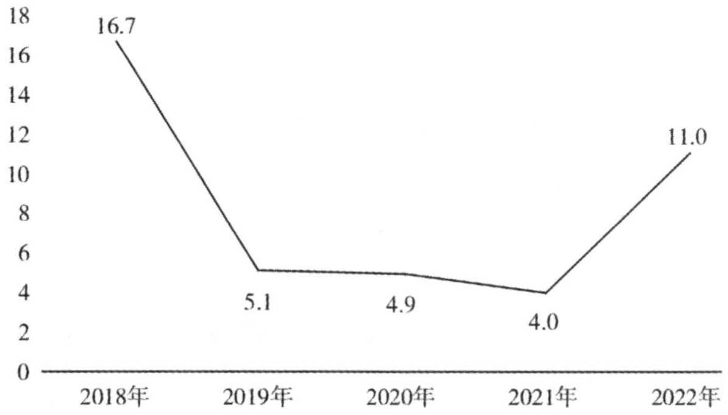

图3　**2018—2022年全市规模以上工业增加值增长速度示意图**

2022年全市规模以上工业主要行业增加值增长速度一览表

表3

指　标	比上年增长（%）
规模以上工业	11.0
其中：轻工业	15.18
重工业	13.91
其中：国有企业	0
股份制企业	0
外商及港澳台商投资	0
其中：国有控股企业	13.09
其中：煤炭开采和洗选业	13.78
金属工具制造业	15.97
通用设备制造业	-100
专用设备制造业	-33.13

续表

指　标	比上年增长（%）
汽车制造业	0
电气机械和器材制造业	-48.39
金属制品、机械和设备修理业	803.63
电力、热力生产和供应业	22.61
燃气生产和供应业	16.66

全年全市规模以上工业企业实现营业收入177.2亿元，比上年增长12%。分门类看，采矿业102.7亿元，增长3.2%；制造业22.2亿元，增长33.7%；电力、热力、燃气及水生产和供应业51.2亿元，增长63.1%。规模以上工业企业实现利润总额1.8亿元。

规模以上工业企业每百元营业收入中的成本为81.6元，比上年减少8.16元，营业收入利润率为1.0%，比上年下降0.6个百分点；年末资产负债率为85.3%。

资质以上建筑业企业完成总产值6.14亿元，下降15.85%，共签订合同额8.36亿元，增长25.19%。

【能源】　全年全市规模以上原煤产量466.15万吨，比上年增长6.8%；洗精煤产量299.71万吨，比上年增长6.4%；发电量116.56亿千瓦时，比上年增长4.9%。

全年全市一次能源生产折标准煤297.34万吨，比上年增长6.6%，二次能源生产折标准煤465.92万吨，增长2.5%。

全年全市规模以上工业向省外运输洗精煤231.25万吨，比上年增长4.3%，外运煤炭占煤炭产量的77%。

全年全市全社会用电总量48620.48万千瓦时，其中，第一产业用电638.48万千瓦时，占全部用电量的1.3%；第二产业用电13454.38万千瓦时，占全部用电量的27.7%；第三产业用电11214.77万千瓦时，占全部用电量的23.1%；城乡居民用电23312.85万千瓦时，占全部用电量的47.9%。

表4　**2022年全市规模以上工业主要产品产量及其增长速度一览表**

产品名称	产　量	比上年增长
原煤	466.15万吨	6.8%
洗精煤	299.71万吨	6.4%
发电量	116.56万吨	4.9%

【服务业】　全年全市服务业增加值39.4亿元，按不变价格计算，比上年增长1.2%。其中，批发和零售业增加值3.9亿元，下降22.2%；交通运输、仓储和邮政业增加值6.7亿元，下降2.6%；住宿和餐饮业增加值0.66亿元，下降3.5%；金融业增加值4.4亿元，增长5.6%；房地产业增加值1.51亿元，下降2.7%；营利性服务业增加值2.7亿元，增长7.7%；非营利性服务业19.2亿元，增长7.0%。

单位：亿元

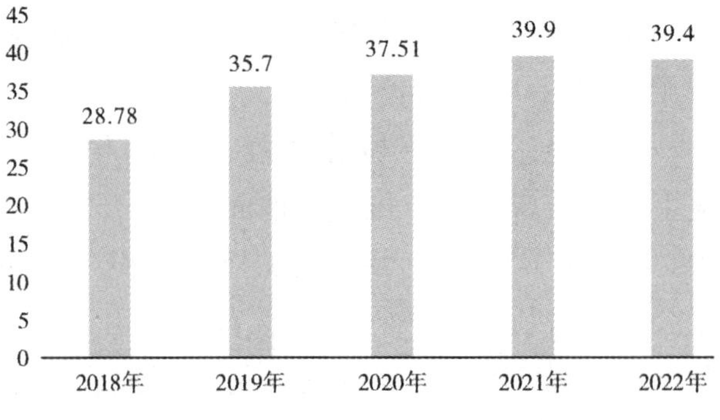

图4　**2018—2022年全市服务业增加值示意图**

【国内贸易】 2022 年全市社会消费品零售总额 37.81 亿元，比上年下降 0.4%。按经营地统计，城镇消费品零售额 29.70 亿元，增长 0.4%；乡村消费品零售额 8.10 亿元，下降 3.1%。按消费形态统计，商品零售额 21.0 亿元，增长 1.0%；餐饮业收入额 16.8 亿元，下降 2.2%。

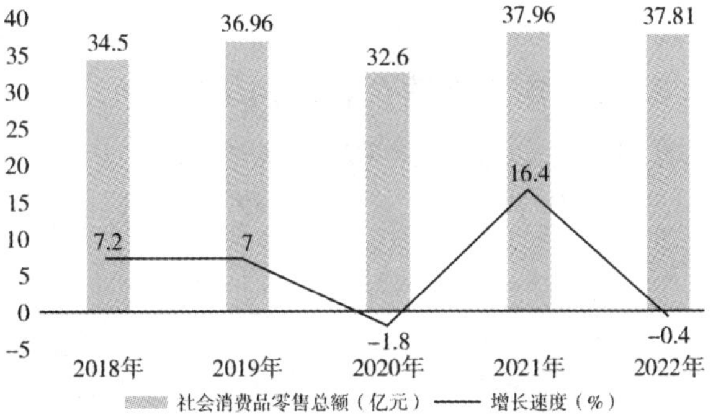

图 5 **2018—2022 年全市社会消费品零售总额及其增长速度示意图**

2022 年全市社会消费品零售总额、批零销售额、住餐业营业额及其增长速度

表 5 单位：万元

指　标	绝对值	比上年增长（%）
社会消费品零售总额	378092.5	-0.4
城镇	297049	0.4
城区	249031	0.3
乡村	81043.5	-3.1
批发、零售业销售额	—	—
批发业	779754	-33
零售业	172991.7	-3.4
住宿、餐饮业营业额	—	—
住宿业	2505.3	-25.6
餐饮业	45403.6	2.2

全年全市限额以上单位消费品零售额 6.55 亿元，比上年增长 14%。

【固定资产投资】 全年全市固定资产投资（不含跨市、农户）比上年增长 10.4%。

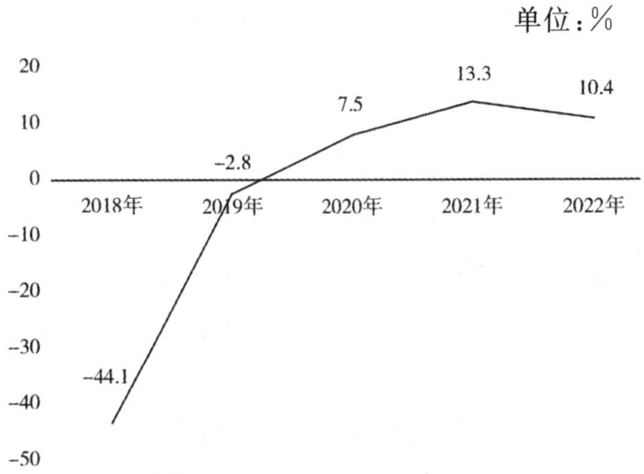

图 6 **2018—2022 年全市固定资产投资增长速度示意图**

在固定资产投资中，国有及国有控股投资比上年增长 5.6%，民间投资下降 8.3%。

分登记注册类型看，内资企业投资比上年下降 2.0%；外商及港澳台商企业投资增长 636.7%。

分构成看，建筑安装工程投资比上年下降 11.6%，设备工器具购置投资增长 176.9%，其他投资下降 15.3%。

分产业看，第一产业投资比上年增长 35.3%；第二产业投资增长 71.0%，其中工业投资增长 71.0%；第三产业投资下降 41.8%，其中基础设施投资增长 23.2%。

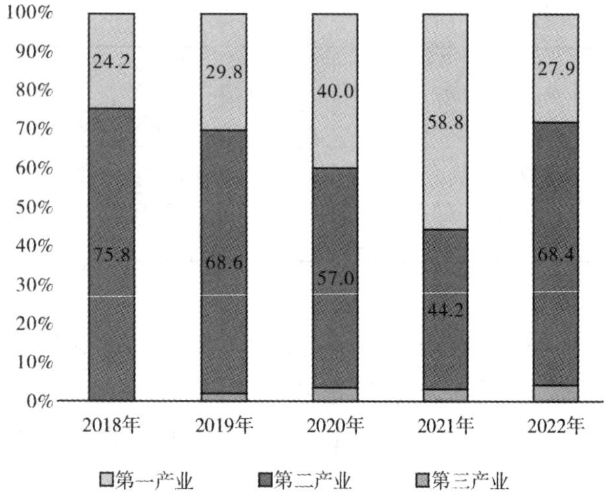

图 7　**2018—2022 年全市三产业投资占固定资产投资（不含跨市、农户）比重示意图**

工业投资中，工业技改投资比上年下降 44.9%；制造业投资下降 63.4%。

全年全市在建固定资产投资项目（不含房地产开发项目）91 个。其中，亿元以上项目 24 个，亿元以上项目完成投资比上年增长 69.99%。

全年全市房地产开发投资 37669 万元，比上年下降 55.6%。其中，住宅投资 30150 万元，下降 55.63%；商业营业用房投资 4459 万元，下降 40.67%。

【财政金融】　2022 年全市一般公共预算收入 61070 万元，比上年增 9.1%。其中，

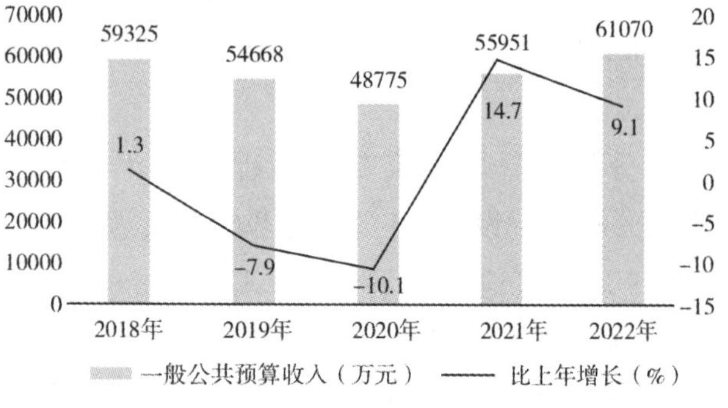

图 8　**2018—2022 年全市一般公共预算收入及其增长速度示意图**

税收收入 51965 万元，增长 22.1%，占一般公共预算收入的比重 85.1%。

全年全市一般公共预算支出 210847 万元，比上年增长 19.2%。其中，交通运输支出增长 43.4%，节能环保支出增长 19.7%，教育支出增长 11.5%，社会保障和就业支出增长 14.7%。

年末全市金融机构本外币各项存款余额 220.09 亿元，比年初增加 28.41 亿元，增长 14.82%。各项贷款余额 140.51 亿元，比年初增加 17.25 亿元，增长 14.0%。

年末住户存款 202.68 亿元，比年初增长 16.12%。

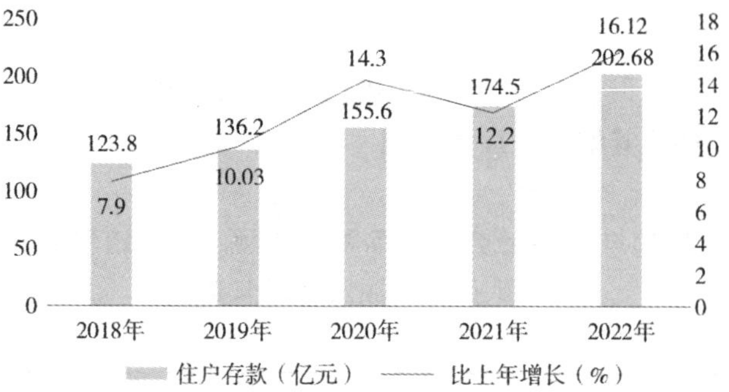

图 9　**2018—2022 年全市住户存款余额及其增长速度示意图**

年末全市农村合作金融机构（农村商业银行）人民币贷款余额 38.52 亿元，比年初增加 4.21 亿元，增长 12.27%；人民币存款余额 55.95 亿元，比年初增加 6.61 亿元，增长 13.40%。

全市辖区证券市场各类证券成交额 165.22 亿元，比上年下降 2.59%。年末投资者资金账户累计开户数 16756 户，比上年增长 12.81%。

【教育和科学技术】　年末全市中等院校 1 所。认定普惠性民办幼儿园 7 所，学前

教育毛入园率达到95.2%。

2022年全市各类教育发展情况表

表6　　　　　　　　　　　　单位：人

指　标	招生	在校生	毕业生
中等职业教育	342	823	179
普通高中	1536	4923	1511
初中	2886	8138	2646
小学	3199	20108	3312
特殊教育	30	136	17
学前教育	2024	7508	2764

全年全市专利授权量206件。其中，发明专利授权量14件。

全市有气象台（站）1个，气象系统开展人工影响天气业务的单位1个，防雹、增雨受益覆盖面积765平方公里。卫星云图接收站1个。

全市有专业综合地震台站3个，市级地震台网中心1个，数字测震地震台网3个。

【文化旅游、卫生健康】　年末全市共有文化馆1个，广播电视台2座。全市共有公共图书馆1个，档案馆1个。

全年全市景区旅游接待人数13.16万人次，比上年增长3.5%；门票收入162.5万元，增长3.4%。

年末全市共有卫生机构23家，全市卫生机构共有床位1395张。

【人民生活和社会保障】　全年全市居民人均可支配收入31100元，比上年增长6.5%。其中，城镇常住居民人均可支配收入39117元，增长6%；农村常住居民人均可支配收入19041元，增长6.1%。

年末全市参加基本养老保险的人数为134368人，比上年末增加10329人；参加城乡居民基本养老保险的人数为99029人，增加711人；参加基本医疗保险的人数为276358人，减少2413人；参加失业保险的人数为15147人，增加822人；参加工伤保险的人数为23575人，增加802人，其中农民工8582人，增加664人。

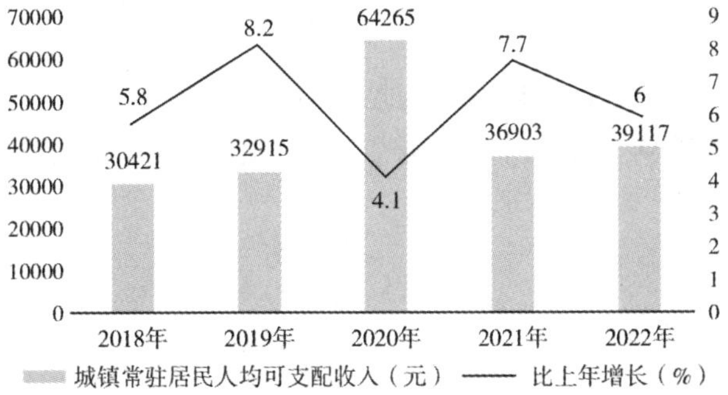

图10　**2018—2022年全市城镇常住居民人均可支配收入及其增长速度示意图**

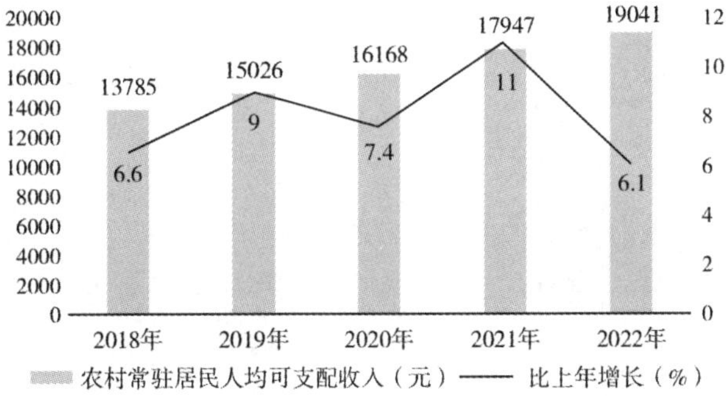

图11　**2018—2022年全市农村常住居民人均可支配收入及其增长速度示意图**

全年全市纳入城市最低生活保障的居民0.16万人，发放城市低保资金537.5万元，比上年增加7.1万元；纳入农村最低生活保障的居民0.14万人，发放农村低保资金1085.7万元，比上年增加7.78万元。

年末市区建成区新增绿化覆盖面积2.15万平方米，绿化覆盖率达到37%，人均道路面积达到11.09平方米。

【资源、环境和安全生产】 全市实有耕地面积30.1万亩。年末全市4座中型水库，蓄水总量2000立方米。全市年平均降水量430.3毫米，较上年减少352.9毫米。

全市森林面积23651公顷，森林覆盖率30.9%；全市已建成自然保护区1个，自然保护区面积7994.72公顷，占全市国土面积的10.3%。

全年市区空气质量好于二级以上天数122天，比上年下降16天。地表水达到Ⅲ类水体的比例为0%，劣Ⅴ类水体的比例为100%，均完成省定目标。市区$PM_{2.5}$浓度均值为46微克/米。

全年森林火灾受害率控制在1.3‰以内，达到了国家和省要求的标准。林业有害生物成灾率4‰。

全年共发生生产经营性安全事故5起，比上年下降240%；死亡5人，下降80%。亿元地区生产总值生产安全事故死亡率为0.043人/亿元。全市地方监管煤矿百万吨死亡率为0。

中国共产党霍州市委员会

综　述

【概况】 2022年，霍州市有700个基层党组织，其中，11个基层党委，8个基层工委，72个基层党总支，617个党支部。有党员17261名，其中女性党员4704名。

【产业转型升级】 2022年，霍州市委把产业转型升级作为全方位推动高质量发展的重中之重，推动转型发展，加快打造开发区建设升级版，打造高质量发展新引擎。坚持农业、工业、服务业协同发展，构建具有霍州特色的现代产业体系。坚决扛起粮食安全政治责任，粮食种植面积38.39万亩，年产量13.14万吨。实施“现代农业+”，农业生产托管5万余亩，东方希望生猪养殖项目开工建设，辛置镇段庄现代农业种植产业示范基地建设稳步推进。推动退沙办许村、辛置镇段庄村2个省级和师庄乡冯南垣村、李曹镇下王村2个临汾市级乡村振兴示范项目建设实施。把推动工业经济高质量发展摆在突出位置，优化传统产业，推进“一煤两电”等重点企业节能技改，抓好非煤产业升级，延长煤电产业链条，提高产品附加值，发挥“稳盘托底”作用。培育新兴产业，立足霍州经济技术开发区装备制造和节能环保的定位，打造煤机装备制造、绿色建材、新能源+储能、新材料、电子产品制造五大产业板块。七里峪、霍州署创建国家AAA级旅游景区，荣获“中国天然氧吧”称号，被确定为“千年古县”，首批入选《山西省省级地名文化遗产及红色地名保护名录》。举办山西省锣鼓大赛、中国镇山文化论坛、冯南垣上过大年、壕堑长城专家论证会、“故宫来临·霍州有礼”文创产品展等系列活动，提升霍州旅游的知名度和影响力。发放“悦享临汾·回家有礼”电子消费券，开展直播带游带货活动，年馍、碗托、豆腐等特色产品在电商网络平台销售。

开展“项目建设年”活动，2022年实施总投资77.8亿元的项目58个。市级领导带头包联重大项目，主动摸实情、送政策、解难题、促发展，每月深入所包联项目调研指导，帮助项目主体厘清工作思路、找准推进路径、统筹各方资源，推动项目尽快落地见效。推进霍东新兴产业园配套设施建设，3公里产业园道路建成通车，完成科技智创园标准化厂房项目建设。承办临汾市开发区“三个一批”活动，引进和孵化中小企业，医药用品制造、飞凤电子产品加工等项目建成投产，打造省级中小企业园区。出台《霍州市促进工业稳增长行动计划》，定期举办“早餐会+下午茶+夜沙龙”等活动，倾听企业诉求，及时解决困难。开展“市场主体建设年”活动，全市净增市场主体3969户，净增率22.4%，达到21997户，推动市场主体上规模、增实力、提效益。

【全面深化改革】 2022年，霍州市委实施创新驱动战略，发挥智能再制造研究院、产业技术战略联盟的优势，推进创新创业平台建设，推进规上工业企业研发提升工程，培育更多高新技术企业、“专精特新”企业。用好人才“金钥匙”，吸引高精尖人才和创新团队，优化人才评价机制，让各类人才施展才华。市委常委班子带头领办重大改革事项，推进5个方面18项改革。深化国资国企改革，4家经营性国有企业纳入统一监管。霍州市国有资产投资运营有限公司、霍州市农村集体经济发展有限责任公司、霍州经济技术开发区建设投资有限公司相继成立。农业农村、基层治理、财税金融等改革同步推进，形成一批改革亮点。深化“一枚印章管审批”“一件事一次办”“一业一证”改革，办理各类证照分离改革事项1534件。商事登记“四级帮办代办”体系建成，提高了登记注册便利化水平。政务服务中心项目开工建设，建成市乡两级政务服务平台，实现与山西省政务服务网的对接互通。主动融入“一带一路”建设、以及京津冀、黄河流域生态保护和高质量发展示范区等国家发展战略，对接五大镇山所在城市，启动五大镇山联合申遗工作，提升经济外向度。霍州宣传片亮相天安门《辉煌的中国》视频展，成为霍州向世界传递出的一张靓丽名片。

【民主法治建设】 2022年，霍州市委坚持党的领导、人民当家作主、依法治国有机统一，发展全过程人民民主，持续巩固和发展政治局面。加强党对人大工作的领导，召开市委人大工作会议，支持人大及其常委会依法履行职责，增强监督实效，把人民代表大会制度优势转化为治理效能。发挥冯南垣村临汾市人大常委会全过程人民民主工作联系点作用，让人民群众找得到人、说得上话、办得了事。临汾市政协“有事来商量联系点”在冯南垣村挂牌，支持政协发挥协商民主重要渠道和专门协商机构作用，打造“凝心聚力、建功霍州”履职品牌。发挥社情民意信息“直通车”作用，凝聚奋进共识，画出全方位推动高质量发展的最大同心圆。

【依法治市】 2022年，霍州市委将法治建设成效作为衡量各级领导班子和领导干部工作实绩的重要内容，党政主要负责人履行推进法治建设第一责任人职责。加强法治政府建设，深化行政执法改革，推进行政执法全流程规范化建设。制定并实施“八五”普法规划，开展“法治六进”活动，推动法治意识深入人心，增强全社会尊法学法守法用法的自觉性和主动性。

【爱国统一战线】 2022年，霍州市委组织民主党派开展“喜迎二十大、同心跟党走”主题教育，加强党外知识分子、新的社会阶层人士统战工作，凝聚共同奋斗新力量。开展非法宗教活动整治，维护统一战线领域和谐稳定。统筹抓好外事、侨务、港澳、对台工作，支持工会、共青团、妇联等人民团体依法依章开展工作，引导各领域各社会阶层干部群众心往一处想、劲往一处使。

【宣传思想】 2022年，霍州市委围绕举旗帜、聚民心、育新人、兴文化、展形象的使命任务，守正创新推动文化繁荣发展，为全方位推动高质量发展提供精神力量和文化支撑。落实《党委（党组）意识形态工作责任制实施办法》及山西省临汾市实施细则，将意识形态工作纳入全市工作大局、党建工作责任制、年度目标责任考核体系和市委巡察范围，掌握意识形态工作领导权。推进“正道”“清风”“清朗”集中行动和专项整治，开展网络环境专项整治年活动，维护全市意识形态领域的安全稳定。开展理论宣传教育，实施党委理论学习中心组“第一议题”制度，创新“七个统一”工作机制，推动党委（党组）理论学习中心组全覆盖。围绕中共十九届六中全会精神、习近平总书记考察调研山西重要指示精神、中共二十大精神等开展基层宣讲活动 260 余场。以创建省级文明城市为抓手，精神文明建设取得新成效，实现省级文明城市五蝉联。倡导文明新风尚，推动新时代文明实践中心建设，建成市乡村三级文明实践点 147 个，开展霍州市第六届道德模范、“星级文明户”评选等活动。加强未成年人思想道德建设，深入推进社会主义核心价值观教育进课堂，培养担当民族复兴大任的时代新人。实施非物质文化遗产保护传承、地方戏曲振兴等“六大工程”，全省“三个一批”文化惠民工程完成演出 1794 场，传承和弘扬了地方特色文化。蒲剧《廉吏曹端》在临汾、运城部分县市上演 30 余场，创作电影《石兰峰》等一批优秀文艺作品，情景剧《家国情怀》荣获临汾市第九届精神文明建设“五个一工程”优秀作品奖，为全市人民群众创造高品质精神文化生活。

【防汛救灾】 2022 年，霍州市委把灾后建设作为贯彻落实习近平总书记重要指示精神的着力点和突破口，推进实施总投资 1.32 亿元的 18 个基础设施损毁修复项目和总投资 1.2 亿元的农村公路灾后恢复项目，修复农村饮水安全工程 26 处，水毁灌区 2 处，堤防重建 2.83 公里，污水管网 1.2 公里，污水处理站 9 个，文物修缮 14 处，水毁道路 86.85 公里。

【脱贫攻坚与乡村振兴】 2022 年，霍州市委落实“四个不摘”要求，实施特色产业提升行动，巩固“两不愁三保障”成果。出台《霍州市农村民生短板问题集中整治提升工作方案》，加快补齐农村人居环境和基础设施短板。开展技能培训，促进全市脱贫劳动力外出务工。为脱贫户发放小额信贷，为贫困学生发放雨露计划补助资金，实现应助尽助全覆盖。坚持尊重乡土风貌，不搞大拆大建，注重微更新、轻改造、精提升，留住乡土味、乡亲味、乡愁味，编制《冯南垣片区建设总体规划》，按照“一核一带三片区”的空间布局，实施了初心讲堂、乡村记忆馆等项目建设，加紧对古道、驿站、茶坊、烽火台等文物古迹进行修复，激活乡村发展新动能。累计 160 余家企事业单位、20 万余人次到冯南垣参观学习旅游。

【民生事业】 2022 年，霍州市委坚持民生投入只增不减，全力办好民生实事。坚持就业优先战略和积极就业政策，累计发放创业担保贷款 194 笔、3743 万元，举办线上线下招聘会 22 场。落实“双减政策”，教科局和北环路小学整体搬迁，西张小学投入使用，北环办中心幼儿园进展顺利。开展“健康知识进万家”活动，建设标准化母婴室 7 处，19 个养老机构和 26 个日间照料中心签约家庭医生，开通老年人就医绿色通道。实施鼓楼四周、鼓楼西街、开元街等改造提升工程。完成滨河路、玉霍线道路提质改造。完成市区 8 个老旧小区改造，前进街南延道路、大众南路棚户区拆迁启动前期论证，加快实施妇计服务中心、新人民医院、大张桥改建等项目，将霍州打造成让本地人自豪、外地人向往的魅力之城。

【生态环境】 2022 年，霍州市委推进砂石、肥料行业深度治理，强化重点企业燃煤源头管控，督促煤电相关工业企业实施避峰生产，错峰停产，开展细化施工工地“六个100%”措施，整治车辆运输抛洒扬尘，降低环境污染。2022年优良天数达233天（同比增加8天），空气质量综合指数4.87，创历史最好成绩，厚植高质量发展的生态底色。开展碧水保卫战。总投资3.04亿元的汾河和南涧河防洪能力提升工程全面开工，河道治理部分基本完工。实施第二生活污水处理厂、排水管网雨污分流改造、农村生活污水处理等一批治污项目。落实“河长制”，加强河道“清四乱”专项整治，保障了流域生态环境和河道行洪安全。2022年水质为V类，水质总体保持平稳。推进净土保卫战。餐厨垃圾处理厂、农村生活垃圾中转项目开工建设，高标准完成了3处煤矸石固废点整治。对全市煤矸石堆存场所开展“再排查、再整治”工作，建立完善疑似污染地块动态清单、地下实施水污染清单。完成黄河流域防护林屏障一期工程，为城市增绿添色。实施碳达峰霍州行动。贯彻落实“碳达峰、碳中和”重大战略决策，发展新能源产业，实施国盛、国电、兆光、华得宇4个10万千瓦集中式光伏发电项目，其中国盛、兆光两个光伏发电项目并网送电，总投资2.57亿元的6万千瓦屋顶分布式光伏发电项目启动实施，并入选国家整县屋顶分布式光伏开发试点，新能源产业集群示范基地初具规模。

【安全稳定】 2022年，霍州市委开展社会矛盾风险隐患大排查大起底大化解行动，常态化开展扫黑除恶斗争，全市刑事案件、治安案件均有所下降，社会治安持续向好。贯彻落实《信访工作条例》，市乡两级领导带头接访包案，化解信访积案，信访工作质效明显提升。坚持发展决不能以牺牲安全为代价这条红线，推进安全生产专项整治三年行动，部署开展“反三违、除隐患、防事故”专项行动，突出抓好重点领域安全隐患“拉网式、地毯式、全覆盖”排查治理。2022年全市发生安全生产事故5起，死亡5人，均为道路交通安全事故，较2021年实现“双下降”。

2022年处置问题线索507件，立案233件，给予党纪政务处分199人，涉嫌犯罪移送检察机关4人，留置3人，反腐败斗争压倒性胜利持续巩固，营造良好政治生态。开展抓党建促基层治理能力提升专项行动，深化村级集体经济壮大提质行动，推进“清化收”专项工作。2022年全市所有建制村集体收入均达10万元以上，村均增收8.14万元。推进“村改社区”工作，优化调整21个社区，同步做好资产改制、人员安置、阵地建设、综合保障等工作，整体工作在临汾市处于第一梯队。

【队伍建设】 2022年，霍州市委加强选调生、在村任职大学生实践锻炼，提高各级党员干部能力。2021年以来招聘157名大学生到村（社区）工作，实现全市行政村、社区全覆盖。推进市校合作“双百工程”，深化与省内外30余所高校的合作，引进合作项目60个，柔性引进博士6名，全职引进硕士研究生41名，为霍州发展提供坚实人才支撑。（李晓云）

市委日常事务

【概况】 中共霍州市委办公室是市委的综合部门和办事机构，为正科级建制，承担着参谋服务、督导协调和后勤保障职能，发挥着联动上下、沟通左右和协调内外的重要作用。内含国安办、政研室、会务室、综合室、值班室、政工人事室、机要室、保密室、秘书室、文书法规室、信息室、督查室、社情民意室、档案管理室14个股室，下设副科级建制单位1个，保密技术保障中心。

【理论学习】 2022年，市委办公室开展“结对子、传帮带”活动，对新录入人员提要求、压担子，帮助他们尽快适应工作、掌握规律。按时组织山西干部在线学院专题学习，完成线上学习任务。结合办公室工作特点，把业务知识和业务技能的提高作为重点内容，对不同岗位类别的人员开展培训。开展科室之间互学，办公室各室之间实行资源共享，消除信息壁垒，坚持取长补短，互学互进，推动办公室业务水平的提高。历经千锤百炼，提升办公室全体人员工作能力，在全市开发区建设、重点项目、安全生产、疫情防控、城市更新行动、打造冯南垣片区、产业融合等重点工作领域发挥不可替代的作用。

【深入调研】 2022年，市委办公室坚持交叉锻炼，组织办公室人员深入农村、社区，开展驻村帮扶活动，解决群众生产生活中的具体困难。选派年轻干部走出市委大楼、扎根基层一线。这些干部深入基层、服务百姓，深入一线、贴近群众，经受了锻炼、增长了本领，通过“下沉”激发干事创业的精气神。

【严格管理】 2022年，市委办公室严格行为规范，深化内部管理，把加强办公室的自身建设放在重要位置，常抓不懈，严格规章制度，明确行为规范，着力向管理要质量、要效益、要水平、要形象。狠抓制度建设，重点解决规范化、程序化问题，完善《中共霍州市委办公室规范化管理工作规则》，对各室、各个岗位的职责任务、目标要求、工作程序等进一步明确具体规定，力求规范化、程序化，努力做到职责明确、有条不紊、运转有序。进行集中整顿，以霍州市集中整治十种突出问题强化干部作风会议为契机，针对办公室工作人员在思想、作风、纪律等方面存在的问题，从衣着、形态、言语、待人、办事等各个方面进行改进，改善工作作风。

【文稿撰写】 2022年，市委办公室全年起草领导讲话稿、典型材料、总结报告200余篇，印发文件60余份，收集采编《霍州信息》300余期。拓宽决策服务领域，积极开展调研，把调研内容放在事关经济社会发展的重点上，放在事关群众切身利益的热点难点上，提出富有前瞻性、科学性、可行性的意见建议，为党委决策提供有价值的参考。

【综合会务】 2022年，市委办公室完成霍州·中国镇山文化高层论坛、2022年山西省群众文化活动锣鼓大赛暨霍州市第十二届文化旅游月开幕式、全委会、经济工作会等全市各项大型会议和活动的筹备。严格控制会议次数及规模，对每次会议、每项活动都高度重视，精心组织、合理安排，认真协调，注重效果，狠抓落实，使领导从文山会海中和应酬中解脱出来，保证领导同志集中精力谋大事、抓大事、干实事。全年组织承办重要会议80余次，重要会议办出质量，日常会议办出效率，对外交往会议办出形象。做好会议安全防护工作，会场设置体温监测点，会前提醒参会领导及人员佩戴口罩，控制会议次数及规模，确保各类会议安全有序进行。加强与上下级党委系统的纵向联系，加强与各大班子办公室、机关各部门之间的横向联系，确保运转流畅、政令畅通、节奏合拍。

【督导检查】 2022年，市委办公室围绕习近平总书记冯南垣考察调研嘱托、市委的重大决策，重要工作部署以及人民群众反映强烈的热点、难点问题，开展督查工作，推动工作落实，发挥参谋助手作用。按照“突出重点、抓住关键、健全机制、创新手段”的工作思路，采用“跟踪、一线、联动、调研”等方式，及时督促检查、了解情况、反馈信息、提出建议。全年开展疫情防控、重点项目、安全生产、环境卫生等重点工作督查40余次，编发《督查简报》20余期。2022年社情民意通道已有74件民生问题及时受理并予以解决，年度回复率达到100%。

【机要保密】 2022年，市委办公室在机要保密上，落实值班值守，执行领导带班和双人轮岗制度，确保24小时坚守岗位，不遗漏每一份电报。收报工作做到在10分钟内签收，第一时间送达领导批示。对全市所有乡镇及街道办近三年招录的公务员、失业人员（含社区工作者）等新进人员开展保密工作跟班学习。对全市12个乡镇、街道办开展保密专项检查。对2019年以来的文件进行认真整理、清退、销毁。

【党务内网】 2022年，市委办公室强化电子办公应用，搭建党务内网平台，确保大组工网、纪检专网及全省编办网络终端的正常运行。利用各种新兴媒介，对重大方针、政策及不同阶段中心工作进行全方位宣传，及时发布各类通知，为市委各项工作的落实营造舆论氛围。通过突出网上应用、强化信息服务、落实安全保密等措施，保障党务内网平台的畅通，提高信息资源的利用，提升办公自动化应用水平。

【档案管理】 2022年，市委办公室围绕档案工作服从和服务全市经济社会发展的主线，履行为党管档、为国守史、为民服务职责。成功举办“喜迎二十大·档案颂辉煌”中共一大到十九大档案图片展及习近平总书记在霍州档案图片展览，利用档案文化开启强国少年“校外实践第一课”，开展“赓续百年初心·传承美好家风”特殊班会，编印《喜迎二十大·档案颂辉煌》红色档案手册，开展“弘扬民族精神·爱我锦绣中华”“我们的节日·端午”“迎中秋·诵孝道”主题道德讲堂三期。

【后勤保障】 2022年，市委办公室在疫情防控、人才公寓、公务用车、办公用房、公共机构节能、公务接待、资产管理、办公保障、生活保障、经费保障等方面率先而动，事无巨细，积极作为，提高机关事务保障服务工作的效率和水平，促进全市经济社会快速发展。

【国安工作】 2022年，市委办公室按照临汾市委国安办安排部署，将国家安全工作纳入重要议程，定期分析研究、谋划推进国家安全工作，召开专题会议，印发工作要点。下发工作方案。开展春节期间慰问境外务工人员工作、“4·15”国家安全宣传教育日活动、护航中共二十大专项行动、定期召开安全风险研判会，梳理研判全市各类安全风险。同时突出重点群体，及时组织学习，组织市委中心组和全市党员干部开展专题学习，突出青少年在校生重点群体，组织全市教师开展线上教学，对班级学生进行国家安全教育。

组织工作

【概况】 中共霍州市委组织部（以下简称市委组织部）是市委主管组织、干部和人才工作的职能部门，担负着全市各级领导班子和基层组织建设、干部选拔任用、干部教育监督、人才工作、年度目标责任考核等任务。市委组织部下设办公室、研究室、干部一室、干部二室、干部三室、组织一室、组织二室、组织三室、干部教育室、干部监督室、人才工作室、目标责任考核室12个科室；下属事业单位党建综合服务中心。

【基层党建】 2022年，市委组织部开展农村“带头人”队伍集中分析评价，及时发现、调整撤换不胜任不称职村“两委”干部，有1名村党组织书记因纪律处分被免职。开展农村本土人才回归工程，按照“1村3名”配备村级后备力量。对全市139名村党组织书记完成档案备案管理，进行初次评星，继续完善各类工作台账。探索村党组织书记星级评定管理措施，优化报酬结构，对不同星级，落实奖励资金实行差异化发放，激发农村干部干事创业内生动力。由市级领导班子成员带队，分组深入包联乡镇（街道），遍访所辖行政村（社区），按照“四必访”“三必问”要求，摸排7个软弱涣散基层党组织，通过建立“五包三联”责任体系，实行“四个一”整顿工作机制，一村一策制定整顿方案，完成整顿任务。坚持“党建引领、龙头带动、产业集聚、联合发展”思路，构建“组织联建、资源联营、产业联动、利益联结”四联共建机制，在辛置镇、李曹镇、师庄乡成立联合党委，实现村村联合抱团发展；依托“霍嬷嬷”区域公共品牌优势，发挥市农发公司、乡镇经济联合总社、村合作社市场主体作用，壮大集体经济。“清化收”摸排合同5300份，新增资源收入412万元，化解债务2738.3万元，收回债权753.4万元，临汾市综合评分90.34分，为优秀等次。集体经济总收入达到3233.57万元，较2021年增幅达53.78%，经营性收入增幅66.93%，村均增收8.14万元。推行村干部坐班轮班制度，实现“一门式办理”“一站式服务”，提高村级组织活动场所服务效能落实村干部“上考下评”、第一书记和大学生村干部（选调生）年度考核机制，指导各乡镇（街道）完成2021年度村干部“上考下评”工作，对17名第一书记、9名大学生村干部（选调生）进行年度考核。

【“村改社区”工作】 2022年，霍州市“村改社区”工作涉及2个镇（大张、白龙）、4个街道（南环、北环、鼓楼、开元），13个行政村改居、4个社区规模调整，涉及村（社区）“两委”班子成员110人，人口25770户、79269人。行政村由139个减至127个，社区由18个增加至25个，解决镇有社区、街道有村，管理范围重叠交叉、管理界限不清等问题，整体工作完成度在临汾市位列第一方阵。《霍州市答好“四道题”，交出“村改社区”好答卷》（“四道题”即界限不清、资产流失、人员安置、综合保障四道题）在山西组工网、“临汾组工”微信公众号刊发。

【网格化治理】 2022年，市委组织部优化调整网格设置，划细划小网格单元，全市划分全科网格350个，微网格4045个，设立网格党支部174个、党小组1084个，党员7000余名，形成党建引领网格治理新局面。在疫情防控中，设立临时党支部33个，组建党员突击队87个，党员先锋岗216个，2973名机关企事业单位党员到社区报到，622名预备党员、589名入党积极分子和发展对象投身抗疫一线，织密筑牢疫情防控的“红色防线”。市委组织部牵头，联合市委政法委、市委统战部、市公安局等单位成立12个农村（社区）疫情防控帮扶工作组，在各乡镇（街道）开展疫情防控等工作，坚决守好“霍州阵地”，为做好全市疫情防控工作提供坚强的组织保证。

【队伍建设】 2022年，市委组织部组织社区工作者在市信访局、市党群服务中心，挂职锻炼23批次、126人。综合“岗位级别、考核结果、绩效总额”，制定绩效工资计算公式和发放标准，激励社区工作者争先进位、干事创业。公开招聘77名大学毕业生到村（社区）工作，实现全市行政村、社区大学生全覆盖。

【“三无小区”治理】 2022年，市委组织部探索“344”工作机制，摸清“三无小区”分布情况和建设背景、基本信息及住户构成、所属社区驻区单位；组建组织机构、业委会、物业管理、志愿者4支队伍；搭建协商议事、信息化管理、驻区单位帮联、制度保障4个平台，提升“三无小区”治理能力。市阳光小区通过实施“344”工作机制，取得积极成效。《霍州市“344”工作机制破解城市“三无小区”治理难题》在山西组工网、“临汾组工”微信公众号刊发。推行社区“两委”委员、业主委员会负责人、物业服务企业负责人“双向进入、交叉任职”；建立社区党组织督促实施，小区物业项目负责人到社区报到议事制度，原则上每季度进行一次；建立社区党组织领导下的社区居委会、业主委员会、物业服务企业多方联动会商处置机制。建立健全日常管理运行机制，出台《霍州市党群服务中心管理办法》，形成“1＋12＋N”的党群服务体系，推进工作标准化、程序规范化、服务精细化、运行制度化。加快小区党群服务驿站建设，在符合条件的小区建立小区党群服务驿站，延伸党群服务触角。下发《霍州市基层党组织换届选举工作实施方案》，明确程序步骤，严格职数配备，对除村（社区）外的其他基层单位到期未换届的党组织进行换届。下发《霍州市基层党组织换届选举工作实施方案》，要求全市除村（社区）外的其他基层单位党组织按期换届，至年底有67个市直单位（非公领域）完成支部换届工作。

【系列活动】 2022年，市委组织部制定下发通知，指导各级党组织开展一次主题党日活动、一次走访慰问、一次入党宣誓等“十个一”系列活动，引导全市基层党组织和广大党员在全方位推动高质量发展中发挥战斗堡垒作用和先锋模范作用。按照省委和临汾市委要求，完成168枚“光荣在党50年”纪念章颁发工作，激励和引导广大老党员离岗不离党、退休不褪色，为推动霍州高质量发展贡献力量。按照时间节点，做好预备党员的接收、党关系材料的审查工作，完成下达的发展党员计划指标任务。新接收预备党员260名，完成全年工作任务。落实《2019—2023年全国党员教育培训工作规划》，开展“党员进党校”和日常培训工作，举办各类培训班20余期，培训党员干部15149人次，拨付省、临汾市及霍州市党员教育培训财政配套经费41.8万元。完成党员走访慰问、党支部联系点、全省出席党的二十大代表推荐和公示、2021年度书记抓基层党建工作述职评议、民主生活会、组织生活会和民主评议党员工作，凝聚党员队伍的奋进力量。

【领导班子建设】 2022年，市委组织部调整干部8批次、206人次，其中，提拔任职80人（其中副科69人，正科6人，学校5人次），使用40人，平级调整54人，免职32人。强化全市各级领导班子建设，开展乡镇（街道）领导班子综合分析研判，对8个乡镇（街道）主要领导干部进行调整优化。根据疫情防控等工作开展情况，优化卫体、工信等市直部门领导班子，增强工作效能。优先选拔40岁以下的选调生和表现突出的优秀年轻干部补充到乡镇（街道）领导干部队伍中，全年分批次集中选配42名乡镇（街道）副科级领导干部。对在项目和资金审批、招标采购以及财务、民政、自然资源、农村经济管理等关键岗位人员进行摸排，工作满10年的31人，7人已完成轮岗交流，1人退休后自然消化，23人根据干部管理权限，由市自然资源局组织开展轮岗交流工作。配合省委组织部完成霍州市委书记李强任职期间履行干部选拔任用职责检查工作，完成27名临汾市人大代表、10名临汾市政协委员推荐考察和2021年新提拔的13名科级干部进行试用期考核等工作。

【干部教育培训】 2022年，市委组织部在市委党校举办第九期科级干部学习贯彻习近平新时代中国特色社会主义思想读书班，通过集中授课、党性教育、学习讨论、实地参观、考试考核等形式，对40名新提拔科级干部进行系统培训。结合疫情防控形势，举办第十期科级干部学习贯彻习近平新时代中国特色社会主义思想读书班，对30名新提拔科级干部进行系统培训。举办科级干部学习贯彻党的二十大精神专题培训班，分4期对全市所有科级干部进行轮训，每期3天，已完成第一期190余名干部的培训，提升领导干部的理论水平和党性修养。发挥山西干部在线学院学习平台的优势和作用，协调县处级领导干部参加党的十九届六中全会、省十二次党代会、数字经济网络专题学习，全市在线学员平均学时达到107.85学时。组织18名县处级领导干部、28名科级领导干部参加了上级组织的调训工作。执行上级学历学位认定相关规定，完成学历学位认定25人，建立工作台账，移交相关档案资料，促进规范管理。

【干部监督管理】 2022年，市委组织部对13个批次、217人次征求了执纪执法部门意见。用好“12380”网络、电话、短信、信访“四位一体”的综合举报受理平台，受理并查核举报情况，做到“件件有回音、事事有着落”。临汾市委组织部批转信访件2件，受理群众举报7件，所有信访件都采取相应措施进行调查核实，将群众反映的问题给予妥善解决，及时回复。根据干部管理权限，对6名登记备案范围内人员进行了备案，收回证件2人，转走证件1人，撤销备案1人。协助临汾市委组织部完成全市36名副处（县）级以上领导干部报告个人有关事项工作。

【人才工作】 2022年，市委组织部推进县校合作“双百工程”，深化与省内外30所高校的合作，引进合作项目60个，柔性引进博士研究生6名，全职引进硕士研究生41名。山西大学美术学院在师庄乡冯南垣村建立乡村振兴与教学创新研究基地，山西农业大学、山西省土特产行业协会授予冯南垣村乡村振兴示范村称号。西安建筑科技大学建筑学院在冯南垣村开展建筑在地化保护与再利用研究、切合百姓能力特征及时代要求下的产业发展路径研究，为霍州探寻因地制宜的乡村振兴路径提供智力支撑。选调霍州籍在外公职人员回乡11人。制定《霍州市鼓励返乡回霍人员投身农业农村发展12条措施》，激励引导优秀人才助推农业发展，实现乡村振兴。配合市人社局举办“就业帮扶、真情相助”招聘会、“2022春风行动”、民营企业招聘会等系列招聘活动，提供就业岗位500余个，达成就业意向350余人，为常态化做好疫情防控和“稳就业、促发展”提供人力资源。向认定的21名高学历人才发放人才津贴20余万元。组织“三晋英才”、市委联系的高级专家进行免费体检。征订《中国人才》杂志 84 套。在中秋节来临之际，对省级以上领军人才进行慰问，在全市上下形成重视人才、培养人才、关爱人才的氛围。建立优秀大学生数据库、“三晋英才”、市委联系高级专家数据库、青年人才本科数据库、青年人才研究生数据库、艺术人才数据库、“985”、“211”霍州籍学生数据库、高层次人才 8 大人才数据库。

【自身建设】 2022 年，市委组织部开展部机关暨文书小组集中学习 24 次，系统学习建党精神、脱贫攻坚精神、西迁精神等共产党人精神谱系专题内容。10 月，全体党员集体参观霍州署党员教育基层，重温入党誓词。以部机关暨文书小组集中学习、“三晋先锋”、山西干部在线学院、“学习强国”等平台为载体，加强学习型机关建设。部班子成员带头认领调研课题，带头领办疑难信访事项，创新思路和对策，破解组织工作难题，使广大组工干部成为行家里手。3 月，开通霍州组工微信公众号，设置霍州市委抓党建促基层治理能力提升和中共二十大精神宣传专栏，编发推送各类信息 200 余条，带头争创“五型机关”，推进模范机关建设，推动各项组织工作进入全省第一方阵。围绕党的建设和组织工作大局，撰写工作信息。撰写信息 100 余条，其中晋组信息刊登 1 篇，山西组工网刊登 5 篇，临汾党员先锋号刊登 5 篇、临汾组工刊登 10 篇。开展组工干部作风能力“双提升”行动，对标省委组织部“亲自、立即、马上、现在”的工作要求，树立“高严快实”的工作作风，对确定的任务不等不靠、马上落实，对可预见的工作超前谋划、早做准备，上半年对部机关电脑、打印机等办公设备进行大面积更新，印制抓党建促基层治理能力提升工作手册、部机关学习笔记本 1000 余册，协调做好霍州党建网站安全等级测评有关工作，确保工作高效运转。推进部机关“向人民群众交好账”实践活动，开展清廉机关创建工作和“清廉机关大家谈”活动，全体组工干部签订廉政承诺书。实施组工干部包联基层党建、壮大农村集体经济、人才工作重点任务制度，推动工作落实。支持派驻纪检组开展工作，做好部机关日常工作，树立新时代组工干部良好形象。

（朱翔翔）

宣传工作

【概况】 中共霍州市委宣传部是市委主管意识形态工作的职能部门，为正科级建制，对外加挂霍州市委网信办、霍州市政府新闻办公室、霍州市新闻出版局、霍州市互联网信息办公室。主要职责：宣传党的路线、方针、政策，主抓全市理论学习和舆论宣传，协调全市通联工作，监管和研判舆情信息，负责全市精神文明创建以及广播、电视、新闻、出版、电影、文化、文艺创作、精神文化产品等方面的工作。内含办公室、通讯组、精神文明建设股、理论股、出版股、宣传股、党建办 5 个股室，下设副科级建制单位 1 个：网络舆情中心。

【理论武装】 2022 年，市委宣传部全年召开学习会议 12 次。深化“七个统一”学习机制，以市委理论学习中心组为龙头，充分发挥市委中心组示范作用，抓好市乡村三级理论学习，把全市党员干部的思想行动统一到市委的重大决策部署上来。创建基层宣讲新品牌，构建大宣讲格局，以市、乡、村三级领导干部为主干，市委讲师团、老干部宣讲团、文联志愿团、非遗特色团、乡村振兴团、道德好人团、四史宣讲团、百姓能人团8支队伍为枝叶的宣讲模式日趋成熟。组织中共二十大精神和“新思想在山西”基层宣讲活动，深入宣传中共二十大精神和习近平总书记考察调研山西重要指示精神，全年开展宣讲330多场，受众达27850余人次；举办2022年哲学社会科学普及周，各项活动累计参与人数达1300余人；开展霍州市“学习强国”学习平台知识竞赛，遴选优秀代表参加临汾市比赛；拍摄《小山村孕育大希望》微视频；抓好《习近平谈治国理政》第四卷、《中国共产党宣传工作简史》及有关辅导读本、分领域学习纲要的学用工作等，推动习近平新时代中国特色社会主义思想等党的创新理论走深走实。

【向人民群众交好账】 2022年，市委宣传部围绕“向人民群众交好账”，在组织上，压实党委责任，由党政一把手担任实践活动领导小组组长，加强组织领导，强化统筹协调，各督导组采取巡回指导、随机抽查、调研访谈等方式，及时掌握进度，确保把好事办实、实事办好办到群众心坎上。在具体操作上，围绕“六个立足”，完善确定“五个清单”，多层次、多领域、多形式摸清民生需求，收集到各类意见建议1516条。在行动上，高标准修建85个公共浴室、新建35个日间照料中心，确保辖区公共服务全覆盖，依托“健康驿站”，创建“党建+远程医疗”健康服务新模式等，各单位所制定的清单全部得到落实。在推动过程中，市乡村协同联动，各部门及时跟进，党员干部主动作为，以群众呼声为第一信号、群众需求为第一选择、群众满意为第一标准，用心用情解决基层的困难事、群众的烦心事。

【舆论宣传】 2022年，在中央、省市级主流媒体发稿宣传报道稿件380余篇，涉及市委政府中心工作、文化旅游、政治经济等各个领域，特别是在中央电视台《走进县城看发展》专栏，在霍州市拍摄推出的《山西霍州——构建多元发展现代化产业体系》在央视新闻频道播出，全方位展示霍州市十年来的巨大变化和成就；此外《中国五镇联合打造世界级文化品牌》稿件在新华网发表，山西电视台专访霍州市委书记推出的《走进县城看发展——霍州篇》在山西卫视播出。安排户外电子屏、融媒体中心等做好中共二十大、疫情防控、“时代楷模”主题作品、全面建设清廉霍州等刊播工作。通过微信公众号、视频号宣传8700余次，发放挂图、宣传册、宣传页1.2万余张，通过广场、路口电子屏展播公益广告475条。

【文明创建】 2022年，市委宣传部以五大创建为抓手，实施文明创建动态管理，制定《关于创建省级文明城市的实施方案》，细化《山西省文明城市测评体系操作手册》，做实省文明城市创建工作。全年新申报文明村镇4个，文明单位1家，文明校园1所，文明家庭1个。开展第六届霍州市道德模范评选表彰，评选出10名“霍州市道德模范”、20名“霍州好人”。制定《关于开展“星级文明户”创评工作的实施方案》等文件，创评村级星级文明户20865户，创评率达44.5%。创评乡级星级文明户5450户，创评霍州市级星级文明户300户，九星级以上挂牌，已挂牌1501户。根据“14536”的总体要求，以新时代文明实践中心（所、站）为主阵地，按照“五有”标准，全面打造全市各新时代文明实践所（站），从阵地建设、服务队伍、实践活动、体制机制等方面完成了新时代文明实践中心建设年中网上评估考核工作。组织开展助力疫情防控网格化管理实战演练、“循足迹尚文明”、学雷锋志愿服务、“青山绿志愿红”新时代文明实践义务植树、“全民戴口罩”文明劝导等志愿服务活动。建立由市文明委组织协调、有关部门各负其责的未成年人思想道德建设工作机制，开展“传承红色基因，争做时代新人”“强国有我”“童心向党”等系列主题活动。评选“新时代霍州好少年”50名，推荐13名学生为“新时代临汾好少年”。开展“护苗”、网吧专项整治、“网络安全教育进校园”、“法制宣传进校园”等活动；16所学校建成“护苗”工作站，提升未成年人文明使用网络素养，维护风清气正的网络空间。

【文化惠民】 2022年，市委宣传部坚持面向基层、服务大众，举办2022年临汾市文化科技卫生“三下乡”集中示范活动；开展“喜迎二十大·奋进新征程”霍州市群众文化活动，组织摄影、绘画、书法、歌唱等形式多样的群众文化活动28项。举办第七届霍州市“好基地讲好故事”比赛，展现新时代霍州儿女争先崛起、奋发有为的新风貌。实施文化惠民工程，推介《廉吏曹端》《家国情怀》等戏曲精品力作，为《廉吏曹端》争取到市级文化部分资金政策扶持，全新打造《霍州署——曹端篇》等清廉主题情景剧。开展第三批霍州市社会主义核心价值观示范点和主题公园（广场）创建工作，已有7家单位符合条件进行申报；继前进社区后，做好山西省第五批社会主义核心价值观示范点和第二批社会主义核心价值观主题公园（广场）创建工作。广泛开展核心价值观微电影（微视频）征集展示活动。出台《“霍州年馍”一二三产业融合发展实施方案》，成立霍州年馍产业融合发展工作领导小组，细化任务、强化措施。坚持霍州年馍“一体两翼”产业发展思路，鼓励全市年馍生产加工企业和作坊百花齐放，百家争鸣，加大招商引资力度，着力培育新型龙头企业，努力把小馍馍做成大产业，把霍州年馍打造成为老百姓的“致富馍”。举办霍州·中国镇山文化高层论坛。邀请全国知名专家学者，采取线上线下同步进行会议等方式，共议文化传承，共商发展大计，加强镇山所在县市的交流合作，提升五大镇山的影响力，推动中华优秀传统文化创造性转化、创新性发展，铸就中华文化新辉煌。

【意识形态工作】 2022年，市委宣传部开展网络环境专项整治活动，突出四个整治重点，确保专项整治活动整体推进。市委网信办联合多家单位开展“网络宣传周”活动，设立知识版面50余块，播放网络安全公益宣传30余次，发放各类宣传单页5000余份，引导广大居民增强识别真假的能力、自我保护意识和依法维权意识。

【队伍建设】 2021年，霍州市委宣传部在全市12个乡镇（街道）、139个行政村选优配齐宣传委员和宣传员，网信办组建覆盖市、乡、村三级的网络舆情员等队伍，协调霍州市委组织部、人社局为霍州融媒体中心新增8名事业编制的技术型人才，充实干部队伍建设，增强基层意识形态工作的组织落实力度。巩固宣传“一盘棋”工作格局，抓好增强“四力”实践教育，开展全战线大学习、大调研、大练兵，培养一批行家里手。

（程文兵）

统一战线工作

【概况】 中共霍州市委统一战线工作

部是中共霍州市委主管统一战线工作的职能部门，是中共霍州市委在统一战线工作方面的参谋机构、组织协调机构、具体执行机构、督促检查机构，承担了解情况、掌握政策、协调关系、安排人事、增进共识、加强团结等职责。其主要工作领域包括民主党派和无党派人士工作、党外知识分子工作、民族工作、宗教工作、非公有制经济领域统一战线工作、新的社会阶层人士统一战线工作、港澳台统一战线工作、海外统一战线工作和侨务工作、党外代表人士队伍建设等。内设办公室、民主党派和党外干部股、非公有制经济股、宗教工作股，另设霍州市统战联络中心（副科级事业建制）。

【思想建设】 2022 年，中共霍州市委统一战线工作部创新实行干部领学、集中讲学、微信传学、基地研学、帮扶助学、互比促学“六学联动”模式，开展理论学习活动 41 次，教育引导机关党员干部站稳政治立场，对党忠诚。制作 63 页《中国共产党统一战线工作条例》（以下简称《条例》）学习 PPT、13 节微课堂视频、10 集《条例》学习微动漫，对《条例》进行广泛宣传和详细解读，推动形成全市学习贯彻《条例》的热潮。在全市统战领域开展观看直播、专题培训、知识问答等形式多样的“共享二十大时光”教育活动，在各民主党派、非公有制经济人士、新的社会阶层人士中开展各具特色的主题教育活动，夯实共同团结奋斗的思想政治基础。

【非公有制经济领域统战工作】 2022 年，中共霍州市委统一战线工作部立足服务之“本”，营造非公有制经济“两个健康”良好环境。完善与非公有制经济人士经常性联系机制，为非公有制企业发展释疑解惑、鼓劲打气，引导他们正确分析形势，坚定发展信心。发挥“全国五好工商联”的职能作用，召开政企银座谈会，切实为民营企业解决融资难的问题，已帮助 30 家企业解决资金 3148.1 万元。制定《关于规范政商交往推动营商环境全面优化的实施细则》，规范政商交往行为，构建亲清政商关系。开展“送法入企”“服务民企年”活动，为企业发展排忧解难，优化企业发展环境。

【党外代表人士工作】 2022 年，中共霍州市委统一战线工作部推动党外代表人士凝聚共识、建言资政双向发力。组织党外代表人士赴冯南垣村追寻领袖足迹，凝聚思想共识，汲取奋进力量。引导、支持统一战线成员围绕“十四五”规划、省第十二次党代会确定的重大战略部署建言献策。广大党外政协委员围绕中心，提交提案 126 件，经审查立案 88 件。其中，民进霍州总支副主委苏建东提案《分区逐步取消少数民族考生高考加分政策的建议》被省政协采纳，民建霍州市基层委员会调研文章《关于打造冯南垣爱国主义教育基地的建议》被市政协采纳。支持民主党派开展高考志愿填报直播课、“送健康惠民生”下乡义诊、同心助学、疫情防控、助力民营经济发展专题调研等活动，发挥党外人士服务社会作用。

【民族宗教工作】 2022 年，中共霍州市委统一战线工作制定宗教活动排查治理工作方案和计划，每月深入全市各乡镇（街道）、村（社区）开展排查治理行动，把一切非法宗教活动消灭在萌芽状态。加强宗教活动场所规范管理，在宗教界深入开展“爱党爱国爱社会主义”主题教育活动，开展宗教商业化专项治理。推进落实“三级网格和两级责任制”，更新调整宗教工作专（兼）职工作人员，指导村（社区）切实履行属地监管职责。以“抓党建促农村宗教治理工作”行动为契机，成立治理工作领导组，推进农村宗教治理工作，促进全市宗教领域和谐稳定。

【侨务工作】 2022年，中共霍州市委统一战线工作部坚持以侨为“桥”汇聚力量，开创霍州市侨务工作新局面。为霍州市名都精品酒店申请“侨胞之家”称号并挂牌，凝聚侨界力量，扩大侨联组织的覆盖面；为霍州署申请“临汾市华侨文化交流基地”称号并挂牌，为在侨胞中弘扬中华优秀传统文化搭建平台。（李　浩）

机构编制

【概况】 中共霍州市委机构编制委员会办公室成立于2002年6月，是中共霍州市委机构编制委员会的办事机构，承担市委编委的日常工作，为市委工作机关，正科级，归口市委组织部管理。

【事业单位改革】 2022年，中共霍州市委机构编制委员会办公室增设4个股级事业单位，分别是住建局所属霍州市城市建设工程项目开发中心、市委巡察办所属霍州市委巡察数据处理中心、市文旅局所属霍州市图书馆（霍州市美术馆）、霍州市博物馆。将市工信局所属霍州市企业服务中心更名为霍州市中小微企业发展中心，机构规格由股级调整为正科级。根据巩固脱贫攻坚和乡村振兴有效衔接工作要求，修订市农业农村局“三定”工作方案，制定市乡村振兴服务中心的工作职责，明确市农业农村局和市乡村振兴服务中心职责区分。霍州市应急管理综合行政执法队更名为霍州市应急管理综合行政执法大队，编制调整为24名。霍州市交通应急保障中心更名为霍州市道路运输事业发展中心。根据大学生到村（社区）任职工作相关要求，为缺编的乡镇调整周转编制20名，专门用于大学生到村（社区）任职，解决编制困难，消除任职干部的后顾之忧。

【乡镇（街道）改革】 2022年，中共霍州市委机构编制委员会办公室根据省、市相关乡镇（街道）机构改革文件精神要求，按照强基层、强治理、强服务、促发展、保稳定的目标，持续深化乡镇机构改革，在12个乡镇（街道）设立综合行政执法工作委员会，成立综合行政执法队，增加行政执法办公室和执法队伍编制。与改革相关各部门相互协作，建立完善基层综合行政执法体制机制，厘清市乡职责关系，明确乡镇执法事项，精准组织施训；加强基层便民服务体系建设，健全完善基层网格化管理体系，优化乡镇（街道）基本公共服务资源配置等主要工作。

【入编手续办理】 2022年，中共霍州市委机构编制委员会办公室按照规定程序，为277人办理入编手续。其中，2021年霍州市公开招聘大学毕业生到村（社区）工作80名、霍州市公立医院2021年招聘专业技术人员18名、2021年度省考招录公务员1名、2022年度省考招录公务员29名、2019年招聘3年服务期满“特岗教师”25名、2022年选调生6名、2021年度事业单位公开招聘113名；为46名副科级及以上任职干部办理工资调动手续；为4对跨县（市、区）工作人员办理对调手续；为38名人员办理退编手续；对实名制系统数据进行及时更新和完善。

【事业单位登记管理】 2022年，中共霍州市委机构编制委员会办公室下发2021年度事业单位法人年度报告的通知，明确年度报告报送及公示的时间、范围、方式和步骤、具体要求和注意事项；跟踪指导到位。针对部分事业单位经办人员老龄化、变动频繁、遗忘光盘操作程序等问题，创新工作机制，优化工作流程，对网上提交材料不全、填报不规范的单位，及时给予指导补正。监督检查到位。采取有效措施，督促事业单位在政策规定时间内完成年度报告工作。截至年底，办理变更登记 36 家，办理注销登记 15 家，新设立登记 5 家。

【实名制系统管理】 2022 年，中共霍州市委机构编制委员会办公室按照实名制管理有关规定，更新机构编制台账和完善机构编制实名制数据管理系统，对任免人员、新录用人员、调动人员、退休人员等信息在台账数据和机构编制实名制数据系统及时调整和更新。

【制度清单专班】 2022 年，中共霍州市委机构编制委员会办公室制定《乡村两级职责清单、任务清单和乡村两级干部岗位职责清单、任务清单、村干部履职行为负面清单》等 10 个清单，并印发给各乡镇（街道）。按照《霍州市委抓党建促基层治理能力提升专项行动重点制度清单》目录，出台 37 项制度，已完成制定任务。12 个乡镇（街道）已出台 242 项制度，12 个乡镇（街道）、157 个建制村全部完成制度汇编。在制度示范点建设方面，辛置镇、李曹镇、南环办、鼓楼办都培育一批制度建设典型。市乡村三级领导班子和党员干部都制定问题清单和整改清单，12 个乡镇（街道）均已完成问题清单整改，整改率 100%。

【乡街体制改革专班】 2022 年，中共霍州市委机构编制委员会办公室制定《霍州市深化乡镇（街道）综合行政执法体制改革实施方案》《关于加强乡镇（街道）综合行政执法队伍建设实施方案》。指导各乡镇（街道）成立综合行政执法工作委员会和综合行政执法队。协调市司法局出台《关于印发霍州市乡镇（街道）综合执法人员岗位培训方案的通知》；调整乡镇（街道）执法事项清单；健全完善乡镇（街道）执法清单动态调整机制；建立完善乡镇（街道）综合执法制度机制。协调市财政局将各乡镇（街道）综合执法经费列入财政预算。协调市机关事务服务中心，购置和配置乡镇（街道）执法车辆 20 辆。根据 12 个乡镇、街道办的地域特点和执法改革需要合理分配用车。协调市司法局对各乡镇（街道）综合行政执法人员进行专题培训；组织各乡镇（街道）参与省司法厅举办的“行政执法大讲堂”，系统学习实务操作；组织协调市直执法部门定期开展专题培训和进点培训。要求各乡镇综合行政执法队收集相关数据和执法案例，建立问题台账，研究整改措施，注重发挥“政策法规室”的作用。（郝兰兰）

市机关事务服务

【概况】 2022 年，根据霍州市委编办《关于规范市直属机关事务服务中心名称通知》文件精神，霍州市直属机关事务服务中心更名为霍州市机关事务服务中心。组织实施党和国家以及山西省、临汾市关于机关事务工作的法律、法规、方针、政策；拟定市直党政机关事业单位事务工作的规划、办法和规章制度并组织实施；负责市委办公室、市人大办公室、市政府办公室、市政协办公室、市直党政机关事业单位集中办公区以及新组建部门（单位）办公区的机关事务工作。负责市委、市人大、市政府、市政协的公务接待工作，大型会议和重要活动的接待保障、服务和经费管理工作；负责上级领导和来宾参观、考察、洽谈等活动的食宿安排；负责全市内接待经费的统一管理使用；负责协调市主要领导外出公务的联络工作。负责市级公务接待和市直党政机关事业单位办公用房维修、公务用车、公共机构节能等专项经费的管理。按规定负责办公用房的规划编制、权属登记、使用调配、处置维修、物业管理等工作；负责办公用房建设的立项报批、计划编制、建设监管；负责市直党政机关事业单位及所属单位用地管理工作。负责市级干部周转房、霍州市人才公寓、市民中心等处办公用房的调配、处置、管理、保障、服务工作。负责公务用车平台和市直党政机关事业单位公务用车的编制、配备、更新、处置工作。

承担全市公共机构节能推进、指导、协调、监督、检查等具体工作，会同有关部门制订规划、规章制度并组织实施；按规定负责市直党政机关事业单位国有资产（含不动产）管理工作；负责市直党政机关事业单位机构调整、撤销、合并后的资产管理工作；负责市直党政机关事业单位经营性用房的清理整合和集中管理工作；负责市直党政机关事业单位依法收缴的罚没土地、房产、车辆等实物资产的接收和处置工作。

【办公用房管理】 2022 年，霍州市机关事务服务中心结合创国卫活动建设停车场所要求，对任家大院集中办公区（一进院）西侧停车场进行建设，有效解决了周边群众停车难问题；对各个集中办公区定期进行安全排查，对医保局、人大政协、政府大楼、畜牧中心存在的安全隐患及时进行维修处理；政府大院横空 15 年的电线电缆全部地埋入管，对渗漏多年的门厅进行防水处理，消除安全隐患，改善机关办公环境；针对该中心监管的两家企业：霍州宾馆、汾东宾馆，制定一企一策的国企改革实施方案，已通过市政府批准，下一步由律师事务所进入改制程序。

【公务用车管理】 2022 年，全年出车次数 8600 余次，应急保障用车做到随叫随到，高效服务。在 6 月的高考、中考和高二会考中完成各项出车任务以及中央、山西省、临汾市领导视察调研霍州冯南垣灾后重建工作的用车保障；组织各用车单位进行“全省一张网”北斗新系统操作培训会，构建完善的申请用车、审核、派车流程；开展平台司机备胎技能比武、应急抢救知识、安全交规培训。

【节能资产管理】 2022 年，拍摄节能快板小视频，在全临汾市的工作中再放光彩；开展公共机构塑料污染治理宣传活动，拒绝使用塑料袋；开展“节能宣传周”活动。线上组织全市公共机构在新华网上观看公共机构节能宣传周启动仪式、绿色低碳讲堂、节能降碳云展播、塑料污染治理云宣传等视频；抓好制止餐饮浪费工作，展开摸底调研，要求各单位制定反食品浪费工作实施方案；市委集中办公区放置 20 辆出行小黄车，在点滴中倡导绿色出行。

【公务接待管理】 2022 年，全年接待近 900 批次，服务 14000 余人。高标准完成“1·26”中央、山西省、临汾市冯南垣灾后重建视察后勤保障任务；首创书法镂空餐牌，实现中国书法艺术、霍州鼓楼民俗和公务接待工作的完美融合；完成山西省锣鼓大赛、中国四大镇山高层文化论坛、“故宫来临·霍州有礼”、壕堑长城论证、疫情防控送餐等一批规模大、有分量的活动保障任务。

（张智强）

老干部工作

【概况】 中共霍州市委老干部局（下简称市委老干部局）成立于1983年，是市委主管离退休干部（不含企业退休干部）工作的职能部门。2019年3月机构改革后，根据《中共霍州市委办公室、霍州市人民政府办公室关于印发〈霍州市机构改革实施方案〉的通知》制定的《中共霍州市委老干部局职能配置、内设机构和人员编制规定》，市委老干部局是市委的工作机关，归口市委组织部管理，为正科级建制。内设办公室（机关党组织办公室）、老干部待遇股、活动指导股。行政编制6名，设局长1名，副局长2名，股级职员3人。

市委老干部局下设霍州市老干部活动中心（加挂霍州市老年大学牌子）、霍州市关心下一代工作站两个事业单位。

【两项待遇】 2022年，市级党政主要领导走访慰问32名实职副县级以上离退休干部。离退休干部代表参加了2022年市级经济工作会议、人代会和政协会议等重要会议。为32名实职副县级以上离退休干部订阅《人民日报》《山西日报》《临汾日报》等党报党刊，为3055名离退休干部分别订阅《中国老年》《山西老年》《老同志之友》等老年杂志。举办霍州市2022年经济社会发展情况暨“九九重阳节”座谈会，观摩师庄乡冯南垣村、山西建投天筑兆光绿色建材科技有限公司、霍州经济技术开发区科技智创园、新人民医院建设工地等重点项目，市委常委、副市长任鹏伟向老干部通报2022年全市经济社会发展情况，7名老干部进行发言。完善离退休干部生活医疗保障。开展“庆生日、送祝福”活动，每逢离休干部生日，为离休干部专门定做具有霍州特色的生日寿桃馍，由一名班子主要成员牵头上门祝寿，为老同志送上美好祝福和亲情化关怀。开展离退休干部体检工作，与市人民医院协商，科学制定符合老年人体检套餐，开设专门通道，合理安排批次，建立健康档案，对1135名离退休干部进行健康体检。加强离退休干部特困帮扶经费管理。加大对多病、失能特困离退休干部及遗属的关心关爱力度，2022年帮扶51人，发放特困帮扶金5万元。

【政治建设】 2022年，市委老干部局组织老干部学习习近平总书记在党史学习教育总结大会上的讲话精神、省市老干部工作会议精神、临汾市“两会”精神、霍州市委八届五次全体会议精神，特别是深刻领悟习近平总书记考察调研山西重要指示精神，教育引导广大老干部坚决捍卫“两个确立”，坚决做到“两个维护”。组织老干部集中收看中共二十大开幕会，以离退休干部党支部为单位通过“学习强国”学习平台微信公众号等学习平台学习中共二十大精神。

【思想建设】 2022年，市委老干部局开展“追寻领袖足迹感悟初心使命”主题党日，组织全市实职副县级以上离退休干部、离退休干部党支部书记、涉老组织班子成员、老干部理论骨干及局机关全体人员80余人，重走习近平总书记在霍州考察调研之路，深入领会习近平总书记的殷切叮嘱，切身感受习近平总书记的为民情怀。开展“建言二十大”和“我看中国特色社会主义新时代”调研活动。采取召开座谈会、书面征求等形式，广泛听取和征求老干部意见建议，集中老前辈智慧、凝聚老同志力量，为中共二十大建言献策，为霍州经济社会发展贡献智慧力量。召开离退休干部党支部书记座谈会一次，各离退休干部党支部开展研讨会30余次，书面征求意见60余份，撰写调研报告2篇。充分发挥离退休干部党支部和老年大学、老干部活动中心等主阵地作用，组织离退休干部收看5场离退休干部网上专题报告会。

【组织建设】 2022年，市委老干部局研究制定《关于加强新时代离退休干部党的建设工作的实施意见》，把离退休干部党支部建设纳入党的建设总体布局，与各乡镇（街道）及市直单位党建工作同部署、同推进、同考核，健全离退休干部党建工作有效运行机制，形成由离退休干部工作领导小组统一领导、组织部牵头抓总、成员单位密切配合、老干部局宏观指导的工作格局，增强工作合力，确保离退休干部党建工作有效有序运行。学习贯彻《关于加强新时代离退休干部党的建设工作的意见》（简称《意见》）。市委老干部局分别召开老干部工作者专题学习会议和离退休干部党支部书记集中学习培训会议，传达学习《意见》精神，市委组织部副部长、老干部局局长张文轩结合市离退休干部党的建设工作情况对《意见》精神作了深入解读，要求老干部工作者和离退休干部党支部书记带头先学、深学，全面把握《意见》精神实质。市委老干部局发挥离退休干部党支部主阵地作用，采取局领导班子成员包联支部跟踪指导、现场解读，利用“微信群组”、美篇等平台推送《意见》主要精神和解读文章等方式，在全体离退休党员中开展学习宣传。市委老干部局结合实际情况，对照《意见》5个方面13项重点工作，创新党建载体，坚持问题导向，开展调查研究，克服工作难点，以担当作为的精神层层压实责任抓落实，把党中央对离退休干部工作的新部署新要求落到实处。研究制定《霍州市离退休干部党支部“六好一提升”达标创优办法》，把离退休干部党支部创建工作与霍州市基层党支部换届工作结合起来，分类指导推进离退休干部示范党支部建设，促进党支部建设达标升级，全市19个离退休干部党支部达到“示范党支部”标准。

【发挥作用】 2022年，市委老干部局开展喜迎二十大系列活动。组织引导广大老干部深入开展“增添正能量共筑中国梦”主题活动，各离退休干部党支部召开“建言二十大”“我看中国特色社会主义新时代”专题调研座谈会。举办霍州市第三十届离退休干部运动会，组织喜迎党的二十大健身操展演会、门球赛，举办“喜迎二十大，银龄心向党”、“清廉霍州”建设书画诗词楹联展，参与“喜迎二十大，银龄心向党”全省离退休干部诗书画影作品大赛，在诗词、书画、绘画、摄影四大类中有5人获奖。霍州市老年大学书画班深入全市10余个农村（社区）开展“写春联送祝福”活动，1000余副对联展现了老同志对传统文化的传承和坚守。开展“参与基层治理”老干部“家门口”行动。市委老干部局联合市委政法委、市人民法院等相关单位，在霍州署、白龙矿区广场、辛置镇二处南矿区文化广场等多个地点开展了以“惩治养老诈骗维护合法权益共建平安山西”为主题的法治宣传活动。通过悬挂条幅、发放宣传彩页、宣传手册、现场答疑等多种形式，向群众宣传和解答关于养老诈骗的相关案例和预防养老诈骗的知识，增强老年人防诈骗意识，提高警惕，保护好自己的养老钱。发放宣传手册700余份，为老年人解答养老诈骗相关问题100余个，消除老年人心中疑惑，让老年群体获得被关心、被关注及被保护的感觉。

【红色宣讲活动】 2022年，以市老促会、关工委、红色文化研究协会牵头，成立了3支红色宣讲队伍，深入霍州市乡镇、村庄、学校、广场、公园等场所，采取红色故事宣讲、红色电影展映等形式，深入持久地传承红色基因。关工委深入霍州市实验小学，开展红色宣讲活动2次，受众500余人次。老促会以师庄乡冯南垣村为主阵地，利用“五一”“七一”“十一”等节假日，以快板书的形式，宣传习近平总书记视察冯南垣、抗击疫情《坚持就是胜利》《科学防控过大年》等。红色文化研究协会何林明，建立红色影像家苑，在自家小院建成放映厅、影片展房、事迹荣誉展室，集办公住宿于一体的宣传活动阵地。每年在重大节日免费放映红色电影，为中小学生、老干部提供参观阵地，以独特方式开展红色宣讲活动。

【“助力转型”老专家行动】 2022年，市委联系高级专家、市老促会副会长任光福在霍州打造中国花馍之乡，全力发展花馍产业，并向国家知识产权局申请专利发明“霍州大大馍”，增强霍州花馍企业知识产权意识，促进花馍产业的规范发展、持久发展，成为霍州经济发展新引擎。老专家张明光赴故宫博物院学习考察，推动文物保护利用和文化遗产保护传承，为“故宫来临·霍州有礼”文化创意产品展示会的成功举办，推介霍州署衙、挖掘曹端文化，推进文旅文创融合发展作出贡献。以老专家董双锁、杨连杏为主的一班人，响应霍州市委、市政府的号召，着手挖掘霍山传说和古驿道上的故事。他们不辞辛劳，查阅资料、深入乡村、走访专家、调查古迹遗址，分别整理撰写《霍山传说》57期，《古驿道上的故事》40期，在霍州各新闻媒体定期刊发，为坚定蹚出产业转型、文旅融合、全方位高质量发展新路作出贡献。

【自身建设】 2022年，市委老干部局整合社区党群服务中心和涉老组织老干部活动室资源，发挥各离退休干部党支部作用，打造集党建活动、文化养老于一体的综合性共享阵地，做到离退休干部党员与在职党员共用，党建活动与其他老年活动共用，党建学习资料共享“循环利用”。活动场所统一配备书籍、报纸、杂志及音像制品等党建学习资料，供各党组织学习使用。新建老年大学学习活动阵地。投资40余万元，建设集排练和展演、学习和娱乐于一体的高标准老年大学学习活动阵地。（逯点点）

党校工作

【概况】 中共霍州市委党校是市委直属事业单位，是学习宣传习近平新时代中国特色社会主义思想的主阵地，承担着全市党员干部培训、轮训任务。下设办公室、教务科、党建理论研究室、总务科、信息科、培训科、对外合作交流中心7个职能科室，截至2022年底，有在职干部职工19人。

【基础设施建设】 2022年，中共霍州市委党校按照“设施先进、功能齐全、环境优美、富有生机”的要求，投资8万余元维修院内主要消防管道，更换院内部分地砖，更新六层多媒体教室的音箱设备，增强授课效果。

【队伍建设】 2022年，中共霍州市委党校加强教师队伍建设，有10名教师入选临汾市党校系统师资库。9名教师参加临汾市委讲师团、临汾市委党校举办的师资培训班。有11名教师参加霍州市委宣传部二十大宣讲团，深入机关农村社区宣讲50余场，受益人员达3000余人。打造冯南垣精品课，我校教师队伍的理论水平和业务能力明显提升，年轻教师基本能够独立完成授课任务。

【干部培训】 2022年，中共霍州市委党校举办10期“党员进党校”培训班、农村“两委”骨干培训班、发展对象培训班等，培训人员达5000余人。特别是举办两期为期一个月的学习贯彻习近平新时代中国特色社会主义思想科级干部读书班。每期读书班30余人，大部分是新提拔的年轻的科级干部。两期读书班采取党性教育、参观交流、社会调查、论文答辩等形式，并先后赴右玉、太行干部学院、晋中贾家庄等地开展拓展培训。深入基层展开宣讲，内容有中共二十大精神、习近平总书记山西讲话精神等。党校还承担了市委中心组学习辅导等任务。在冯南垣开展现场教学，培训本地及外地党员干部6000余人。与党校相互交流学习。该校两名教师分别到洪洞县委党校、临汾市委党校等地授课，收到良好效果。

【科研工作】 2022年，中共霍州市委党校全体教师共撰写调研文章6篇，其中省级报刊发表文章3篇，段文洋完成省委党校科研项目。（段文洋）

党史地方志研究

【概况】 中共霍州市委党史研究室（霍州市地方志研究室）成立于2019年3月，有干部职工12人，设办公室、党史编研股、年鉴股、方志股、资料征集股。

【地方志工作】 2022年，中共霍州市委党史研究室坚持修志工作的政治性，完成霍州市二轮修志工作，在山西省二轮修志工作中走在前列，为完成“志鉴”两全目标奠定基础，2022年为三轮修志做准备工作。

【年鉴编纂】 中共霍州市委党史研究室连续出版8部《霍州年鉴》，其中《霍州年鉴（2011—2012）》《霍州年鉴（2013—2014）》为内部出版，《霍州年鉴（2016）》《霍州年鉴（2017）》《霍州年鉴（2018）》《霍州年鉴（2019）》由方志出版社出版，《霍州年鉴（2020）》《霍州年鉴（2021）》由三晋出版社出版。《霍州年鉴（2022）》由方志出版社出版，更新编纂体例，为争创山西省级精品年鉴打好基础。

【指导部门志、村志编纂】 2022年，中共霍州党史研究室参加《靳壁村志》修编培训会，启动该书修编工作，已完成终审进入出版印刷阶段；按照临汾市委市政府关于编写《临汾市扶贫志》和《临汾市小康志》要求，完成“两志”中霍州部分编写任务。

【党史编研】 2022年，中共霍州市委党史研究编纂完成《中国共产党山西霍州历史（1926—1949）》第一轮评审。启动第二卷（1949—1978）修编工作，已基本完成初稿。根据临汾市纪委、临汾市委党史研究室关于编写《临汾清廉故事选暨历代廉吏录》要求，成立专门的编写组，已报送5篇；按照临汾市委办公室要求，将霍州在革命时期的机要交通历史资料收集整理汇编并按时上报。（王晓英）

档案馆工作

【概况】 霍州市档案馆为国家二级档案馆，是永久保管国家档案的基地和进行爱国主义教育的基地，是霍州市已公开现行文件利用中心、政府信息公开查阅中心和档案信息资源开发利用中心。履行发挥爱国主义教育基地功能、档案安全保管基地功能、档案利用服务中心功能、政府公开信息查阅中心功能、电子档案备份管理中心功能。

霍州市档案馆在2019年霍州市机构改革中局馆分离，由市政府直属事业单位调整为市委直属事业单位。内设机构包括办公室、档案管理利用股、档案史料编研股（档案陈展室）、档案收集征集股、电子信息股、现行文件利用股。在职人员14人，其中硕士学历1人，本科8人，大专5人；档案专业职称有副研究馆员1人，馆员1人，助理馆员2人。

【档案移交利用】 2022年霍州市档案馆接收国企退休人事档案13227卷，（其中联通公司6卷、新华书店14卷、大秦铁路19卷、山西压缩天然气集团临汾公司3卷、太钢集团临汾钢铁有限公司5卷、霍州煤电集团13180卷）。另接收整理董汉雄实物档案9件，霍州市委保密局文书档案90卷。接收资料148册，接收现行文件2300份。全年累计接收各类档案资料15774卷（件）。档案馆充分发挥档案服务功能，全年接待档案查阅利用1400余人次。

【档案业务建设】 2022年，霍州市档案馆对市工信局、市审计局、市农业局、市爱卫办（改厕档案）、市税务局等单位的档案工作进行业务指导。参与了霍州市各项重大活动，指导档案资料收集整理工作，包括霍州市年馍产业发展工作专班、霍州市抓党建促基层治理能力提升专项行动办公室、山西省锣鼓大赛决赛暨“中镇霍山·华夏州署”第十二届文化旅游月、霍州中国镇山文化论坛会议、霍州市巩固拓展脱贫攻坚成果同乡村振兴有效衔接考核评估工作、霍州市疫情防控指挥部等。霍州市档案馆对工信局全体人员进行档案业务培训，内容包括档案法律法规、档案的收集鉴定、整理保管、检索利用等内容。

【档案宣传】 2022年6月9日是第十五个“6·9”国际档案日，霍州市档案馆在州署广场开展“喜迎二十大·档案颂辉煌”主题街头宣传活动。霍州市委副书记蔡献君参加宣传活动，与档案工作者一起发放宣传资料。霍州市档案馆与市教科局共同赴赵家庄中学开展“红色档案进校园”主题活动，将精心印制的《中共一大至十九大档案图册》送给在校师生。下午，市赵家庄中学八一班全体师生走进市档案馆爱国主义教育基地，开展“赓续百年初心·传承美好家风”主题班会。同学们讲述革命家李大钊、伟人毛泽东、习近平的家风故事，师菁悦与大家分享了《习爷爷来我家》的感人故事。

“霍州档案”微信公众平台利用档案工作行业特色，不断推出形式新颖、内容丰富的原创作品。连续5年获“全国档案微信公众号排行榜”年度百强。自2017年创办至2022年底，推送文章1012篇。其中，2022年推出《霍山的传说》《古驿道上的故事》等栏目受到了广大读者好评。

【档案编研】 2022年，霍州市档案馆将编研工作的重点确定在《霍州档案志》的编撰上。这部志书完整记录霍州市档案馆从1959年成立至2022年63年走过的艰辛历程和取得的发展成就。1月26日，中共中央总书记、国家主席、中央军委主席习近平在山西省委书记林武和时任省长蓝佛安陪同下，冒雪来到霍州市师庄乡冯南垣村考察调研。为永久记录这一历史瞬间，霍州市档案馆于6月9日举办“牢记领袖嘱托·守护历史记忆——习近平总书记在霍州”档案展，并对外开放。展览主要内容包括2022年1月28日报道习近平总书记视察霍州的4家国家级报纸、31家省级报纸、大公报等38种报纸，以及习近平总书记亲手制作的霍州年馍、珍贵视察图片等。

10月20日，“永远跟党走　奋进新征程”——中共一大至二十大档案图片展在霍州市师庄乡冯南垣村初心小院开展。

（杜黎明）

霍州市人民代表大会

综　述

【概况】　霍州市八届人大常委会成立于2021年4月。市第八届人民代表大会第二次会议于2022年1月24日召开，出席人大代表193名。常委会组成人员应有31人，现有29人。其中，主任1人、副主任3人、委员25人。常委会内设六委一室一中心，即内务司法工作委员会、财政经济工作委员会、城建环保工作委员会、教科文卫工作委员会、农村工作委员会、人事代表工作委员会、办公室和法律法规调研中心。另有5个派出机构，即各街道人大工作委员会。人大常委会职责为：讨论、决定本行政区域内各方面工作的重大事项；监督本级人民政府、本级监察委员会、本级人民法院和本级人民检察院的工作；撤销本级人民政府的不适当决定和命令；撤销下一级人民代表大会的不适当决议；依照法律规定的权限决定国家机关工作人员的任免；在本级人民代表大会闭会期间，罢免和补选上一级人民代表大会的个别代表。

【八届人大二次会议】　八届人大二次会议于2022年1月24日至1月27日在霍州大剧院召开。听取和审议霍州市人民政府工作报告；审查和批准霍州市人民政府关于2021年国民经济和社会发展计划执行情况与2022年国民经济和社会发展计划草案的报告；批准了霍州市2022年国民经济和社会发展计划；审查和批准霍州市人民政府关于2021年财政预算执行情况及2022年财政预算草案的报告；批准霍州市2022年财政预算；听取和审议霍州市人大常委会工作报告；听取和审议霍州市人民法院工作报告；听取和审议霍州市人民检察院工作报告；选举出席临汾市第五届人民代表大会代表。

重要工作

【人事任免】　2022年，依据相关法律法规任免国家机关工作人员65名；2名常委会组成人员因工作变动，辞去常委会委员职务。

【监督工作】　2022年，常委会坚持发展导向，服务中心、突出重心、顺应民心，把共谋发展、致力民生、崇尚法治作为监督工作的出发点和落脚点，正确监督、有效监督、依法监督，助推经济社会高质量发展。听取和审议年度预算执行、调整、决算等方面报告、《国有资产管理情况综合报告》、《国有自然资源资产管理情况专项报告》、《全市2021年上半年国民经济和社会发展计划执行情况报告》、《关于审计查处问题整改情况报告》，促进各类资金规范管理和安全运行。组织开展全市医保工作专题调研，提出意见建议，督促市政府提高医疗保障服务水平。听取和审议《靓城提质工作情况报告》《关于全市农业产业发展情况报告》《关于全市教育科技工作情况报告》。听取和审议市人民法院《关于行政审判工作情况报告》及市人民检察院《关于控告申诉检察工作情况报告》；开展“12·4”第八个国家宪法日宣传活动，深入宣传宪法至上、依宪治国、依宪执政的理念；配合和支持临汾市人大常委会开展的“自立法规执法检查年”活动，组织对《临汾市饮用水水源保护条例》《临汾市文明行为促进条例》等10余部法规条例的执法检查和专题调研，推进依法治市各项决策部署，推动法律制度优势更好转化为治理效能。召开人大常委会会议8次，听取审议专项报告16项，作出决议决定11项，组织开展和积极配合省人大、临汾人大执法检查、专题调研等活动23次。

【代表工作】 2022年，霍州市人大常委会通过召开人大代表初任培训会、为代表订阅《人民代表报》、定期刊发《人大常委会会刊》等方式，拓宽代表知情知政渠道，增强代表的履职能力。落实市级人大代表交通、通信补助，为代表依法履职提供保障。坚持高起点定位、高标准运行代表联络站，采取常委会主任会议成员、各委室负责人包指导联系、包推进落实的办法，坚持“一月一活动、一季一总结、一年一述职”，丰富进站代表发挥作用的形式和内容，展示新时代全市各级人大代表的工作风采。换届以来，围绕防汛救灾、安全生产等工作，全市12个代表联络站共开展主题活动80余次，走访选民500余人，为民办实事300余件。对八届一次会议收集的84件意见建议进行梳理汇总，综合采取市政府副市长领办、职能部门承办、人大工委督办等方式推动办理工作，代表满意率达98.8%。

【议案情况】 八届二次人民代表大会收到人大代表议案和建议、批评、意见83件（以议案形式提出的16件，以建议、批评、意见形式提出的67件），其中涉及城建交通方面20件，农林水利方面10件，教科文卫方面14件，社会民生方面36件，经济环保方面3件。根据《霍州市第八届人民代表大会关于代表议案的提出和处理办法》规定，经大会秘书处议案办理组研究审定，对10人以上代表联名提出的16件议案，全部改按建议、批评、意见处理。

【代表建议】 2022年八届二次人民代表大会收到涉及社会民生、教科文卫等方面的议案和建议、批评、意见50件，占总数的60%；会议代表提出的议案和建议、批评、意见，涉及城建交通方面达20件，占总数的24%。收到农林水利方面的议案和建议、批评、意见10件，占总数的12%，体现出代表对推动乡村振兴，促进农业高质高效、乡村宜居宜业、农民富裕富足的关心、关注和支持。

（王　敏）

霍州市人民政府

综　　述

【概况】　2022年，在山西省委、省政府，临汾市委、市政府和市委的坚强领导下，在市人大、市政协的监督和支持下，市政府坚持以习近平新时代中国特色社会主义思想为指导，全面贯彻中共十九大、二十大精神和习近平总书记考察调研山西重要讲话重要指示精神，坚决落实党中央“疫情要防住、经济要稳住、发展要安全”重要要求，克服一系列困难挑战，各项工作取得新成绩、实现新突破。

【经济发展】　2022年，霍州市地区生产总值达到115.17亿元，同比增长5.3%，增速从2021年临汾市第14名上升到第12名；全市规模以上工业增加值达到62亿元，同比增长11%，增速从2021年临汾市第15名上升到第8名；固定资产投资完成29.15亿元，同比增长10.4%；社会消费品零售总额完成37.81亿元，其中限额以上消费品零售额完成6.55亿元，同比增长14%；一般公共预算收入完成6.11亿元，同比增长9.15%；城镇常住居民人均可支配收入达到39117元，同比增长6%；农村常住居民人均可支配收入达到19041元，同比增长6.1%。全市综合经济实力不断攀升，提速进位取得明显成效。

【产业发展】　2022年，农业产业稳产增效，粮食播种面积38.39万亩，产量13.14万吨，同比分别增长11.6%、21.7%。高标准农田新增2万亩，总面积达到20万亩。农产品加工企业销售收入达到14.3亿元，同比增长134.4%。年馍产业发展迅速，被授予“中国年馍之乡”称号，全年产量突破2000万公斤，销售额达到1.5亿元，同比增长50%。东方希望集团6.25万头生猪养殖项目有序推进，畜牧业高质量发展迈出新步伐。全市农林牧渔业增加值完成5.44亿元，第一产业增加值完成5.16亿元，增速5.4%。工业结构调整加快。坚决落实煤炭增产保供任务，全年原煤产量达到466.12万吨，同比增长6.84%。辛置、紫晟、力拓等煤矿完成5个智能化采掘工作面建设。推进4个10万千瓦集中式光伏发电项目，全市光伏新能源装机容量达到41万千瓦，占全市电力总装机比重达到12%。年产20万吨高品质建筑石膏生产线、年产30万平方米保温一体板制造生产线等工业项目建成投产。全市新增规上工业企业3户。现代服务业提档升级。开展“晋情消费·悦享霍州”等各类促消费活动，投放消费券150万元。电子商务发展迅速，完成网络交易额4200万元，同比增长30%。网络货运从无到有，产值达到4596万元。文旅服务业持续回暖，旅游接待人次稳步回升，霍山景区被授予

"中国天然氧吧"称号，霍州署景区和七里峪景区成功创建国家AAA级旅游景区，实现霍州市A级景区零的突破。

【开发区建设】 2022年，开发区产业园道路建成通车，科技智创园建设完成标准化厂房2.57万平方米，开发区厂房总面积达到5.2万平方米。成功承办临汾市开发区"三个一批"活动，科技智创园、飞凤电子产品加工、二轮电动车制造等项目相继建成投产。开发区规模以上工业增加值完成12.91亿元，同比增长16%；工业投资完成6.32亿元，同比增长20.8%；转型项目当年完成投资6.26亿元，占工业投资比重的99.1%；产出强度达到173.76万元/亩；高新技术企业和"四上"企业总数分别达到4家和15家。开发区综合实力持续提升，跑出高质量发展"加速度"。

【城乡面貌】 2022年，霍州市提升城市品质，完成滨河小区等8个老旧小区和滨河路、玉霍线道路提质改造。政务服务中心、新人民医院、妇计中心建设有序推进。汾河霍州段和南涧河防洪能力提升、餐厨垃圾处理厂等项目加快实施。系统开展城市美化、亮化，鼓楼周边、滨河路沿线建筑完成外立面改造。乡村振兴深入推进，坚持尊重乡土风貌，注重微更新、轻改造、精提升，编制《冯南垣片区建设总体规划》，按照"一核一带三片区"的空间布局进行有序建设。实施了初心讲堂、乡村记忆馆等项目，对古道、驿站、茶坊、烽火台等文物古迹进行修复，为乡村发展注入新动能，全年到冯南垣片区参观学习旅游人次超过20余万。高标准实施许村、下王村等省、临汾市级乡村振兴示范村建设和段庄村省级特色产业示范基地建设。完成农村道路新建和改造提升35.9公里、农村供水维修养护18处、农村厕所改造1500座，实施农村生活垃圾中转和生活污水处理项目，农村生活垃圾收运处置体系实现村庄全覆盖。

【营商环境】 2022年，霍州市人民政府深化"放管服"改革，商事登记"四级帮办代办"体系建成运行，全市代办网点达到187个。办理各类"证照分离"改革事项1534件。国企改革稳步推进，成立霍州市农村集体经济发展有限责任公司和霍州经济技术开发区建设投资有限公司。出台《霍州市促进工业稳增长行动计划》等文件，安排财政资金500万元设立中小微企业发展资金，专项用于稳增长促投资各项补贴。常态化组织"早餐会+下午茶+夜沙龙"政企对接会等活动30余次，投放中小企业低息贷款6000余万元，为20余家企业发放惠企助企政策资金606万元。开展"市场主体建设年"活动，全年新增市场主体4279户，同比增长24.15%，达到21997户；企业数量达到4670户，同比增长10.17%；涉税市场主体9200户，同比增长61.21%。新增减税降费及退税缓税缓费2.96亿元。

【环境治理】 2022年，霍州市人民政府深入攻坚大气污染防治，空气主要污染物各项指标大幅下降，全市优良天数达到233天，同比增加8天，全年空气质量综合指数4.87，同比优化3.4%，创历史新优。新增集中供热换热站15座，集中供热面积增加20万平方米，累计达890万平方米，发放煤改电、集中供热补贴资金660.51万元。汾河、南涧河河道得到有效治理，生态优化和防洪能力显著提升。启动实施第二生活污水处理厂、排水管网雨污分流改造、农村生活污水处理等一批治污项目。推进固体废物污染防治工作，高标准完成3处煤矸石固废点综合治理。

【民生事业】 2022年，霍州市人民政府坚持民生投入只增不减，民生社会事业投入17.51亿元，占一般公共预算支出比重达到83%。民生保障不断加强。发放低保金和各类临时救助资金1954万元。城乡居民基本养老保险参保99029人，参保率达到95%，工伤及失业保险累计参保3.8万人。农村低保标准每人每月提高20元。社会工作服务有序开展，累计服务儿童和老年人3900余人次。农村日间照料中心和公共浴室服务实现全覆盖。就业促进成效显著。城镇新增就业4871人，农村劳动力转移就业3735人，失业人员实现再就业1568人，脱贫劳动力外出务工就业1214人。全年发放稳岗补贴169.32万元、创业担保贷款3743万元、脱贫人口小额信贷628万元。深入推进"人人持证、技能社会"建设，持证人数累计达到6097人，提升"霍州技工"劳务品牌影响力。教育事业协调发展。落实"双减"政策，北环路小学完成搬迁，西张小学投入使用。深化教育教学改革，民办义务教育在校生占比由19.14%降至4.8%，基础教育均衡发展向更高水平迈进。连续14年举办爱心助学活动，累计救助困难学生2230名。医疗服务体系更加完善。建设7处标准化母婴室，开通19个养老机构和26个日间照料中心老年人就医绿色通道。招引医疗卫生专技人员29人，全市医疗机构达到349家，常住人口每千人医疗机构床位数达到5.4张。

【社会治理】 2022年，霍州市人民政府落实落细疫情防控各项措施，众志成城筑牢疫情防控严密防线，守护人民群众生命安全和身体健康。深入开展安全生产专项整治三年行动和安全生产大排查大整治大提升专项整治行动，全年生产安全事故起数、死亡人数同比分别下降60%、56%。常态化抓好社会治安、扫黑除恶等工作，严打养老诈骗和电信网络诈骗违法犯罪，盗抢骗民生小案破案率位列临汾市平川县第一。信访工作"控新治旧"成效显著，"两师、两员、两会"访调机制在央媒刊载宣传，年度综合考核连续两年稳居临汾市第一方阵。落实各项双拥优抚安置政策，霍州市被授予省级"双拥模范城"称号。

【政府效能】 2022年，霍州市人民政府坚持以政治建设为统领，深学笃用习近平新时代中国特色社会主义思想，把抓落实提高执行力作为政府工作的生命线，驰而不息抓作风、强执行、促落实。落实法治政府建设责任，执行市人大及其常委会的决议决定，主动接受人大、政协监督，听取社会各界的意见建议，全年办理人大代表议案和建议82件、政协委员提案76件，办复率达到100%。主动公开政务信息2127条，受理依申请公开事项16件。 （刘宁）

政府办公室工作

【文秘工作】 2022年，霍州市政府办公室紧盯中央和省、临汾市重大决策部署和霍州市中心工作，抓住牵动全局的"关键点"、重点工作的"薄弱点"和基层工作的"闪光点"，积极深入开展调研活动，为市政府把握全局、正确决策提供了及时、准确、可行的对策建议。全年撰写各类综合调研文章31篇，为领导科学决策提供了翔实、科学、前瞻的基础材料和决策依据。扎实做好经济工作会、政府工作报告等各类文稿的起草工作，全年撰写各类讲话稿、汇报、总结等重要文稿318篇、71万字。

【信息工作】 2022年，霍州市政府办公室加强政府门户网站维护、政务新媒体运维监管，完善信息审核发布机制，围绕全市经济运行情况、重点工作进展情况等，全年公开各类政府信息1974余条，编发政务信息47期、199条，完成约稿77条，上报信息194条，其中17条在临汾政务信息平台刊发。

【督查工作】 2022年，霍州市政府办公室围绕政府中心工作和要求，列出督查清单，建立督查台账，定期督查暗访，实行全程督办、跟踪督办、专项督办。抓好政府各类会议决定事项、重点项目和议案提案等的督查督办，推动各项工作任务落实。2022年，开展疫情防控、撂荒地整治、防汛减灾、清洁取暖、散煤整治、民生保障等各类督查工作，出动人员210人次，督导整改问题101条。强化重点问题研判专班运行，协调处理安全生产、生态环境、私挖滥采、信访、疫情防控和其他类重点问题143个，完成整改138个，剩余5个正在加紧整改。承接临汾市交办事项22件，处理“随手拍”问政帖17件。协调督办市人大建议82件，政协提案76件。

【政务保障】 2022年，霍州市政府办公室建立完善分工明确、衔接紧密、责任到人的办文办会工作机制，提升会议、文件实效。全年组织和保障各类工作会议2000余次（其中，全市大型现场会议43次，上级各类会议1100余次，市政府各类会议900余次），组织协调各类调研310余次。共审核、起草、分发各类文件135件，编发政府常务会议纪要17期，办理上级来文来函2167件、明电20件，公文处理工作更加科学、规范、高效。

【政务公开】 2022年，霍州市政府办公室深化突出阳光透明，公开市政府的重大决策及重要事项，持续推进基层政务公开标准化规范化工作。制定出台《霍州市2022年政务公开工作要点》，加大公开力度，扩大公开范围，拓展政务公开标准化试点领域，推动阳光政府服务政府建设。

【应急管理】 2022年，霍州市政府办公室执行领导带班、24小时值守制度，落实应急管理“一岗双责”和突发事件应急处置相关职责，推进值班值守规范化建设。发挥政府值守中心统筹协调作用，加强对全市涉及民生、安全生产、安保维稳、防汛抗旱、森林防火等突发事件的调度工作，准确上传下达，规范传送流程，确保各类突发事件及时有效处置。2022年共上报值班信息112期。

【信访工作】 2022年，霍州市政府办公室落实信访责任，化解矛盾纠纷。参与隐患排查治理和基层矛盾排查调处，核实处理临汾市政府办交办社情舆情民情15件，为全市经济社会发展创造良好环境。

【机关建设】 2022年，霍州市政府办公室坚持把贯彻落实习近平总书记考察调研山西重要讲话重要指示精神摆上重要位置，组织力量参与起草霍州市关于全面贯彻落实习近平总书记考察调研山西重要指示精神的实施方案，并在工作中积极推动落实。全年累计开展主题党日活动12次，参加市委中心组跟学10次，组织办公室集中学习16次。全年政府办党支部发展党员3名，预备党员转正3名，入党积极分子4名，组织党员过政治生日4次。（卫子颖）

退役军人事务管理

【概况】 2022年，霍州市退役军人事务局始终以习近平新时代中国特色社会主义思想为指导，贯彻落实习近平总书记关于退役军人工作的重要论述和习近平视察山西重要讲话指示精神，紧跟市委、市政府要求，围绕省级双拥模范城创建工作，抓实抓紧退役军人思想政治、服务保障、就业安置、拥军优抚、权益维护等各项工作，推进全市退役军人事业高质量发展。

【模范城创建】 2022年，霍州市退役军人事务局在融媒开设双拥专栏，建成双拥公园2个、双拥街6个；发放各类宣传资料2万余份；在公共场所设立“军人优先”“军人免费”等标志牌。开展“亮身份、强服务、当先锋”“创建退役军人清廉家庭”活动，举办“八一”双拥晚会。通过多层次、多角度的宣传，全社会礼遇关爱军烈属、军人军属和退役军人先进典型和军爱民、民拥军的良好氛围日益浓厚。

【优待证发放】 2022年，霍州市退役军人事务局开展优待证制发工作，成立工作小组，下发工作方案，召开联席会议，利用融媒体、微信等形式宣传及受理优待证申请。

【创业扶持】 2022年9月，霍州市退役军人事务局开展退役军人适应性培训，提升就业能力。组织11场“线上＋线下”专场招聘会，提供就业岗位。

【阳光安置】 2022年，霍州市退役军人事务局执行“量化积分、排序选岗、阳光安置”制度，完成2022年度符合政府安排工作退役士兵安置选岗工作。接收2021年秋冬季自主就业退役义务兵、退役士官，开展“一站式”报到服务，协助办理落户以及养老、医疗保险转接。在全国移交安置系统录入。

【发放补助】 2022年，霍州市退役军人事务局规范优抚资金运行，全年发放抚恤金、医疗补助、义务兵优待金、大学生入伍奖励金。

【拥军优抚】 2022年，制定霍州市优待目录，常态化开展悬挂光荣牌、建档立卡等活动。全年发放慰问金（品），发放年画和悬挂光荣牌。

【烈士褒扬】 2022年，霍州市退役军人事务局召开专题动员部署会，启动南塔烈士陵园展馆提质改造项目、南塔烈士陵园地面及零星工程项目、霍州南塔烈士陵园英雄烈士纪念设施改造项目。对大沟战役遗址进行打造，投入216.24万元。

应急管理

【概况】 霍州市应急管理局是市人民政府工作部门，为正科级，加挂霍州市地方煤矿安全监督管理局牌子。承担霍州市安全生产委员会办公室以及霍州市应急救援总指挥部（市减灾委员会）、霍州市抗震救灾应急指挥部、霍州市森林草原防灭火应急指挥部、霍州市防汛抗旱应急指挥部、霍州市地质灾害应急指挥部、霍州市生产安全事故应急指挥部、霍州市煤矿生产安全事故应急指挥部7个指挥部办公室的职责。下设9个股室、1个大队和2个中心，分别是办公室、综合协调股、煤矿管理股、危化管理股、非煤工贸股、防灾减灾股、应急救援股、教育培训股、行政审批股，应急管理综合行政执法大队，霍州市煤矿安全监管中心和霍州市防震减灾中心。

【主要职责】 霍州市应急管理局负责霍州市应急管理工作。组织和指导乡镇（街道）、县级部门应对安全生产类、自然灾害类等突发事件和综合防灾减灾救灾工作。负责安全生产综合监督管理和工矿商贸行业安全生产监督管理工作。拟订全市应急管理、安全生产等政策措施，组织编制应急体系建设、安全生产和综合防灾减灾规划，组织实施相关地方性法规、规章和标准。负责组织、指导全市应急预案体系建设，建立完善事故灾难和自然灾害分级应对制度，组织编制全市综合防灾减灾预案和安全生产类、自然灾害类专项预案，负责应急预案衔接工作，组织开展预案演练，推动应急避难设施建设。牵头建立全市统一的应急管理信息系统，负责信息传输渠道的规划和布局，建立监测预警和灾情报告制度，健全自然灾害信息资源获取和共享机制，依法统一发布灾情。负责组织、指导、协调安全生产类、自然灾害类等突发事件应急救援，承担县级应对一般及以上灾害指挥部工作，综合研判突发事件发展态势并提出应对建议，负责组织一般及以上灾害应急处置工作。统一协调指挥各类应急专业队伍，建立应急协调联动机制，推进指挥平台对接，提请衔接解放军和武警部队参与应急救援工作。

【指标完成情况】 2022年，霍州市发生生产安全事故5起，死亡5人，均为一般生产安全事故。连续20年未发生较大以上生产安全事故。

【安全执法】 2022年，霍州市应急管理局重点对矿山、危险化学品、非煤工贸、人员密集场所、道路交通等方面的非法违法、违规违章行为进行集中打击和整治。全年出动安全监督检查人员1348人次，检查企业516家次，发现隐患727项，全部为一般隐患，已整改完成。行政处罚14起，罚款101.5万元，已结案。

【煤矿安全】 2022年，霍州市应急管理局以煤矿、涉煤企业日常安全监管和专项检查为主，落实“安全第一、预防为主，综合治理”的安全方针，推进监管企业安全生产稳定向好发展。全年安全检查、复查84家次，发现各类事故隐患431条，其中重大隐患1条，已完成整改。行政处罚2起，罚款74万元。

【非煤矿山监管】 2022年，霍州市应急管理局以非煤、冶金工贸企业的专项整治和日常监管为主，坚持高标准、严要求抓安全，围绕开展的专项行动查隐患、促整改、保安全。全年开展非煤矿山检查指导36家次，发现隐患453条，已全部整改。行政处罚10起，罚款25.5万元。

【危化治理】 2022年，霍州市应急管理局针对以往加油站事故发生的特点，开展危险化学品安全综合治理专项行动，帮助加油站完成三级标准化自评申报工作。全年检查、复查企业75余次，下达各类执法文书45份，查出一般隐患240条，全部完成整改。

【安委办工作】 2022年，霍州市应急管理局落实《山西省管行业必须管安全、管业务必须管安全、管生产经营必须管安全实施细则》，推进安全生产领域改革发展，健全完善安全生产责任体系，强化责任落实，健全完善各类应急预案的编制。出台《霍州市人民政府关于做好2022年安全生产工作的通知》，统筹全年各领域安全生产工作，奠定全年安全生产工作基调，把安全生产与经济社会发展同规划、同部署、同落实、同考核。落实《地方党政领导干部安全生产责任制规定》及《临汾市安全生产责任落实特别规定》，落实“党政同责、一岗双责、齐抓共管、失职追责”要求，印发市长、副市长安全生产职责清单；配合市委、市政府对各行业监管部门进行指标考核，逐年加大安全指标权重，实行安全生产“一票否决”，确保安全管理措施落实到位。2022年参与组织召开十二次全市安全生产工作例会。在全市范围内，明确了专项整治三年行动2022年任务清单，组织开展全市安全生产大检查大整治大提升行动，全市安全生产隐患排查整治行动，并开展“两个行动”总结评估工作。在重要行业领域，开展危险化学品安全风险集中治理、生产经营租住村（居）民自建房重大火灾风险综合治理、沿街经营性场所安全风险排查治理、消防安全大检查大整治大提升、高层建筑重大火灾风险专项整治。印发全市安全生产风险点清单，督促各有关单位抓好各类风险防控，做好全市安全生产“回头看”工作。开展冬春火灾防控暨消防安全隐患排查整治和安全生产“冬季行动”，加强冬季用火用电用气安全防范。开展为企业职工“送温暖、送服务、促安全、迎二十大”活动，督促企业加强安全文化建设。协调鼓楼办、陶唐峪乡、大张镇、李曹镇住建局、林业局、南环办、水利局、北环办等多个部门解决隐患问题4条，督促整改临汾市领导及霍州市安委会十一检查组检查问题隐患28条，督促能源局牵头与企业签订高风险区域联动机制协议。

【安全宣传】 2022年，霍州市应急管理局集中宣传安全生产方针政策、法律法规和应急知识、消防安全知识、防灾减灾救灾常识等安全科普知识和技能。围绕“遵守安全生产法当好第一责任人”活动主题，举行全市“安全生产咨询日”活动，以“预防为主、加强监管、落实责任”为重点，坚持“贴近实际、贴近生活、贴近群众和面向社会、面向基层、面向企业”的理念，通过开展“五进”宣传活动、开设“安全标语墙”、开辟《安全在线》专栏、设立应急救援装备展示区、展出安全宣传展板、发放宣传资料等方式，向群众广泛普及安全常识、法律法规、应急避险和自救互救方法，提高全民安全素养，强化各项预防措施，落实企业安全生产主体责任。出动宣传人员150余人次，发放安全生产法律、法规及安全知识等宣传资料1万余份。

【防灾减灾与应急工作】 2022年，霍州市开展第一次全国自然灾害综合风险普查评估与区划阶段工作。1月应急管理局下拨（2021年度中央、省级、本级下达霍州市各类救灾资金1098万元）生活救助资金662万元，其中220万元用于采购面粉2139袋，棉被褥3676套，棉大衣3676件，保暖衣3676套，完成下发。86万元用于购买防汛抢险物资。剩余130万元应急救灾资金由财政局直接下拨到12个乡镇街道办事处及消防队。全年开展市级和乡镇部门演练共计12起，参加人数2000余人次。处理危险化学品车辆泄露事故1起。

（宁　虎　徐　锐　牛芳芳　谢慧芳　马国雄）

·霍州市消防救援大队·

【概况】 霍州市消防救援大队作为霍州市应急救援的主力军和国家队，承担着防范化解重大安全风险、应对处置各类灾害事故的重要职责。大队下辖1个政府专职消防队，有消防指战员4人、专职队员20人、文职人员9人，拥有水罐消防车2辆、抢险救援车1辆、泡沫消防车1辆、54米登高车1辆，担负着全市防火、灭火及各类应急抢险救援工作任务。

【灭火救援】 2022年，霍州市消防救援大队完成灭火救援任务296次，其中火灾扑灭178起，抢险救援39起，社会救助74次，出动人员2218人次，出动车辆375辆次，抢救被困人员12人，保护财产价值100余万元。

【队伍管理】 2022年，霍州市消防救援大队以落实各项规章制度为抓手，结合每月精细化考评，加强对全体政府专职消防员及文员的常态化管理。紧盯人车酒、黄赌贷、网电密等关键环节，加强对人员“八小时以外”的管理，避免失控漏管，在队伍管理上做到万无一失。开展安全“三零”“六涉”“九无”“条令纲要学习月”“夏季安全防事故工作”“加强队伍管理教育和冬季安全防事故工作”“保密安全教育”等各类安全专项活动或行动，杜绝各类安全事故发生。严抓疫情防控工作，高效落实各项防控措施，做好常态化疫情防控工作。

【政治教育】 2022年，霍州市消防救援大队常态化落实党支部学习交流制度，做到年初有计划、季度有点评、月度有学习、定期有辅导，集体学习与个人自学有机结合，举办各类学习会、研讨会、交流会和专题党课，每人形成2万字的学习笔记。组织开展“牢记领袖训词，永做忠诚卫士”主题教育活动，使得大队班子牢固树立“四个意识”、坚定“四个自信”，提升理论素养和研判把握大局能力。全年大队开展专项教育16次、日常教育23次，党支部书记、副书记集中授课6次，举办党日活动10次，拍摄“创清廉消防、树新风正气”“薪火相传、两个条令”2部专题视频。专职队3名消防员获评霍州市2022年度“最美退役军人”。

【练兵工作】 2022年，霍州市消防救援大队树立“慎终如始、敢打必胜”的坚定信念，立足全灾种、大应急目标，对标主力军、国家队定位，聚焦练兵备战，做好灭火救援、应急响应各项准备工作，部署贯穿全年的岗位练兵活动。执行“每周一测、每月一考”训练制度，通过一系列强化训练，使指战员的体、技能素质得到显著提升。组织指战员积极组织开展的水域救援、绳索救援技术、山岳救援、车辆事故救援、防盗门破拆、危化品处置等应急救援技术以及作战训练安全专项培训，提升队伍实战水平。结合全市主要灾害事故特点，对高层建筑、城市大型综合体、人员密集场所、公众聚集场所、地下建筑等单位开展熟悉及消防演练，提升队伍应急救援综合能力。全年累计开展实地演练86次，熟悉单位86家次，消防水源普查1次，修订完善灭火作战预案86份。

【执法工作】 2022年，霍州市消防救援大队坚持火灾隐患排查整治的高压态势，开展消防安全专项整治三年行动、高层建筑、自建房等专项整治联合执法行动，组织检查社会单位1542家，发现火灾隐患2931处，督促整改火灾隐患2917处，挂牌督办重大火灾隐患1家，行政处罚72家，拘留2人，临时查封22家，责令“三停”12家，罚款42.43万元。

调整、确定消防安全重点单位107家，火灾高危单位3家；联合市公安局组织召开公安派出所工作会议4次，督促指导公安派出所完成了307家“九小场所”的年度调整、确定工作。制定联合工作机制，每月指导派出所监督检查4次，分级分类约谈行业部门、不放心场所和重大隐患单位责任人，指导消防安全负责人签订《消防安全履职尽责承诺书》，督促落实消防安全主体责任。

【基层消防力量】 2022年，全市12个乡镇（街道）均按要求组建消防安全委员会、挂牌成立消防工作站，6月10日，市政府在鼓楼街道办举行了乡镇（街道）消防工作站集中挂牌仪式，解决基层无具体消防工作机构的问题。提请市政府通过聘用消防技术服务机构的专业技术人员，派驻乡镇（街道）消防工作站的方式，协助开展消防安全管理、消防宣传教育培训等职责任务。6 月 14 日，市政府召开第 22 次常务会议，将消防技术服务机构派驻乡镇（街道）专业技术人员的经费列入财政预算，保障基层消防工作站正常有序开展工作。

【宣传工作】 2022 年，霍州市消防救援大队落实“每周一训”制度，宣传小分队每周半天走进社会单位开展集中上课、应急疏散演练；每周一次消防站对外开放，开展火场“体验式”逃生培训；开展“开学第一课”消防知识宣传活动，护航新学期校园消防安全；“五一”前夕，与文旅局联合开展了涉文场所消防知识讲座，并在霍州署开展了春季消防演练；安全生产月期间，组织宣传小分队、女子义务宣讲队走上街头，走进社区、农村家庭、田间地头等多形式开展消防安全知识宣传。精心组织“119 消防宣传月”活动，组织宣传人员走进企业、社区开展消防宣传，张贴宣传海报等一系列活动，打造消防安全群防群治。

在霍州署组织策划文物古建筑消防安全宣传教育线上直播活动，不仅在建筑景区内普及消防安全知识和灭火技能，还能让线上观看直播的群众学到有效的消防安全知识，在外出旅游的时候有效预防文物古建筑安全事故及保护自身安全。将消防安全与宝贵的人文遗产巧妙地结合为一体，通过直播平台传播消防声音。（武芳芳）

行政审批

【概况】 霍州市行政审批服务管理局成立于 2019 年，是霍州市人民政府的工作部门，为正科级，加挂霍州市政务信息管理局牌子。主要职责是贯彻执行党中央、国务院、省市关于行政审批、政务改革、政务服务、政务信息管理的方针政策、法律法规和决策部署；统筹指导、协调、监督、推进全市政务服务及全市政务改革、政务信息和政府采购工作，负责统筹推进全市“互联网＋政务服务”工作；负责我市一体化在线政务服务平台建设和“互联网＋监管”协调工作；承担政务服务便民热线管理运行工作。局机关内设 11 个股室，分别为办公室、政务改革管理股、政务信息管理股、政务监督股、财务审计和费管股、工程建设股、投资项目股、商事登记股、城管交通股、涉农事务股、社会事务股。

霍州市行政审批服务管理局总编制 75 名，其中行政编制 15 名、事业编制 60 名。至 2022 年底，全局人员总数 49 人，行政编制人员 13 人，事业编制人员 36 人。

【营商环境优化】 2022 年，霍州市行政审批服务管理局牵头成立优化营商环境促进市场主体倍增工作专班。制定并印发《关于成立霍州优化营商环境促进市场主体倍增工作专班的通知》《关于强化市场主体倍增要素服务保障的若干措施（试行）》和八大行业实施方案等政策文件。健全“日通报、周调度”工作机制，每周五召开市场主体倍增工程周调度会。牵头成立霍州市优化营商环境促进市场主体倍增工作专班，印发《关于强化市场主体倍增要素服务保障的若干措施（试行）》，制定《霍州市市场主体倍增工程实施方案》（草案），开展政策宣传，依托“创业金桥”工作群，各部门开展的技能培训，在市政务大厅设立企业开办专区，为新设立市场主体免费刻制印章、免费发放税务

Ukey、免费复印打印。

【“一枚印章管审批”改革】 2022年，在山西省政务服务网发布200项“一件事一次办”事项清单。组织召开“一件事一次办”业务培训会，推动一件事实际运行，已经通过“一件事一次办”线上线下专区成功办结600余项事项。

【“领办＋代办＋专办＋一网通办”机制】 2022年，按照标准化承诺模板推进施工许可、人防承诺制办理；落实建筑工程质量监督注册、安全监督注册、施工许可证“三表并联、三证合一”；参加市政府组织的重点项目手续办理推进会，就项目进展逐个分析症结，研究解决实际问题；开展全过程领办代办，推行“一项目一方案一清单”项目审批模式，指定专人为企业提供政策解读、行政许可、疑难解答等精准政务服务，为6个项目出台“一企一册一人重点项目服务手册”，赴项目单位一线为项目单位送上“项目服务手册”，实地指导相关手续办理。为45个项目开展帮办、代办，制定霍州市2022年重点项目手续办理推进图，“挂图作战”逐个项目推动手续办理情况。依托“山西省政务服务平台”实现“一网通办”“全程网办”。

【政务服务便民热线】 2022年，霍州市行政审批服务管理局推进“12345”政务服务便民热线工作。霍州市政务服务热线转办平台收到临汾转办霍州工单6300件，按期处理6297件，按期处理率99.9％，市民满意率98.18％。按临汾市局要求开通市场主体诉求接诉即办专线，对群众关于市场主体方面的诉求，通过三方通话的形式直接办。为提高热线的直接答复率，想方设法通过下发通知、电话督促、分配任务的方式，要求各热线承办部门完善更新充实各部门的知识库内容，加强热线知识库建设，提高热线的直接答复率。

【“互联网＋监管”】 2022年，霍州市行政审批服务管理局做好“互联网＋监管”系统使用和操作的指导和督促工作，通过组织召开工作推进会，通过电话、微信及现场指导等多种方式，督促各监管单位进行数据录入，除已上报无法认领的事项外，监管事项认领960条，认领率100％，监管行为覆盖度达到74.9％，监管行为报送数2.8万余条，检查实施清单编制数949条，清单编制率100％，实现监管责任落实和执法人员账号全覆盖。

【全链条优化审批】 2022年，通过梳理整合、流程再造，在山西省政务服务网发布200项“一件事一次办”事项清单。组织召开“一件事一次办”业务培训会，推动一件事实际运行，通过“一件事一次办”线上线下专区成功办结了“我要开美容院”“我要开兽药店”“我要干个体运输”“我要驾驶拖拉机和联合收割机”等“一件事一次办”700余项。按照省局出台的《“一业一证”改革实施方案》，在农业、食品、药品等高频事项领域试行“一业一证”改革，通过实行“一次告知、一套材料、一窗受理、一同核查、一网联动、一证准营”，实现“一证覆盖”，激发市场主体活力。已为霍州市家家利便民超市有限公司发放生活商超类行业综合许可证。

【“证照分离”改革】 2022年，按照直接取消审批、审批改为备案、实行告知承诺、优化审批服务4种方式分类推进审批制度改革，梳理70项涉企经营改革事项，审批局证照分离改革事项49项，2022年办理各类证照分离改革事项1000余项。

【行政许可事项清单管理】 2022年，

按照国务院、山西省印发的《关于全面实施行政许可事项清单管理的通知》和《关于做好市县两级行政许可事项清单认领编制工作的通知》，根据省市部署，做好霍州市行政许可事项清单梳理、认领、编制工作，编制并公布《霍州市行政许可事项清单（2022版）》。坚持动态调整权责清单。清理和公布权责清单，2894项行政权力全部纳入清单管理。

【项目审批“全代办”】 2022年，推行审批局与开发区联动审批机制。制定并印发《霍州市行政审批局霍州经济开发区审批局联动审批工作方案》，根据开发区具体项目的行政审批工作实际情况，由开发区审批局提出需求申请，市审批局在职责范围内协助其在法定时限内办理相关审批事项，给予其较为有力的支持和帮助。组建涉及政务服务专家团队。通过单位推荐的方式，从相关驻厅单位和局机关业务科室，整合专家信息组建涉企政务服务专家团队，印发霍州市行政审批服务管理局《关于建立涉企政务服务专家团队工作机制的通知》。涉企服务专家团队围绕企业开办、项目建设、生产经营、产能升级、不动产登记以及企业职工的社保医保、住房公积金等各类政务服务需求，为企业提供法律政策解读、帮办代办、疑难解答等精准政务服务。（赵文靖）

信访工作

【概况】 霍州市信访局成立于1987年（原为信访办公室）。2019年机构改革，归为市人民政府工作部门，为正科级，设股室3个，行政编制6名。下属事业单位为信访服务中心，副科级建制，公益一类。

【信访接待】 2022年，霍州市信访局为及时、妥善处理群众反映的信访问题，强化市、乡、村三级干部接访、包案。重点信访事项全部落实由分管领域的市级领导、单位“一把手”包案的“七包一”包案制，2022年，市级领导接待来访群众56批、111人次，研究分析信访案件67次。

【源头预防】 2022年，霍州市信访局以打造先进单位、“枫桥式”乡镇及“三无”先进村、社区为抓手，在全市召开4次大规模的信访工作会议及开展“信访积案大清仓、大起底、大化解”百日攻坚活动、“信访矛盾集中化解月”活动，对安保和矛盾排查等重点工作进行安排部署，市信访工作联席办牵头成立6个督导组，下沉各乡镇（街办）和市直单位进行督导。

【多元共治】 2022年，霍州市信访局利用矛盾纠纷多元化解中心、“访调委”的优势，积极探索“两师、两员、两会”工作法，综合运用法律、政策、经济、行政等手段和教育、协商、疏导等办法，为来访群众提供“一站式”服务，以理说服，以情感化，积极为人民群众解疑释惑，化解矛盾纠纷，忠诚履行为民解难、为党分忧的政治责任。成功调解16件、办结37件，导入司法渠道30件，提供法律和心理咨询信访事项143件。引入社会力量创新矛盾化解机制的经验做法在《中国妇女报》《山西法制报》上刊登宣传，为临汾市在全省考核加分作出贡献。

【全科网络化】 2022年，霍州市信访局推行全科网格化，采取“三个一”办法，即一名网格员、一名党员、一个组织，关口前移，排查化解矛盾，提升基层治理效能。每个村和社区都至少有一名网格员，每天排查网格区域内的矛盾，随有随调；一名党员以党性带动身边群众，运用社会正能量感化教育群众；一个组织发挥村级组织作用，用德治与法治相结合，教化村风民风。

【贯彻条例】 2022年，霍州市信访局动员全市广大干部群众贯彻落实《信访工作条例》新要求，构建信访工作新格局，制定《学习宣传贯彻〈信访工作条例〉活动的实施方案》。通过组织社会宣传、开展主题宣讲、组织竞赛培训、加强新闻媒体宣传等方式，发放宣传单页2000余份，制作短视频4个，开展宣讲15场，专题培训1次。推动形成办事依法、遇事找法、解决问题用法、化解矛盾靠法的环境。

【规范秩序】 2022年，霍州市信访局为维护正常的信访秩序和社会公共秩序，依法打击信访活动中的违法犯罪行为，保护公民合法权益，信访工作联席办印发《关于依法处置越级上访的意见》，印发《关于依法处理信访活动中违法犯罪行为的通告》25000余份。

【专项工作】 2022年，霍州市信访局"集中治理重复访、化解信访积案"专项活动分两批交办市167件，克服基数大、任务重、难度高等实际困难，及时跟进，倒排时间，通过集中攻坚，交办案件全部汇报，一些重点领域矛盾纠纷明显缓解。

【信访保障】 2022年，霍州市信访局启动"零报告"机制，依托公安、网格员与信访联动等机制，确保一旦出现突发情况，立即启动应急预案，同时，启动重要时期每日专报机制，每天汇总信访情况上报市级领导并向信访工作联席会议成员单位通报。

（王力冉）

中国人民政治协商会议霍州市委员会

综　　述

【概况】　2022 年，霍州市政协贯彻中共二十大精神，在市委、市政府的坚强领导下，坚持以发展为第一要务，围绕中心、突出重点、服务大局，履行政治协商、民主监督、参政议政三大职能；坚持落实“12345”战略，主动创新工作思路，创新工作方式和方法，全面完成了市政协年初制定的各项工作任务；坚持团结和民主两大主题，主动肩负起“落实下去、凝聚起来”的政治责任，发挥专门协商机构作用，为霍州市高质量发展作出贡献。

【能力建设】　2022 年，市政协坚持把品牌建设融入党建工作，打造市政协“1＋5＋N”同心圆党建品牌，把坚持党的领导作为首要政治任务，推动市政协领导能力建设全面加强。坚持党的领导，落实主体责任。紧扣市委市政府中心任务谋划和开展政协工作，发挥政协党组在政协工作中把方向、管大局、保落实的领导作用，坚持以政治建设为统领从严从实抓好政协党的建设，推动全面从严治党向纵深延伸，落实好意识形态工作和党风廉政建设工作，扛起坚持和维护党的领导的政治责任。

主要工作

【政治学习】　2022 年，市政协贯彻习近平总书记关于加强和改进人民政协工作的重要思想，全面贯彻习近平总书记对山西工作的系列重要指示精神，牢牢把握团结和民主两大主题，深化专门协商机构建设，增强做好新时代政协工作的使命感和责任感。结合政协实际，创造性提出“四抓四谈四覆盖工作法”，坚持以习近平新时代中国特色社会主义思想统揽政协工作，深入推进政协系统党的建设，提高“两个全覆盖”的质量和水平。通过高频次常态化的教育培训，推动习近平新时代中国特色社会主义思想更加入脑入心。年内组织党的二十大精神专题学习 3 次、讲专题党课 2 次、开展系列主题活动 2 次、召开研讨会 1 次，在“我为群众办实事”活动中为群众办实事 10 件。

【全面从严治党】　2022 年，市政协制定市政协党组和党员领导干部主体责任清单，建立工作台账，将主体责任落实情况纳入批评与自我批评，推动主体责任落细落实。执行重大工作提前向市委汇报、重要事项及时向市委请示、重点工作推进落实情况定期向市委报告等制度，将全面从严治党主体责任落实情况、党建工作责任制落实情况向市委汇报，政协年度协商工作计划、常委会工作报告等按程序提请市委常委会议讨论审议。2022年开展12次调研走访，关注群众反映热点，打通群众工作堵点，解决基层治理难点，收集意见40余条。加大对党风廉政建设的研究部署，将廉政教育纳入理论学习计划，每月组织集中学习。召开市政协党组专题民主生活会，开展批评与自我批评，落实民主集中制，将廉洁自律情况纳入问题查摆整改内容。开展以案促改，全年开展党员干部警示教育5次。

【整体协商】 2022年，市政协年初召开八届二次全体会议，政协委员针对经济建设、政治建设、文化建设、社会建设和生态文明建设等多个方面提出提案153件。由4名副主席分别牵头组织，紧扣“全市中小微企业发展状况”“加快新能源产业培育”“传统古村落的保护和开发”“乡村振兴工作”4个课题进行重点专题调研，组织召开4次专题协商议政常委会，邀请市政府领导和有关部门负责人到会听取委员议政发言，提出“以区域品牌化为取向优化特色产业布局”“补齐农村社会化服务短板”等一批接地气、合实情意见建议。围绕“乡村示范创建和有效衔接乡村振兴工作”议题开展2次调研和协商。市政协主席、副主席带领政协各专委会，对口联系相关政府部门，在参与中开展协商，在参与中议政建言，促进重点工作落实，推动对口协商的开展。

【民主监督】 2022年，市政协丰富提案办理协商方式，完善常态化办理协商机制，探索“提案＋”履职形式，增强提案履职实效。2022年征集提案153件，通过审查立案82件，交由各单位办理，提案得到有效办理，答复率达到100％，满意率和基本满意率达到100％。根据临汾市政协2022年1—3季度反映社情民意信息工作量化考核情况通报，市政协上报信息后，被省政协转送稿件1篇，并被部门反馈；报送全国政协1篇；被临汾市政协《社情民意》采用12篇；报送省政协14篇；被临汾市领导批示2篇。

主要会议

【政协会议】 八届二次会议　中国人民政治协商会议第八届霍州市委员会第二次会议，于2022年1月23日至1月26日举行。会议审议批准田晋川代表八届市政协所作的常务委员会工作报告，审议批准杜明所作的提案工作报告。委员们列席市八届人民代表大会第二次会议，讨论并赞同李青雁所作的《政府工作报告》及其他工作报告。

八届三次常委会会议　2022年1月14日召开，市政协主席田晋川主持会议。本次会议议程：听取讨论并通过《政协第八届霍州市委员会常务委员会工作报告》；听取讨论并通过《政协第八届霍州市委员会常务委员会关于八届一次会议以来提案工作情况的报告》；听取并讨论《政府工作报告》（草案）；听取市委办、政府办关于提案办理情况的通报；协商通过市政协八届二次会议有关事项。

八届四次常委会会议　2022年1月25日召开，市政协主席田晋川主持会议，本次会议分两个阶段进行，第一个阶段议程是协商讨论政协第八届霍州市委员会第二次会议政治决议；第二个阶段议程是听取讨论《政协第八届霍州市委员会常务委员会工作报告》和《政协第八届霍州市委员会常务委员会关于八届一次会议以来提案工作情况的报告》（草案）两个工作报告的决议。

八届五次常委会会议 2022年1月25日召开，市政协主席田晋川主持会议，本次会议分两个阶段进行，第一阶段议程是接受各组讨论情况的汇报；第二阶段议程是协商通过《政协第八届霍州市委员会常务委员会工作报告》和《政协第八届霍州市委员会常务委员会关于八届一次会议以来提案工作情况的报告》（草案）两个工作报告的决议。

八届六次常委会会议 2022年3月29日召开，市政协主席田晋川，副主席王英才、薛云彪、杜明、陈英参加会议，市政协党组成员、机关各委室主任列席会议。市政协党组副书记、副主席王英才主持会议。本次会议议程：薛云彪副主席传达领学了2022年全国政协会议和临汾政协会议精神；政府副市长张发宁通报全市中小微企业工作情况；就促进霍州市中小微企业发展开展专题议政协商；审议通过《关于促进我市中小微企业发展的建议报告》；审议通过《政协霍州市委员会2022年工作要点》。常委会会议上，市政协党组书记、主席田晋川就2022年工作进行了安排布署。

八届七次常委会会议 2022年6月24日召开，市政协主席田晋川，副主席薛云彪、杜明、陈英参加会议，市政协党组成员、机关各委室主任列席会议。市政协副主席陈英主持会议。会议议程：政府副市长张发宁通报霍州市新能源产业发展情况；就促进霍州市新能源产业发展开展专题议政协商；审议通过《关于促进我市新能源产业发展的调研报告》；审议通过有关人事事项。

八届八次常委会会议 2022年9月21日召开，市政协主席田晋川，副主席薛云彪、杜明、陈英参加会议，市政协党组成员、机关各委室主任列席会议。市政协副主席杜明主持会议。会议议程：陈英领学《习近平在省部级主要领导干部专题研讨班上发表的重要讲话》《关于加强和改进新时代市县政协的工作意见》《中国共产党政治协商工作条例》；政府副市长王强通报市传统村落保护情况；就“传统村落保护”开展专题议政协商；审议通过《关于传统村落保护的调研报告》；陈英宣读《政协霍州市委员会反映社情民意信息工作考评办法》。常委会会议上，市政协党组书记、主席田晋川就如何做好市政协反映社情民意信息工作作重要讲话。

【主席会议】 **八届四次主席会议** 2022年1月4日召开，会议由市政协主席田晋川主持，副主席王英才、薛云彪、杜明、陈英出席会议，市政协党组成员和委室负责人列席会议。会议主题是研究八届二次全委会有关事宜。

八届五次主席会议 2022年3月21日召开，会议由田晋川主持，副主席王英才、薛云彪、杜明、陈英出席会议，市政协党组成员和委室负责人列席会议。会议主题是研究安排2022年工作。会议审议通过八届六次常委会会议议程、召开时间和地点，研究通过了《市政协2022年工作要点》。

八届六次主席会议 2022年5月13日召开，会议由田晋川主持，副主席薛云彪、杜明、陈英出席会议，市政协党组成员和委室负责人列席会议。会议主题是审议通过2022年政协会议费用指出报告。研究通过《关于发放市政协委员履职补贴的请示》，建议推荐刘新华为正科级领导干部考察人选。

八届七次主席会议 2022年6月14日召开，会议由田晋川主持，副主席薛云彪、杜明、陈英出席会议，市政协党组成员和委室负责人列席会议。会议主题是研究部署2022年市政协开展专题调研的提纲，会议审议通过八届七次常委会会议议程、召开时间和地点。会议研究确定了2022年重点督办提案，并对有关人事事项进行讨论。

八届八次主席会议 2022年9月14日召开，会议由田晋川主持，副主席薛云彪、杜明、陈英出席会议，市政协党组成员和委室负责人列席会议。会议主题是研究八届八次常委会议议程、召开时间和地点，并宣布市委人事任命。

八届九次主席会议 2022年10月31日召开，会议由田晋川主持，副主席薛云彪、杜明、陈英出席会议，市政协党组成员和委室负责人列席会议。会议主题是对中共二十大精神宣传学习进行安排部署。

重要活动

【市政协主席田晋川春节前夕慰问老干部、老党员】 1月25日，市政协主席田晋川看望慰问离退休老干部，到南环路街道退休老干部、老党员梁建明和老党员、烈士遗属刘淑英家中，向他们及全市离退休老干部送上新春问候和美好祝福。

【市政协党员干部重走习近平总书记考察调研之路】 2月9日，市政协副主席王英才、薛云彪、杜明、陈英带领机关党员干部到师庄乡冯南垣村进行参观学习，实地学习感悟习近平总书记的重要思想。

【临汾市政协副主席王金龙在霍州检查工作】 3月2日，临汾市政协副主席王金龙在临汾市就设施农业发展、企业生产经营情况进行调研。市领导李强、吕文博及市政协领导田晋川同政府有关部门负责人陪同。

【市政协对全市中小微企业发展情况进行专题调研】 3月9日，市政协主席田晋川、市政协副主席陈英带领部分政协委员对霍州市中小微企业发展情况进行专题调研。视察中，田晋川一行到山西建投天筑兆光绿色建材科技有限公司、山西光瀛达建材有限公司、霍州年馍嘉和兴福店、非遗文化馆等地，通过实地查看、与企业负责人深入交流等方式，详细了解企业生产经营情况和市场前景，以及目前存在的困难和问题，并召开座谈会。

【市政协开展“清廉霍州宣传周”干部集中教育】 3月22日，霍州市政协机关召开“清廉霍州宣传周”干部集中教育会议，深入学习贯彻落实党中央《关于加强新时代廉洁文化建设的意见》、省委《关于全面建设清廉山西的行动方案》和全市领导干部集中教育大会精神，结合市政协工作实际，动员部署机关“清廉霍州宣传周”工作。市政协党组书记、主席田晋川主持会议并作动员讲话，副主席王英才、薛云彪、杜明、陈英及党组成员和全体机关工作人员出席会议。

【市政协传达学习临汾市政协五届一次常委会会议精神】 4月28日，市政协召开机关集体学习会议，传达学习临汾市五届一次常委会会议精神，并就贯彻落实工作提出要求。市政协党组书记、主席田晋川主持会议并作动员讲话，副主席王英才、薛云彪、杜明、陈英及党组成员和全体机关工作人员出席会议。

【市政协召开党风廉政建设工作会议】 4月29日，市政协召开2022年上半年度党风廉政建设工作会议，传达学习习近平总书记在十九届中央纪委六次全会上的重要讲话精神，安排部署市政协2022年党风廉政建设工作，市政协党组书记、主席田晋川出席会议并讲话。

【市政协对市老旧小区改造工程进行专项视察】 5月17日，政协副主席陈英带领市部分政协委员，对老旧小区改造工程进行专项视察。视察中陈英一行先后来到市公安局家属区、滨河小区、税务小区等地，通过实地查看、召开座谈会等方式，详细了解老旧小区改造工作进展情况。

【市政协召开“传统村落保护与开发”调研启动会议】 6月2日，市政协召开“传统村落保护与开发”调研启动会议。市政协副主席薛云彪出席会议，相关乡镇及市直相关职能部门负责人、参加“传统村落保护与开发”调研的政协委员参加会议。会议宣读霍州市政协关于“传统村落保护与开发”调研方案，听取市关于传统村落保护与开发有关情况汇报。

【市政协下沉村户开展防电信网络诈骗宣传】 6月4日，市政协结合深入开展“向人民群众交好账”实践活动，由副主席陈英带队，组织机关党员干部和部分市政协委员深入北环办开展平安建设暨防诈反骗宣传活动，邀请霍州市公安局对群众进行防诈骗宣讲，提高广大群众对电信网络诈骗的防范和辨别能力。

【王金龙在霍州开展助企纾困入企服务、包乡联村调研】 6月16日，临汾市政协副主席王金龙深入霍州市开展助企纾困入企服务、包乡联村调研。市政协领导田晋川、陈英与政府有关部门负责人陪同。

【王金龙在霍州开展“七一”走访慰问活动】 6月30日，临汾市政协副主席王金龙在全市走访慰问部分老党员，向他们送去党的关怀和组织的温暖，并深入包联企业和村庄，就抓党建促基层治理能力提升专项行动工作进行调研。市政协领导田晋川、杜明陪同。

【田晋川“七一”前夕慰问老党员】 6月30日，市政协主席田晋川带着党和政府的温暖，到南环路街道南坛村困难党员刘淑英、何俊才家中，为他们送上节日的问候和祝福。

【田晋川为市政协全体机关干部讲党课】 7月2日，市政协党组书记、政协主席田晋川以“永葆清正廉洁的政治本色”为主题，为市政协机关干部讲授了一堂主题鲜明、内容丰富、精彩生动的党课。

【郝忠祥在霍州调研政协工作】 8月30日，临汾市政协主席郝忠祥、副主席任耀文一行来到霍州市，通过实地查看、听取汇报等方式，详细了解市政协工作开展、重点项目建设及“三位一体”平台建设等情况。市政协领导田晋川、薛云彪、杜明、陈英陪同。

【市政协对市安全生产工作进行专题视察】 9月18日，市政协副主席杜明带领部分政协委员对霍州市安全生产工作进行专题视察。视察中杜明一行到南环路检测线、中国石化加油站鼓楼南街站、市应急管理局，通过实地查看、听取汇报等方式，详细了解市安全生产工作的情况。

【市政协开展“以乡村示范为引领　有效衔接乡村振兴”专题调研】 10月10日，市政协主席田晋川、副主席陈英带领部分政协委员在退沙街道许村、师庄乡冯南垣村、辛置镇段庄村围绕乡村振兴、乡村旅游振兴、乡村特色产业示范基地进行调研。在座谈会上，市直相关职能部门负责人围绕乡村振兴示范创建工作及乡村旅游示范创建工作进行详细汇报。部分农业科技组界别委员紧扣乡村振兴主题畅所欲言，建言献策。

【市政协视察市退役军人服务工作】 10月21日，市政协副主席陈英带领部分市政协委员，就霍州市退役军人服务工作进行视察。

【市政协视察市法律援助工作】 10月26日，市政协副主席陈英带领部分市政协委员，就霍州市法律援助工作开展专项视察。

（刘新华）

纪检监察

综　述

中国共产党霍州市纪律检查委员会是党内监督专责机关，职责是监督、执纪、问责；霍州市监察委员会是行使国家监察职能的专责机关，依法履行监督、调查、处置职责。霍州市纪委监委有班子成员9人。霍州市纪委监委机关内设16个行政室，下设2个事业单位，核定室主任18名。

2022年，在临汾市纪委监委和霍州市委坚强领导下，霍州市纪委领导班子团结带领全市纪检监察干部围绕中心、服务大局，充分发挥监督保障执行、促进完善发展作用，坚定不移推进全面从严治党、党风廉政建设和反腐败斗争向纵深发展，纪检监察工作高质量发展迈出新步伐、取得新成效。

党风政务监督

【政治监督】 2022年，霍州市纪律检查委员会聚焦“两个维护”，政治监督有新加强。贯彻落实省市关于加强政治监督的实施意见和办法，推动政治监督具体化常态化。对落实党中央重大决策部署和习近平总书记重要指示批示精神开展监督检查，发现问题351个。深入一线调研188次，主动约谈被监督单位领导班子成员、重点岗位人员352人次。紧盯对党的领导弱化、党的建设缺失、全面从严治党主体责任落实不到位的党组织和党员领导干部，查处履行“两个责任”不力问题6件、9人，其中，党内问责2件、3人，监察问责4件、6人。紧盯疫情防控责任落实，建立疫情防控常态化监督机制，发现问题124个，并督促立行立改。开展效仿攀比建设“门墙亭廊栏”等景观类项目专项清理。对全市84个涉及专项清理的项目进行摸底。督促对师庄乡老张湾村、退沙办朱杨庄村、辛置镇阴底村3处涉及清理类项目进行整改。紧盯农村集体“三资”管理贪腐问题专项整治。全面摸清底数、建立台账，实行清单化管理。已完成全市12个乡镇、街道152个村（社区）“三清单”的填报工作。查处农村“三资”案件28件、28人。开展打击非法违法采矿大检查大整治大提升行动腐败和作风问题专项治理工作，梳理排查问题线索2件，采取组织措施2人，给予党纪处分3人。通过政治监督具体化常态化开展，督促党员干部把“两个维护”落实在具体行动上。

【日常监督】 2022年，霍州市纪律检查委员会畅通信访举报渠道，规范信访举报受理处置，全年接收信访举报282件次，同比减少21%。其中，检举控告类101件次，占信访举报总量的36%，同比下降66%。共处置反映问题线索507件，给予组织措施184人。党风廉政意见回复1412人次，提出暂缓或否定性意见11人。报请或会同党委（党组）召开党风廉政建设专题会议109次，参加驻在单位民主生活会或专题组织生活会139次。针对被监督对象在思想、工作、作风、生活等方面的苗头性、倾向性问题或者轻微违纪问题，及时谈话提醒36人次。通过监督检查，发现违纪违法问题线索110件，提出纪检监察建议2份。全市运用监督执纪“四种形态”批评教育帮助和处理506人次。其中，运用第一种形态批评教育帮助304人次，占比60%；运用第二种形态处理168人次，占比33.2%；运用第三种形态处理17人次，占比3.4%；运用第四种形态处理17人次，占比3.4%，监督执纪不断由“惩治极少数”向“管住大多数”拓展。

【纠治“四风”】 2022年，霍州市纪律检查委员会在纠“四风”、树新风实效上持续用力。在春节、清明、五一等重要时间节点，把日常检查和集中督查结合起来，抓具体、补短板、防反弹。全年查办违反中央八项规定精神和“四风”问题案件33件，处理58人，其中，采取组织措施11人，给予党纪政务处分47人；处理乡科级领导干部20人，一般干部38人。全年查处群众身边腐败和作风问题案件129件，批评教育帮助和处理189人。开展困难群众救助领域违纪违法问题专项治理工作，督促市民政局对社会救助领域、流浪乞讨领域、社会服务领域、养老领域细致开展问题自查排查，追回多付资金11.27万元。

专项问题整治

【“三不”机制】 2022年，霍州市纪律检查委员会立案233件，给予党纪政务处分199人，其中乡科级干部27人，一般干部8人，农村、企业等其他人员164人。涉嫌犯罪移送检察机关4人，留置3人。着力强化“治”的综合效能。把制度建设贯穿监督全过程，下发纪检监察建议7份，有效督促有关部门完善制度机制。对5家市直单位开展“不能腐”制度建设及优化营商环境专题调研，召开座谈会5次，发现问题18个，已全部督促整改。对281名受处分人员进行教育回访，实现了治病救人、教育挽救的初衷。为受到诬告陷害和不实举报的4名干部澄清正名，营造良好干事创业氛围。开展警示教育，给全市科级以上领导干部发放书籍《忏悔录》和《曝光台》，组织观看《利剑高悬》等警示教育片。利用长江支队霍州纪念园、党史学习教育50+教学点等载体，开展党规党纪、法治宣传教育和红色教育，强化党员干部纪法观念、廉洁意识，筑牢思想道德防线。

【专项整治】 2022年，霍州市纪律检查委员会加强巩固拓展脱贫攻坚成果同乡村振兴有效衔接考核评估反馈问题整改情况专项整治监督。对省考发现脱贫人口人均纯收入增速低于脱贫地区农村居民人均可支配收入增速问题、小额信贷逾期问题和自查的三大类八个方面90条具体问题，已督促相关部门完成整改。开展“三个一批”重点村（社区）监督治理。紧盯师庄乡凤栖村、开元办东关村和辛置镇辛庄社区，通过以点带面、点面结合的方式，强化日常监督，对

2021年以来的59个问题线索进行起底，全部处理完毕，加强村级组织建设，促进乡村振兴。开展粮食购销系统腐败问题专项整治。发现落实主体责任和监管责任不力问题9条，国有粮食企业“靠粮吃粮”问题3条，及时督促整改，立案8件、13人，采取组织措施1人，轻处分9人，重处分3人，追赃挽损12.632万元，推动建章立制19项。推动“未批先建”“边建边批”问题专项整治监督工作，处置问题线索5件、6人。开展统计造假不收手不收敛问题专项纠治工作。对统计局存在“软执法”的问题，督促深入剖析，立行立改。督促开展企业数据质量核查，发现某大型超市存在统计违法行为，已移交霍州煤电集团纪委处置。统筹抓好其他专项工作。督促、协调相关部门推动房屋产权登记确权颁证清零行动，提前完成督导工作任务。开展领导干部岗位调动带上自己家乡工程队问题专项整治、基本农田“非粮化”和临时用地不规范专项检查、“青贮小麦、征地毁麦”专项监督、安全生产领域暨盗采矿产资源违纪违法行为追责问责专项行动、矿山企业瞒报生产安全事故行为专项行动、能源领域反腐败专项行动、四大行业领域专项整治、沙霸矿霸专项整治、“一人多证”专项清理整治等工作。

【政治巡察】 2022年，霍州市纪律检查委员会把握巡察的政治监督本质，紧盯被巡察党组织职能责任，高质量完成八届市委第二轮巡察，对辛置镇、陶唐峪乡、开元办、南环办、鼓楼办、北环办等6个乡镇（街道）党委（党工委）及其下辖67个村（社区）基层党组织开展了常规巡察，共反馈共性问题244条，移交问题线索61件。高标准组织八届市委第三轮巡察，常规巡察和专项巡察相结合，采取“一托一”的方式对大张镇、李曹镇、退沙办3个乡镇（街道）党委（党工委）及下辖村（社区）开展常规巡察，同时对农村集体“三资”管理和临汾市第二阶段“三个一批”重点村（社区）开展专项巡察。发现共性问题62条，发现问题线索17件。做深做实巡察整改“后半篇文章”，督促落实八届市委第一轮巡察整改任务，共性问题完成整改44条，采取组织措施处置5人，给予党纪政务处分6人。

党的政治建设

【拓展改革成果】 2022年，霍州市纪律检查委员会健全完善党委反腐败领导小组运行规则，召开两次市委反腐败领导小组会议，专题研究部署反腐败工作，压实党委（党组）全面从严治党主体责任。严格执行县管干部立案审查、组织处理向上级纪委监委和同级党委请示报告制度，全年向上级纪委监委报送同级党委管理干部问题线索处置情况11人次，同级党委管理干部立案审查调查26人次。向同级党委请示34人次。推进规范化法治化正规化建设。集中开展案件抽查，对办结的17个案件43本案卷开展评查，发现的问题已反馈至承办部门，并要求做好整改。组织开展办案安全集中纠治活动，对107个案件161本案卷进行自查自纠，逐案建立问题清单和整改台账，纠治问题54个。对2022年以前查办的91件案件进行“回头看”，纠治问题59个。

【清廉建设】 2022年，霍州市纪律检查委员会围绕“文物话廉、戏曲倡廉、红色育廉、文化促廉”工作思路，推动廉洁思想和廉洁文化融入清廉霍州建设实践过程。短视频《千年古衙话清廉》，微戏曲视频《曹端》参展平遥“清风廉韵”摄影展暨微电影展，分获创意短视频和原创剧情微电影“入围作品奖”。排演大型蒲剧《廉吏曹端》，在临汾、运城多地巡回演出，备受好评。制作《铭记南下精神》《赓续红色血脉》清廉微视频，提档升级霍州署廉政文化馆、“清雅园”主题公园、“石兰峰纪念馆”、“张鉴故居”，打造全市廉洁文化建设新亮点和宣传教育新坐标。围绕“示范带动、全面铺开”的工作思路，加强示范建设。聚焦清廉机关创建，打造辛置镇、财政局、市场监管局三家宣传氛围浓厚、档案资料齐全、活动开展全面、特色亮点突出的示范机关。聚焦清廉企业创建，以兆光发电公司为试点，聚焦廉政风险隐患，堵塞管理漏洞，提升治理水平。聚焦清廉校园创建，通过党员干部“崇廉”、教师队伍“奉廉”、职工队伍“尚廉”、学生队伍“知廉”、校园文化“弘廉”，使清廉文化浸润校园。聚焦清廉医院创建，通过党建引廉、制度筑廉、文化育廉、服务树廉、管理促廉、监督护廉，促使医院党风清正、行风清朗、院风清明、医风清新。聚焦清廉村居创建，打造虎头山村、贾村、冯南垣村、前进社区等一批清廉村居建设示范点，在临汾市实现全域基层监督力量“三员合一”，落实工作经费保障，规范基层基础建设，在全市建立示范样板。聚焦清廉家庭创建，开展“清廉霍州·清风传万家”家教家风主题展，弘扬优良家教家风、展现当代家庭文明风采，以家庭“细胞”清廉促进社会“肌体”清廉。

【监管干部队伍】 2022年，霍州市纪律检查委员会坚持把学深悟透习近平新时代中国特色社会主义思想作为首要政治任务，开展中共二十大报告精神专题学习，组织“喜迎二十大·奋进新征程”革命歌曲合唱活动。开展全员培训。共开展集中学习38次，参加中央省市业务培训17期、691人次，选派20名干部上挂中纪委和省市纪委监委跟班锻炼，干部队伍党性修养和业务素质实现双提升。系统外调入7名干部、公开招考6名公务员充实干部队伍。通过职务提拔、职级晋升等方式调整使用27人。开展“以案促改促治、勇做忠诚卫士”警示教育活动，聚焦5个方面30个重点问题和薄弱环节，建章立制、立行立改。开展“新时代新征程，转作风促发展”警示教育活动，聚焦“十个有没有”表现形式，坚持问题导向，逐项严格对照，确保问题整改到位。敢于刀刃向内，处置反映纪检监察干部问题线索5件、5人，其中撤销党内职务和政务撤职1人。

（付蕾娟）

民主党派

中国国民党革命委员会霍州市委员会

【概况】 2022 年底，民革霍州支部有党员 43 人，其中行政事业单位 17 人，教育界 7 人、医药界 5 人、其他 14 人。本科以上学历 20 人，大专以上学历 15 人。霍州市政协副主席 1 名（陈英），临汾市人大代表 1 名（张芙蓉），临汾市政协常委 1 名（韩腊丽），临汾市政协委员 2 名（刘光明、韩腊丽），霍州市人大代表 1 名（刘光明），政协委员 13 名（韩腊丽、成娟、韩凤琴、梁林庆、刘振洪、徐莹、闫张英、朱晶、韦娟、陈亚平、晋丽萍、杨庆丽、张云翔），其中政协常委 3 名（韩腊丽、成娟、刘振洪）。

【政治理论学习】 2022 年，民革霍州支部全体党员坚持以习近平新时代中国特色社会主义思想为指导，全面贯彻中共十九大、二十大以及历次全会精神，学习习近平总书记视察山西重要讲话重要指示精神，落实民革中央、省、临汾市等一系列重要会议及相关精神，以强化参政议政工作为重点，创新工作机制，提高服务水平，加强自身建设，提升党员的政治理论水平和参政意识。

【组织建设】 2022 年，民革霍州支部建立学习制度，为全体党员订阅《团结报》，鼓励大家及时了解、掌握有关信息，拓展视野，提高支部党员的政治修养和思想素质。完善科学的量化考评制度，激发支部党员踊跃参加活动、发挥党员作用的积极性和主动性，提升支部工作和党员素质。

【日常工作】 2022 年，民革霍州支部按照年初工作计划，召开党员大会 4 次，各小组学习活动 9 次。全体党员参加支部组织的中共二十大全会精神学习活动，集中学习 2 次，党员面对面交流会 3 次，主委班子成员互相谈心谈话 5 次，班子成员与每位在家党员谈心谈话 2 次，每个党员都写学习笔记，撰写学习心得，提高党员的政治素质和修养，增强“四个意识”、坚定“四个自信”、做到“两个维护”。

学习调研活动

【参政议政】 2022 年，民革霍州支部政协委员做好体察民情、反映民意、集中民智等工作，发挥参政议政、民主监督职能，就全市重大事项和重大决策发表意见，提出建议。参与政协组织的调研活动6次，撰写调研报告2篇。参与小组活动6次，在各级人大、政协例会中提交集体提案3件，个人提案22件，社情民意49篇，其中采纳并督办提案11件，采纳社情民意42篇，提交临汾市议政发言2篇。

【服务社会工作】 2022年，民革霍州支部资助2名贫困学生，解决他们上学的后顾之忧；新冠疫情期间，各行各业的民革党员都积极投身于疫情防控工作中，对北环办4个疫情防控点进行慰问；民革党员刘振洪创办的裕鑫博康企业吸纳困难群众150余人，就业扶贫1人，残疾人5人，收购脱贫户核桃300多吨。（成　娟）

中国民主建国会霍州市委员会

【概况】 2022年，民建霍州市基层委员会内设6个支部、2个专委会，有会员108人。民建霍州市基层委员会发挥密切联系经济界的特点和优势，团结和依靠会员，围绕中共霍州市委、市政府中心工作，履行参政党职能，为推进霍州社会经济发展作出贡献。

【思想建设】 2022年7月9日，民建霍州市基层委员会开展“矢志不渝跟党走，携手奋进新时代”主题教育活动。8月29日，民建霍州市基层委员会开展“喜迎二十大　奋进新征程”主题活动。10月16日，民建霍州市基层委员会开展“共享二十大时光”主题教育活动。11月19日，民建霍州市基层委员会开展“携手前进　共学二十大”主题学习交流会。

【会务活动】 2022年2月5日，民建霍州市基层委员会举行“霍州民建壬寅团拜会”暨冯南垣参观学习。9月9日，民建霍州市基层委员会召开“庆祝教师节座谈会”。10月3日，民建霍州市基层委员会举办“九九重阳节·浓浓敬老情”重阳节座谈会。（姚　璐）

中国民主促进会霍州市委员会

【概况】 至2022年底，民进会霍州总支有会员68人，4个支部分别是民进会霍州医卫支部、民进会霍州一中支部、民进会霍州二中高中支部、民进会霍州实验中学支部。

【自身建设】 2022年，民进会霍州总支号召会员加强自身建设。学习宣传贯彻中共二十大精神，广大会员深入学习，反复学习，把握关键内容的核心要义，把学习同履职尽责统一起来，发挥民进特长优势，坚持建言资政和凝聚共识，双向发力，努力在建设社会主义现代化国家的新征程上做出更大的贡献。

【会务活动】 2022年3月16日，民进会霍州总支召开组织生活会。4月29日，民进会霍州一中支部举办“润泽经典，濡养心灵”读书会活动。5月21日，民进会霍州总支20多名新老会员赴冯南垣村、段村考察学习。活动主题为“追寻领袖足迹，共建美好家园”。大家聆听师红兵一家讲述习近平总书记看望他们的难忘经历，感受习近平总书记的亲切关怀和领袖风范。7月6日，为深化“矢志不渝跟党走，携手奋进新时代”政治交接主题教育，民进会霍州总支举办“喜迎二十大”朗诵展演活动。7月21日，民进会霍州医卫支部开展扶贫义诊活动。8月19日，民进会霍州骨干会员赴永和参加临汾民进会市委主题教育之履职能力提升专题研训班。9月，民进会霍州总支成立社情民意信息办公室。9月18日，民进会霍州二中支部举办退休老师欢送会。11—12月，民进会霍州医卫支部奔赴抗疫一线，采用中西结合的方法救治危重病人。

【参政议政】 2022年，民进会霍州会员共提交提案9篇，社情民意52篇，6篇被作为霍州市重点提案。社情民意，其中报送全国政协1篇，省政府采纳1篇，临汾市政协采纳6篇，《分区分类逐步取消了少数民族考生高考加分政策规定的建议》被省政协采用，《关于在双减背景下组织市教科局成立“双减”督察组的建议》被临汾市政协督办。以集体名义报送的调研报告有《关于我市全域旅游发展的调研报告》。 （叶励民）

群众团体

霍州市总工会

【概况】 2022年，霍州市总工会内设机构有组织宣传部、经济技术部、权益保障部、财务资产部、办公室5个部室及下属事业单位2个：霍州市职工服务中心和霍州市职工俱乐部。

【思想政治建设】 2022年，霍州市总工会组织全体党员开展“弘扬伟大建党精神、走好新的赶考之路”“追寻领导足迹感悟初心使命”“学习贯彻全会精神、推动高质量发展”“党建引领基层治理、坚决筑牢战役防线”“突出问题导向、探索基层治理新路径”“喜迎二十大　奋进新征程”等主题党日活动。做好党费收缴、发展党员、制度落实等工作，2名预备党员如期转为正式党员，党员队伍实现壮大提升。召开2022年党风廉政建设和反腐败工作会、五一、端午节前警示教育会、“清廉机关”创建工作会等会议，全年组织召开6次党风廉政建设和反腐败警示教育会议，并利用中心组学习、党员大会、以会代学等机会，组织党员干部职工深入学习《中国共产党章程》、《习近平谈治国理政》第四卷、《中国共产党党务公开条例（试行）》、《中国共产党党内监督条例》等，提高党员干部职工的廉洁自律意识，增强拒腐防变的能力，推进“清廉机关”建设。“两节”期间，临汾市领导对霍州市“省级劳动模范”朱秋记进行走访慰问；为21名省级劳模发放春节慰问金21000元，为3名省级劳模发放2021年五一慰问金3000元。做好山西省“五一”表彰推荐工作。“五一”期间，霍州市自来水公司供水安装中心获得山西省“工人先锋号”荣誉称号。

【职工建功立业】 2022年5月24日，以“就”在民企“职”在未来为主题，协助开展人才交流招聘会，努力为高校毕业生、退役军人、脱贫劳动力、登记失业人员、农名工、残疾人等提供就业援助，提供岗位790余个。驻村工作队经常性地深入包联村、包联户，宣传务工就业培训、小额信贷、集体经济建设等各项政策，确保惠民政策落到实处。

【送温暖关爱工作】 2022年元旦春节期间，开展以服务职工为主题的送温暖活动。临汾市领导慰问1家困难企业、1名省级劳模、1名困难职工、1名一线职工，发放慰问金3.5万元；霍州市领导慰问8名困难职工，发放大米、食用油等慰问物资及慰问金共计1万余元；走访慰问脱贫户，为脱贫户分别送上节日慰问品及节日祝福；3月25日，看望慰问生病住院的脱贫户李冬花。

4月15日，到党员包联社区防控点开展“送关爱，进社区，同抗疫”慰问调研活动，为下沉的6名党员包联的化工小区、煤炭小区、邮政小区、人保小区等300余户小区群众，送去洗手液、口罩等防疫用品。

4月21日，霍州市总工会班子成员为3个“流动爱心驿站”的一线防疫人员，送去价值3万余元的疫情防控物资和生活保障物资。

6月17日，市总工会班子成员深入冯南垣、紫晟煤业对建筑工地、煤矿一线的农民工进行调研慰问，送去白糖、酸梅粉、茶叶、西瓜、矿泉水等防暑降温物品和安全生产手册，为农民工送去工会的温暖和关爱。

9月28日，根据临汾市总工会《关于在中国农民丰收节期间开展“庆丰收 迎盛会”走访慰问农民工活动的通知》文件要求，对农民工劳模和临时困难农民工开展“庆丰收 迎盛会”慰问活动，慰问农民工劳模和临时困难农民工5名，慰问资金0.15万元。

【爱心驿站】 根据临汾市总工会《关于印发2022年建设300个“户外劳动者爱心驿站”实施方案的通知》要求，新建2个达到省政府标准的“爱心驿站”，在已建1个省达标爱心驿站的基础上，新增1个达到省政府标准的爱心驿站。6月27日，山西省总工会保障部一级主任科员赵乐乐和临汾市总工会保障部周号为、法工部杜永斌一行，对霍州市北环路中段“户外劳动者爱心驿站”建设情况进行检查验收，对霍州市“户外劳动者爱心驿站”建设标准、管理制度、设施配置及工作情况给予了肯定。为做好广大户外工作者防暑降温工作，暑期霍州市总工会工作人员每天在各个爱心驿站服务站点为户外劳动者煮爱心绿豆汤，为他们解暑降温。

【送技能工作】 2022年，霍州市总工会组织基层工会开展“工会教你职业健康防护”直播月活动，学习由全总劳保部12位职业健康领域的头部专家精心准备的12节直播课程，指导广大职工正确认识职业病危害、掌握职业病防治的应对方法。

【普惠工作】 2022年，按照省总、临汾市总部署要求，切实做好电子餐饮消费券一次性发放工作，助力以餐饮企业为重点的小微企业稳发展稳就业，截至年底已有18家单位，其中困难基层工会6家，新就业形态2家，小微企业10家，计1196人。

【基层组织建设】 2022年，围绕新就业形态劳动者入会工作，推行“重点建、行业建、兜底建”模式，最大限度把新就业形态劳动者吸引过来，组织起来，稳固下业。组建新就业形态工会组织1个，会员88人。

【产业工人改革】 2022年，霍州市总工会开展“情系女职工，法在你身边”知识讲座，增强女职工抵御疾病风险的能力，更好地维护女职工的特殊利益，为女职工提供一份价值30元安全保障——女职工特病保险，全市缴纳15000元。各基层工会开展2022年度女职工维权行动月活动，自来水公司、教育科技局、税务局等基层工会分别以知识竞赛、线上线下学习、沙龙讲座等形式进行宣传。

【大病互助】 2022年，第十四期大病互助工作共75名职工获得补偿，补偿金额219592元，第十五期27名职工获得补偿，补偿金额100607元，截至年底仍有19名职工的大病互助资料送至临汾市总审核当中。

【“六一”关爱活动】 “六一”期间，开展“欢度六一·关爱儿童”爱心活动，市总工会分别给实验小学、北环路小学、赵家庄小学、三教中心校等学校的困难职工家庭子女、新就业形态劳动者子女、农村留守儿童和困境儿童百余名学生送去书包、文具盒、《新华字典》等价值1万余元的学习用具。

【职工演讲比赛】 2022年7月5日，市总工会举办“喜迎二十大·奋进新征程”主题演讲比赛，来自全市各行各业的44名选手参赛，选送3名优秀选手参加临汾市职工演讲比赛，获得一等奖1名，优秀奖2名。9月21日，选派一名选手代表临汾市总工会参加省总工会举办的职工演讲总决赛，获得铜奖。

【暑期托管服务】 按照全总、省总关于帮助职工解决生育后顾之忧工作要求，解决职工子女暑期“看护难”问题，推进“我为群众办实事”实践活动，市总工会特为有需求的职工提供职工子女暑期爱心托管服务。39个基层工会的120多名学生体验为期20天的托管服务。为职工子女提供作业辅导、体能增强、艺术培养等服务，开设有书法、绘画、体能训练、手工、音乐等课程，带给孩子们不一样的文化、教育体验，增强孩子们的自信感、获得感、幸福感，助力他们融入新社会、开启新生活。

【劳动保护】 2022年6月16日，霍州市总工会联合市政府安委会在州署广场开展以“遵守安全生产法，当好第一责任人”为主题的“安全生产月”宣传咨询活动，通过设置安全生产咨询台、摆放宣传展板、展示消防救援设施、现场教授急救技能等方式，向过往职工群众宣传安全法律法规及相关知识。6月15日，市总工会领导班子一行深入自来水公司为职工们发放安全知识手册，现场为职工详细讲解安全知识。在基层开展关于燃气经营企业安全生产工作宣传、防范、监督工作，完成2022年《职业病防治法》宣传周活动。

【“五小”竞赛】 霍州力拓煤业有限公司纪峰研发的节能降本增效——使用设备及线路的改造项目和霍州煤电集团紫晟煤业有限责任公司孟繁海研发的煤矿井下激光拟向指向仪简易调节架项目，在2021年全市“五小”创新大赛中分别获得优秀成果三等奖，荣获临汾市金牌工人称号，每人奖金2000元。

【“安康杯”竞赛活动】 2022年9月上旬，根据临汾市总工会关于对2021—2022年度“安康杯”竞赛活动进行考核推荐的通知要求，霍州市总工会领导高度重视，积极安排，于9月下旬上报霍州煤电集团紫晟煤业有限责任公司、霍州华润燃气有限公司、山西霍州力拓煤业有限公司三家单位为安康杯竞赛优胜单位、班组和安全生产标兵。

（杨丽丽）

共青团霍州市委员会

【概况】 2022年是全党全团重要的政治年，全市各级团组织坚持以习近平新时代中国特色社会主义思想为指导，落实习近平总书记关于青少年和共青团工作的重要指示精神，坚决贯彻落实市委、市政府和临汾团市委的部署要求，把握保持和增强政治性、先进性、群众性的前进方向，在思想引领、非公团建、疫情防控、推动团的各项工作中取得新的发展。

【政治引领】 2022年是中国共青团成立100周年，在思想政治引领方面，坚持用党的科学理论教育引导青少年坚定不移听党话、跟党走。以学习贯彻习近平新时代中国特色社会主义思想为重要内容，组织全市各级团组织开展“建团100周年大会精神”

“党的青年运动史”“新时代的伟大成就”“党的二十大精神”等专题学习，引导青少年在思想上政治上行动上与党中央保持高度一致，增强青年“四个自信”，坚定青少年走中国特色社会主义道路的理想信念。以建团100周年、中共二十大、五四青年节等重大活动、重大节庆日为契机，开展各类主题教育活动及主题实践活动。对全市各行各业中涌现出的“五四红旗团委”“五四红旗团支部”“优秀团干”进行表彰。坚持实施“网上共青团”工程，深化网络舆论引导。发挥团属公众号、视频号“霍州青年”作用，利用新媒体矩阵，推动互联网与共青团工作深度融合，2022年“霍州青年”视频号发布各类视频100余条。壮大青年网宣队伍、网络文明志愿者队伍，推动建立舆情处置机制。增强青年网民责任意识和辨别能力，引导团员青年在网上弘扬主旋律、传播正能量。

【青春兴晋】 2022年，共青团霍州市委贯彻落实团省委“青春兴晋”大学生“返家乡”暑期社会实践活动有关精神，以帮助大学生“受教育、长才干、作贡献”为宗旨，开展2021年寒假期间和2022年暑期社会实践活动。在开展实践活动中，按照疫情防控要求，通过线上筛选与线下面试相结合的方式，录用200余名霍州籍大学生，根据大学生所学专业和个人意愿将其分配至全市各个部门进行实践锻炼。

【服务青年】 2022年，共青团霍州市委创新开展心理讲座、创业沙龙、交友联谊等活动。开展助企纾困送温暖、送政策、送服务“夜沙龙”政企对接活动4场。加强“青年之家”综合服务平台建设，发挥其心理辅导、法律援助、创业指导等服务功能。深化希望工程“圆梦行动”“困境儿童”结对帮扶等工程，加大对农村留守儿童、农民工子女等特殊青少年群体的关爱力度。联合市委宣传部、市总工会、市妇联、市科协、辛置镇人民政府、霍州煤电集团公司工会女工部开展第三届青年交友联谊活动。与临汾华夏社工服务中心签订协议，开展青少年亲职教育活动，反映青少年普遍利益诉求；完善12355青少年公益服务台、青少年维权岗等平台建设，加强维权志愿者队伍建设，形成多渠道、广覆盖的青少年维权服务网络。

【从严治团】 2022年，霍州市有团组织547个，其中基层团支部477个，非公经济组织、社会组织、团组织38个，2022年鼓楼街道办前进社区团支部被评为山西省五四红旗团支部。全年新发展团员714名，1人荣获省级优秀共青团员称号。为更好地服务青年团员，依托“智慧团建”系统有力推进“学社衔接”，实现应届毕业生团员和返乡青年组织关系转接应转尽转。推进县域“一专一站两联”工作，管好用活“青年之家”，初步实现团的组织、工作、阵地与基层社区的有机融合，做到经常有话题、有互动、有活动。推动青年志愿者、希望工程等“青字号”品牌形成社会新功能，增强共青团的生机与活力。深化基层团组织规范化建设，激发基层工作活力，构建“团干部＋青年社会工作者＋青年志愿者”工作格局。

【少先队建设】 2022年，霍州市少工委以校少工委为模块，将全市618个少先队中队、635名中队辅导员集中管理，明确各校中队辅导员为“红领巾爱学习”主要责任人，把任务传达到每个单元，明确学习情况，提高覆盖率。将“红领巾爱学习”与学习贯彻中共二十大精神、习近平总书记在庆祝中国共青团成立100周年重要讲话精神、习近平总书记视察山西重要讲话重要指示精神结合起来，利用冯南垣红色基地等空间开展特色主题周队课 20 余次，通过实地参观、相互讨论、书写心得等方式，将党史学习教育、“改革创新、奋发有为”大讨论等内容融入其中。开展红领巾奖章争章活动，将“红领巾爱学习”纳入争先评优的重要指标，健全学习激励机制，为先进集体、优秀个人授予一星章、二星章，参与省市特色章评选，树立起重学习的鲜明导向。利用“公众号”“视频号”等新媒体，开展宣传，增强少先队员的学习荣誉感。（薛　静）

霍州市妇女联合会

【概况】　霍州市妇女联合会成立于 1949 年，至 2022 年 12 月有干部职工 6 人，其中党员 6 人，大专以上学历 6 人，主席 1 人，副主席 1 人、兼职副主席 6 人、挂职副主席 1 人。内设机构有办公室、组织宣传部、权益工作部、妇女发展部、家庭和儿童工作部。

【思想建设】　2022 年，市妇联把意识形态工作列入党建工作重要内容，纳入领导班子民主生活会和述职述廉的重要内容，实行“一岗双责”，强化领导监督和工作落实。同时，创新学习形式，组织党组理论中心组成员集中学习中共二十大精神、全国“两会”精神、省委十二届五次全会精神、临汾市委五届五次全会精神和霍州市委八届五次全会精神，在每周二组织机关人员集中学习，让宣传思想工作有的放矢；组织全体党员和基层妇联主席赴七里峪三眼窑十三烈士墓开展“喜迎二十大　奋进新征程”主题党日活动，把党课搬到红色教育基地里讲，丰富党课形式，让全体党员接受更加生动的教育。

【党风廉政建设】　2022 年，市妇联在霍州署开展“全面建设清廉霍州，巾帼筑牢廉洁防线”的主题活动。通过诵、签、学、讲、看、谈 6 个环节，推进清廉霍州建设，营造勤政廉政的良好政治生态；为弘扬中华民族传统美德、家庭美德和良好社会风尚，推进乡风文明建设，加强抓党建促基层治理能力提升，以党建创新引领乡村治理新格局，在师庄乡周村举行“弘扬德孝文化　践行乡风文明”主题系列活动，用榜样的力量激励和示范带动更多的家庭自觉践行社会主义核心价值观，提升社会公德、家庭美德和个人品德，从而营造尊老爱幼、家庭和美、邻里和睦的良好风尚；为弘扬尊老爱幼助老传统美德，倡导新时代中国特色社会主义敬老孝亲新风尚，持续推进移风易俗、文明乡风建设，助力乡村振兴工作，在退沙办许村开展“九九重阳好家风、弘扬新风易旧俗”主题活动。市妇联在全市开展以“筑反腐防线　树廉洁家风”为主题的创建清廉家庭活动。在廉政教育基地霍州署举办“喜迎二十大·奋进新征程”霍州市“清廉霍州·清风传万家”家教家风主题展，在退沙办安祥社区、南环办冯东花苑社区、丰峪昇煤业、永和公园、中镇广场以及廉政教育基地进行巡展；在霍州署廉政教育基地十一展室开展“家风助廉、家属助廉、家庭助廉”暨“四个一”主题活动。

【队伍建设】　2022 年，市妇联推进妇联组织区域化建设，每个乡镇配备兼职副主席 4 名，执委 30 名，在机关事业单位组建妇委会 32 个，建立巾帼志愿队伍 15 支。基层妇联班子全部配齐，共选出基层妇联主席 157 名、副主席 229 名、执委 2158 名。

【维权工作】 2022年，市妇联发挥“联”字优势，联动各方资源和力量，做深做细做实维权工作。借智、借力、借台，联合市人民法院成立“霍州市婚姻家庭纠纷人民调解委员会”，开始妇联维权工作在基层治理中的有益探索；联合市检察院成立“霍州市未成年人保护家庭教育指导中心”，让家庭、学校、社会、司法机关共同发力，形成立体化保护屏障，全方位帮助父母“依法带娃”，共同为未成年人成长构建积极向上、文明和谐的家庭环境。化解婚姻家庭矛盾纠纷3起，接待群众来访来电2件，化解调处5件，帮助来访群众解决困难问题。

【妇女发展工作】 2022年，市妇联开展妇女职业技能提升“整理收纳师”（家政服务）培训鉴定证书颁发活动，通过为家政服务从业人员引领示范，扎实推进乡村振兴巾帼行动，精准帮扶广大妇女增收致富，帮助更多妇女提升就业技能、拓宽就业渠道，更好实现就近灵活就业，用实际行动推进“人人持证、技能社会”建设进程；以2022年市民营企业现场招聘会为契机，开展“搭建女性人才服务平台，助力民营企业招聘活动”，发放《中华人民共和国民法典》、妇女身边的民法典手册，维权手册等宣传资料200余份，宣传就业创业政策，涉及就业服务、技能培训、劳动维权等；以“三下乡”集中示范活动为契机，发挥文化科技卫生“三下乡”活动的宣传功能和聚合作用，为大家送理论、送文明、送服务，发放宣传资料1000余份，纯绵手提包300余个。

【家庭儿童工作】 2022年，家庭教育宣传周期间，市妇联开展“少年儿童心向党——亲子共沐书香，强国复兴有我”2022年家庭亲子阅读活动，组织家庭教育指导师分别走进亲子阅读示范基地；悦宝贝早教中心、天马思维幼儿园、可幻幼儿园通过阅读书籍、读绘本、制作“我爱读书”卡片等方式举办阅读活动；启动“送法进万家 家教伴成长”家庭教育宣传周活动，营造全社会崇尚读书的良好社会氛围，促进家庭文明新风尚，促进孩子养成读书习惯，丰富文化知识，倡导全民阅读，建设书香霍州的良好氛围，在全市广大家庭中掀起家庭亲子阅读活动的热潮。军民共建活动中，联合市消防大队和市公安局交警大队在永泉社区开展“少年儿童心向党 用心用情伴成长”2022年暑期儿童关爱服务活动，通过互动式教学，为参加活动的50名少年儿童开展国家网络安全、垃圾分类及防溺水知识讲解等安全关爱活动。

【精准扶贫】 “七一”期间，市妇联深入辛置镇辛置村走访慰问老妇干老党员左爱萍，为她送去慰问品和节日的祝福；“三八”妇女节期间为6名“两癌”患病妇女每人发放救助金1000元；帮扶救助工作中，为4名低收入“两癌”患病妇女每人发放中央专项彩票公益金1万元，为1名困难妇女发放“紫气东来·幸福启航”公益项目帮扶资金2000元，为1名困境儿童发放“紫气东来·幸福启航”公益项目救助金1000元，为6名贫困妇女每人发放“晋姐暖心·与你同行”专项救助金1000元，送上党和政府的关怀及“娘家人”的温暖。 （刘晓丽）

霍州市科学技术协会

【概况】 霍州市科学技术协会由市级协会、乡镇科协、村科普小组组成，是中共霍州市委领导下的人民团体，是党和政府联系科学技术工作者的桥梁和纽带，是国家推动科学技术事业发展的重要力量。霍州市科协的内设机构有办公室、普及部、青少部。有干部职工 6 人，其中主席 1 人，副主席 2 人，秘书长 1 人，一般人员 2 人。

【科普网络建设】 2022 年，霍州市科学技术协会建立健全 12 个乡（镇、街道办）、152 个村（社区）科协组织，配齐了“三长”，充分吸收了乡镇卫生院院长、学校校长和农技站站长进入乡镇科协组织担任兼职副主席，基层组织完善壮大，为霍州市经济社会发展提供科学普及和科技服务。

【科普阵地建设】 2022 年，建有市青少年活动中心、中镇文化广场、永和公园等综合性科普活动场所，设立了永和公园科普文化长廊和 6 组仿古式科普画廊；在开元街安装 10 组科普宣传栏，建设开元“科普一条街”。实施全国科普活动站、科普宣传栏、科普员（简称全国科普“站栏员”）建设，每月更换一次内容；城区各社区都建有科普画廊。街道、乡镇全部建有科普活动室（站）、科普画廊（宣传栏）等设施，配有科普宣传设备。市区中小学校都建有科技活动室。每个协会都吸引 3～5 名科技带头人。

【申报创建工作】 2022 年，霍州市自 2005 年至 2020 年已连续 3 届被中国科协评定为“全国科普示范市”。2021 年 7 月成功创建山西省科普示范市。8 月，为发挥科普示范市的典型示范作用，市科协根据中国科协 2021 年至 2025 年全国科普示范县（市）评分细则要求，组织全民科学素质成员单位，逐项逐条按照审报细则，全面、科学、高质量上报各项工作资料，把霍州市党委、政府重视科普工作，广大群众积极参与科普工作，社会各界大力支持科普工作，将全社会讲科学、爱科学、学科学、用科学的社会氛围和科普氛围展示出来。装订成 500 多页的合订本上报资料，受到中国科协及第三方评审单位的高度评价。年底，霍州市已成功被中国科协评定为 2021 年至 2025 年全国科普示范市，再次为霍州市获得“国”字号荣誉称号。

【乡村振兴】 2022 年 8 月，临汾市科协科普助力乡村振兴推进会在霍州市召开，临汾市科协主席赵素丽同霍州市政府副市长靳阳阳出席会议。各县（市、区）科协负责人，部分基层科协“三长”、科普信息员、农技员和科普惠农中心服务站、乡村 e 站信息员及各类基层科普组织负责人 80 余人参加会议。观摩山西省优秀科普示范社区永泉社区、山西省科普教育基地霍州市实验小学及霍州市年馍基地。

【科普日宣传活动】 2022 年全国科普日活动的主题是“喜迎二十大，科普向未来”市科协积极组织动员全民科学素质工作领导小组各成员单位，围绕科普助力卫生健康、农业生产、科学防疫等群众普遍关注的热点问题，依托新时代文明实践中心、科学教育基地、科普场馆、科技体验馆等阵地，广泛开展科普进机关、进企业、进学校、进社区、进农村等“科普讲堂五走进”系列活动，活动期间集中开展多场科技志愿服务、社区科普讲座、农民职工技能培训和科普宣传等活动。

【全国科技工作者日宣传活动】 在“创新争先　自立自强——2022 年全国科技工作者日实践活动”，活动中霍州市科协带领广大的科普志愿者立足自身行业特点，通过在州里花园社区设立咨询台、悬挂横幅、发放宣传资料、现场实操讲解等方式，向广大群众宣传气象防灾减灾、应急救援、家庭健康卫生常识等科普知识。市科协工作人员和社区科普志愿者向过往群众发放宣传资料，宣传科技工作者自己的节日，增强科技工作者的认同感、获得感、自豪感，搭建了党和政府联系服务科协工作者的平台。

【科普队伍建设】 2022年，市科协建立科技志愿队，吸纳3437名科技志愿者和13894名科普信息员，配齐配强市、乡、村科普队伍。该项工作不仅在临汾市位居第一，在全省也名列前茅。

【青少年科技创新教育】 2022年，在临汾市第38届科技创新大赛上，霍州市有参赛作品881件，小发明143件，少年儿童科学幻想绘画作品738件。在此次比赛中，临汾市有9件作品入围全省甄选赛。组织青少年参与各级各项机器人竞赛活动，获得优异成绩。在霍州市职教中心打造200余平方米科技体验中心，有展品70余件。参加体验人数达300余人。（杨丽霞）

霍州市工商业联合会

【概况】 中华全国工商业联合会是中国共产党领导的面向工商界、以非公有制企业和非公有制经济人士为主体的人民团体和商会组织，是党和政府联系非公有制经济人士的桥梁纽带，是政府管理和服务非公有制经济的助手。工商联工作是中国共产党统一战线工作和经济工作的重要内容。截至2022年底，霍州市工商业联合会会员771个（其中企业会员27个，个人会员733个，团体会员11个），有基层商会11个，其中乡镇街道商会7个（白龙商会、辛置商会、鼓楼商会、李曹商会、开元商会、三教乡商会、南环办商会）、市场商会2个（唐荣商会、居然商会）、行业商会2个（现代装饰家具商会、烹饪餐饮饭店协会），驻会人员5人，其中党员4人。

【基础建设】 2022年，霍州市工商业联合会开展经常性的教育学习活动，提高领导班子成员的政治把握能力、组织协调能力、合作共事能力、战略思维、创新思维、辩证思维能力和科学决策水平。班子成员之间互相学习、互相支持、互相信任、工作中做到有分有合，主要领导和分管领导都能亲自深入工作实际，直接出面解决工作中的重点、难点问题，充分发挥了领导班子的整体优势。组织互学互促，激发商会发展活力。7月中旬组织商会会长赴曲沃县开展商会互学互促。通过实地参观、现场介绍、在座谈会上与其他县市兄弟单位人员深入交流等方式，详细了解他们在商会建设方面一些好的做法和经验，为下一步激发商会发展活力，促进霍州商会建设和发展提供思路。组织企业家赴外培训。7月组织同兴禽业负责人到长治干部学院参加年轻一代民营经济人士理想信念教育培训班，晋丰生物负责人赴重庆大学参加全省民营企业党员出资人培训班。通过学习提升非公有制经济人士的领导力和创新思维。

【服务非公经济】 2022年，霍州市工商业联合会开展“服务民企年”活动，搭建政企交流平台，创新工作着力点。通过在会员微信群转发中央、省市有关涉企政策，惠企政策，实地走访企业，为企业发放《霍州惠企政策汇编》及宣传单，提高涉企政策的公开透明度和知晓率。根据调研中企业家反映的难题和意见建议，与有关部门协调解决企业发展中的难题。协同工信局、商务局召开霍州市“纾困解难　助力发展”中小企业培训会，积极构建“亲清”新型政商关系，营造良好营商环境。发挥工商联界别15名政协委员和执委作用，为市委市政府决策建言献策，撰写提交社情民意47条，政协提案15件。政银联手开展“送政策、送服务”活动。按照深入贯彻市委市政府全方位推动霍州经济高质量发展的目标要求，解决金融供需信息不对称、融资难等问题，4月以来，通过实地走访、电话沟通联系等方式调研、摸排了解民营企业经营运行情况及真实资金需求，形成企业资金需求清单。与霍州市人行、邮政储蓄银行、农行、建行、工行、霍州农村商业银行座谈了解金融机构的信贷产品及利率，为民营企业选择手续简单、利率优惠、可以满足企业融资需求的信贷产品。在农行组织召开政企银座谈会，就加强银企合作、建立长期稳定的银企沟通机制、促进霍州市民营经济和金融事业共同繁荣发展进行面对面的交流，帮助30余家企业解决资金3148.1万元。紧扣“两个健康”主题，精准发力推动市场主体倍增。召开市场主体倍增工作专题会，明确任务、责任到人，落实措施。召开市场主体倍增工作调度会议14次，对每周工作进行分析总结，制定下一步措施，完成34户帮扶目标。推进清廉民企建设，打造清廉民企样板。4月开始启动清廉民企创建工作，制定《关于全面推进清廉民营企业建设的实施方案》《清廉民企示范点创建评价标准（试行)》。自活动开展以来，工商联组织全体兼职副主席、副会长进行系列学习，观看《零容忍》警示教育片；组织企业家参加省工商联开展的“合规月月谈”线上学习。打造5家企业作为样板，通过示范引领，以点带面推进清廉民企建设，深入企业座谈交流、翻阅资料，指导清廉活动场所的打造，将企业经济工作与清廉工作同部署、同落实，推进清廉民企建设工作。开展“送法入企”活动，提供全方位的法律服务。组织企业家线上参加全国工商联举办的民营企业法律风险防范与合规管理培训。与司法局联合开展“法律进企业”宣传活动，为企业送去宣传资料，并请律师现场为企业答疑解惑，提升企业经营管理者依法经营和管理现代企业法治理念。8月30日，霍州市工商联和市司法局共同举办的“法律大讲堂”开讲，讲座内容从提高企业经营者的法律意识方面以及企业内部经营、外部经营可能遇到的法律问题方面进行讲解，参会企业家针对日常生产经营中遇到的法律相关问题向律师提出法律咨询，律师给予专业的讲解。

【党风廉政建设】 2022年，霍州市工商业联合会把党风廉政建设和工商联年度目标任务的落实结合起来。2月组织全体干部职工及全体副主席、副会长深入霍州市冯南垣村进行参观学习，追寻领袖足迹，感悟初心使命。7月，走进霍州署廉政文化教育基地参加廉政教育。

【光彩事业和公益事业】 2022年，霍州市工商业联合会开展“光彩事业”和“公益事业”活动，增强企业家社会责任感。引导民营企业家“致富思源、富而思进”，热心社会公益事业。7月爱心助学活动中，48名企业家合计捐款95.1万元；为支持市冯南垣片区建设，把冯南垣片区打造成霍州市乡村振兴的一张金字招牌，10名企业家积极响应，合计捐款7万元为冯南垣购买树苗。

（郑　越）

霍州市文学艺术界联合会

【概况】 霍州市文学艺术界联合会

（简称霍州市文联），是中共霍州市委宣传部主管的群众团体，是党和政府联系全市广大文艺工作者的桥梁和纽带。

【文化活动】 2022 年 7 月 1 日，“喜迎二十大，奋进新征程”，由中共霍州市纪委、中共霍州市委宣传部主办，市文联承办的霍州市“清廉霍州　文化促廉”书法美术文化产品有奖征集表彰及作品展出，并于 9 月集结成册。

8 月 6 日，霍州市文联负责人闫记红代表市委宣传部出席在北京美门艺术馆展出的“闻道——朱源洪纸上素描作品展”开幕式。

8 月 15 日，霍州市文联负责人闫记红随市领导赴大同参加长城论坛。考察天镇、阳高长城遗址保护及开发利用工作。

8 月 17 日，霍州市文联负责人闫记红随市领导赴北京故宫博物院考察。

9 月 6 日，由中共霍州市委、霍州市人民政府主办，山西师范大学历史与旅游文化学院、霍州市委宣传部承办，霍州市文联参与组织、协办的“霍州·中国镇山文化高层论坛”开幕。

9 月 23 日，由霍州市文旅局主办，霍州市美术馆承办，霍州市摄影家协会协办的“中镇霍山·华夏州署”霍州市风光、古建摄影作品展开展。

霍州市文联负责人闫记红参与“古驿道——冯南垣文化走廊”策划设计工作。

霍州市文联负责人闫记红参与霍州白壁关壕堑长城考察论证工作。

11 月疫情防控期间，霍州市文联组织作家协会创作诗歌、散文，以“艺”抗“疫”，用作品鼓舞士气，振奋精神，助力全市防疫抗疫。

12 月 23 日，霍州市文联组织楹联协会、书法家协会为冯南垣村编撰并书写春联。

（李达鹏）

霍州市残疾人联合会

【概况】 霍州市残疾人联合会是代表残疾人利益，维护残疾人合法权益，团结教育残疾人，为残疾人服务，管理和发展残疾人事业的人民团体。主要职责：宣传贯彻《中华人民共和国残疾人保障法》，维护残疾人权益，开展各项业务和活动，为残疾人服务，承担政府委托的部分行政职能，管理和发放中华人民共和国残疾人证，管理和指导各类残疾人群众组织，培养残疾人工作者，发展和管理残疾人事业。

【康复工作】 2022 年，霍州市残疾人联合会开展 202 名残疾人精准康复服务工作。完成 0～6 岁儿童残疾筛查人数 12 名，儿童抢救性康复救助 30 名。与市医疗集团、康之声助听器中心、同德医院共同开展爱耳日、助残日、残疾预防日宣传活动。市残联联合各定点儿童康复机构下乡入户进行调查走访，确保每名残疾儿童得到早期干预与训练，通过各种媒介大力宣传与普及儿童康复知识。为残疾人发放各类辅助器具 150 件，其中轮椅 40 台、手杖 43 副、腋杖 13 副、坐便椅 13 把、助行器 9 件、助听器 9 件、防褥疮垫 3 件、盲杖 15 件、淋浴凳 5 个。

【残疾人证办理】 残疾人证是残疾人享受国家优惠政策的重要依据，残疾人证的办理工作是残联的一项重要工作，2022 年，霍州市残联对工作人员进行全面优质服务培训，办证、换证流程，全年新办证 264 份，到期换证 254 份。霍州市残联为出行不方便的残疾人解决实际困难，上门服务4次，办证89份。

【就业工作】 2022年，霍州市残疾人联合会对2281名残疾人就业状况进行问卷调查。完成残疾人就业实名制系统录入，录入城镇新增残疾人就业27人，农村新增残疾人就业43人，城乡残疾人职业培训64人。向上级残联职业培训输送学员14人。开展残疾人职业技能培训。7月26日，在裕鑫博康食品有限公司开展为期3天的残疾人职业技能培训，把枣夹核桃制作和电子商务作为培训的主要内容，40余名残疾人参加培训。在经过10天的入职培训后，有7名残疾人办理入职。按规定做好残疾人就业保障金年审工作，对11家吸纳残疾人就业的企业进行审核工作，全市行政机关及企事业单位共征收残保金1396.71万元。

【维权工作】 2022年，霍州市残疾人联合会为12名残疾人发放机动轮椅车燃油补贴，每人每年补贴260元。全年受理残疾人来电来访100余人次，答复率100%；化解矛盾30余起。全年为市10户低保户、低保边缘户残疾人家庭进行无障碍改造，平均每户补贴6000元。

【社会保障】 2022年，霍州市残疾人联合会开展“阳光家园计划”精神、智力和重度肢体残疾人托养项目。出台实施方案，以询价的方式确定托养服务机构，签订服务协议，通过个人申请，乡镇公示、审核，市残联审批，确定服务对象20人，12月验收服务。对全市在校残疾大学生和残疾人家庭大学生子女进行全面摸排。全市共有在校残疾大学生8名，残疾人子女研究生15名，本科76名，专科38名。彩票公益金助学项目。省彩金助学项目残疾大学生享受3000元补贴1人，残疾人家庭大学生子女享受3000元补贴1人；临汾市彩金助学项目残疾大学生享受3000元补贴8人，残疾人家庭大学生子女享受3000元补贴3人。配合人社部门进行重度残疾人医疗、养老缴费补贴工作。一、二级重度残疾人养老保险基础保险补贴100元，补充养老保险补贴200元，医疗保险补贴个人缴费标准的一半。对全市27名未解除返贫风险的残疾人进行家庭生活状况摸排。配合民政局做好“两次补贴”审核工作，重度残疾人护理补贴人数2219人，困难残疾人生活补贴人数961人。

【宣传文体】 2022年，霍州市残疾人联合会协调霍州融媒等媒体宣传报道，利用助残日、爱耳日、残疾预防日等残疾人节日大力宣传《中华人民共和国残疾人保障法》《残疾人就业条例》等关于残疾人的法律法规政策，让残疾人知法、懂法，用法律武器维护自身合法权益。完成残疾人“五个一”项目，即让残疾人读一本书，游一次园，看一场电影，参观一次展览及参加一次文化活动。霍州市残联工作人员带领残疾人游览清雅园，参观廉洁文化长廊，给每个残疾人发放一本书。在冯南垣参观习近平总书记来霍图片展览，观看习近平总书记来山西视察调研冯南垣视频，参加霍州市“我们的中国梦——文化进万家”文化活动，观看蒲剧，在霍州滨河路中环时代国际影城观看电影《满江红》。

【换届工作】 2022年，霍州市残疾人联合会成立以分管副市长为组长的市乡残联换届工作领导组。9月底完成县乡两级残联换届工作，市残联配齐领导班子，12个乡、镇（街道办）配备兼职理事长、理事。

【基本状况调查】 2022年，霍州市残疾人联合会开展残疾人基本状况调查工作，成立调查工作领导组，制定工作方案，明确基本状况调查工作的目标、任务、方法、步骤及各项任务的完成时间节点、具体要求，各项任务有条不紊、循序展开。调查过程中，做到乡不漏村、村不漏人。调查对象6023人，共采集信息5824人，入户登记5735人，电话登记89人，注销107人，因各种原因92人未参与调查。（杨泽艳）

霍州市红十字会

【概况】 红十字会是从事人道主义工作的社会救助团体，保护人的生命和健康，维护人的尊严，发扬人道主义精神，促进和平进步事业。主要职责是开展救援、救灾的相关工作，建立红十字应急救援体系。在战争、武装冲突和自然灾害、事故灾难、公共卫生事件等突发事件中，对伤病人员和其他受害者提供紧急救援和人道救助；开展应急救护培训，普及应急救护、防灾避险和卫生健康知识，组织志愿者参与现场救护；参与、推动无偿献血、遗体和人体器官捐献工作，参与开展造血干细胞捐献的相关工作；组织开展红十字志愿服务、红十字青少年工作；参加国际人道主义救援工作；宣传国际红十字和红新月运动的基本原则和日内瓦公约及其附加议定书；依照国际红十字和红新月运动的基本原则，完成人民政府委托事宜；依照日内瓦公约及其附加议定书的有关规定开展工作；协助人民政府开展与其职责相关的其他人道主义服务活动。

【募捐救助】 2022年，红十字会开通"博爱通"并进行宣传，开展线上捐款捐物工作，5月8日开展红十字会募集"博爱一日捐"活动，捐款主要用于全市"因病致贫"及"因灾致贫"的困难家庭，年底开展"博爱送万家"活动，全市受益贫困家庭90余户，300余人。

【应急救护培训】 2022年，红十字会在市一中、市二中、高铁站、市供电公司、曙光救援队、青空救援队、林业局森林防火队7家单位组织400余人开展应急救护培训及AED仪器使用，提高全市各级领导干部和广大群众的应急救护技能，完成培训任务。培训内容包括红十字运动的起源、救护概念、心肺复苏、常见疾病应急处理、意外伤害及消防知识等。

【石兰峰纪念馆】 2022年，石兰峰纪念馆是山西省临汾市爱国主义教育示范基地，是霍州市革命传统爱国教育基地，在新建的高标准石兰峰纪念馆展览厅基础上，对纪念馆屋顶进行防漏处理，院内全面绿化，墙面粉刷。作为霍州市的一处红色教育基地，市纪检委、市委宣传部分别将纪念馆定为清廉霍州研学点、新时代文明实践点。纪念馆对全社会进行开放，特别是在清明节、民族传统节日、建党建国等节日期间，广大党员干部、当地学生、医务工作者、亲属及患者家属、社会各界人士都积极参观石兰峰纪念馆，为石兰峰扫墓，开展纪念活动，重温石兰峰事迹，弘扬石兰峰精神，赓续红色基因，践行社会主义核心价值观。建成石兰峰纪念馆"智慧场馆"，把展览业务搬到了线上，扩大传播平台，达到更好的宣传效果，也解决了因为疫情不能到现场参观的问题。

【博爱家园】 2022年，红十字基金会援建的"博爱家园·安全社区"项目落地霍州市李诠庄社区，修建李诠庄社区红十字培训教室、办公室，设置社区红十字救灾救援工作站，修整并命名李诠庄社区红十字博爱路，改善社区的基础设施条件。

【溪桥工程】 2022年，霍州市遭受强降雨后，三教乡南车腰村、李曹镇下王村、杨枣村的路桥因雨灾坍塌影响村民出行，亟须修复。中国扶贫基金会及时伸出援助之手，使得“溪桥工程”项目落地霍州市，与相关乡镇和各村负责人沟通，协商筹建事宜，经过前期多次实地考察、科学规划后，精心实施项目建设，完成便民桥的修建，恢复村民正常出行。（孙俊萍）

法　治

政法委及综治

【概况】 霍州市委政法委下设11个科室：办公室、政工室、调研宣教室、执法检查室、案件督办室、督察室、综治督导室、基层社会治理室、维稳指导室、反邪教协调室、政治安全室。主要职责是深入贯彻习近平新时代中国特色社会主义思想，深入贯彻党的路线方针政策和中央政法委、省委政法委及市委的决策部署，统一政法各部门思想和行为，坚持党对政法工作的绝对领导，坚决维护党中央权威和集中统一领导；深入贯彻中央要求、省委决定和市委部署，对全市政法工作研究提出全局性部署，推进平安霍州、法治霍州建设，加强过硬队伍建设，坚决维护国家政治安全、确保社会大局稳定、促进社会公平正义、保障人民安居乐业、服务经济社会发展；分析社会稳定形势，创新完善多部门参与的综治维稳工作机制，协调推动预防、化解影响稳定的社会矛盾和风险，协调应对和处置重大突发事件；加强对全市政法工作的督查，统筹协调社会治安综合治理，维护社会稳定工作；掌握分析全市政法舆情动态，指导协调政法部门媒体网络宣传工作，指导政法部门做好涉及政法工作的重大宣传工作；监督和支持本市政法各部门依法行使职权，指导和协调本市政法各部门密切配合，研究和协调重大、疑难案件，推进严格执法、公正司法；指导推动全市政法系统党的建设和政法队伍建设，统筹推动政治督查和政治轮训。协助市委和市委组织部管理政法干部。管理霍州市法学会。

【扫黑除恶】 2022年，霍州市委政法委贯彻实施《中华人民共和国反有组织犯罪法》，在全市各级党委中开展专题学习研究。立足实际，走进社区、乡村等多处开展《中华人民共和国反有组织犯罪法》专题宣传活动，向乡镇（街道）、扫黑除恶各成员单位印发1000本《中华人民共和国反有组织犯罪法》小册子，制作10块宣传版面。在信息网络、自然资源、交通运输、工程建设以及乡村治理等重点行业领域进行专项整治，截至年底，信息网络领域立案34起，破案20起，抓获犯罪嫌疑人15人；损失30万元以上的电信网络诈骗案件7起，已破获7起，破案率100%，打掉非法采矿（采砂）团伙1个，破获非法采矿刑事案件1起，办理强制措施4人。从源头上铲除黑恶势力滋生土壤。

【综治中心建设】 2022年，霍州市委政法委对全市三级综治中心进行提档升级，分批分步骤进行。乡镇（街道办）综治中心按照“五化”“三有”标准，依托综合便民服务中心，融合职能科室，设置“一厅四室”，优化服务功能，发挥乡级综治中心作用。村级依托党群服务中心，实行两块牌子、一套人马，明确组织机构、工作职责及网格分布图（网格架构），建成115个村级规范化综治中心。

【平安霍州建设】 2022年，霍州市委政法委发放宣传单20余万份，张贴海报8万多张、悬挂横幅3250余条、入户宣传10余万户、签订反诈承诺书20余万份、通过公众号发布反诈提示100余条、拍反诈短视频60部。市公安局侦破电信网络诈骗案件82起，破案率50%，抓获犯罪嫌疑人68人，为群众追回损失83万元。依托国家反诈中心引进了临汾反诈反制软件，对群众做精准推广宣传，“国家反诈中心”App注册人数89104人，实名注册人数68232人。

开展“扫黑恶、治电诈、打盗窃、禁毒品、护民生”系列专项行动，破获电信网络诈骗案件86起，抓获各类犯罪嫌疑人78人，紧急止付涉案资金63568万元，冻结421万元，返还83.606万元；破获“盗抢骗”类案件69起，抓获32人；破获毒品刑事案件6起，抓获6人；破获黄赌刑事案件6起，抓获10人；查处行政案件84起、171人。市公安局接到涉养老诈骗线索20条，办结回复20条，成功破获2022年涉案金额达68万元的诈骗案1起，破获历年积案2起。

【禁毒工作】 2022年，霍州市委政法委破获毒品刑事案件6起，抓获犯罪嫌疑人6人；排查吸毒人员占到在册吸毒人员的99.5%；开展“禁种铲毒”，利用无人机开展空中巡查监测，彻底铲除毒品隐患根源。

【高质量转型发展】 2022年，霍州市委政法委开展执法专项检查、联企服务、“判实未执”、“三晋执行利剑”等专项行动，出台政法机关服务企业护航发展八项举措；市法院利用人民法院调解平台化解涉企案件201件，其中调解成功94件，撤诉77件，出具调解书17件，助力企业集中精力抓生产；市检察院入企进村送法、校园普法9次，把诉讼服务和法治宣传送到群众家门口；市公安局放宽民营企业从业人员落户政策、高端引进人才签证便利政策，受理居民身份证1万余张，公民出入境申请46余次，建立涉及企业和企业家经济犯罪案件侦办备案审查制度、羁押必要性审查制度，依法审慎采用查封、扣押、冻结财产措施，确保不影响企业正常生产经营；市司法局组成“企业公益法律服务团”，深入民营企业开展“送法入企、法治护航”主题活动，为企业发展营造良好法治环境；政法机关发挥法治固根本、稳预期、利长远的作用，为全市高质量高速度发展提供法治服务和保障。

【队伍建设】 2022年，霍州市委政法委贯彻执行《新时代政法干警“十个严禁”》，用好政治督察和纪律作风督察两把“利剑”，采取“四不两直”的方式，对政法队伍警容风纪、值班备勤、疫情防控进行督察；巩固教育整顿成果，配合纪委监委对公安局“不能腐”制度建设推进情况进行督察；对两个办事处开展为期三个月的专项巡察，发现问题，限期整改，从严从细纠正政法队伍在纪律、管理等方面存在的问题，严肃工作纪律和工作作风。

【政法宣传】 2022年，霍州市委政法委采用新媒体宣传模式，发挥好舆论阵地“参谋助手”作用。“霍州政法”微信公众号和微博由专人负责管理，确保正常运行。制定《霍州市委政法委新媒体平台信息审核发布规定》，通过新媒体对外发布的原创稿件和信息，实行“三审三校”制度；及时转发、推送党和国家重大决策部署，宣传各种法律法规，适时发布本单位工作动态和典型案例，扩大政法新媒体的影响力和权威性，正确引导舆论导向。政法各单位运行微信公众号6个、微博3个、网站3个，及时把政法有关信息传递给民众，有助于创造高效、互助的政法服务平台。

2022年，省市政法委累计采稿92篇。其中山西长安网采稿15篇，山西政法抖音1个，《山西法治报》1篇，“学习强国”1篇。“临汾政法”微信公众号采稿23篇；临汾政法今日头条采稿44篇，临汾政法抖音6个，《临汾日报》采稿1篇。编发政法简报23期。

（乔亚楠）

公 安

【概况】 2022年，霍州市公安局围绕全方位推动高质量发展工作主题和中共二十大安保工作主线，聚焦全市“转型出雏型，率先蹚新路”总目标，按照“发案少、秩序好，党委放心、群众满意”工作要求，全警全力抓好抗疫情、防风险、保安全、护稳定各项工作，完成习近平总书记到霍州考察调研中共二十大、北京冬奥会等系列重大安保维稳任务，确保霍州市政治社会大局的持续稳定，以实际行动向市委、市政府和全市人民交出一份高质量的“平安答卷”。

【政治学习】 2022年，霍州市公安局发挥党委理论学习中心组、“三会一课”的示范引领作用，落实“第一议题”制度，局党委组织中心组理论学习26次，专题研讨3次，收集整理印发学习资料45份，学习各类文章讲话45篇；分别召开党史学习教育和肃清流毒专题民主（组织）生活会；开展学习宣传贯彻中共二十大精神活动，局班子成员宣讲10场，各支部书记宣讲19场，各党支部分别组织集中学习各7次，开展学习研讨各2次；局党委20次向市委、市政府、市委政法委和临汾市局党委专报重大事项。

7月，霍州市公安局党员民警深入冯南垣村，学习习近平总书记到霍州考察调研讲话精神

【从严管党治警】 2022年，霍州市公安局成立全面从严管党治警领导小组，制定《队伍管理常态化监督检查办法》，开展专题工作推进会12次，组织召开警示教育会议5次，累计谈心谈话700人次，签订承诺书322份，健全完善制度4个；保持执纪问责和反腐败高压震慑态势，核查办结市纪委交办问题线索7件，组织开展现场督察96次，网上督察30211次。

【社会治安防控】 2022年，霍州市公安局落实公安武警联勤武装巡逻等“四项机制”和“1、3、5分钟”快速反应机制，重点围绕辖区内要害部位开展日常巡逻防控工作，盘查人员7300人次、车辆4000辆次，抓获违法犯罪嫌疑人10人。开展矛盾风险隐患大排查大化解和矛盾纠纷大调处工作，走访各类场所530家次，摸排化解矛盾纠纷310起。

【打击违法犯罪】 2022年，霍州市公安局开展以“扫黑恶、治电诈、打盗抢、禁毒品、护民生”为重点的系列专项打击行动，推进夏季治安打击整治“百日行动”，全市刑事、治安案件分别同比下降44%、12%，社会治安呈持续向好态势。破获各类刑事案件275起，抓获犯罪嫌疑人270人，抓获网上逃犯27人，破现发命案1起，传统盗抢骗刑事案件同比下降44%，破案70起，破案率为41%，在平川县排名第一，中央电视台财经频道、新闻频道专题报道市公安局“侦破系列偷油民生案”，《人民公安报》刊发市公安局“快破民生小案”。深化常态化扫黑除恶斗争，核查办结涉黑涉恶线索2条，抓获1人，破案4起，严防黑恶势力死灰复燃。严打养老诈骗违法犯罪，印制宣传资料13000余份，核查办结线索20条，破案3起，抓获4人，掀起打击整治养老诈骗凌厉攻势。开展夏季治安打击整治“百日行动”，围绕“四个一批、四个严防、一个确保”工作目标，开展3轮次夏夜治安巡查宣防集中统一行动，破获刑事案件60起、治安案件160起，抓获违法犯罪人员195人，查处各类交通违法2754起，排查整改各类安全隐患158处。强力攻坚打击治理电信网络诈骗犯罪，全市电诈案件立案192起、破案87起，抓获78人，实现“两降两升”（发案数、损失数下降，破案数、抓获数上升）的良好态势；特别是打掉9个GOIP（网络通信）团伙，抓获30人，省厅刑警总队专门下发贺电，坚决遏制电信网络诈骗犯罪多发高发势头。严打黄赌毒违法犯罪，全面压实属地责任，集中开展专项行动，破获黄赌毒案件12起，抓获16人，查处行政案件84起、171人。特别是异地打掉洪洞组织卖淫窝点1个，抓获18人。

【公共安全管理】 2022年，霍州市公安局落实危爆物品“四个一律”的工作要求，推动烟花爆竹“五禁”工作，定期对市枪爆单位进行安全检查，收缴销毁各类枪支10支、弹药2008发、过期炸药9568公斤、雷管19655发，收缴各类烟花1072个、爆竹42.5万头；查处案件16起、查处违法行为人16人、教育训诫47人，坚决把不安全因素化解在源头，稳控在远端，查堵在外围。抓好交通安全管理，以深化道路交通事故预防“减量控大”为牵引，坚持源头管理和路面管控并重，打好隐患歼灭仗、秩序净化仗、信息制导仗、宣传攻势仗、协同共治仗“五场硬仗”，开展“一盔一带”专项行动，查处道路交通违法行为68145起，城区骑乘佩戴安全头盔率达80%以上，辛置交通执法站缉查布控位列全市第一，交通安全重要指标全面下降。投入疫情防控，坚持“党政有呼、公安必应”理念，主动扛起防护霍州市的安全职责，做好宣传防护知识，提升人们的防护意识等职责；做好内部疫情防控，落实监所安全管理和疫情防控措施，做好执法办案中心、窗口服务单位安全管理，确保公安机关内部绝对安全。

【深化公安改革】 2022年，霍州市公安局派出所警力和专职社区警力配置实现“两个40%以上”目标。市政府常务会议多次研究公安基础建设、车辆装备事宜，投入2500万元，完成退沙所一级所升级达标改造和辛置所、南环所、师庄所危房改造建设，完成大张所新所选址规划、李曹所调剂使用，解决派出所危房、无房困境；建成中镇广场街面警务站，打造“3分钟快速出警圈”；完成禁毒社会管理服务中心、网安电子物证实验室建设；鼓楼所完成重点派出所“两队一室”改革，城区“一区一警两辅”、农村“一警一辅”专业化力量基本配置，“一标三室”基础信息采集基本完成。

【执法规范化建设】 2022年，霍州市公安局审核审查刑事立案492起，移送起诉191案、221人，审核审查行政案件408起；强化执法办案管理中心管理，成立专业看护队，推动实现执法办案、监督管理、服务保障一体化运行。

【从优待警】 2022年，霍州市公安局树立鲜明的用人导向，调整充实局班子成员2人、科级领导干部17人，完成交警大队“大部制”改革和派出所所长进乡镇（街道）党（工）委班子，晋升职级143人次，为195人发放加班补贴166万元，新招录公务员3人，完成第二批辅警167人转聘招录及首批78人层级评定，全局辅警薪酬工资待遇全部纳入财政预算，盘活现实警力，提升核心战斗力。突出典型示范引领，强化战时表彰机制，共记个人二等功1人、三等功2人、嘉奖14人；表彰先进集体11个，先进个人67人；邀请退休老干部组织开展“喜迎二十大、银龄心向党”重阳节主题活动；为工亡辅警赵燕军争取省厅救助资金2万元。（韩文军　段　勇）

·公安局交通警察大队·

【概况】 霍州市公安局交通警察大队机关办公地址为霍州市李雅庄矿区学校西侧270米，位于霍州市主城区北边，108国道退沙段，占地面积9000平方米，建筑面积3800平方米。

根据公安部和省厅交管局的要求，大队设立一中队、二中队、三中队、五中队。根据交通安全管理职能，设立了综合科、秩序科、车管所、指挥中心、警务保障室、四中队，2022年大队有民警249人。

大队设立党总支，下辖十四、十五、十六、十七、十八共5个支部，党员110名，其中预备党员3名。设共青团支部、妇女委员会和工会。

2022年全市道路总里程为1910.684公里，其中国道108线1条，19.342公里；国道341线1条，5.079公里；省道桃临线1条，11.563公里。市（县）道6条111.6公里，乡道43条336.9公里，村道284条480.9公里。一级公路23.5公里，二级公路60.4公里，三级公路87.7公里，四级公路742.1公里，等级外里程31.6公里。通车里程达1910.684公里，公路密度为每平方公里0.40公里。基本框架为三纵三横网络。

【队伍建设】 2022年，霍州市公安局交通警察大队组织全体民（辅）警前往师庄乡冯南垣村开展“追寻领袖足迹、感悟初心使命”主题党日活动，把习近平总书记的关怀厚爱和殷切嘱托，转化为奋进新征程、忠诚保平安的实际行动。开展“捍卫‘两个确立’做到‘两个维护’做党和人民忠诚卫士”大讨论活动，制定《抓党建促基层治理能力提升专项行动实施方案》《党建带队建示范岗位和党员先锋岗创建活动实施方案》《全面推进清廉公安交警大队建设的行动方案》和《“向人民群众交好账”实践活动方案》。以层层压实党建主体责任为抓手，严肃党内政治生活制度，按时召开组织生活会，提升“三会一课”质量，开展谈心谈话、民主评议党员和主题党日活动，永葆忠诚干净担当的政治本色。

【道路交通事故预防】 2022年，霍州市公安局交通警察大队开展“一盔一带”、农用车违法载人、酒驾醉驾治理、道路交通安全大检查大整治大提升等专项行动，完成春运、春节期间、中共二十大等道路交通安保工作，确保全市道路交通安全形势整体平稳。

【隐患歼灭】 2022年，霍州市公安局交通警察大队依托综合应用平台，健全完善“两客一危一货”等重点企业台账，集中筛查“两客一危一货一面”等重点车辆交通安全隐患。排查道路交通安全隐患173处，下达隐患通知书15份，提请挂牌督办8处。排查重点运输企业100余家，重点车辆1100余辆。

【秩序净化】 2022年，霍州市公安局交通警察大队深化道路交通事故预防“减量控大”工作，聚焦主城区、国省道、农村三大主战场，完善分级分类管理模式，组织开展“一盔一带”、农用车违法载人、酒驾醉驾治理、夏季治安打击整治“百日行动”、道路交通安全大检查大整治大提升、“冬季行动”等专项活动，完成春节、清明、五一、国庆等重要节日和两会、中高考、中共二十大等重要节点交通安保工作，道路交通事故“四项指数”呈全面下降态势，全市道路交通安全形势整体平稳。

【信息制导】 2022年，霍州市公安局交通警察大队推进“智能交警”建设，完成指挥中心后台系统及违停球机系统升级改造，在新建南路北丁字路口、霍东大道与经二路十字路口、经三路丁字路口、经十路十字路口等四处安装信号灯及电子警察等设备。

【宣传工作】 2022年，霍州市公安局交通警察大队组织开展道路交通安全宣传教育提升行动计划，健全完善安全提示信息精准推送机制，提高公民文明交通素质。依托交管“12123”“两微一抖”等平台、联合霍州融媒体中心等，开展社会面宣传教育，组织开展“一盔一带”“美丽乡村行”“安全生产月”“‘122’全国交通安全日”等主题宣传活动，针对“一老一小”、农村面包车、三轮车、拖拉机车主及驾驶人，点对点精准推送交通安全宣传提示，完善巩固固定式宣传栏，打造群众身边的交通安全宣传阵地；深化新闻媒体宣传，加强与霍州融媒等主流媒体合作，开展道路交通安全宣传，对典型案例进行曝光，发挥“查处一起、震慑一批、教育一片”的警示作用，提升驾驶人安全意识、法治意识和文明意识。

【协同共治】 2022年，霍州市公安局交通警察大队结合道路交通安全大检查大整治大提升专项行动，强化隐患路段排查，互通互联信息，及时治理隐患。定期联合交通运输、公路段等部门召开全市道路交通安全工作联席会议，提请报告市委市政府、通报相关部门，推动挂牌督办，强化动态跟进“回头看”，确保对账销号、整治到位。完成2022年防汛地灾综合应急演练、疫情防控演练。

【为民服务】 2022年，霍州市公安局交通警察大队坚持问题导向，落实公安机关12项便民举措，紧扣民生、务求实效，找准查实群众的操心事、烦心事、揪心事。通过优化服务环境、延伸服务触角、精简办证环节等措施，形成交账有清单、落实有举措、完成有反馈的工作闭环，全方位推动道路交通管理工作高质量发展。宣传推广电子驾驶证申领工作。制定“端正执法司法理念改进执法司法作风”活动年的工作方案，聚焦“六大顽瘴痼疾”，围绕“减存量、控增量、防变量”的目标，开展自查自纠活动，纠正公安交警队伍执法服务中的理念偏差和不良作风。从理念和作风上推进法治公安交警建设，交警执法环境和法治化营商环境显著优化，为全方位推进高质量发展提供有力的法治保障。落实精准落地特事特办、急事急办、延期办、容缺办、便捷办和网上办的服务便民利企六项措施，服务“六稳六保”。

（郭　亮　赵京龙　刘　卉）

·临汾市公安局霍东分局·

【概况】　临汾市公安局霍东分局隶属临汾市公安局，主要服务于山西焦煤霍州煤电集团有限公司，内设机构 8 个。外设派出机构 3 个，在册授衔民警 32 人。

【情指行一体化】　2022 年，霍东分局推进“情指行”一体化实战运行机制建设，受理 1599 期，核查督导《要情反馈》151 期，整理汇编《每日警情》《每日警情分析研判》16 期、《战术情报信息研判》14 期。

【刑事犯罪侦查】　2022 年，霍东分局侦破刑事案件 37 期，抓获犯罪嫌疑人 78 人，抓获网上在逃犯罪嫌疑人 41 人，刑事案件发案数同比下降 8%。

【危险物品管理】　2022 年，霍东分局深入开展危爆物品安全大排查大整治行动，清查重点部位 8 次，收缴雷管 37 枚，销毁雷管 37 枚。

【网上风险管控】　2022 年，霍东分局强化网上风险管控，核查上级推送涉网线索 6 条，完成信息等级保护备案系统 23 个。

【安全保卫】　2022 年，霍东分局以坚决实现“五个严防、三个确保”目标为己任，完成习近平总书记视察霍州期间和中共二十大安保任务。

【规范执法】　2022 年，霍东分局以执法全流程智能管理平台应用为抓手，强化执法活动全流程、全环节、全要素监督，定期开展执法安全隐患排查，加大执法考评、培训力度，全面推动执法规范化建设再上新台阶。

【公安队伍建设】　2022 年，霍东分局紧盯“四个铁一般”标准，学习习近平新时代中国特色社会主义思想和习近平总书记视察山西时的重要讲话重要指示精神，落实全面从严管党治警，坚持党对公安工作的绝对领导、全面领导，推进队伍革命化正规化、专业化、职业化建设，锻造党和人民信得过，靠得住，能放心的过硬公安铁军。

（祝日文）

检　察

【概况】　霍州市人民检察院共有中央政法编制 34 个。其中占中央政法编制 29 人（空编 5 个），配备班子成员 4 人，包括检察长 1 人、副检察长 1 人、党组成员 2 人（单列）。员额检察官 9 人、检察官助理 8 人、书记员 1 人、司法警察 2 人，司法行政人员 5 人（试用期 4 人）。此外，事业编 1 人，不占编 27 人，另聘任制书记员 11 人，全院检察人员共计 68 人。机关内设办公室、政治部、第一检察部、第二检察部、第三检察部。

【党建工作】　2022 年，霍州市人民检察院保障日常技术工作，建设公开听证室、增加直播推流设备、完成 1.5 系统下线并做好 2.0 系统升级后的相关配置、业务部门无人机航拍勘测、学习数字检察、运用模型参与办案等一揽子指挥检务项目，为检察检务提供智慧动能。自觉接受人大监督、民主监督和社会监督，向同级人大及其常委会报告工作 4 次，配合开展专题调研 3 次，邀请参加听证会 13 次，邀请人大代表、政协委员参加检察开放日 35 人次。

【政治工作】　2022 年，霍州市人民检察院向市委和上级检察机关请示报告重大情况、重要事项2次。开展“质量建设年”活动，利用中检网、检答网等平台，强化理论学习和业务知识学习，并通过业务讲座、网络培训、岗位培训和岗位练兵等方式，推进队伍专业化、执法规范化。全年记录过问案件情况26件，“逢过问必记录”已成常态，筑牢防范人情案、关系案、金钱案的制度堤坝。

【案件处理】 2022年，霍州市人民检察院受理提请批准逮捕案件47件、67人，批准逮捕27件、32人；受理审查起诉案件116件、148人，决定提起公诉78件、102人，依法不批准逮捕20件、35人，不捕率47.19%，同比增加17个百分点，依法不起诉29件、37人，不诉率29.61%，同比增加15个百分点；审结案件中适用认罪认罚100件、129人，认罪认罚适用率达到92.04%，同比增加3个百分点，其中提出确定刑量刑建议123人，建议率达到100%，刑事“案件一比”达1.07，保持全市前列；办理职务犯罪案件3件、3人，受邀提前介入职务犯罪案件2件、2人，监督侦查机关立案侦查16件、撤案14件，同比增长200%；对侦查机关、审判机关共发出纠正违法通知书52份，检察长列席法院审委会10次；加强对刑事案件财产刑执行、社区矫正、看守所监管活动检察监督，提出并纠正各类违法活动130次。

【刑事办理】 2022年，霍州市人民检察院办理涉众金融犯罪案件3件、4人，批准逮捕1件、1人，不批准逮捕1人，起诉2件、2人。6月15日，在霍州署广场开展“守住钱袋子，护好幸福家”主题宣传活动，以期从源头上减少非法集资犯罪的发生。开展“断卡”行动，适用认罪认罚从宽制度起诉电信网络诈骗犯罪23件、31人，坚持宽严相济刑事司法政策，对11名在校学生作出相对不起诉。

【民事案件处理】 2022年，霍州市人民检察院办理各类民事监督案件4件，发出检察建议3份，采纳率100%，发出再审检察建议1份，实现生效裁判监督案件零的突破；全年办理支持起诉案件26件，各类行政检察案件15件，发出审判程序违法行为监督和执行活动监督检察建议4份，采纳率100%；稳妥开展行政违法行为监督，发出检察建议6份，行政机关全部采纳并积极纠正；办理各类检察公益诉讼案件72件，携手行政机关、审判机关化解行政争议案件5件，通过办案，督促清除处理堆放的各类垃圾700余吨，督促收回国有财产2714元，行政机关根据检察建议作出行政处罚37000元。起诉刑事附带民事公益诉讼案件7件，法院作出生效判决8件，支持检察机关全部诉讼请求，收缴惩罚性赔偿金86940元，野生动物资源损失费24600元，生态修复费用133113.38元。

（刘　芳）

法　院

【概况】 法院作为国家审判机关，在党的领导下依法独立行使审判权，对霍州市人民代表大会负责并报告工作。其任务是审理第一审刑事案件、民事案件和行政案件，并且通过审判活动，惩办一切犯罪分子，解决民商事纠纷，执行本院已经发生法律效力的判决、裁定、调解，执行二审的判决、裁定、调解，执行国家行政机关申请执行的非诉行政案件，执行外地法院委托执行的案件；维护社会主义法制和社会秩序，保护社会主义的全民所有的财产、劳动群众集体所有的财产，保护公民私人所有的合法财产，保护公民的人身权利、民主权利和其他权利。

【政治建设】 坚持党对法院工作的绝对领导。坚持党建引领，抓关键少数。把员额法官纳入关键少数，参加党组中心组学习，对重大事项、重大案件做到从政治上审核把关。贯彻落实《中国共产党政法工作条例》，全年共向市委、市委政法委请示报告重要工作、重大事项23次。

把旗帜鲜明讲政治作为第一要求，坚持把政治建设摆在首位，开展“两个确立”主题教育，组织干警在冯南垣开展“追寻领袖足迹、感悟初心使命”党日活动，坚定拥护“两个确立”、坚决做到“两个维护”，筑牢政治忠诚根基。

制定《党员干警党的二十大精神学习计划》，利用党组理论学习中心组、支部“三会一课”等多种形式，开展集中学习、研讨交流、网络答题竞赛等活动，推动学习培训全覆盖。

【优化法治化营商环境】 坚持与经济发展政策同频共振，围绕市委高质量发展部署要求，研究制定《联企服务实施方案》，制定8项服务企业发展的具体举措，院班子成员共走访调研企业7家，帮助企业化解纠纷6起。发挥商事审判职能，依法审结涉民营企业纠纷391件，诉讼标的额1.57亿元，营造规范有序的市场秩序。加大对涉企案件的执结力度，执行到位金额2380余万元。

【服务乡村振兴】 2022年，法院依法审结土地承包、追索劳动报酬、劳动争议等涉农案件14件，助力乡村振兴，稳定农村土地承包关系，维护农民工合法权益。深入帮扶村召开乡村振兴工作座谈会2次，派驻3名干警驻村帮扶，为推进乡村振兴注入法院力量。开展“送温暖、献爱心”捐助活动，共筹款6480元，帮助困难群众温暖平安过冬。

【刑事审判】 2022年，法院全年共审结各类刑事案件155件，判定罪犯164人。其中，审结故意伤害、强奸、非法拘禁等暴力性犯罪案件18件，抢劫、盗窃等多发性侵财案件27件，危险驾驶犯罪案件52件；审结涉毒品犯罪案件6件；审结食品药品、制假售假犯罪案件5件；审结电信网络诈骗及其关联犯罪案件24件、30人，守护群众“钱袋子”；常态化开展扫黑除恶专项斗争工作，健全常态化扫黑除恶机制。依法审结贪污、受贿等职务犯罪案件5件、5人，严惩腐败犯罪行为。

【民商事审判】 2022年，法院全年共审结各类民商事案件1347件，其中审结教育、医疗、道路交通纠纷等民生案件141件，保障人民安居乐业。审结劳动争议、追索劳动报酬等案件34件，开展“根治拖欠农民工工资”专项行动，帮助农民工追回“辛苦钱”50余万元，保障“劳有所得”。依法审理房屋买卖、物业服务等案件89件，保障“住有所居”。依法为经济确有困难的当事人缓减免诉讼费15340元，加大司法救助力度，向10名确有困难的申请人发放救助金37.3万元，保障“弱有所助”。妥善化解离婚、抚养、赡养等婚姻家庭纠纷案件328件，保障未成年人、妇女和老年人的合法权益。

【行政审判】 2022年，法院依法保护行政相对人合法权益，审结行政诉讼案件和非诉申请执行案件53件。引导行政机关依法参加诉讼活动，行政机关负责人出庭应诉率达98%以上，有效破解“告官不见官”司法困局。

【执行工作】 2022年，法院全年共执结851件，执行到位金额3842.17万元。开展“三晋执行利剑”集中攻坚行动，将478人纳入失信被执行人名单，限制高消费633人次，拘传108人次，司法拘留3人次。组织案款集中发放日活动，为10名当事人发放执行案款959.9万余元，最大限度地维护胜诉当事人合法权益。

【人民法庭建设】 针对新时代人民法庭职能定位，根据一法庭一特色要求，对辛置法庭进行改扩建，加挂服务保障三农法庭牌子，科学设置功能区域，在原有审判、办公和生活“三大区”基础上，新增诉服接待、多元调解等功能区，开通立案权限，当事人不仅可以直接到法庭立案，也可跨域立案，解决当事人异地诉讼不便问题；购买在线调解设备，引导当事人通过非诉讼方式解决矛盾纠纷。织密基层普法网，深入村、镇、企业开展巡回审判2次，以案说法、送法下乡等活动5次，以“基层小法庭”涵养“法治大文化”。

【信访和司法救助】 2022年，法院扎实开展“集中治理重复信访、化解信访积案”专项工作，成立涉诉信访工作领导小组，推动信访案件实质性化解14件。畅通弱势群体涉诉绿色通道，依法为经济确有困难的5起案件的5名当事人缓减免诉讼费15340元，让确有困难的群众打得起官司。依靠市委和市政府的支持，加大对困难群众的司法救助力度，依法对符合条件的14名当事人救助资金282062元。

【司法责任制改革】 2022年，常态化开展法官遴选、动态调整、递补和退出工作，2022年，新遴选员额法官4人，退出员额法官3人。推进院庭长办案常态化，全年结案1553件，占全院结案总数的63.75%。强化院庭长监督管理职责，共纳入“四类案件”监管平台案件20件。

【司法公开】 2022年，依法保障人民陪审员履行审判职责，69名人民陪审员共参加陪审案件240件，陪审率为86.64%，人民陪审员参审实现常态化。主动发布重要工作安排重要案件信息，依托“霍州法院”微信公众号、抖音等平台公开各类信息239条，总阅读量170万人次，点赞人数1.3万人次。组织公众开放日活动1次，邀请律师、企业家、群众代表开展座谈，让群众全过程接触法院文化，“沉浸式”感受司法氛围。

【调整充实干部队伍】 2022年，在上级部门的支持下，配备党组成员、副院长3名，审判委员会专职委员2名。为7个内设机构和2个基层法庭调整配备中层正职9人，中层副职8人。对16名员额法官，7名行政人员，24名省聘书记员进行轮岗交流，多维度锻炼培养干部。

【党风廉政建设】 2022年，全面加强清廉机关建设，开展司法作风突出问题集中整治和“以案明纪，以案示警”专题教育，全院124名干警填写《自查自纠问题清单》，组织干警观看《利剑高悬》《零容忍》等警示教育专题片，在霍州署廉政教育基地参观学习，院司法作风突出问题集中整治领导小组开展专项审务督察4次，发现庭审不规范等方面的问题6条，谈话提醒2人。落实防止干预司法“三个规定”等铁规禁令，干警登录平台填报信息1296人次，其中有情况报告40条，“逢问必录”成为法院工作新常态。

（李兵平）

司法行政

【概况】　霍州市司法局有7个内含股室，即办公室、普法与依法治理股、法治调研督查与行政执法监督股、行政复议与应诉股、社区矫正管理股、人民参与和促进法治股、公共法律服务管理股，有12个基层司法所。主管霍州市法律援助中心、霍州市公证处、山西星硕律师事务所、霍州市鼓楼法律服务所、白龙法律服务所、北环法律服务所和辛置法律服务所。公务员34人，事业编制人员10人，工勤岗1人，公证员2人，执业律师12人，注册基层法律服务工作者25人，正式党员54人，预备党员1名。霍州市司法局原与霍州市法院合署办公，仅占180平方米。2022年2月搬迁至鼓楼北街28号，占地面积为1345.66平方米，建筑面积为785.33平方米，设立多个功能室，提升了法律服务效能。

【依法治市】　2022年，霍州市司法局将年终述法工作纳入2022年度目标责任考核体系，抽调专人对全市59个市直单位和12个乡镇（街道办）党政主要负责人和班子成员履行推进法治建设第一责任人职责情况进行实地检查考核，做到“述法”“履职”一体推进。为提高行政决策科学化民主化法治化水平，健全合法性审查机制，审查规范性文件4件、合法性文件8件。办理行政复议案件11件，加大行政复议工作力度。组织全市174名考生参加行政执法人员资格考试，对104名人员予以发证，对全市近53名不再从事执法工作人员的执法证件予以注销清理。推行行政执法公示、全过程记录和重大执法决定法制审核三项制度，对12个乡镇（街道）执法部门开展行政执法案件评查和“三项制度”落实情况检查工作。

【普法宣传】　2022年，霍州市司法局利用霍州融媒体中心，通过每天十次温馨提示的形式宣传新的法律法规，已播放26期；利用普法短信定期向广大干部群众发放最新实行的法律法规；利用“3·15”国际消费者权益日、“6·16”全国安全宣传咨询日、“12·4”国家宪法日、乡镇庙会宣传宪法、民法典、电信网络诈骗、防范非法集资等法律法规；利用微信、LED显示屏普法宣传栏等宣传法律法规；在融媒体举办“与法同行”栏目，制作50元的“牢狱之灾”等三期节目；创建霍州市师庄乡冯南垣村、李曹镇范村、鼓楼办文庙社区3个省级民主法治示范村。组织开展“调解促稳定　喜迎二十大”专项宣传活动。宣传《中华人民共和国人民调解法》的重大意义和主要内容，累计发放宣传资料2000余份，普法宣传品3000余份。

【人民调解】　2022年，霍州市司法局和信访局联合成立霍州市访调对接人民调解委员会，推动信访问题依法及时有效就地解决，实现基层信访矛盾不上交。全市有127个村级调解组织、25个社区调解组织，乡镇人民调解委员会7个，街道人民调解委员会5个，个人调解品牌室1个。全市人民调解组织共排查民间纠纷155件，调解成功155件；线下人民调解培训两次，400余人参加培训。组织司法所工作人员、人民调解员，深入乡镇、街道，企业、超市等区域，开展“开门大接访”现场调解活动，发挥人民调解“第一道防线”作用。开展调解“进综超市场”“进物业”“进企业”“进网格”“进法庭”活动；在山西裕鑫博康有限公司、山西兆光发电有限责任公司、霍州市隆旺佳豆制品有限公司三家企业成立调解工作室，在辛置法庭、优鲜生活超市派驻调解工作室现场进行调解组织备案。

【社区矫正安置帮教】 2022年，霍州市司法局接收社区矫正对象105人，解除社区矫正74人，在册134人（其中缓刑132人、假释2人）。社区矫正对象全部按规定进行接收、宣告、建立执行档案及工作档案。安置帮教工作接收刑释解矫663人，其中监狱释放370人，解除矫正已转安置帮教294人。开展社区矫正对象毒品检测专项行动。5月7日，联合公安局、检察院对全市124名社区矫正对象突击开展“毒品检测”专项行动。

【“枫桥式”司法所创建】 2022年，霍州市司法局根据“山西枫桥式司法所评定细则”类别，逐项分析，结合工作实际，实地督导各司法所完善台账资料，开展自查自纠，进行自评。确定大张司法所作为“枫桥式”司法所申报，对大张司法所外观严格按照山西省司法所外观及室内标识规范进行整修。各项迎检准备工作正在有条不紊地进行中，确保高质量完成创建工作任务。

【法律服务】 2022年，霍州市有县级公共法律服务中心1处，12处乡镇级公共法律工作站，157处村（社区）级公共法律服务工作室（其中139处村级工作室，18处社区工作室），中心、站、室都公示法律服务人员明信片，制定服务承诺。开展免费法律咨询和特殊群体法律援助惠民工程，全年咨询任务量为2497人次。霍州市免费法律咨询便民工程，共帮助2709名群众提供了法律咨询服务，完成任务量的106.69%。霍州市法律援助中心受理法律援助案件74件，其中民事15件、刑事59件，涉及农民32件、妇女11件、未成年人5件、老年人4件、困难职工16件、残疾人6件。值班律师提供法律帮助案件数228件，其中参与认罪认罚案件数156件。年内霍州市法律援助惠民工程目标任务数是40件，2022年，全市办理法律援助案件74件，公证734件。

【政治队伍建设】 2022年，霍州市司法局开展主题党日12次，为提高学习效果，2月“追寻领袖足迹、感悟初心使命”主题党日由室内转移到室外，重走习近平总书记在霍州考察调研之路，实地实景感悟总书记的谆谆教诲。开展警示教育。把警示教育纳入干部学习培训内容。采取观看警示教育片《零容忍》《双面人》《刀刃向内》，引导干部在思想深处筑起“不想腐”的防线，自觉保持反腐倡廉的决定和定力。 （药应红）

军　　事

人民武装

【概况】　2022年，霍州市人武部在省军区、军分区党委的正确领导下，在市委、市政府的大力支持下，坚持以习近平强军思想为统领，坚持稳中求进总基调，聚焦民兵队伍应战应急能力提升，按照“维护核心铸忠诚、紧盯任务抓备战、瞄准一流促转型、依法从严夯根基”的工作思路，攻坚克难、苦干实干，在抢抓机遇中开拓进取，在应对挑战中担当作为，各项工作扎实推进，单位全面建设稳步提升、向前发展，被军分区表彰为全面建设先进单位。

【思想政治建设】　2022年，市人武部坚持把学习贯彻习近平新时代中国特色社会主义思想和习近平强军思想作为首要政治任务，以迎接中共二十大召开、学习贯彻中共二十大精神为主线，抓好习近平总书记最新重要讲话学习，确保官兵始终保持坚定正确的政治方向。注重抓实政治教育，开展“喜迎二十大、奋进新征程”学习实践活动，做到学思用贯通、知信行统一；巩固拓展党史学习教育成果，聚焦“忠诚维护核心、矢志奋斗强军”深化主题教育，常态组织集体学习和体会交流，增强理论学习水平；开展“重走领袖视察路、感悟发展新成就”活动，组织民兵党员到红色教育基地冯南垣现地见学，重温入党誓词，强化官兵的政治意识和政治自觉，牢固官兵思想根基；贯彻“学军史、讲战例”活动，组织地方专家学者撰写“霍州解放战斗”战例，讲述经典战例、感悟战略思想、汲取智慧力量、传承红色基因取得较好教育效果；开展庆祝建军95周年等系列活动。开展“四严四整”教育整训，统筹安排各类经常性思想教育，守牢意识形态领域主阵地，凝聚投身强军实践的意志力量。

【练兵备战】　2022年，市人武部党委坚决响应习近平总书记备战打仗号召，按照“随时准备打仗”标准，以谋战为核心，以苦练为途径，以实战为关键，以强能为根本。修订完善战备方案，定期组织战备拉动和应急处突演练。协调市政府投入资金新建改建作战室、战备资料室、战备图库和装备器材库，按编配齐装备器材，按照“便于战备、便于使用、便于管理”和“三分、四定”原则，区分战时平时，集中管理，分库分类存放，提升应战应急处置效能。落实党委履行议训督训主责、主官履行抓训管训责任，机关履行检查指导考评职能，常态化组织军事理论、基本技能和业务技能等课目学习训练。组织新任职专武部部长集中训练，联合市委组织部对参训优秀个人进行通报表彰，树立鲜明的训练导向。完成基干民兵和民兵干部基地化轮训任务，军地联合下发表彰通报，市长张可新、常务副市长任鹏伟亲自参加总结表彰大会。文职人员、专武干部参加军分区比武竞赛，均获得综合第一的优异成绩。军地联合组织“携手护林防火、共享生态美景”暨森林草原防灭火应急演练，提升火灾扑救能力。发挥训练基地职能作用，完成军地训练保障任务。12 月 19 日，军分区副司令员赵润远带工作组对霍州市民兵工作进行拉动考评，年底战备训练综合考评全市排名第一。

【征兵整组】 2022 年，人武部严密组织全市国防动员潜力数据调查，对接联合作战支援保障任务需求，紧盯新域新质重点方向，深挖辖区优质潜力资源，突出交通运输、信息网络、医疗救护等数据，走访核查潜力单位，采集相关数据，进行调查核实，打牢潜力资源支撑备战打仗基础。贯彻落实“十四五”民兵调整改革部署要求，着眼提升“四种能力”，按照“以战领建、抓建为战，基于任务、成于能力”思路，完成年度普通民兵、基干民兵、民兵分队编组任务，夯实民兵基层建设基础。市政府投入资金，为每个乡镇按编配齐装备器材，6 月 2 日，在退沙街道办召开民兵工作规范化建设现场会。严密组织征兵工作，紧扣大学毕业生征集比例目标要求，以“五率”量化考评为抓手，广泛宣传、精准发动，多措并举、强力推进，完成年度征兵任务。

【“双拥”共建】 2022 年，人武部发挥双重领导优势，推动地方党委、政府主要领导讲政治、敢担当，召开全市武装工作会议，研究解决国防动员、民兵整组、基层建设等问题，推动政策制度和经费实物拥军。召开市委议军会议，研究解决武装工作难点问题，助力备战打仗工作有效落实。积极参与地方经济社会发展，树立军地“一盘棋”意识，探索军地共建互促机制，巩固军地同呼吸、共命运的生动局面。开展“双拥模范城”“国家卫生城”创建活动，走访慰问困难群众、复转军人，结对帮扶贫困学生助学兴教，出动民兵参加地方环境整治、植树造林和卫生创建，执行森林防火、桥梁封控、道路警戒、灾后重建、农作物抢收等任务，常态化抓好民兵疫情防控任务，发动民兵集中整治村容村貌，提升居民生活环境质量。助推军人军属优待落实，突出尊崇优待，让拥军优属政策落在实处。协调地方相关部门走访慰问任务部队官兵、参战退役老兵，巩固军地联合送立功喜报活动，组织为义务兵家庭悬挂光荣牌、发放义务兵优待金和大学生奖励金工作，提高立功受奖人员奖励标准，在公共场所设置军人、民兵优先窗口，为伤残退役军人按规定发放优抚金，落实同等条件下军属遗属优先入伍，落实转业军人安置。

【后装保障】 2022 年，市人武部坚持高标准落实机关人员、民兵队伍、预征对象在参训、点验和完成各项任务中的保障工作，经费、伙食、车辆、物资、装备拨付调集到位及时、运转高效。协调市政府投入资金完成护坡建设，消除隐患；提高“四个秩序”建设标准，更换营门门禁系统，配齐征兵办公室、通信机房“三铁一器”；着眼查准登实、安全完整目标，围绕原始、实物、价值和综合审验“四本账”，开展资产性难题两年攻坚行动。按照层级负责、追根溯源、清仓见底的原则，逐人清查涉枪涉弹情况和签订承诺书，保证枪弹安全。克服侥幸心理和麻痹心态，时刻高度关注疫情防控形势，及时传达疫情防控最新指示，滚动修订方案预案，加强教育管理，储备防疫物资，常态化组织环境消毒消杀。

【安全管理】　2022年，市人武部坚持预防为主，采取标本兼治的原则，突出特殊敏感时期的管理和重点环节的管控，深化巩固安全发展的良好态势。开展“严守政治纪律、深挖翻墙隐患”和“基层风气整肃”专项整治活动，深化政治整训，抓实意识形态斗争，组织“四反”警示教育，坚定理念信念；部领导带头上专题纪律党课，组织观看警示教育片，引导所属人员知敬畏、存戒惧、守底线，巩固风清气正的政治生态。召开“讲政治、明大义、守底线”和“四严四整”专项教育整训活动专题组织生活会，强化政治纪律和政治规矩。结合新冠疫情全国形势发展和辖区防控态势，坚决贯彻落实上级指示和军分区党委决策部署，克服侥幸心理和麻痹心态，时刻高度关注疫情防控形势，及时传达疫情防控最新指示，滚动修订方案预案，加强教育管理，储备防疫物资，严格营门管控。

【基层规范化建设】　2022年，市人武部党委深入贯彻军委基层建设会议精神，坚持重心向下，把抓基层打基础作为长远之计和固本之举。加强党的建设，按照从严治党要求，狠抓党的创新理论学习，贯彻落实民主集中、党委议事等制度，规范决策程序，强化集体领导。书记、副书记定期组织党课辅导，提升政治站位和思想行动自觉。协调市委配备两名专武部部长，建立健全民兵队伍预建党组织，落实基干民兵连和独立编建的基干民兵排预建党支部，基干民兵营、连所属排预建党小组，依托民兵党组织开展教育、训练、任务执行。提高“四个秩序”建设标准，配齐建强营区设施设备，规划建设营区文化氛围，落实上下班、请销假等一日生活制度，落实最后一小时体能训练。育强人才队伍，深化巩固“五学强脑”活动成果，开展军事职业教育，落实“三基”素质提升实施计划。加强机关人员业务培训，解决文职、职工、专武干部的倾向性问题，提升人员能力素质。5月30日，高标准迎接省军区动员局副局长王新平对人武部检查调研。

（吕东胜）

武警霍州中队

【概况】　武警霍州中队原为中国人民解放军山西省公安总队临汾专区公安大队霍县公安队；1983年改编为中国人民武装警察部队山西省总队临汾地区支队霍县中队；2000年，临汾地区改为临汾市、霍县改为霍州市，同年队改编为武警山西省总队临汾市支队霍州市中队，2018年1月1日武警部队调整改革更名为武警山西总队临汾支队执勤二大队霍州中队。中队位于霍州市退沙村境内，主要担负霍州市看守所看守勤务。

【政治教育】　2022年，武警霍州中队坚持以习近平新时代中国特色社会主义思想为指导，深入贯彻习近平强军思想，围绕庆祝中国共产党成立101周年，突出“听党指挥”这个主基调，引导官兵进一步增强“四个意识”、坚定“四个自信”、做到“两个维护”，贯彻军委主席负责制。以近年来友邻单位发生的事故案件为牵引，开展执勤教育，强化官兵中心任务意识；结合主题教育活动，进行问卷调查，引导官兵重温党史军史武警史，组织官兵开展读红色书籍、看红色电影、讲红色故事、做红军传人等活动，引导官兵了解时事动态、明辨是非对错、增强使命意识。经常性教育注重抓结合，在抓好经常性月教育授课的同时，组织开展形势任务教育，增强官兵的忧患意识，确保任务圆满完成，以优异成绩向建党101周年献礼。

【中心工作】 2022年，武警霍州中队始终坚持中心居中的原则，狠抓执勤战备工作，在地方市委、市政府的帮助下，对钢网墙进行升级改造、更新中队班宿舍床铁皮柜等设施，确保中心任务完成，在完成执勤任务的基础上，中队经常保持战备状态苦练杀敌本领和维稳处突、抢险救援等任务。以近年来友邻单位发生的执勤事故案件为牵引，深入开展执勤教育，把别人的教训当教材，让官兵深刻认识到“执勤不容麻痹、疏忽就在瞬间”的道理；通过日交班掌握每日执勤实况，周讲评回顾一周执勤概况，月分析研究执勤隐患，筑牢官兵“执勤就是战斗、哨位就是战场”的思想基础。中队官兵每日严格按照工作安排表进行军事训练，训练过程中官兵都能够发扬不怕累、不怕苦的战斗精神，确保一有情况随时拉得出打得赢，年度军事训练成绩达良好以上。

【安全制度】 2022年，武警霍州中队坚持依法从严治警，以落实基本制度为抓手，做到经常抓、反复抓、抓到位，实现“部队安全发展、官兵健康成长”的目标。抓好专题教育，利用警营广播、板报、橱窗、局域网络等载体，宣传安全小知识，卫生防病、训练伤防治小常识，开展“如何识别有毒食物”“如何防雷击、防淹亡”“遇有情况如何自救”等“安全工作大家谈”活动。提高抓安全的实际工作能力，消除隐患，堵塞漏洞，营造“我的安全我负责、他人安全我有责、单位安全我尽责”和“人人讲安全、时时想安全、处处保安全”的创安氛围。

【后勤建设】 2022年，武警霍州中队落实总队后勤现代化建设试点会议精神，突出抓建设上质量，抓管理求精细、抓保障增效益，提升中队后勤保障能力。坚持以经费管理为龙头，依法科学理财，做到月初预算、月底结算、日清月结，落实经费支出使用规定和审批制度。解决好“众口难调”的问题，落实伙食标准和伙食管理制度，组织经济民主组就如何搞好伙食保障进行讨论研究，收集官兵对伙食的意见建议。用好、维护好中队现有设施，制定中队营产营具管理实施细则，签订营具管理责任书，成立维修小组，定期对营产营具进行维护和维修。制定卫生防病措施，开展卫生防病和心理健康知识教育，每天检查内务卫生，每周进行评比，通报卫生差的个人，引导官兵树立讲卫生的好习惯，定期对营区进行一次消毒，根据季节天气变化及时补充药品。 （肖海鹏）

经济管理

发展和改革

【概况】 霍州市发展和改革局机关内设办公室、国民经济综合股、产业经济发展股、固定资产投资股、社会事业发展股、物价管理股、财金和信用建设股、粮食和物资储备管理股、成本调查监审股、政工人事股10个科室。下属价格认证中心、工程建设招标投标中心、储备粮中心3个事业中心。归口管理霍州市项目推进中心。机关行政编制17名（含市委财经委员会办公室秘书股编制）。设局长1名，副局长2名；股级职数11名（含总经济师1名）。

【规划编制】 2022年，霍州市发展和改革局编制《霍州市灾后建设及黄河流域（汾河霍州段）生态保护和高质量发展实施方案（2022年—2024年）》。方案由灾后建设及城乡融合发展示范市打造、黄河流域（汾河霍州段）生态环境保护示范带创建、乡村振兴示范区建设、资源枯竭型城市绿色低碳转型发展和文物保护与利用5个大类，16个分项目，57个子项目组成，总投资196.16亿元。谋划了《“十四五”重大基础设施项目》。共谋划2023—2025年项目30个，总投资238.5亿元。其中能源基础设施项目4个，乡村振兴基础设施项目2个，社会民生基础设施项目6个，开发区基础设施项目3个，公路项目3个，水利项目3个，生态修复治理项目4个，信息基础设施项目1个，城市更新项目4个。

【项目建设】 2022年，全市建设项目共54项，总投资74.71亿元，年度计划投资47.75亿元。其中产业类项目21项，总投资40.88亿元，年度计划投资29.02亿元；社会民生类项目9项，总投资17.68亿元，年度计划投资7.73亿元；基础设施类项目24项，总投资16.15亿元，年度计划投资11亿元。

成立15个重点项目建设指挥部。健全重点项目月报表制度、重点项目集中开工、市四大班子领导包联推进重点项目工作机制。争取上级资金支持，为霍州市人民医院（新医院）建设项目等5个项目申请2022年地方政府专项债2.35亿元；为汾河流域（霍州段）水环境综合治理及水资源利用建设项目（总投资3.8亿元）申请2022年中央预算内资金0.5亿元。

【复工复产】 2022年，霍州市发展和改革局开展“早餐会”“下午茶”“夜沙龙”政企对接协调活动，促进企业复产复工。落实《临汾市服务业提质增效2022年行动方案》，旅游、餐饮、零售、运输、快递等行业加紧复苏。发放120万元消费券，用好政策“保驾护航”。落实扩大文旅消费，采取汽车促销、家电惠民、购油优惠等10项举措，全面激发消费潜力。

新增坤维商贸有限公司、鑫晟煤业有限公司煤炭贸易公司。抓全年消费旺季，促进餐饮、零售业发展，推广电子商务，促进年馍销售，提升“中国年馍之乡”影响力。快递行业抓住“双十二”、元旦前旺季机会，增加营业收入和业务总量，实现逐月进位。全年交通运输业预计增速为14%，营利性服务业预计增速为18%。

【能源革命】 2022年，霍州市发展和改革局制定《霍州市能源革命综合改革试点2022年行动计划（征求意见稿）》。市能源革命综合改革试点重点项目4个，分别是：国能能源100兆瓦农光储旅一体化项目、兆光100兆瓦农光储一体化项目、国盛能源100兆瓦光伏＋农业＋林业发电项目、华得宇100兆瓦光伏发电项目。督促指导霍州华润燃气有限公司与山西华新燃气销售有限公司签订2022—2023年度天然气购销合同。完成年度保供期间政府3天应急储气合同和城燃5%储气合同的签订工作。

【粮食安全】 2022年，霍州市发展和改革局确保1000万斤小麦政府储备规模，强化储备管理。建立政府成品粮油储备，确保在应急状态下政府需要时霍州市应急成品粮油能调得动、用得上。完善粮食应急保障体系，修订出台《霍州市粮食应急预案》《霍州市储备粮管理办法》《霍州市应急成品粮油储备管理办法（试行）》等相关规章制度。开展“粮食科技活动周”“粮食日和全国粮食安全宣传周”活动，推广爱粮节粮理念，倡导勤俭节约的传统美德。坚持党政同责，齐抓共管，成立霍州市粮食安全党政同责考核工作领导小组，落实落细考核工作。

【价格管理】 2022年，霍州市发展和改革局完成霍州市七里峪门票价格成本监审；霍州市华光育才、春潮学校、青少年学生校外活动中心3家生均教育定价成本、生均住宿定价成本的成本监审；霍州市国有投资有限公司污水处理定价成本监审等。对明圣中学、春蕾学校、博翔学校、向阳学校等6所民办学校的收费情况进行实地调查。全年出具价格认证结论52份，涉及金额达686678.09元。

【信用建设】 2022年，霍州市发展和改革局建立健全霍州市社会信用体系建设联席会议制度。印发“霍州市社会信用体系建设工作任务清单”，明确任务及时间节点。定期组织召开“霍州市信用体系建设工作联席会议”和“霍州市信用体系建设工作培训会”。全年“信用霍州”网站上传信息量位居临汾市前列。其中法人许可10093条，自然人许可609条，自然人处罚4条。

【“年馍之乡”】 2022年3月，霍州市发展和改革局正式向中国粮食行业协会提交《关于申报中国年馍之乡的请示》等相关资料；9月19日至21日，国家、山西省粮食行业协会相关领导、专家到霍州市对霍州年馍产业发展情况进行专题考察调研；10月20日，中国粮食行业协会正式命名霍州市为“中国年馍之乡”。

【转型工作】 2022年，霍州市发展和改革局总结完成霍州市2021年资源枯竭城市转型自评报告工作。国家发改委网站《走进县城看发展》第79期、101期以“培育年馍产业、带动百姓增收”“绿色低碳循环发展是如何发展的”专篇介绍霍州转型典型经验。

【下乡帮扶】 2022年，霍州市发展和改革局多方筹资近3万元支持所包联的师庄乡冯南垣村的发展。出资2万元，动用装载机挖掘机对冯南垣村13号居民院院内地面进行平整，用红砖进行硬化，安装防盗门、铝合金门窗、窗帘等，重新修建东院墙，让残破的院落具备居住条件；出资 9570 元，为冯南垣村服务中心制作牌匾一块，并由帮扶队员协调安置到位。特别是冯南垣片区乡村振兴示范区建设启动后，局班子及相关股室工作人员，深入冯南垣村走访调研，建议将冯南垣村基础设施建设纳入示范区美丽乡村建设项目，包括道路、给水、排水、照明、环卫等建设内容，整个项目总投资 4404.91 万元。（王　怡）

粮食和物资储备

【概况】 四七五处隶属于国家发展和改革委员会，于 1967 年选址，1968 年开工建设，1970 年投入使用，主要承担着“服务国防建设，应对突发事件，参与宏观调控，维护国家安全”的重要任务。全处分为库区、行政区、转运站、驻库武警营区、家属区 5 个区域。

四七五处在职职工编制 110 人，机构设置为“六科两室”：处长办公室、党委办公室、物资管理科、安全保卫科、财务科、行政科、劳动人事科、国有资产管理科。有职工 141 人，其中在职职工 62 人、退休职工 79 人。

【物资日常管理】 2022 年，四七五处执行三级检查制度，国储物资物证账卡图清查 4 次，物资管理达到“四保”要求；开展每月业务学习 4 次，全年学习 51 次，开展物管业务知识测试 4 次。加强科学管理，密封期间对国储及代储仓库防盗通风门使用定制防潮门帘和塑料布双层密封并投放氯化钙降低湿度，通风期加强通风晾库，确保温湿度控制在规定范围。疫情防控期间，按照调拨命令，为临汾市红十字会、洪洞县红十字会等单位出库救灾棉被 850 件，救灾棉大衣 250 件。截至 12 月底，库存应急救灾物资 11 个品种。

【物资倒库】 2022 年，四七五处落实“1＋2＋3”工作方法和“12345”工作要领。作业前，召开班前会议，细化作业流程；作业中，各岗位人员规范操作、协同配合；作业后，召开班后会议，提出下一步工作措施。保质保量完成 130 余吨物资倒库工作任务。

【专项物资收储准备】 2022 年，四七五处配备液压式物资搬运托车 5 辆、5 辆专用小推车（叉头用铜皮包覆），满足两栋仓库同时开展作业的要求。与驻地政府及相关部门召开安保协调会 2 次，保障物资入库任务安全万无一失。12 月 7 日至 11 日，完成 2022 年度国储物资入库任务，落实“12345”工作要领，做到组织严密、程序规范、协调到位、保障有力、安全高效，未发生安全生产事故。

【安全保卫】 2022 年，四七五处落实安全责任，逐级签订《安全稳定责任书》55 份，与转运站仓储物流服务客户、房屋出租出借方签订安全协议 10 份，与 5 个联防村和驻库武警三中队签订《安全联防责任书》6 份。传达学习上级文件精神 8 次，开展安全教育 12 次，中心组安全生产重点发言 8 人次，职工大会安全教育 6 次，开展“4·15”安全教育日、“安全科技周”和“安全生产月”专题教育活动，安全教育培训档案实现“一人一档”。强化应急保障，修订完善四七五处“116 专项”物资公路运输入库作业《安全警戒方案》《应急防恐预案》《疫情防控应急预案》等，与驻库武警、周边联防村联合开展消防应急演练1次，防汛应急演练1次，反恐应急实战演练2次。在反恐应急演练过程中，四七五处与驻地公安局防暴大队、大张镇派出所、驻警三中队联合，利用无人机跟踪、抓拍、回传画面的方式，将演练现场清晰的展示给垂管局、山西省公安厅督察总队、临汾市公安局督察支队、霍州市公安局等现场观摩领导。加大隐患排查治理，全年组织各类安全检查11次，发现问题隐患29项，整改完成29项，剩余2项存量隐患为：转运站存在多处内外部安全距离不足；转运站、库区消防给水管网未环状布置。

2022年4月，粮储山西局四七五处开展消防演练

开展社情调查12次，定期分析研判信访“三性”问题，对职工反映问题按照程序认真核查，做好政策解释和思想引导。加大对职工关心关爱，春节前夕逐户走访慰问在霍退休职工50余人、大病职工7人、困难职工3人、遗属12人，除夕和春节期间慰问各值班岗位和家属院职工及家属，夏季开展慰问一线职工“送清凉”活动，解决职工就餐问题，组织在职及退休职工健康体检，建立职工生日档案，组织职工荣誉退休座谈会。

【仓储物流服务】 2022年，四七五处依托律师事务所采用法律维权和现场维权相结合的手段，增加过轨收入15万元，收回历史欠款7万元。通过招投标方式确定转运站新的合作方。其中山西锦航物流有限公司为转运站货场租赁合作方，山西华蒙物流有限公司为转运站装卸业务合作方。

全年实现仓储物流服务收入398.12万元，完成全年考核指标的71.09%。职工全年人均收入约11.1万元。

【基础设施建设】 2022年，四七五处对人员办公室进行重新调整，合理分配，对各办公室和楼道墙壁进行重新粉刷，地面铺设自流平地坪，修缮办公设施，在门厅加装两套门禁系统，确保了办公环境整齐有序。对办公楼文化墙进行改造，改造后的文化墙集中体现党建、党风廉政、安全、业务、精神文明、社会主义核心价值观等文化，以精神文化激励干部职工展现粮储风貌。开展库区、转运站水毁灾害修复工程，上报水毁灾害修复项目，规范进行立项、竞争性谈判、施工管理、竣工验收等程序。制定《四七五处库区仓储环境治理工作方案》，在全处组建专业队伍，对库区进行全面清理，并由党支部和青年读书班牵头完成库区三块“示范林”打造。

【基础管理】 2022年，四七五处完成2022年人员招聘，组织2021年、2022年新招聘人员岗前培训，参加国家局、山西局各类培训。全年报送工作动态88期，被山西省直文明网转载12篇，在国储党建平台刊登文章5篇，在《山西画报》刊登7篇。在山西局举办的演讲比赛、主题征文及书画征集活动中，3名青年分别获得“喜迎二十大　奋斗新征程　建功新时代”主题演讲比赛三等奖和优秀奖；1名青年获得“手中有粮”主题征文一等奖；2名青年分别获得“喜迎党的二十大　展现粮储新风貌”主题征文二等奖、三等奖；3名青年获得“喜迎二十大　奋进新征程”书画作品优秀奖，四七五处获得优秀组织奖；3名获得“弘扬清风正气、传承廉洁文化”书画作品优秀奖。

（张　婷）

自然资源管理

【概况】　霍州市自然资源局是霍州市人民政府主管自然资源和规划管理的工作部门，肩负着贯彻执行自然资源管理法律、法规，履行全市全民所有土地、矿产、水等自然资源资产所有者职责和所有国土空间用途管制职责，负责自然资源统一确权登记、利用保护、生态修复、防灾减灾等工作，机关内设9个行政股室，下设4个直属事业单位及10个自然资源所，现有干部职工193人。

【耕地保护和用地保障】　2022年，霍州市自然资源局加强耕地数量、质量、生态“三位一体”保护，建立健全市、乡、村三级耕地监管巡查体制，守好全市30.1万亩耕地保有量和29.3884万亩基本农田红线，已完成年度目标。“三区三线”划定完成后，耕地保有量面积32.3930万亩，永久基本农田29.4018万亩，耕地保有量较上年度增加2.2930万亩，永久基本农田较上年度增加0.0134万亩。2022年实现耕地保有量面积32.3930万亩，永久基本农田29.4018万亩，耕地保有量较上年度增加2.2930万亩，永久基本农田较上年度增加0.0134万亩。完成霍州经济技术开发区道路建设项目100.7亩和第二污水处理厂项目46亩的用地报批工作；黎霍高速公路项目得到自然资源部批复；组卷上报霍州市2022年第一批次建设用地。对2017年度增减挂钩批复的闲置指标约260亩，予以重新整合，编制《建新区调整方案》。

【地籍管理】　2022年，霍州市自然资源局完成数据成果的自查，配合省、市两级检查验收等工作，三调成果已正式启用，为市国土空间用途管制、国土空间规划编制、矿产资源规划管理、生态修复相关的工作的开展提供翔实的基础数据。完成2021年度国土变更调查工作、测量标志移交保护工作和《霍州市基础测绘“十四五”规划》编制工作，为经济社会高质量发展提供坚强的基础测绘保障。

【空间规划】　霍州市“三区三线”划定方案已于2022年9月29日启用，国土空间规划初稿已形成。国土空间规划“一张图”系统已与山西省厅云平台及国土空间基础信息平台对接数据和功能，完成系统建设。完成许村（乡村振兴示范村）、段庄村（特色产业示范基地）2个省级乡村振兴示范村规划编制初稿。大张镇、李曹镇等7个乡镇成立乡镇规划编制工作领导小组。在市国土空间规划领导小组指导下，统筹2022年实用性村庄规划编制工作，31个村的实用性村庄规划初步成果已形成。村庄布点规划及尉侯村、石鼻村、观堆村、许村、陈村5个村庄的实用性村庄规划已完成编制，待市局组织评审。2021—2022年，完成36个行政村的实用性村庄规划编制初稿。

【节约集约利用土地】　2022年国有建设用地供应16宗，面积26.8852公顷，成交价款1.069亿元。其中挂牌出让9宗，面积10.989公顷，成交价款1.06亿元，协议出让2宗，面积0.0917公顷，价款135.36

万元，划拨用地 5 宗，面积 15.8045 公顷。出让“标准地”1 宗，为霍州经济技术开发区 A—15—01—03 地块，出让面积 3.63 公顷，成交价款 1150 万元。

通过土地供应的方式完成消化批而未供土地任务 250.78 亩，任务完成率 113%，超额完成任务。采用备案信息修改和撤销（调整）批文的方式，可消化 344.6 亩，已组卷上报省厅待批复。完成国有建设用地使用权及矿业权全流程网上交易系统建设，正式上线运行。

【地质灾害防治】 2022 年，霍州市自然资源局在全市范围内深入开展地质灾害冻融期隐患排查巡查工作，累计出动排查巡查车辆约 430 台次、人员约 1470 人次，地质灾害专家 110 人次，巡查高陡边坡 57 处，巡查隐患点 900 余次。重点对市 143 处地质灾害隐患点及中小学校、旅游景区和沿山陡坡、沟口居民点、重点建设项目进行全面排查巡查，组织地质灾害专家对霍州市高陡边坡地质灾害隐患点进行两轮冻融期核查，做好隐患点预警预测和风险防控。

召开 2022 年度的气象趋势会商会，与气象部门签订预警预报合作协议，建立预警信息发布平台。联合气象、水利、应急等部门密切监测天气变化，通过预警信息发布平台提醒监测人员及群众主动采取措施防灾避险。进村入户发放“地质灾害工作明白卡”155 份、“地质灾害避险明白卡”1020 份，安装地质灾害防治监测仪器 8 台（专业性监测仪 1 台，由山西省厅安装；普适性监测仪 7 台，由临汾市局安装），强化“人防＋技防”的地质灾害防治体系。举办全市地质灾害防治知识培训会 15 次，将地灾培训会场转移至地质灾害隐患点现场，对各乡（镇）、街道办分管此项工作的负责人及监测员进行现场讲解培训。5 月底至 6 月初，全市 7 个乡镇、街道办在辖区隐患点进行地质灾害避险应急演练，参加人员 600 余人。6 月 14 日协助市政府在开元办组织开展防汛地质灾害应急演练，参演人员 200 余人，车辆 10 余辆。

霍州市自然资源局与各乡（镇）、街道办签订地质灾害目标责任状；针对农村“两委”换届后的人员调整，统一制作更新 291 块地质灾害隐患点标识牌，明确各隐患点名称、威胁对象、预警方式、避险撤离路线、避险场所、“市、乡、村”责任人及监测责任人、技术负责人，健全全市地质灾害防治三级监管网络。利用“4·22”世界地球日、“5·12”全国防震减灾日等时间节点，通过实地走访排查、电视台宣传、发放地质灾害宣传资料、微信小视频等宣传方式，宣传地灾防治知识。加快农村地质灾害治理搬迁，完成农村地质灾害治理搬迁 50 户总任务。

【生态修复治理】 2022 年，霍州市矿山企业有 16 家（采矿许可证到期未延续 4 家），全部设立矿山环境恢复治理基金账户，提取基金 4766.62 万元，预存土地复垦保证金 3294.25 万元。涉及治理任务的 7 座矿山已编制年度计划，完成治理任务；对 2021 年的 2 座有证矿山和 1 处历史遗留矿山治理开展验收工作。

【矿政管理】 2022 年，霍州市自然资源局完成采矿权人勘查开采信息公示工作和辛置煤矿、李雅庄煤矿、紫晟煤业、力拓煤业矿山储量年报的编制、评审工作，编制霍州市矿产资源总体规划（2021—2025 年），初稿已送审。

【执法监察】 2022 年，霍州市自然资源局开展“严厉打击非法违法开采矿产资源百日攻坚”“大检查、大整治、大提升”“常态化开展边界检查”“临汾市自然资源执法监察交叉检查”“反三违、除隐患、防事故”以及正在开展的“非法违法采矿隐患排查整治行动”等一系列专项行动。全局出动巡查排查人员3300余人次，车辆1100余台次，领导带队督查、夜查250余人次，对全市范围内125处废弃矿井以及12座矿山企业进行多轮排查。对全市废弃井口的监管，采用“人防、技防加群防，日查、夜查加突查”的方式，做到横向到边、纵向到底，不留死角、不留盲区；与公安、乡镇及相关部门协同作战，对交界区域以及过去取缔的盗采矿点等盗采易发、热点、重点区域进行认真细致的反复检查，做到全覆盖、无遗漏。与供电公司信息共享，加强对有证矿山企业和非法违法采矿易采易挖重点区域内用电单位重点监测监控，对不明原因用电异常问题线索及时通报相关职能部门，进行联合执法、联合惩戒。常态化开展“县与县、乡与乡、村与村”边界检查专项行动，3月29日、9月8日、9月28日霍、汾两县自然资源局牵头，公安、相关乡镇、村配合，媒体参与，开展了边界联合执法检查专项行动；在春节、清明、五一、端午、十一期间分别开展打非“零点行动”。

霍州市自然资源局印制3000余份打击非法违法采矿举报奖励宣传画册，集中进行宣传教育，借助新闻媒体等方式调动社会各方面力量参与，引导、鼓励社会公众依法举报非法违法采矿案件线索。

2022年自然资源领域违法案件8宗，已立案未结案4宗，均为土地违法案件，全部11月下旬立案，进入履行案件调查程序。

【不动产登记发证】 2022年全年颁发不动产权证书1915本，不动产登记证明2006份，抵押308宗，协助社会和企业融资贷款74581.55万元，办理不动产登记信息查询16000余人次，协助各级人民法院办理查封登记68件。完成霍州市“清零行动”6498户发证工作任务和4.1万户的农村“两权”发证任务。推进“互联网＋不动产登记”平台建设，实现全市不动产登记线上线下“一窗受理、并行办理”。优化服务质量，将不动产抵押、查封、注销登记办理时限压缩为即来即办；不动产转移、预告、变更、更正登记压缩为3个工作日；其他登记压缩为5个工作日。推进历史遗留问题解决，完成霍州市人民医院家属院70套住宅的首次转移登记，为香江城小区属于棚户区改造小区325户群众办理“大红本”。 （李陆陆）

审　计

【概况】 2022年，霍州市审计局人员编制26人，在编24人。设有办公室、法规审理股、财政金融审计股、经济责任审计股、固定资产投资审计股、社会保障审计股、综合审计股、市审计服务中心，“1室6股1中心”。

【审计成果】 按照2022年审计项目计划，全年完成审计项目39个。其中审计署统一组织的审计项目1个，全省统一组织的审计项目4个，临汾市审计局统一组织的审计项目1个，预算执行审计10个，乡镇财政决算3个，经济责任审计11个，领导干部自然资源资产离任审计1个，政府投资建设审计项目7个，财务收支审计项目1个。

【审计委员会】 2022年，霍州市审计局筹备召开中共霍州市委审计委员会第四次会议，市委书记、市委审计委员会主任李青雁主持，市委审计委员会全体委员参加。会上听取市审计局2021年审计工作汇报，研究审议通过《霍州市2022年审计项目计划（审议稿）》。

【预算执行审计】 2022年，霍州市审计局完成10个部门单位的预算执行和其他财政收支审计项目，延伸审计单位7个，查出降费政策落实等七方面13个问题，按时报送预算执行情况审计结果报告。本次审计查出主要问题金额3217.04万元。其中违规金额2460.96万元，管理不规范金额756.08万元。审计处理金额3217.04万元，其中已上缴入库51.75万元，责令改正3165.29万元。

【经济责任审计】 2022年，霍州市审计局完成对霍州市10个单位领导人的经济责任审计，查出问题资金总额1678.02万元，其中违规金额21.25万元、管理不规范金额1656.77万元，已上缴财政资金3.36万元；提出审计建议26条，被审计单位采纳26条。

【乡镇财政决算审计】 2022年，霍州市审计局完成对霍州市李曹镇、大张镇、师庄乡3个乡镇人民政府2020年至2021年财政决算的审计，查出问题资金总额443.83万元，其中违规金额86万元、管理不规范金额357.83万元，已上缴财政资金10.68万元；提出审计建议7条，被审计单位采纳7条；移送处理事项2件，其中移送政府部门2件。

【自然资源资产审计】 2022年，霍州市审计局完成霍州市师庄乡原乡长的自然资源离任审计项目1个，查出问题资金总额1689.58万元，其中管理不规范金额1689.58万元；提出审计建议2条，被审计单位采纳2条。

【政府投资工程审计】 2022年，霍州市审计局完成4个项目的竣工决算审计，4个项目报送工程总投资12912.43万元，审定金额12468.36万元，核减投资444.06万元。

【财务收支审计】 2022年，霍州市审计局完成对霍州市供热中心2021年至2022年度财务收支情况的审计项目1个，查出问题资金总额8828.08万元，其中管理不规范金额8828.08万元；提出审计建议5条，被审计单位采纳5条。

【学习型机关建设】 2022年，霍州市审计局组织机关人员参加临汾市局统一组织的学习型机关建设考试5次，参加考试110余人次；派出组织专项审计组5人参加临汾市审计局统一组织的基本农田建设专项审计项目；派出审计骨干配合省委专案组工作2人，派出审计骨干2人分别参加省厅和临汾市局组织的领导干部离任审计。

组织学习型机关考试

【扶贫脱贫】 2022年，霍州市审计局多措施巩固脱贫攻坚成果与乡村振兴有效衔接。做好“两不愁三保障”问题常态化动态排查整改和“三类户”监测帮扶工作，逐一核实、排查、登记，确保脱贫不脱政策、脱贫不脱责任、脱贫不脱帮扶、脱贫不脱监管，巩固脱贫攻坚成果。通过发展乡村产业，壮大农村集体经济，促进农民增收致富，提高居民生活水平。协助刘家庄村配套了日间照料中心、公共浴室、宿舍等公共服务场所。为刘家庄村争取到2023年度美丽乡村建设试点项目，改善农村人居环境、丰富群众文化生活、提高人民群众的获得感、幸福感、安全感。

【文明创建】 2022年，霍州市审计局开展一系列的创建活动。春节前夕审计局党组走访慰问霍州市道德模范、市陶唐峪乡刘家庄脱贫户，局驻村帮扶工作队走访慰问五保户；局工会组织广大志愿者到鼓楼进行卫生清扫活动；深入结对帮扶村，开展志愿服务活动；参加市文明办组织的各种志愿服务活动，各种志愿服务活动共参加和开展5次，参与55人次。（郝晓娟）

1月18日，驻村帮扶工作队走访慰问五保户

市场监督管理

【概况】 霍州市市场监督管理局在市委、市政府和临汾市局的正确领导下，坚持以习近平总书记视察山西重要讲话指示精神为指导，围绕临汾市委“1355”战略，落实中共霍州市委八届四次全体会议暨市委经济工作会议精神，强化市场监管，做好常态化疫情防控工作，把食品安全放在首位，保障群众用药安全，强化特种设备监管，严守质量安全底线，各项任务很好完成。

【年报工作】 市市场监督管理局指导帮扶市场主体进行年报。通过政府网站及在霍州电视台发布《2022年度年报公告》，进社区、进企业、进商场等场所宣传企业年报公示工作。内资企业应年报3901户，已年报3732户，年报率95.7%；农民专业合作社应年报402户，已年报341户，年报率84.83%；个体工商户应年报13106户，已年报8581户，年报率65.47%。

【信用监管】 2022年，通过企业申请、实地核查，对符合移出条件的市场主体共移出81户，其中企业17户，农民专业合作社8户，个体工商户56户。对符合条件的1户严重违法失信企业向山西省市场监督管理局申请信用修复。

【“双随机、一公开”】 2022年，霍州市市场监督管理局制定本单位双随机定向抽查计划25个，部门联合抽查计划29个，省局委托任务8个，市局委托任务3个，加强市场主体监督检查深度。

【查处无证无照经营】 2022年，市市场监督管理局紧盯城乡接合部、校园周边、旅游景区、公路铁路沿线、集贸市场等重点区域；突出食品餐饮、培训机构、图书音像、出版印刷、危险化学品、黑加油站点及其他涉及环境保护和安全生产的重点行业和领域，开展查处无证无照经营专项行动，出动执法人员185人次，出动执法车辆55台次，检查经营户562户，引导办照38户。

【强检计量器具管理】 2022年，市市场监督管理局对霍州市167家单位4288台强检计量器具进行备案工作，其中衡器180台，压力表620块，医用计量器具87台，加油机175台401枪，燃气表3000块。

【计量监管执法专项整治行动】 2022年，市市场监督管理局在全市范围内开展为期3个月的计量监管执法专项整治行动。围绕疫情防控领域、粮食购销领域、民生计量领域及加油（气）站开展，此次行动出动执法人员308人次，检查140余家单位，检查强检计量器具277件，未发现计量违法行为。

【计量专项监督检查】 2022年，霍州市市场监督管理局开展元旦、春节期间计量专项监督检查，对辖区内交易量大、消费集中的批发市场、集贸市场、商场超市等重点场所进行计量基础知识的宣传和在用计量器具的监督检查；开展民生计量专项行动，重点开展眼镜制配场所计量专项整治、电子计价秤专项整治、加油机、加气机专项监督检查、民用四表专项监督检查、医疗卫生单位专项监督检查、安全防护用计量器具专项检查、法定计量单位使用情况监督检查等，打击各类计量违法行为，确保市场计量秩序的稳定。

【检验检测监督检查】 2022年，开展2021年度检验检测服务业统计工作；继续完善检验检测机构诚信档案；对霍州市7家3C认证企业、23家自愿性认证企业的认证活动进行跟踪检查；开展机动车排放检测机构专项检查；做好2022年度检验检测市场专项整治行动工作，集中力量对建筑材料检验检测机构进行全面排查；做好“小微企业质量管理体系认证提升行动”各项工作，指导22家企业填写“提升行动”企业调查问卷，组织帮扶机构上报帮扶企业台账，报送2家优秀案例。

【标准化工作】 2022年，市市场监督管理局推进霍州署申报临汾市市级标准化项目建设，帮扶其完善标准体系，通过中期考核；对8家企业在标准平台公示的51项企业产品执行标准进行抽查，在抽查过程中，发现2家企业的4项标准不符合公示要求，指导企业及时更正公示信息。

【广告监管】 2022年，开展依法整治广告经营主体经营行为行动、整治借重大活动从事违法违规商业广告工作；开展非法集资广告资讯信息排查清理工作，深入霍州市融媒体中心、霍州市一鸣广告有限公司等三家广告业经营主体检查；加强广告市场的日常巡查，全方位地整治和规范虚假违法广告，查处虚假违法广告案5件。

【知识产权保护】 2022年，开展知识产权代理行业“蓝天”专项整治行动、“知识产权服务万里行”活动、“知惠行”专项助企纾困活动等；进行专利申报和国家专利资助，对2021年5个发明专利和17个实用新型专利，向市政府申请拨付奖励资金27000元，协调财政局做好资金发放工作；打击奥林匹克标志知识产权违法行为，举办现场宣传咨询活动2次，进行专项检查8次，未发现此类违法行为；在霍州煤电集团责任有限公司技术研究院加挂“中国（山西）知识产权维权援助中心临汾市霍州市工作站”牌子；开展知识产权保护专项执法工作，共立案查处商标侵权案件5件。

【宣传及消费维权】 2022年，霍州市市场监督管理局开展“质量月”、知识产权宣传周、“3·15”国际消费者权益日、“5·20”计量日、化妆品安全科普宣传周、世界认可日、世界标准日、食品安全周、特种设备安全、“两品一械”安全等宣传活动，深入企业、社区进行咨询服务，强化广大群众及企业的知法守法意识。

“12315”受理咨询、投诉、举报达562件，建立“12315”消费维权服务站6家，完善“12315”执法联动机制终端平台，维护消费者权益。

【特种设备监管】 2022年，推行特种设备安全生产承诺，与特种设备使用单位签订2022年度《特种设备安全主体责任承诺书》和《霍州市电梯维保单位承诺书》；加大燃气行业安全专项整治力度，发现一般隐患6个，下发指令书3份，均已整改；组织霍州市喜龙液化气充装站压力管道泄漏应急救援演练；更新特种设备智慧监管平台，建立气瓶电子信息平台、压力管道监管平台，完善压力管道监测系统；做好节假日及党的二十大期间公众聚集场所的特种设备安全风险隐患排查工作，下发指令书96份，发现一般隐患76个，立案查处3起。

【食品生产】 完成2022年霍州市食品生产企业食品安全管理员考试工作，覆盖率和合格率均达到100%；加强日常监管，开展食品生产企业自查工作，配合市局各类检查工作，出动执法人员161人次，发现问题23个，已整改23个，立案1起。促进霍州年馍产业发展，制定《霍州市市场监督管理局霍州年馍产业融合发展工作实施方案》，排查和指导年馍生产企业6家次、年馍加工小作坊12家次，召开年馍加工小作坊座谈会1次，规范年馍生产企业和年馍加工小作坊的生产经营行为。

【食品流通】 2022年，市场监管局持续推进食品销售市场整治工作，检查销售单位824家，责令整改61家，立案22起；有序开展农村假冒伪劣食品整治工作，检查75家食品小经营店经营户，收缴过期食品30余件，立案11起；高度重视食盐安全专项整治工作，制定《霍州食盐安全专项整治行动方案》，检查食品批发企业1家、食品经营单位68家。进一步规范了食盐经营秩序。

【食品餐饮】 推进霍州市餐饮质量安全提升行动，开展春、秋季学校食堂食品安全及中、高考食品安全专项整治工作，检查学校食堂232家次，责令整改59家，立案2起，专项检查，隐患已全部整改到位；安排执法队、各基层所对全市持有食品经营许可证的经营单位进行全覆盖交叉检查，检查餐饮单位742家，责令整改104家，立案17起；创建卫生城市工作，推进餐饮业及小餐饮整治工作，发放“公勺公筷，文明就餐倡议书”1000余份。

【食品抽检】 2022年开展食用农产品及食品的检测工作，抽检1200批次，其中食用农产品抽检700批次，食品抽检500批次。针对发现的7批次不合格食品已进行了核查处置，有效控制食品安全风险，震慑违法违规行为。

【“两品一械”监管】 药品方面：协助成立霍州市药品安全与高质量发展委员会、霍州市集中打击整治危害药品安全违法犯罪工作领导小组；开展药品安全专项整治，检查企业130家，下达责令改正通知书28份，立案10起；检查在营零售药店87家，立案10家；检查药品零售企业开展电子处方试点76家，发现4起不规范操作行为，责令改正3起，立案1起；检查医疗机构37家、开展网络销售的药品零售企业18家、疫苗接种单位24家、新冠疫苗接种点15家，均未发现问题；设立药品集中回收点10处，回收过期药品460盒；推进7家二级以上医疗机构均入驻药品信息化追溯平台，完善药品信息化追溯体系建设。

医疗器械方面：开展医疗美容违法违规行为专项整治、医疗器械质量安全风险隐患排查整治工作；对经营使用口罩、防护服的零售药店及医疗机构、4家核酸检测机构、新冠病毒检测试剂使用单位15家，进行全覆盖检查；对7家角膜塑形眼镜店已进行全覆盖检查，督促企业建立“进、销、存、养护”“四合一”台账。

化妆品方面：开展“线上净网　线下清源”专项整治活动，经过排查，霍州市范围内不存在网络经营化妆品网络销售者和化妆品电子商务平台；严格化妆品及儿童化妆品监督检查，保障群众用妆安全。

【产品质量安全监管】　霍州市市场监督管理局加强成品油质量监管，对全市27个加油站和一个企业自备油库的成品油全部进行了监管抽检，抽检汽油52个批次，柴油26个批次，车用尿素15个批次，经检验机构检测，全部合格；加强4家重点工业产品获证企业的监管，对发现的问题要求立即整改；加强消防产品和非道路移动机械专项整治工作，联合市消防大队开展了消防产品质量安全专项检查；规范燃气灶具市场秩序，检查23家燃气具销售企业，1家燃气泄漏报警器销售企业；开展散煤专项整治工作，严格执行进货验收制度，售前报检制度，对民用散煤销售企业销售的产品实行进货批批检验，严防劣质散煤流入市场。

【网络交易监管】　2022年，霍州市有网络交易平台1个，自建网站28个，网店244个，微信公众号77个。霍州市市场监督管理局依托“山西省网络交易监测中心系统”，开展网络监管平台巡查；深化网络交易监测信息分发系统管理工作，及时处理上级部门分流的线索信息。

【强化重点价格监管】　2022年，加强涉企收费、重点领域和重点时段的价格监管，开展中介服务收费检查、行业协会商会收费检查、交通物流领域收费检查、商业银行检查等，发放《告诫函》1000余份；组织执法单位开展冬奥会期间价格、煤炭价格、月饼蟹卡等专项行动。全年价格违法案件立案20件，全部办结。

【加强反不正当竞争执法】　2022年，对各成员单位新增出台文件措施制度等进行审查，清理各类文件243件，审查6份；以打击整治养老诈骗专项行动为重点推进反不正当竞争执法工作，查处涉及假冒伪劣产品、虚假宣传、消费欺诈等违法违规行为，切实保护老年人合法权益；组织开展重点领域案反不正当竞争执法专项行动，深入企业加强宣讲、培训、指导13次。　（程李蓉）

统　　计

【概况】　霍州市统计局主要职能是贯彻实施国家和省制定的统计法律法规、政策和计划，组织实施国家统一的基本统计报表制度和国民经济核算体系，收集、整理提供统计资料，对全市国民经济、社会发展和科技进步情况进行统计调查、统计分析、统计预测、统计监督，向市委、市政府及有关部门提供统计信息和咨询建议，收集提供其他县市的基本统计资料同我市进行对比分析。定期发布全市国民经济和社会发展情况的统计公报。承担全国人口普查、农业普查和经济普查工作以及国家统计调查、地方统计调查工作任务。

【劳动力调查】　2022年，霍州市统计局开展劳动力调查。落实调查任务负责制度和落实调查员调查户信息管理制度，规范调查流程，强化劳动力调查各个环节管理，严控数据失实风险，确保调查数据合理性、时效性及真实性。

【重点调查】 2022 年，霍州市统计局城乡一体化调查 110 户，城镇点：文庙社区、北兴社区、辛置社区、辛置镇北村、大张镇西张村、霍州机关社区；农村点：退沙办退沙村、大张镇上乐坪村、大张镇青郎坪村、李曹镇杜苏沟、陶唐峪乡偏墙村。通过对每户收入支出记账调查，推算出全市居民人均可支配收入、城镇常住居民人均可支配收入、农村常住居民人均可支配收入等指标。

【贯彻落实统计法】 2022 年，霍州市统计局围绕提高统计“四大工程”即：联网直报、名录库建设、统计信息化、数据采集软件系统，在统计调查数据源头上下功夫，提高统计数据质量，对全市规模以上商品批零贸易和餐饮服务业法人单位 16 户，个体户 14 户，限额以下商品批零贸易调查户 19 户，劳动工资定期表 206 户，城乡调查户 110 户，规模以上畜禽养殖调查户 11 户，工业品出厂价格调查户 2 户。印发《中华人民共和国统计法》《山西省统计检查监督规定》和《统计违法违规处分决定》宣传手册 2000 余册，发送统计调查单位和个人，利用各种普查、“9·20”中国统计开放日和“12·4”法制宣传日进行普法宣传，明确统计调查对象的责任和义务，统计工作的重要性和指标意义，使统计调查得到广泛的理解和支持，从源头上保证统计数据质量。

【统计服务】 2022 年，霍州市统计局发布《2021 年霍州市情概览》，编撰统计刊物《霍州统计资讯》《统计报告》；加大对全市经济运行的监测力度，对全市重点工程、重点项目进行跟踪监测，及时掌握情况，第一时间上报；提升统计分析报告水平，打造统计精品，及时反映全市经济运行走势和存在的问题，为市委、市政府精准施策提供及时有效的参考依据；加强多元化统计信息服务，拓展统计信息发布渠道；加大对全市经济运行的监测力度，特别是对规模以上企业、固定资产投资、社会消费总额、城乡居民收入、节能降耗等指标的预警预测，对全市重点工程、重点项目进行跟踪监测，及时掌握情况，第一时间上报；围绕市委、市政府的中心工作，打造统计精品，编写统计分析报告，提高分析报告的质量，更加突出实用性和时效性，全年撰写各类统计分析报告信息及动态 124 篇，其中临汾统计内网采用 96 篇，山西省统计内网采用 2 篇，及时反映全市经济运行走势和存在的问题，并提出合理工作建议，为市委、市政府决策提供及时有效的参考依据。

（张智源）

农业　农村

农　业

【概况】 霍州市农业农村局于2019年3月成立。到2022年底，实有在职干部职工83人，其中公务员9人，参公人员5人，行政工勤1人，事业68人。内设8个行政科室：办公室、计划财务室、行政审批管理股、农业农村工作股、法规与综合行政执法股、农业和扶贫开发管理股、畜牧兽医与渔业渔政管理股、农田基本建设与农业机械管理股。下设事业单位4个：畜牧兽医服务中心、现代农业发展服务中心、农业综合行政执法队、农业机械发展服务中心。

【农业生产】 2022年，霍州市粮食生产主要是小麦和玉米。粮食播种任务面积32.6万亩、产量5.3万吨，实际播种面积38.39万亩，产量13.14万吨，相较2021年面积增长3.99万亩，产量增长2.35万吨。全市蔬菜播种面积2.3万亩、产量8.6万吨，面积、产量均高于上年。全市共有养殖场户1900余个，肉、蛋、奶产量分别达到9301吨、2755吨、2700吨。

【农村居民人均可支配收入】 2022年霍州市农村居民人均可支配收入全年任务19472元，反馈数为19041元，比上年17947增长6.1%。按绝对额排名为第4名，按增幅排名为第14名。

【一产增加值】 2022年一产增加值任务50260万元，完成51628万元。增速5.4%，排名第8。

【一产固定资产投资】 2022年霍州市目标任务为10860万元，截至年底，完成10890万元。排名第8，增速35.3%，排名第7。

【高标准农田建设】 2022年高标准农田建设项目总投资3000万元，建设高标准农田2万亩。主要建设内容为：田块平整1.94亩，增施有机肥20325.16亩，配套水泵9台，新建蓄水池8座，铺设输水管道89536米，新修田间道路18.89公里，该工程于2021年12月30日开工建设，主体工程已全部完工。

【惠民政策落实】 2022年耕地地力保护补贴用户3.9万户，补贴面积32.6万亩，发放补贴资金2194万元，全部通过"一卡通"发放到农户。相较2021年，申报补贴面积增加352亩，发放金额较上年增长11万元。承办小麦保险面积3万余亩，保费61万元，其中理赔146.3亩，赔款1.77万元。承办玉米保险面积16.4万亩，保费413.6万元，理赔6494亩，赔款45万元。

【农业经营主体情况】 2022年，霍州市有农民专业合作社338家，其中示范合作社45家（省级11家、临汾市级12家、县级22家）。家庭农场138个，其中示范家庭农场 26 家（省级 3 家、临汾市级 5 家、县级 18 家）。2022 年新培育 1 个市级、1 个县级示范合作社；1 个省级、2 个市级、3 个县级示范家庭农场。全年培训高素质农民 234 人，颁证 234 人。

【耕地撂荒】 2022 年，霍州市农业和农村局梳理汇总核查耕地面积 34.119699 万亩，粮食播种面积 31.139994 万亩。撂荒面积 149.647 亩（李曹镇 31.307 亩、大张镇 18 亩、白龙镇 18.21 亩、辛置镇 18 亩、南环办 34.19 亩、师庄乡 29.94 亩）。截至年底撂荒耕地已全部整改完毕。

【农业综合行政执法】 2022 年出动宣传车辆 80 余台次，执法人员 650 余人次，发放宣传资料 8000 余份，并对 12 个乡镇（办）农业行政综合执法开展了指导培训，逐步提升规范农资守法经营等行为。排查巡查，促使安全生产。以种子、农药、肥料、兽药、饲料、农机安全检查为重点，深入经营门店、企业、基地开展执法检查。截至年底出动执法检查车辆 250 余台次，检查门店 100 余家次，生产企业 8 家，超市 5 家，立案 7 起，惩治和教育相结合。打击各种违法违规行为，对检查发现的案件，违法必究，确保全市农产品质量安全。全省执法交叉互评活动中，省检查组通过听汇报、案卷、看装备、阅岗位练兵等方式，对霍州市的执法工作开展督导检查。

【沼气安全隐患排查】 2022 年，沼气安全隐患大排查已全部完成，沼气用户有 215 户（大张镇、三教乡、李曹镇），其中正常使用的 117 户，闲置的 98 户。

【农业生产托管】 2022 年，农业农村局完成 2021 年农业生产托管工作，并拨付资金 91 万元。2022 年农业生产托管项目通过遴选选定 7 个实施主体合作社，该项目正在实施。

【“三资”监管平台】 2022 年霍州市启用农村集体“互联网＋三资”信息化管理平台，由事后管理向实时动态管理转变。该项目已于 2022 年 9 月底完成。

【“清化收”】 2022 年，霍州市清理各类经济合同 5300 份，其中问题合同 1757 份，整改 1730 份，提级办理 27 份，核实债务 8396 笔，金额 14317 万元，化解债务 1854 笔，金额 5503 万元，核实债权 2830 笔，金额 7155 万元，收回债权 575 笔，金额 790 万元。新签订合同 696 份，实现新增资源收入 412 万元。全市 139 个建制村，202 个村集体经济组织完成“清化收”工作，完成率达 100％。

2022 年 9 月 15 日至 9 月 19 日市“清化收”工作领导小组办公室派出验收组清化收工作进行验收，全市 12 个乡镇办都达到良好以上。乡、村两级都签订了“清化收”承诺书。完成临汾市级验收，达到优秀。

【宅基地审批】 2022 年 7 月在各乡镇开展又一轮宅基地审批管理工作培训会，培训过程中强调“一户一宅”“保护耕地红线”“宅基地申请审批条件”等多个宅基地审批管理注意事项，解读宅基地审批管理工作中的重难点，开展第一期农村宅基地协管员能力提升培训班，重点落实细化了宅基地协管员工作制度和职责，对于村级的宅基地管理问题进行深层次的解答。同步开展霍州市农村宅基地审批管理与自建房专项整治高效衔接培训会。各乡镇政府、街道办事处建立健全宅基地管理领导小组工作机制，完善“三到场五公开”制度，成立经济发展、社会事务、规划建设 3 个办公室或便民服务中心等机构，相互配合，联审联办，公开透明。印制下发宅基地审批易懂流程图，方便农民办事。村级组织落实宅基地协管员制度，发挥协管员作用，开展政策解读、申请代办、纠纷调解等工作，指导乡村两级开展宅基地动态巡查，确保问题发现在小、处理在早，从根本上消除自建房安全隐患，维护农村社会稳定。宅基地审批管理工作事关民生大计，很多群众前来咨询了解宅基地相关问题，工作开展以来接访接待、解答群众关心的宅基地热难点问题百余人次，解决多起矛盾。宣传《霍州市宅基地审批管理办法（试行）》等有关宅基地审批管理事项的相关文件，增强广大群众知法、懂法、守法意识，保障人民群众的合法权益。

【农作物病虫害防治体系】 2022年，霍州市守住农作物重大病虫害不大面积暴发成灾、重大植物疫情不恶性蔓延两条底线，确保农作物病虫预测预报准确率达到85%以上，全市病虫害总发生面积80.01万亩次（其中小麦41万亩次，玉米24万亩次），总防治面积76.11万亩次（其中小麦40万亩次，玉米21.5万亩次），统防统治面积43.39万亩次（其中小麦22.8万亩次，玉米12.26万亩次），统防统治覆盖率达到57%，挽回产量损失2.9万吨。全市绿色防控面积18.13万亩（其中小麦8万亩，玉米8万亩），绿色防控覆盖率达到51.95%。实施农药减量增效，全年农药使用量5.30吨，比2021年减少0.01吨，完成农药使用量减少1%的目标任务。

针对小麦苗情总体偏弱实际情况，为有效控制小麦重大病虫危害，保障夏粮丰产丰收，上级下达市农业生产救灾资金103.6万元，用于小麦重大病虫害防治，按照6.4元/亩左右的补助标准，购置小麦杀菌剂、杀虫剂，对全市16.03万亩次小麦给予物化补助。

2022年在全市12个乡镇（街道办）范围开展农业外来入侵物种普查工作，制定工作方案，成立普查工作领导组和专家组，投入资金29.138万元，截至年底已委托山西农大完成外来入侵植物、病虫害和水生动物的面上调查、标本制作和数据采集工作。同时完成霍州市农作物有害生物及农业外来有害生物入侵灾害应急预案。

下达番茄潜叶蛾防控项目资金7万元，资金主要用于番茄潜叶蛾防控所需的物资材料及服务补助，其中物资材料包括购置药剂及药械，理化诱控、生态控制、生物防治等产品。开展番茄潜叶蛾防控处置面积1000亩。该项目以保障番茄、茄子、辣椒等蔬菜及马铃薯、大豆等粮油作物安全生产为目标，针对外来有害生物番茄潜叶蛾及时组织开展防控处置，遏制虫害暴发及扩散蔓延为总体目标，全市统筹考虑粮油、蔬菜等产业发展，根据全市番茄潜叶蛾发展情况，决定在陶唐乡、三教乡、李曹镇、大张镇、辛置镇实施该项目。12月13日已完成询价采购工作，项目已进入药剂及药械的采购环节，购置的物资材料包括番茄潜叶蛾诱芯诱捕器3000套、12%虫螨腈虱螨脲悬浮剂1000瓶，有机硅4000袋。

【土壤化肥减量增效】 2022年，全市测土配方施肥面积35.6万亩次，达到总面积的97.5%，配方田亩均减少化肥用量2.2公斤，全市减少化肥用量780吨，每公斤化肥按3元计算，全市共节约肥料投资234.9万元；肥料利用率达到43.2%，配方田亩增收88元，全市共增收3132.8万元，本项目的实施，全市增收节支3367.7万元。

以测土配方施肥技术为抓手，促进化肥的减量增效，在全市各乡镇街道办事处中继续确定2022年的44个土壤监测点的基础上，采集大量元素土样40个，中微量元素4

个，并送检化验，检测化验项目包括：有机质、全氮、有效磷、缓效磷、速效钾、缓效钾、pH及中微量元素245项次，为测土配方施肥提供科学依据和技术支撑；在大张镇、李曹镇、三教乡和陶唐峪乡做化肥利用率试验2个，肥料矫正试验2个，经济作物“2+X”肥效中微量元素单因子试验1个。通过科学合理的试验措施，肥料利用率达到43.2%，为肥料减量增效作出示范和样榜；通过10多年坚持不懈的测土配方施肥工作，在瓜果、蔬菜和粮食作物生产上获取大量科学合理的施肥依据，确立7个行之有效的施肥配方，瓜果2个，蔬菜2个，粮食作物3个，针对不同土壤及生态条件，以大配方小调整的方式，发放测土配方施肥卡2680个，施肥建议卡上墙86块，发放技术资料2万多份，开展各类宣传培训20场次，培训人员462人次。通过宣传培训和推广测土配方施肥技术，全市在2021年化肥用量1.426万吨基础上，2022年下降到1.348万吨，减量5.78%。

2022年的小麦秸秆还田达到99.2%，玉米秸秆还田达到84.6%，玉米秸秆综合利用率达到98.4%，沼气沼液使用14620立方米，绿肥翻压1537亩，蔬菜瓜果枯枝落叶堆积沤肥1274吨。在推广有机肥料和生物有机肥的同时，倡导新型肥料，针对广大农民的传统施肥意识薄弱状况，宣传缓释肥、控释肥、控失肥、免追肥等。通过使用高含量的新型肥料，全市减少化肥用量780吨。

【农技推广工作】 2022年完成培育54名基层农技人员，指导162名科技示范户，建设2个具有地方产业特色，长期稳定的农业科技示范基地和2个社会化服务组织。推广优质绿色高效技术模式用于农业生产，支撑农业优势特色产业发展，农业主推技术到位率超过95%。全市农技人员使用中国农技推广App开展技术指导服务比例超过90%，对全市38名基层农技人员开展连续5天以上的脱产业务培训，并选聘6批知识全面、技能过硬、服务优良的基层农技推广骨干人才参加省级组织的脱产培训。

【党风廉政建设】 2022年，购买学习书籍108册，定制学习笔记400本，整合学习资源，坚持集中培训学习和分散自学相结合，线上学习与线下学习相结合。

2022年，系统接收正式党员1名，预备党员转正13名，确定预备党员1名、入党积极分子15名。全市农村清理交通沿线积存垃圾9427吨、田间地头垃圾2489.4吨、村庄街巷垃圾8025.7吨；农业生产托管方面，耕、种、防一体化，完成托管面积5.04万亩，补贴资金90.72万元，受益户4800户；冯南垣村现代农业建设，富硒小麦播种面积600余亩，产量25万斤等一批特色亮点工程。全系统20名副科级以上党员干部第一时间到所居住社区报到待命，组建疫情防控后备信息员143名。秋末冬初连日阴雨天气，党员干部对全市各乡镇农村受灾情况进行查看，进入田间地头抢收抢种并对受灾农户进行技术指导，打响“双减双抢”三秋会战。

（刘志峰）

畜牧兽医服务

【概况】 霍州市畜牧兽医服务中心负责全市畜牧业技术指导服务工作，承担着全市动物检疫、兽药、饲料经营的监督管理、动物产品的质量安全监管和重大动物疫病的预防、控制、扑灭等工作。

【生产指标】　2022年，霍州市有养殖场（户）2080余个（其中生猪养殖户980个、养鸡户269个、养羊户607个、养牛户224个），其中规模养殖场户61家（生猪养殖场有26家、肉牛养殖场有5家、肉羊养殖场有12家、肉鸡养殖场有6家、蛋鸡养殖场有12家）。全市生猪存栏6.8万头，出栏8.2万头；牛存栏0.48万头，出栏0.13万头；羊存栏5.5万只，出栏2.97万只；家禽存栏46万羽，出栏131万羽；肉类总产量9822吨，禽蛋产量2682吨，奶类产量2470吨，畜牧业产值达3.1亿元。

【重点项目】　2022年，霍州市畜牧兽医服务中心推进全市畜禽标准化养殖，扶植全市畜牧业重点项目建设。

霍州市同兴禽业有限公司新建肉鸡养殖基地项目，该项目地处三教乡下三教村，总投资2200万元，主要建设15栋肉鸡舍、无害化处理设施1套，办公区及生活区等配套设施。项目建成后，可实现年存栏30万羽，年出栏200万羽，可增加就业人数42人，可实现年产值2000万元。该项目主体基本完成，已经投入使用。

东方希望生猪养殖产业项目，该项目地处什林村，项目总投资1.25亿元，预计2023年10月完工。主要建设育肥猪舍、母猪猪舍、母猪生产产房、无抗饲料车间、屠宰生产线等。目前已经开工。

【畜禽粪污资源化利用】　2022年，霍州市畜牧兽医服务中心在巩固往年养殖企业畜禽粪污资源化利用的基础上，继续申报4家养殖企业承担畜禽粪污资源化利用设施设备建设任务。全市所有规模养殖场都配套畜禽粪污资源化处理设施设备，配套率达到100%，畜禽粪污综合利用率达到87.18%。

【畜禽免疫】　2022年，霍州市畜牧兽医服务中心集中免疫猪口蹄疫、高致病性猪蓝耳病、猪瘟各6.57万头、牛口蹄疫、布病各免疫8.22万头，牛的A型口蹄疫免疫0.31万头、羊口蹄疫、小反刍免疫5.45万只；高致病性禽流感、新城疫各免疫30.54万羽；补免畜禽4.45万余头（只），应免尽免，免疫密度均达到100%，并建立健全免疫档案。

【动物检疫】　2022年，霍州市畜牧兽医服务中心执行检疫申报制度，规范产地检疫出证行为，从源头上控制动物疫病的发生和传播。落实屠宰环节非洲猪瘟自检和官方兽医派驻（派驻5名官方兽医）检疫“两项制度”，程序化屠宰检疫，2022年末，检疫猪4.7万头，其中屠宰检疫猪1.4万头（供应当地市场），出境检疫猪2.68万头、仔猪6200头，应检尽检，检疫率达100%。

【良繁体系建设】　2022年，霍州市畜牧兽医服务中心现有种畜禽场2个，其中种猪场1个，即霍州市富康家禽养殖专业合作社，有基础母猪410头，培育长白、大白、杜洛克原种公猪及二元母猪，年可出栏种猪3000余头，2022年出栏2800余头〔种畜禽生产经营许可证2021编号晋L01002（2021）〕。育肥猪存栏3800多头，年可出栏生猪8000余头，2022年出栏7936头。种禽场1个，即霍州市同兴禽业有限公司（种禽生产经营），有15万套母鸡年可孵化肉鸡苗800万羽，2022年已孵化肉鸡苗1000余万羽，主要销售山东、河南、河北等省份〔种畜禽生产经营许可证编号为晋L09001（2019）〕。

【生猪贴息贷款政策】　2022年，霍州市畜牧兽医服务中心为巩固全省生猪产能恢复成果，促进全省生猪产业持续健康发展，根据山西省农业农村厅《关于开展扶持生猪产业发展有关政策补贴资金申报工作的通知》精神要求，霍州市畜牧兽医服务中心经过初审，对符合条件的霍州市瑞兴养殖有限公司申请贷款贴息补助1.7万元，使补贴资金落到实处，做到专款专用，保障养殖业健康稳定发展，对规模场进行动态管理，进行后期回访。每月不定期对规模场进行1～2次回访，达到预期效果。

【节粮食、抓饲草、兴生态】 2022年，霍州市畜牧兽医服务中心发展绿色牧业，促进畜牧业绿色发展。霍州市畜牧兽医服务中心借助全市牧草生物多样性的优势，推广饲草料种植。全市青贮玉米种植面积14861亩，同年相比新增7000亩，苜蓿种植面积180余亩。

【精准帮扶】 2022年霍州市畜牧兽医服务中心加强扶贫成果巩固。按市扶贫办、李曹镇党委政府的安排，霍州市畜牧兽医服务中心扶贫工作队加大对帮扶政策宣传，引导就业，帮扶责任落实，强化线上线下数据审核和贫困户“两不愁、三保障”相关知识互动，完成省级普查工作，鼓励他们提振生活信心，建设好自己的小家庭。引导贫困户就地就近，依托自身优势就业、依托畜牧业产业扶贫带动相对贫困人口就业120余人。其中，同兴禽业有限公司、富康猪场带动贫困人口，从事养殖业改善生活条件的有20余户。推动以“富康猪场”为依托，走“粪＋芦笋＋农业种植”的现代畜牧业的生产模式，促使帮扶村石鼻村现代有机农业的初步形成，提升农村生活品质。 （王学祥）

农机管理

【概况】 霍州市农业机械发展中心的主要职责是对全市范围内的农业机械及其驾驶操作人员进行生产指导、安全管理、宣传教育、新技术新机具推广、落实国家农机具购置补贴政策、农机维修、农机产品质量投诉等。2022年，核定编制18人，实有干部职工11人，内含机构有：农业机械安全监理站、技术推广站、技术培训站、生产经营管理站、产品质量投诉站、办公室、财务室、人事科等。

全市农业机械总动力新增0.5222万千瓦，达到10.0381万千瓦；农机原值新增600万元，达到1.52亿元。农业机械拥有量2537台，其中大中型拖拉机980台、小型拖拉机1358台、联合收割机199台（部分收割机达报废年限），其中玉米收获机新增6台，达到98台；在册驾驶员471人。全市共有耕地30万亩，其中机耕作业面积达19398公顷、机播作业面积为19353公顷、机收作业面积为15858公顷，2021年新增玉米机收面积6.8万亩。全年完成机械化秸秆还田面积19.5万亩，全市农机化综合水平达到83％，全市农机总投入550万元，农机经营总收入新增400万元，达到8900万元，农机纯收入新增300万元，达到4358万元。

【农机购置补贴】 2022年，霍州市实施农机具购置补贴政策，宣传推进惠农政策成果，提升农机化装备水平。补贴各种机具253台（件），其中补贴大型拖拉机18台，中型拖拉机12台，联合收割机增加6台（玉米联合收割机增加4台、小麦联合收割机增加2台），其他农机具增加217台（件）。全年使用国家补金170.274万元，带动农民投资430余万元。扶持农户177户，激发农民购机热情，减轻农民作业负担，提高全市农机装备水平，使全市农机化综合作业水平提高4个百分点。

【涉农资金自查】 2022年，霍州市农机中心对涉农资金进行专项整治，特别是农机具购置补贴资金，抽调专人走村入户开展对农机购置补贴资金专项整治，对全市2021年至2022年所有大中型拖拉机及动力机械进行人机见面，逐户核查，对100余份电子与纸质档案进行比对，消除安全隐患，确保机补资金的安全使用。全市农机维修点32个，从业人员62人，农机经销点13个，从业人员28人，拖拉机驾驶培训机构1个。全市农机专业合作社达到13个，社员100人，农机专业合作社固定资产1000万元。

【农机新技术推广】 2022年，霍州市农机发展中心采取政策倾斜，措施扶持，促进新技术推广工作。为搞好2022年度农机深松整地项目，确保项目资金安全使用，霍州市以霍政办下发2022年农机深松整地实施方案，实施农机深松整地作业项目3万亩（含2021年因灾而实施的深松整地面积2万亩）。

【农机安全教育】 2022年，霍州市农机发展中心利用传统集会、庙会及“3·15”消费者维权日，开展农机法规政策宣传，发放农机驾驶操作及安全知识，农机质量及投诉知识等宣传资料4000余份。深入乡村、农机作业生产第一线，开展送农机安全宣传教育活动，对农机作业人员进行法律法规、安全操作、维护保养等相关知识教育宣传，增强农机手的守法意识。强化农机安全政策法规、业务知识和岗位技能培训，打造政治坚定、业务过硬、作风优良、清正廉洁的农机干部队伍。将安全检查与农机检审验相结合，严格拖拉机、联合收割机牌证年度检验。截至年底，检验机车200台，培训新驾驶员30人，安全教育培训农机驾驶员200人，与农机驾驶员签订安全生产责任书200份、安全承诺书200份。健全完善农机安全监理牌证技术档案，农机安全生产检查台账和农机事故处理档案。纠正违章作业15起，车证不符2起，不按规定存放10起，消除农机安全隐患，杜绝农机事故发生。

【农机手技能培训】 2022年，霍州市农机发展中心按照“政府推动、学校主办、部门监管、农民受益”的原则，结合国家农机购置补贴项目的实施，围绕提高农村劳动力素质并结合农机安全技术检验，开展农机手技能短期培训工作，累计短训200人。

（程惠平）

水　利

【概况】 2022年，市水利局学习贯彻习近平总书记视察山西重要讲话重要指示精神，全面落实市委、市政府安排部署，以推进水利高质量转型发展为根本，求真务实，真抓实干，推进全市水利事业发展。

【灾后重建】 2022年，市水利局执行班子成员包联和股室单位直接负责等工作机制，针对每一个项目成立专门工作组，全面落实项目法人、工程监理、质量检测、验收审计等制度，对工程建设各个环节进行全过程、全方位监督管理，确保各项灾后重建工程顺利推进、规范施工。杨家庄水库修复、汾河干流灾后重建、河道堤防修复重建、灌区水毁设施修复等工程全部完成，通过上级水利部门检查验收，保障全市防汛安全和群众正常生活秩序。

【重点项目】 2022年，南涧河城区段生态治理项目总投资4.06亿元，主要是对南涧河城区段约5公里进行生态治理。项目建设内容包括：河道综合整治、流域生态修复、两岸景观设施、沿线美化绿化等。项目采用PPP建设模式，社会资本方为万家寨水务控股集团下的山西省水利建筑工程局有限公司。在质量安全、征地拆迁、疫情防控等方面积极为项目建设排忧解难，确保项目建设顺利推进。该项目已完成投资2.5亿元，河道工程已基本完成，整体河道实现蓄水调试，正在重点推进生态景观建设。汾河霍州段综合治理工程（防洪能力提升部分）总投资2.23亿元，主要对汾河霍州段20.9公里河道进行全方位防洪能力提升。截至年底，该项目完成投资1.17亿元，新建修缮堤防及挡墙约15公里，清淤疏浚河道约14公里，超额完成上级下达的年度目标任务。南涧河防洪能力提升工程总投资约1.1亿元，主要对霍州市南涧河中上游10.8公里河道进行防洪能力提升。

2022年，在完成全部项目前期工作的基础上，实现工程全线开工建设。该项目已累计完成投资2000余万元，新建修缮河道堤坝约3公里，疏浚清理河道约4公里。

【农村供水】 2022年，市水利局利用中央、山西省级资金140.22万元，实施20处农村供水维修养护工程，通过水源更换改造，安装智能水表，更新修缮输水管网等措施，对8个乡镇、街道办，20个行政村供水设施进行了改造提升，提升1.8万余名农村居民饮水安全标准，超额完成年初预定目标。全市农村供水保障率已达96%以上。对霍州市辛置镇宋庄村、白龙镇虎头山村、师庄乡蔡家沟、马赛沟村饮水问题，市水利局统筹各方资源，投入121万元，实施“辛置镇宋庄村农村供水维修养护工程”“白龙镇虎头山村供水设施维修养护工程”“师庄乡蔡家沟、马赛沟村供水设施维修改造工程”，对以上村供水设施进行有效改造，组织专业人员对全市139个行政村饮用水质进行全面检测，保障农村群众饮水安全达标。

【重点工作】 2022年度“治水监管百日行动”，紧抓13个重点领域水利工作不放松，是临汾市首个通过达标验收的县市。提升水土保持监管力度，落实河长制各项工作要求，开展河道“清四乱”专项整治，发现整治河道“四乱”问题20余处，清理河道垃圾5000余立方米，清理河道林木2200余棵，各类妨碍河道行洪突出问题得到有效整治，堤防安全包保责任体系等防汛减灾制度得到完善，保障流域生态环境和防汛减灾安全，为全市经济社会高质量发展提供支撑。

（刘　洋）

林　业

【概况】 霍州市林业局成立于2019年2月，系政府组成部门，内含办公室、财务与资金运用股、营林绿化和林业管理股、森林和草原资源管理股4个科室，核定行政编制6名；根据中共霍州市委机构编制委员会《关于霍州市林业局所属事业单位机构编制调整的通知》精神，下设事业单位2个：霍州市森林消防专业队和霍州市林业发展服务中心，核定事业编制21名。

【“林长制”】 2022年，林业局围绕林业职能，坚持突出重点，强化责任落实，根据《中共霍州市委办公室　霍州市人民政府办公室关于印发〈霍州市全面推行林长制工作方案的通知〉》研究制定《霍州市林长制市级会议制度》《霍州市林长制市级工作督查制度》《霍州市林长制市级部门协作制度》《霍州市林长制工作报告制度》及《霍州市林长制信息公开制度》5项制度。

【项目建设】 2022年，林业局全力实施7200亩黄河流域生态治理、800亩荒山治理、霍州市冯南垣片区道路、村庄及沿线生态修复和绿化工程、南山森林公园等林业工程。严格按照工作流程编制作业设计，按程序提请审批，省级综合核查合格率100%。完成栽植工程，初级验收成活率达标。县级划拨资金建设的南山森林公园绿化项目，2500余株常绿树种栽植工作已完工，山顶标志造型树成功移栽，栽植树种、栽植工程均高标准完成，栽植成活率100%。

【森林防火工程】 2022年，林业局落实省、市林草部门对森林草原防火工作的安排部署要求，坚决贯彻执行“预防为主、积极消灭”的森林防火工作方针，坚持宣传引导、坚持队伍建设、坚持严格进山管理、坚持全天候值班值守、坚持定点巡查、森林防火网格化管理，以全市75名护林员为基础力量，分区域、分重点开展工作。全年发放入户通知书11000余份，防火宣传单2万份，森林防火通告2500份，悬挂宣传条幅300余条。“霍州市森林防火预警系统”全面投运，在重点路段、卡口装置“电子眼”，利用网络实现对霍州全境、全天候的智能监测全覆盖，为及时发现火情、及时处置风险提供高科技的强力支撑。

【森林保险】 2022年，按照2017年林地变更公益林数据及国土“三调”公益林数据，为市域范围内符合投保规定的7447.5亩公益林地投保，投保金额13405.5元。

【野生动植物保护】 2022年，在野生动物保护方面，坚持“鸟事无小事”，开展野生动物保护执法活动，引导全社会积极参与保护野生动物，促使全社会主动保护野生动物意识不断增强；调整充实安全工作领导组，救助野生豹猫、猫头鹰等。在外来物种、入侵物种普查方面，成立工作领导小组，确定市域范围内外来物种普查清单及范围，组织进行踏查、标本制作及鉴定，按序时进度完成普查报告。

【林草有害生物防治】 2022年，霍州市无林业有害生产成灾的情况。年内组织开展市域范围内有害生物普查，针对松材线虫和美国白蛾病虫害监测森林面积0.26万亩，监测树种主要为白皮松、油松、辽东栎；对全市曾发生过“杨柳树腐烂病”的区域进行监测3402亩，进行喷洒无公害有机农药防治；对15家要办理产地检疫证书的育苗户进行实地勘察，保留相关资料，办理调运检疫证书20份；开展松木制品专项执法行动检查，检查使用木质包装电缆盘、光缆盘、机械设备企业1家，摩托车经营户1家，检查木质包装电缆盘、光缆盘、机械设备木质包装5件，木材制品经营户2家，对所用的包装制品处理提出相关的要求；配合“黄河流域水土流失工程”“虎头山荒山绿化”的实施，对工程所用苗木进行检查，确保所用苗木没有病虫害。

【林业资源督查】 2022年，霍州市接收森林督查图斑95个，通过核查，划分细斑105个。林业局成立林草湿图斑监测工作组，对参加人员进行技术培训，于2022年6月15日至11月20日对所有疑似图斑进行了自查和违法案件查处，投入人员220人，内业和外业核实投入工作日为80余天，投入车辆2台，投入各类设备3台（套）。

（刘林平）

工　业

工业和信息化

【概况】 2019年2月，组建霍州市工业和信息化局，加挂霍州市人民政府国有资产监督管理局、霍州市民营经济发展促进局牌子。负责贯彻落实党中央、省委、临汾市委、霍州市委关于工业和信息化、国有资产监督管理、民营经济发展促进工作的方针政策和决策部署。该局系市人民政府工作部门，正科级建制，行政编制16人，内设办公室、人事教育（政工）股、运行监测服务股、投资规划（行政审批）股、技术创新（科技信息）股、能源综合利用股、国有资产监督管理办公室、民营企业发展促进办公室8个行政科室。

【主要指标】 工业总产值及工业增加值：1—12月，霍州市规模以上工业企业实现产值140.63亿元，同比增长28.5%；工业增加值62亿元，同比增长13.93%。

工业增加值占地区GDP比重：此指标为季报指标，根据1—9月的地区GDP反馈数据（79.9亿元）计算，截至9月末工业增加值占地区GDP比重为56.48%，超过目标值2.28个百分点。

规模以上工业企业中有研发机构的企业占企业数的比例：截至12月末，全市规模以上工业企业上升为29家，有研发机构的企业为5家，比例为17.24%，超额完成目标任务。

规模以上工业企业净增户数：截至年底，完成霍州市裕晟能源再生有限公司、振腾绿色建材科技有限公司、阳光建材有限公司等3家企业升规手续的办理。

规模以上工业战略性新兴产业增加值增长速度：1—12月，全市3户战略性新兴产业，完成工业增加值总量841万元。

制造业增加值占工业增加值比重上升率：1—12月，全市制造业增加值完成4.227亿元，实现疫情形势下增长的最大化，尤其12月当月，完成绝对值达6712万元，同比增长3.97%。

【国资国企改革】 2022年依法注销的企业为8户。其中霍州市经济技术协作公司、霍州市中人宾馆、霍州市粮油食品贸易中心、霍州市城关粮油食品站、霍州市凿井队、霍州市国营苗圃6户企业已完成注销，住建局下属的霍州市煤气供热安装中心、霍州市煤气中心未完成注销工作。

依法破产或重整企业8户。其中依法破产企业5户，即霍州市常鑫陶瓷有限公司、霍州市东方陶瓷有限公司、霍州市石膏矿、霍州市福昌商贸有限公司、霍州市乡镇煤炭运销公司；依法重整企业3户，即霍州市物资交易中心、霍州宾馆、霍州市汾东宾馆。8户企业均按照进度报批“一企一策”改革方案，成立清算组，律师团队已全面介入，待资料准备完成进入法院立案程序。

公司化改革企业4户，即霍州市李曹粮油食品站、霍州市饮食服务公司、霍州市自来水公司、霍州市供热中心，分别隶属发改、商务、住建3家行政单位主管。年底前除住建局2户外，其余2户企业均按照进度报批“一企一策”改革方案，成立清算组，律师团队已全面介入，正常推进。

【国有资产统一监管】 2022年，经市政府常务会议研究决定分两批分别开展。第一批4户为已实现公司化管理的霍州市七里峪景区旅游开发有限责任公司、霍州市文化旅游发展有限公司、霍州市国有资产投资运营有限公司、霍州市农村集体经济发展有限责任公司，已要求进行财务审计、公司章程修改、企业六定改革、完善统一监管机制等工作；第二批为破产重整和公司化改革的企业，待改革完成后依规统一监管。

【入企服务】 2022年加大助企纾困帮扶力度。从五方面着手，确保助企措施落到实处。开展常态化入企服务，制定《霍州市2022年度入企服务实施方案》，建立“1＋1＋5”领导推进机制，坚持问题导向，协调解决辛能电力环保建材有限公司“年产20万吨建筑石膏技术改造项目”因环保问题停工事宜；帮助相关企业实现疫情防控期间“煤、电、油，运、销、产”等生产难题。举办霍州市“纾困解难·助力发展”中小企业服务月启动仪式暨“助企纾困”政策培训会，为全市140余家企业开展政策培训，推动政策尽快落地见效。举办“早餐会”“下午茶”活动。举办政企“早餐会”和“下午茶”活动4期，邀请企业负责人30余名，梳理涉及企业环保、资金、项目建设等问题及建议27个，已协调解决23个，办结率85％。汇总编制《中小微企业助企纾困政策汇编》《霍州市工业企业疫情防控工作导则》《促进中小企业发展政策实操手册》等手册，全年累计入企宣传60余次，发放宣传册5000余册；组织规上企业参加市、县两级相关培训，指导符合条件的企业申报相应级别的研发机构认定。2022年8月，霍州煤电集团有限责任公司、山西晋丰生物科技股份有限公司2户企业技术中心成功认定为“临汾市市级企业技术中心”。

【信息化建设】 2022年，坚持“5G＋宽带”两手抓、两手硬，巩固和扩大信息化建设领域的成果。在推进5G建设方面，依据2022年临汾市5G基建服务专班《关于加快推进全市2022年5G网络建设的通知》，明确霍州2022年建设222个（其中新建基站11站，改造基站211站），已完成新建10站，剩余1站因霍州廉租房房东阻挡正在协调中，改造完成208个，预计年底能完成全年目标任务。在推进宽带建设方面，加快推进农村宽带网络资源覆盖，助力乡村振兴，目前霍州联通已对霍州区域内所有行政村实现全覆盖；霍州移动2022年新建宽带覆盖新政村9个；霍州电信2022年完成行政村的网络建设13个。

【安全工作】 2022年，霍州市工业和信息化局落实安全生产工作责任，坚持“安全第一、预防为主、综合治理”，与三大电信运营商和铁塔公司签订《安全生产责任书》，加强实地检查督导，督促相关企业履行好安全生产主体责任。 （刘林平）

能源管理

【概况】 霍州市能源局成立于2019年

2月22日，是霍州市人民政府的工作部门，整合原市安监局（煤炭局）、发改局、经信局的能源管理职能，主要负责全市能源行业管理、综合开发利用等工作，为正科级建制。

【经济运行】 2022年，煤炭行业原煤产量466.12万吨，同比增长6.84%；洗煤厂入洗原煤545.64万吨，精煤产量299.71万吨，同比增长4.48%；电力行业火力发电110.92亿千瓦时，同比下降0.05%；供电公司全社会售电量47660.62万千瓦时，同比增长20.62%；新能源行业光伏发电量0.14209亿千瓦时，同比增长0.29%。

【安全生产】 2022年，霍州市能源局组织开展能源行业企业安全生产隐患排查治理和安全专项检查，确保安全生产。加强电力行业企业日常安全监管，将日常安全隐患排查治理与重大节日、重点时段、重要节点安全检查相结合，开展电力行业安全生产大检查大整治。加强对山西天然气有限公司霍州分输站霍州境内长输管线保护的日常监管。通过动态检查企业各项管理制度、措施落实情况，实时掌握长输管线运行情况，确保霍州境内长输管线平稳运行。

【重点工作】 2022年，霍州市完成原煤产量466.12万吨。推进煤矿智能化矿井建设。辛置煤矿、李雅庄煤矿、紫晟煤业和力拓煤业已建成5个智能化掘进工作面。5月30日，霍州市和成洗煤有限公司顺利通过临汾市能源局标准化验收。霍州市正在建设的光伏发电项目有国电、兆光、华得宇、国盛4个100兆瓦集中式光伏发电项目以及国电60兆瓦屋顶分布式光伏发电项目。7月28日，国盛光伏发电项目完成首次并网发电，并网容量11.3兆瓦；10月3日，兆光光伏发电项目完成首次并网发电，并网容量10兆瓦；其他两个光伏项目正在加紧施工中，力争尽快实现全容量并网发电。60兆瓦屋顶分布式光伏发电项目设计单位已通过无人机航拍方式将霍州市师庄乡、三教乡、李曹镇、陶唐乡、白龙镇等乡镇屋顶资源进行复核；首批并网10兆瓦深度可研报告已编制完成；工作人员深入乡镇对接村委，对村民安装屋顶光伏意愿情况进行摸底。能源领域重点工程项目为霍州煤电集团紫晟煤业连采连充项目，霍州煤电集团紫晟煤业连采连充项目完成投资7554.46万元，正在按序时进度有序推进。

【清洁取暖】 2022年，霍州市清洁取暖改造任务1702户，其中“煤改电”502户，“集中供热”1200户。通过及时出台实施方案，召开动员部署会议，加强督促指导协调，实际完成1774户，其中“集中供热”完成1200户，“煤改电”完成574户，超额完成本年度清洁取暖改造任务。 （董 鹏）

煤炭运销

【概况】 山西煤炭运销集团临汾霍州有限公司（简称霍州煤销公司），是2009年7月由山西省煤炭运销总公司临汾分公司霍州市公司改制后成立，注册资金2000万元，经营范围：煤炭运销；煤、焦、铁化验；建筑维修服务，房屋修缮；房屋租赁；道路普通货物运输服务。2022年1月25日，根据山西省国有资本运营公司《山西焦煤集团有限责任公司》《晋能控股集团有限公司煤矿资产专业化重组的通知》，山西煤炭运销集团有限公司将所持山西煤炭运销集团临汾霍州有限公司100%股权无偿划转至山煤集团煤业管理有限公司。截至2022年底，公司内设综合办、财务部，基层单位有物流分公司。三合、圣佛煤焦发运站隶属临汾聚晟能源有限责任公司，自2012年12月起至今由霍州煤销公司代为管理安全维护职能。

【党建工作】 2022年，霍州煤销公司执行“第一议题”制度，坚决贯彻党和国家的路线方针政策，完善“三重一大”议事规则，发挥党委把方向、管大局、保落实的领导作用。围绕学习贯彻中共二十大精神，建设“清廉国企”、构建“新焦煤大监督体系”、安全环保、疫情防控等重大决策部署，确保上级决策部署在公司上下一贯到底。

【监督检查】 2022年，霍州煤销公司根据公司发展需要，适时制定、完善安全管理制度，组织安全检查工作，及时发现和消除安全隐患，处理历史遗留问题，确保安全无事故、稳定无纠纷、杜绝发生群体上访事件。公司成立以党总支书记为组长的安全维稳工作组，按照发现得早、化解得了、控制得住、处置得好的总体要求，开展做好不稳定因素、信访苗头和矛盾纠纷排查处置工作，对排查出的安全隐患、矛盾纠纷及时进行解决处理。

【工会工作】 2022年，霍州煤销公司完善职工社保福利制度，提高职工社保福利待遇，结合公司实际情况，为全体职工办理职工大病医疗，组织开展职工羽毛球、跳绳比赛，丰富职工的业余生活。

【社会化管理】 2022年，霍州煤销公司加强对退休人员社会化管理，做好231名退休人员的档案移交、党组织关系移交，确保管理服务到位，移交衔接到位，有23名党员组织关系转入社区。

【债权清收】 2022年，霍州煤销公司制定年度清欠计划，明确任务，加强旧欠清收力度，强化资金回收责任，完成年度清欠目标的20%。提升企业内部管控，实现降本增效。树立“省下的就是赚下的”节约理念，科学制定部门费用年度预算标准，规范和完善各项费用审批流程，按照流程进行支付；号召全员树立勤俭节约意识，从节约一滴水一度电一张纸等方面，全方位开展立足岗位、降本增效活动，将可控费用降到最低。梳理公司现存资产，最大限度发挥资产价值。针对有价值的土地、房产，研究定位，利用其区位优势，挖掘开发其利用价值，创建新的利润点。（高院红）

供　电

【概况】 国网霍州市供电公司成立于1960年12月，占地面积3697.5平方米，位于霍州市北环路17号。2022年公司坚决贯彻落实上级党委决策部署，清底数，夯基础，促提升，较好完成全年各项目标任务。2022年，公司售电量完成47660.6223万千瓦时，同比增加售电量8146.6845万千瓦时，同比增长20.62%；综合线损率完成6.77%，累计比计划增长0.36%，同比增长0.9%。售电均价完成521.56元/千瓦时，销售收入累计完成2.4857亿元，电费回收100%。

国网霍州市供电公司供电面积约765平方公里，担负着3个乡4个镇5个街道办事处约30万人及工农业生产用电任务。运行110千伏变电站1座，35千伏变电站7座，10千伏开闭所3座，总容量239200伏安。运行35千伏线路13条，线路长度86.43公里；10千伏线路63条，供电线路长度856.83公里；共有公用台区870个；供电面积700多平方公里。公司下设7个部门：综合管理部、发展建设部、财务资产部、安全监察质量部、电力调度控制分中心、运维检修部、营销部（客户服务中心）。

【人力资源】 2022年，国网霍州市供电公司在职员工88人，全年新入职3人。公司下设5个职能部门和2个业务机构，共有8个班组8个供电所。管理岗位22名，技能岗位51名，技术岗位7名，服务岗位3名。女职工23人，男职工65人，平均年龄44.4岁。研究生2名，大学本科员工43名，大学专科员工24名，中等职业教育员工6名，高中毕业员工8名，初中及以下员工5名。高级职称9名，中级职称19名，初级职称33名。高级技师6名，技师29名，高级工22名，中级工4名，初级工3名。2022年新进大学生3名。

【教育培训】 2022年，公司开展安全教育，党政负责人带头讲安全10次，周安全大家讲42次，专题安全日活动6次，观看警示教育视频10次。受疫情影响，新入职员工未能参加临汾公司组织的入职培训，公司结合具体工作实际对新入职员工进行安规和企业文化培训1次，发扬公司“传帮带”的优良传统，开展“师带徒”培训教育，由经验丰富的老师傅为新入职员工提供教育指导；在中共二十大胜利召开后，霍州公司党总支以支部为单位开展党课教育8次，向广大党员宣传中共二十大精神。

【经营管理】 2022年，全年售电量4.77亿千瓦时，同比增长20.62%；供电可靠率99.8502%，配变平均停运时长13.12小时，同比下降15.82%，故障报修690件；客户投诉1件，同比减少4件，降幅80%；意见工单149件，同比下降3.62%。

建立业扩会商机制。每周三召开小微企业和高压接入需求专题会，解决小微企业用电问题3项，有序接入高压客户40户，小微企业73户；落实“受理”与“办理”分开，执行“受理回执”和“前置回访”措施，坚决杜绝业扩压单、吃拿卡要等行为。

排查高压合同756户，低压非居民8912户，低压居民2.98万户；建立营销内控及专业协同机制，发现并整改电价、计量等专业错误10个，挽回经济损失5.27万元；营销普查1.36万户，发现档案异常2.49万条，整改率99%，城乡标志合格率提升至99.03%。

轮换老旧表计1.96万块，更换HPLC采集模块11.9万块；“三封一锁”排查公变台区989个、专变802个，发现异常1176处，排查率整改率均达100%；清理“零度户”95户，收集168户低压非居零度户佐证资料，综合整改率80.92%。

【安全生产】 2022年，实现连续安全生产天数10831天。2022年度共计执行353份低压工作票，66份配电工作票，4份线路工作票。各站所周五上报作业计划，周一例会研判，杜绝无计划工作，各类作业现场负责人、明白人全程把关，建立工作票、挂接地线、故障前后照片微信打卡机制。上报计划47项，研判取消11项。安全隐患大排查，发现整治隐患5类、129条；三年专项行动自查整改隐患6项；整治供电所大功率漏电保护未安装、灭火设施设置不到位等问题59个；检查安全工器具835件，维护112件，制订公司安全工器具使用管理制度。开展安全督查，领导及管理人员到岗到位125人次，发现违章25个。

公司安全督查队2022年度督查工作现场95个（计划检修、计量装表），违章统计35次，处理违章35次，批评教育185人，全部完成整改。督查中及时纠正班前会案例宣讲不全面、工作监护人参与工作、试验电源线插座破损、试验电源线未装防护套、风险防范卡评价未执行、工作票人员姓名填写错误、工作票时间逻辑错误等问题。全口径录入作业计划，规范现场掌机和执法记录仪使用，提升“日计划完工率”等平台应用指标。修订全员安全责任清单75个、领导重点工作清单5个；制订安全管理办法4个，加强安全工器具、到岗到位、私自作业违章惩处、现场作业标准管控力度。

霍州公司落实公司支委会上“五问”作业现场安全管控问题，发现问题6项，对应措施6项，落实6项。制定年度培训计划，按照计划开展《安规》“两票”培训及考试，针对上年低压工作票存在5项共性问题开展针对性培训，安全员、所长、部门主任逐级审核，从源头上控制错票发生。

建立年度两个清单，以部门为单元开展检查抽查，重点对供电所及班组清单落实情况进行检查，检修计划刚性执行，运检、营销每周检查录入情况。严禁无计划作业，对所有计划工作开展风险研判，同进同出人员及到岗到位人员知责履责；常态化开展安全生产专项整治，周例会推动隐患排查治理，每周报回排查结果并签字确认，按照轻重缓急督促处理；对照应急能力评估建立健全应急体制，落实应急系统巡视工单派发。

组织安规培训考试，提高关键岗位员工安全技术技能素质；对汾能霍州公司、众辉实行同质化安全管理。重点对抢修队等一线作业人员开展针对性培训，工作严格落实“十不干”要求。按时召开安全日活动对事故警示教育视频及事故通报进行学习，明确工作负责人20项安全履责要求，每月按专业发布安全知识卡片；严格风控平台资格录入，培养素质硬、安全意识强的施工队伍。

【电网建设】 2022年，北关、白龙两站停电倒负荷问题，投运35千伏陶北线353线路，两站倒负荷切改寺白线405线路负荷7000千瓦，破解制约霍州电网发展的“老大难”问题；切改10千伏西大街线895、开元线877重过载线路，投运白东线899线路，缓解负荷6369千瓦，切改后，开元线877线路负载率由95.6%降至37.8%，西大街线895线路负载率由120%降至66%；研判李曹区域负荷增长趋势，将李曹站主变由8千千伏安增容至2万千伏安，解决区域冬季主变重载问题；为霍东新区投运两条10千伏线路（大元线886、大新线887），缓解城市规划东延供需矛盾。

补强整治配网，帮扶工程新增改造变台6个，绝缘化改造2000米，组立电杆28基，安装表箱162个，敷设高压电缆678米，低压电缆4810米，低压导线5373米，整治月亮湾等6个高报修台区，线路（西大街线895线路、白龙线896线路、城关线882线路）掉闸率同比降低56.25%。运维消缺，修剪砍伐树木1528棵，排查外破隐患点3处，补缺杆号牌920块；梳理4条（师庄线823线路、南堡线864线路、源头线865线路、城东线878线路）高掉闸线路隐患57个，处理鸟害11处，更换电杆36基，架设高压线路3100米，低压线路6000米，配变绝缘包封3处；低电压治理27处（新增布点2个，配变增容1台，切改负荷4处，更换导线10处，变压器调档5台，投运电容器5台）。林区方面，周巡视3线6段156次；安装区段断路器及故指29台，地面硬化11处，排查更换二级漏保173户，三级漏保65户；开展林区客户安全用电排查，完善供电合同25份，下发安全隐患通知书25份；切改林区源头线865线路王家岭支线，更换绝缘导线1.8公里。煤改电方面，完成5村13个台区502户电力线路改造及接入。

【供电服务】 供电服务方面，建立业扩会商机制，每周三召开小微企业和高压接入需求专题会，有序接入高压客户40户；城市、农村小微企业160千瓦及以下“零投资”低压接入73户。强化规范管理，建立营销内控及专业协同机制，发现整改电价、计量等专业错误10个，挽回经济损失52700元；促请政府出台煤改电用电价格政策、规范屋顶分布式光伏项目建设两个文件，理顺煤改电存量新增及光伏项目接入流程标准。

2022年霍州公司受理投诉1件、意见156件，所受理工单的诉求焦点为频繁停电、抄表数据异常、欠费复电、煤改电、客户联系方式调整、反映电费高、供电设备位置不合理、人员服务态度差等问题。建立健全电E家微信群、网格化管理、打破部门之间壁垒，降低频繁停电投诉。通过提高电E家微信群、网格化管理水平，遇到故障停电时，第一时间通过多渠道将故障原因、抢修进度、预计恢复供电时间发送至客户，争取客户的理解与支持。全年完成辖区营配合一供电服务机构建设，划分网格24个，网格内服务人员110人，服务客户超过13万户，实现了网格化综合服务全覆盖。积极与社区网格对接，并建立常态化客户走访机制，围绕“煤改电”、漠视侵害问题等工作开展客户走访331次，解决问题66个，有效提升公司供电服务品牌形象。

全面落实生产、营销管理在供电所的专业延伸、资源整合、末端融合。公司的黎明共产党员服务队，为农村群众解决实际用电问题，提供贴心的供电服务。公司现有供电所8个，以点带面，推广人员一专多能，实现低压网格化综合服务。大力推进乡村“片区经理”服务制，为客户提供更贴心、便捷的供电服务。

完善95598服务电话及电力故障报修服务管理机制，圆满完成新冠疫情复工复产、中、高考等重大政治活动和节日保电工作。为农民用电开通“绿色通道”，主动上门提供受理、审批、签订合同“一站式”电力服务。贯彻落实“三个十条”，没有发生违反规定的事件，没有发生新闻媒体曝光事件，营业窗口明察暗访率达100%，对发现的问题及时进行整改。

2022年6月，公司党总支组织青年党员到霍州署开展安全生产月活动

【组织管理】 2022年，霍州公司接收众辉党支部党员19名，新入职党员1名，党员人数达到68人，经上级党委审批同意，国网霍州市供电公司于2022年5月27日召开支部党员大会，成立了国网霍州市供电公司党总支，选举产生中国共产党国网霍州市供电公司总支部委员会委员，并于5月30日召开总支部委员会第一次会议。党总支下设运检、营销、综合、安监4个党支部，其中营销党支部下设营销、城关、三冯、辛置、李曹5个党小组，每个支部设书记1名、组织委员、纪检委员各1名，5个党小组各设党小组组长1名。

【政治建设】　全年组织学习习近平新时代中国特色社会主义思想等重要内容121次；开展“党建＋党员现场反违章”活动20次，梳理现场风险点42处，党员服务社区疫情防控20人次。

【服务队建设】　国网霍州市共产党员服务队出动20人次进入北兴社区助力社区开展疫情防控工作。在中高考期间，国网霍州市供电公司太行黎明共产党员服务队组织队员对重要线路开展特巡30余次，派人蹲守保电现场，出动服务队员20人次。在秋季农收季节，国网霍州市供电公司派出服务队员40人次对重要线路，变电站进行巡视，助力秋收保电保安全工作。

2022年1月，霍州公司组织太行黎明共产党员服务队进入冯南垣开展安全用电检查活动

【乡村振兴】　三年累计向定点帮扶张望村捐赠71万元，形成种羊养殖、玉米收割、饲料加工的产业项目链条；完成贾村“旅游文化月”配套增容项目；为全市2034户低保户、五保户减免电费144538.92元。

【党风廉政建设】　2022年，加强党风监督，自查整改供电所巡视巡察整改“回头看”、党风廉政基础工作举一反三、安全生产及供电服务领域专项监督问题13个，扣发绩效薪金2500元，提醒谈话4人；坚持疫情防控小程序日核查，提醒谈话7人，下发通报13份，书面检查1份；开展供电所检查两轮，下发监督建议书3份。开展党风廉政约谈，针对节前廉政、上级精神、工单管理等工作，累计约谈20人次。廉洁文化建设，11名党风监督员参加国网临汾供电公司2022年党风廉政建设考试，全部合格；上交廉洁书法作品两件，即宋包拯《书端州郡齐壁》、李商隐《咏史》；4名党员青年结合违规经商办企业、供电服务、中央八项规定、疫情防控，完成4分57秒《国网霍州供电公司青年廉洁说》视频；组织在线学习观看《博物馆时光穿越历史，感受纪律的力量》上下篇。加强警示教育，通过微信群、支委会、专题会议学习规章制度8次，内容涵盖《中国共产党廉洁自律准则》、《普法课堂》、《中国共产党章程》、“十七个严禁”等；通过党小组会、中心组、微信群、专题会议学习典型案例12次，全员观看电视专题片《零容忍》。

【工会工作】　2022年，公司工会发挥工会“大学校”作用，利用职工书屋、夜间课堂、读书会等平台，通过知识竞赛、体会分享等活动，推动中共二十大精神“进班组、进站所、进一线”。围绕职工关切的问题征集归纳“安全有我”合理化建议8条，“一句话”建言献策15条，职工代表提案4条。建立健全企务公开工作机制。公开经营状况、党员发展、人员调整、评先评优、困难补助等内容13项。提升职工后勤保障。改造大楼供暖设施，推出食堂新菜品，租赁地下停车位12个，增加大楼保洁频次，优化办公环境。开展“送温暖、保安全”活动，主动服务职工生产生活。慰问一线值班人员46人次，中高考慰问20人次，“三必贺、三必访”慰问员工8人次；全员参加临汾市总工会10元大病互助活动、全口径参加守望相助活动202人次、英大大病互助185人次，重大疾病实现多层次保障；1名职工获金秋助学补助，1名职工、3名退休退伍人员申请获困难救助，职工感受到企业和社会的温暖。结合传统节日开展春节“写春联送祝福”、三八节插花等活动；拍摄“喜迎二十大永远跟党走”微视频献礼二十大、“养殖户房晓剑有了定心丸”宣传公司助力乡村振兴实效；在“喜迎二十大建功新征程”职工书画篆刻摄影、国网临汾供电公司职工文创作品征集、“出彩国网人”、市能源企业喜迎二十大演讲赛等活动中获得奖项；4名员工参加第六届和谐杯乒乓球比赛活动，取得第四名好成绩；邀请霍州市红十字会开展触电急救、心肺复苏培训和应急能力训练，提升职工安全技能。搭建“五小”创新平台，鼓励技术革新、发明创造等群众性创新活动，项目《智能开关远程遥控》上报临汾公司审批，项目研发成功将有效减少停电时长、提高供电可靠性。成立柔性团队助力指标提升，什林供电所12月获国网进步百佳供电所，实现公司百强百佳零突破。广大职工持续创新创效，在防火防汛、二十大保电、两节保电等工作中流汗献计，在乡村振兴、疫情防控、煤改电等工作中彰显社会责任，凝聚发展合力。（卫帅兵）

中小企业服务

【概况】 霍州市中小微企业发展中心以“个转企、小升规、规改股、股上市、企转新”工作思路为主线，以“优质高效服务、助力企业发展”为宗旨，以服务企业需求为导向，助力企业做大做强做优。

【“小升规”培育】 2022年临汾市定考核任务是规上工业（小升规）净增8户。年初核定16家有望升规的企业进入临汾市培育库。面临疫情防控、经济下行等多重压力，部分“小升规”重点培育企业停产或减产，主营业务收入未能达到序时进度的严峻形势，采取“一企一策”、优化环境、政策驱动、部门联动、应统尽统、驻厂服务等措施，霍州市裕晟能源再生有限公司，主营业务收入已突破2000万元，11月15号前办理入规手续；有霍州市振腾绿色建材科技有限公司、霍州市阳光建材有限公司2家企业营业收入达到序时进度，年底有望达到升规入统条件，通过统计部门审核，纳入统计部门重点监测名录库，转为规上工业企业。

【“专精特新”企业发展】 2022年，霍州市中小微企业发展中心推动小微企业升级提质，发展绿色产业，走专业化、精品化、特色化、新颖化道路。有霍州市鸣梦老粗布有限公司、山西斯达特维克机电工程有限公司2家企业通过省级“专精特新”企业认定，在省小企业局门户网站上进行公示。

【服务企业】 2022年，霍州市中小微企业发展中心开展入企服务，成立工作服务专班，常态化开展入企调研工作，对疫情影响、汛灾影响、拖欠民营企业欠款三类企业提供支援和帮助。组织“中小企业服务月”活动。举办霍州市“纾困解难·助力发展”中小企业服务月启动仪式暨“助企纾困”政策培训会，为全部“四上”企业、小升规重点培育企业等140余家企业负责人进行了政策培训，推动政策尽快落地见效，为企业纾困解难。举办“下午茶”活动。不耽误企业家上班，不给企业家增加压力，政府“做东”，邀请企业负责人共吃下午茶，在轻松和谐的氛围中倾听企业诉求及意见建议。累计举办政企“下午茶”活动4期，邀请企业负责人20余名，收集、梳理、协调解决企业问题及建议19个。

【小微企业经济监测】 2022年，霍州市中小微企业发展中心利用工信部网络平台，对全市中小微企业开展经济运行监测，优化样本数据，持续扩大样本数量，做到应进则进，应统尽统，确保不漏报、不瞒报、不虚报，实时掌握运行动态。截至年底，全市直报企业增至20家。

【融资对接服务】 2022年，霍州市中小微企业发展中心与金融机构合作，开展小微企业融资服务，为小企业量身打造适宜金融产品，推送“易税贷”无抵押贷款，支持小企业发展。2022年仅工商银行为斯达特维克、宏旺建材、万通建材、晋丰生物等20余个小企业贷款500余万元。（阎泳光）

城镇集体工业

【概况】 霍州市城镇集体工业联合社前身是霍州市第二轻工业局（手工业联合社）。1992年，随着改革不断深入和市场经济的推进，二轻局由行政管理改为二轻工业总公司（手工业联合社）；1998年，改为二轻工业总会，2002年，改为城镇集体工业联合社，主要职能为监督、指导、协调、服务系统下属城镇集体企业。21世纪初企业相继进行停产、关闭、破产改制。2012年，根据市编办精神设立综合股、企业股。霍州市城镇集体工业联合社机构性质由自收自支事宜单位变更为财政拨款事业单位，核定财政拨款事业编制6名，原自收自支编制收回，原自收自支人员暂维持原有经费渠道和保障政策，保留现有待遇，逐步消化。

【党风廉政建设】 2022年，霍州市城镇集体工业联合社组织完成霍州市城镇集体工业联合社机关党支部换届工作。组织好主题党日、召开组织生活会。机关党支部组织开展主题党日12次，编写简报12篇。1月17日，召开2021年度班子民主（组织）生活会，落实党风廉政建设各项要求。制定“两个责任”清单、及时上报机关人员廉政信息和“三重一大”执行情况报告、认真组织党风廉政建设学习。全年组织党风廉政建设学习6次，编写专题简报6期。

【专项审计】 2022年，霍州市审计局对霍州市城镇集体工业联合社2021年度预算执行和其他财政收支情况进行专项审计。对单位的固定资产记账情况提出整改要求，针对该项目进行整改及时上报审计部门。

【业务工作】 2022年，霍州市城镇集体工业联合社与人社、财政部门协调，负责解决矿山机械厂历史遗留问题，新解决3名到龄或者超龄职工退休问题，理顺9名未到龄职工养老关系，为剩余28名职工养老问题蹚出解决新路子。10月18日，与北京盈科山西律师事务所签订破产改制委托协议书；成立破产清算组，经过二十余天加班加点，职工债权清册、企业应付账款清册、企业应收账款清册、资产负债表等资料已经提交相关负责律师，等待审核完成后进入霍州市人民法院受理。对代管房管所资产与房管所负责人进行初步沟通、厘清历史债务情况。5月31日，临汾市城镇集体工业联合社杨主任一行到单位调研。

【乡村振兴】 2022年，霍州市城镇集体工业联合社联络员完成信息采集导入、脱贫人口务工情况调度统计、就读学生情况统计、收入检测等常规数据统计工作；帮助脱贫户完成“雨露计划”补助申报、霍州市建档立卡贫困劳动力务工人员一次性交通补助申报、霍州市务工就业稳岗补助（贴）申报等政策性补助申领工作；雨季汛期积极看望慰问脱贫户，全年编写简报8期。（郭学军）

霍州煤电集团有限责任公司

【概况】 霍州煤电集团有限责任公司前身为霍县矿务局，成立于1958年。截至2022年12月底，下辖二级子公司37个，分公司17个，在册职工46690人，资产总额831.45亿元。所属矿区分布在霍西、河东、宁武、沁水4个煤田内的临汾、吕梁、忻州、长治和运城5市所辖14个县（市区）。目前拥有矿权井田总面积1008.8平方千米，保有储量93.57亿吨，可采储量42.75亿吨，公告产能3630万吨。2022年有生产矿井24座、基建矿井4座；洗煤厂8座；电力产业参控股电厂2座；主导产品为肥煤、1/3焦煤、焦煤、贫瘦煤等多个高端优质品牌煤种，产品畅销国内20多个省市。2021年4月，按照省委省政府部署要求和山西焦煤统筹安排，接收并管理晋能控股所属13座矿井，涉及产能1080万吨/年，资产总额183.15亿元。

公司实行“区域公司＋专业化”的管理模式，有霍州本部和汾河焦煤、吕梁山煤电、晋北能化、晋南煤业、吕临能化、临汾宏大公司6个区域公司以及非煤生产和专业化服务公司。区域公司重点发展煤炭主营业务，非煤单位主要生产煤机装备、矿用材料配件等产品，专业化服务公司配套跟进服务，形成了以煤炭为主，电力、建筑、建材、机械制修等多业并举的大型煤电集团。

【主要经济指标】 2022年，原煤产量3676万吨；精煤产量1603万吨；煤炭总销量2519万吨；掘进总进尺20.26万米；发电量2.75亿度。

【安全环保】 2022年，霍州煤电集团有限责任公司开展安全生产专项整治三年行动、“两个专项”“双清零”及隐蔽致灾因素专项治理行动、安全生产大检查大整治大提升行动、安全生产隐患排查整治行动等专项活动，29条重点督办隐患完成整改，8项安全重点工程完成建设，6个专项治理等有序推进，实现灾害可防、可控、可治。以杜邦安全管理体系、警示教育、动态达标、职工行为治理为重点，修订完善安全生产责任制、安全红线管理制度、员工行为治理等23项基本安全管理制度，24座矿井十大系统完成达标27项，采掘工作面完成达标34项，生产车间和固定场所完成达标26项，安全基础管控能力稳步提升。绿色发展守红线。聚焦“共建美丽焦煤”，打好“蓝天、碧水、净土”三大保卫战，21项重点环保治理工程接近尾声，推进绿色矿山、清洁生产示范矿厂、标准化污水处理厂“三个创建”。

【产业优化】 2022年，霍州煤电集团有限责任公司坚持“精准组织、正规循环、标准作业、动态达标”原则不动摇，建立庞庞塔、木瓜等大矿专项台账，深入开展“大调研、大走访、大提升”活动，全年生产衔接平稳有序，木瓜、隆博核增产能120万吨，精煤、总进尺、总销量等主要指标基本完成，煤炭收入275.2亿元，同比增加61.2亿元。抢抓增产保供政策机遇，巩固资源整合煤矿全面清理专项行动成果，谭坪项目开工建设；中峪、金能、同安矿井加速推进；

兴盛园取得环评批复、五星井口启封，迈出复工复建实质性步伐；13宗资源申办加快推进，尤其桑峨取得省政府对探转采行为批复、泽新顺义等待省厅挂网出让。落实山西焦煤数字化智能化部署要求，累计建成3座智能矿山、7个智能化回采面以及13个智能化掘进面；数字化综合运营平台加速建设，25座矿井完成井下重要场所增设视频监控设施，24座矿井产量监控系统升级改造完成，81家生产经营核算单位全面上线财务共享平台。辅业结构更加优化。推动机电修造、后勤服务等产业深度转换经营机制，新产业板块推行直管经营，凯硕传媒纳入山西省重点上市挂牌后备企业名单，如期完成股份制改造，云厦公司、鑫钜公司等专业化公司承揽多项外部业务，全年实现对外创收约1.9亿元。

【效益提升】 2022年，霍州煤电集团有限责任公司构建以5个方面30条经营管控措施为核心，以庞庞塔、店坪、木瓜3个试点单位为牵引的成本管控体系，生产矿井作业成本定额体系全部上线运行，全年吨煤完全成本比计划节约12.81元/吨、四项可控费用同比减少308.39万元。构建以“提质、增效、节支、降耗”为目标的精益化管理体系，形成庞庞塔、李雅庄等12个单位试点引领，74项“精益化+创新项目”纵深推进的发展态势。树立“企业消灭不亏损，亏损就会消灭企业”的理念，紧扣国运公司认定的三年扭亏16户、减亏8.9亿元的目标任务，针对性采取内部挖潜、重组盘活、市场出清等举措，全年扭亏7户，16户企业累计减亏4.3亿元。坚持“现金为王、资金为命”，合理融资规模，强化资金管理，确保资金链条安全。全年融资净减少25.01亿元，平均融资成本率4.86%，较同期5.25%降低0.39%，同比减少利息支出2.51亿元，实现融资规模与融资成本率“双降”的良好效应，更是近10年来出现融资总量首降的良好局面。

【改革变革】 2022年，霍州煤电集团有限责任公司健全完善党委前置研讨清单和党委会董事会议事规则，全级次66户子公司董事会应建尽建覆盖率达100%。引深“三项制度”改革，加强干部选任管理，修订完善中层级干部选任办法、公开竞聘管理办法和基层级干部选任指导意见等基础性制度文件；深化薪酬分配制度，实行工资切块管理，建立工资总额与效率效益联动机制，煤业单位月度工资按照精（中）煤销量和结算单价核算工资；深化劳动用工管理，整建制抽调员工720余人，推进分流转岗3334人。贯彻落实采供体系变革要求，探索实行集中采购、代储代销、融资租赁等管理模式，明确实施“一个平台、两个紧盯、三个统一、四个集中、五项采购”变革路径，实现了设备、配件、材料应统尽统；探索建立KPI绩效考核体系。

【民生福祉】 2022年，霍州煤电集团有限责任公司贯彻落实疫情防控各项政策，广大干部职工心往一处想、劲往一处使，以各种方式为疫情防控操心出力，确保疫情防控各项措施第一时间落实落细，绘就团结就是力量的时代画卷。提高职工年工资，人均工资同比提高15%，32556名职工带薪休假，1196名女职工享受到“早九晚五”弹性考勤制度，班中餐实行20元/工标准，1036户家庭享受高考员工子女学费补助，1.47亿元取暖补贴全部发放到位，用匠心传递企业温度。紧扣“战略思维构建”和“领导能力提升”两大核心目标，组织参与中层干部新焦煤战略领导力、精益化管理等专题培训1213人次，基层干部“素质能力提升工程”

培训 1984 人次，14 名井下高校毕业生及挂职基层级职务人员参加山西焦煤“青年骨干素质能力提升班”培训，拓展提升广大干部队伍思维视野和业务素质。（李瑞璐）

国家能源集团霍州发电厂

【概况】 2022 年，国家能源集团霍州发电厂（以下简称“霍州电厂”）坚决贯彻党中央“疫情要防住、经济要稳住、发展要安全”的重要要求，践行“社会主义是干出来的”伟大号召，深入实施“一个目标、三型五化、七个一流”发展战略，突出“稳健、协同、赋能、提质”工作导向，狠抓“四重一要”管控，应对复杂多变的内外部风险挑战，统筹推进疫情防控和生产经营各项工作，真抓实干、开拓进取，保持稳中有进、进中向好、好中育优的良好态势，获得山西公司 2022 年经营业绩考核 A1 级。

【安全生产和经营发展】 2022 年，霍州电厂完成集团公司安全环保升二级任务，截至 2022 年底，一二类障碍同比减少 3 次，安全生产 3896 天；发电量完成 53.49 亿千瓦时，同比增加 6.79 亿千瓦时；产值完成 21 亿元，同比增加收入 7.49 亿元；利润总额完成 1462 万元，同比减亏 5.21 亿元，实现全年扭亏为盈。

【新能源项目】 2022 年，霍州电厂新能源项目实现零的突破：开工 100 兆瓦；争取二期发展指标 100 兆瓦；整县屋顶分布式光伏项目具备投决条件。

【综合能源开发】 2022 年，霍州电厂综合能源开发实现新进展：供汽项目与霍州市经济开发区签订年 80 万吨工业抽汽协议；厂内供热改造取得集团公司批复。

【本质安全企业建设】 2022 年，霍州电厂推进安全生产专项整治三年行动，完成“两个清单”治理任务 102 项，公路滑坡体、氨站、“四管泄漏”等一批重大风险隐患得到解决。开展安全生产“巩固提升年”行动、事故警示月、安全生产大检查、季节性安全检查等工作，发现问题 981 条，整改率达 90%以上，通过抓闭环整改促进安全管理水平稳步提升。瞄准“零非停、零事故”目标，克服疫情影响，组织实施一号机组 A 修，严格高风险作业安全管控，强化关键环节质量把关，高标准完成 894 项检修任务，实现修后一次成功启动并网，安全、质量、工期均创最优水平。常态化开展控非停治理，坚持逢停必检，完成 11 次停备消缺任务，确保机组开得起、顶得上、稳发满发。发扬“四铁”精神，抓实抓细外委队伍“十必须两严格”措施，强化安全管理正、负向激励，外委队伍一体化管理成效明显。强化应急能力建设，修编综合预案 1 项、专项预案 22 项，完成应急预案备案工作，全年开展应急演练 19 次。深化星级班组建设，5 个五星级班组、6 个四星级班组获山西公司表彰，基层一线管理水平有效提升。

贯彻黄河流域生态保护和高质量发展的部署要求，增强环保意识，加强环保设施和排污设施治理维护，三大污染物达标排放率均实现 100%。深化脱硫、灰库等难点区域管理，无组织排放得到控制，配合临汾市打好秋冬季大气污染防治攻坚战，双机稳定运行在超低排放水平，顺利通过九轮次环保交叉检查。对照碳排放数据核算等新要求，完善计量检定措施，安装二氧化碳在线计量系统，建立健全 CNAS 管理体系和组织机构，具备验收条件，碳指标管理更加科学精准。

【减亏治亏】 2022年，霍州电厂树立“效益优先”意识，抢抓发电黄金时机，利用现货规则抢发效益电量，提高日负荷率，聚焦“集、价、本、利”，兼顾省间和省内“两个市场”，测算边际成本，科学调整报价策略，抢抓机遇快速果断决策，争取售电单价上浮，增强企业盈利能力。1人在集团公司电力交易技能竞赛中获二等奖，助力山西公司取得团体一等奖。

坚持将能源保供与经营提效一体推进，深入实施低成本发展战略，在保供的基础上，强化对标管理，开展经济煤掺烧，突出电量营销、燃煤供应、运行调整协调联动，结合现货市场负荷变化，制定分磨分仓分时段的精准掺烧方案，全年掺烧173万吨。以燃料智能化系统为技术支撑，严格采制化流程管控，降控人为干预风险，加强煤质源头管控、入厂验收等关键环节，检斤率、检质率均达100%，热值差远优于目标值，保证煤质稳定可靠。

深化“一集中、三加强”“两利四率”等考核指标，加强资金管理，优先保证燃煤预付款，缓解流动资金周转难题。落实财税优惠政策，收回增值税留抵退税2813万元，减免残保金138万元。树牢“过紧日子”思想，狠抓非生产性费用控制，“三公”经费严格控制在预算进度内。强化物资全生命周期管理，科学开展闲置物资利用和废旧物资处置，完成年度库存压降任务。

【绿色转型发展】 2022年，霍州电厂落实决战决胜新能源投产目标要求，抽调班子成员和精干力量组建工程指挥部、临时党支部，开展劳动竞赛，主要领导日跟踪、周协调，及时解决难点问题，项目部人员坚持土地集约利用，严守依法合规底线，协调村乡镇各级矛盾，工程部人员经过8个月的连续奋战，克服四轮疫情冲击、村民阻工、主设备交货延迟等诸多困难，100兆瓦农光储旅一体化项目首批15兆瓦光伏子阵于1月12日成功并网。厂区光伏项目于2021年1月25日全容量并网以来，加强日常运维管理，定期开展深度清洁，累计完成发电量138万千瓦时。整县屋顶项目完成全市屋顶资源复核，首批建设工程深度可研报告通过评审，待取得投资决策批复后开工建设。

【改革创新】 2022年，霍州电厂开展“社会主义是干出来的”岗位建功行动，明确57项任务清单，推动完成国企改革三年行动收官之战，为企业高质量发展打下坚实基础。深化三项制度改革，将纪委书记纳入契约化管理并签订目标责任书，企业经理层成员任期制和契约化管理更加精准。对接山西公司绩效考核体系，建立健全职工考核评级机制，内部人力资源有效盘活，收入分配向基层一线和关键岗位倾斜，改革活力持续释放。高质量完成多经三产相关问题专项整治，辛能公司管理更加规范，做优做强存量业务，拓展增量业务，公司盈利能力显著提升。

完善科技创新体系，聚焦供热转型、烟气达标排放等重点领域，加强科技攻关和智慧企业建设，全年申报发明专利3项，取得实用新型专利5项，实现专利申报零的突破。2项成果分获山西电力创新一、二等奖，1项成果获山西省电力行业优秀QC一等奖，职工创新工作室获省总工会命名，实现以先进成果带动智慧企业建设。

【党建党廉】 2022年，霍州电厂开展党员示范岗、先锋队活动，深化岗位建功行动，党员先锋模范作用充分发挥。突出人才队伍建设，评聘厂级“首席师”，优化干部队伍结构，加强后备人才梯队。加强“三基”建设，围绕“1533红色引擎”实施细则，深化“一支部一品牌”，形成党建品牌矩阵，党组织政治功能和组织功能有效增强，彰显战斗堡垒作用。牢牢把握山西公司纪委“3124”总体思路，制定年度纪检工作要点和52项具体任务清单，分解、细化工作任务，明确职责、责任到人。加快构建大监督格局，常态化开展廉洁从业教育，实施专项监督13项，发现问题55个，提出整改建议70条。排查廉洁风险点165个，制定防范措施172条。坚持“三不”一体推进，运用“第一种形态”批评教育帮助52人次，细化落实中央八项规定精神监督检查手册正负面清单，常态化开展公务用车、公务接待、婚丧喜庆事宜等监督工作，持之以恒纠“四风”树新风。

全年对外发表各类宣传作品超400篇，保持山西公司新闻宣传梯队第一名。深化精神文明建设，持续开展年度文明集体和个人评选、霍电好人榜等活动。精准实施困难救济、大病互助和“金秋助学”等帮扶活动，对机组检修、光伏建设、疫情防控等一线职工开展慰问，彰显企业关怀，增强职工归属感和荣誉感。搭建岗位成才平台，举办第三届职工技能竞赛，深化“五小”活动，一名职工荣获山西省“五一”劳动奖章。以“奋进十四五、青年在行动”为主线，实施青年精神素养提升工程，常态化开展青年志愿服务活动，一班组获评集团公司“青年文明号”。（王慧芳）

兆光电厂

【概况】 山西兆光发电有限责任公司位于山西省临汾市霍州市，地处电力网架枢纽及负荷中心，是格盟国际能源有限公司投资建设的现代化大型环保企业，装机总容量1800兆瓦，总投资71亿元。一期工程为2×300兆瓦亚临界直接空冷机组，于2005年9月投产发电；二期工程为2×600兆瓦超临界双缸双排汽直接空冷机组，于2009年9月投产发电。

2022年全年完成发电量62.91亿千瓦时，上网电量56.97亿千瓦时，向霍州市供热475.5万吉焦，供热面积930余万平方米。

【安全生产】 2022年，兆光发电严格落实安全生产责任制，通过“组织到位、巡检到位、处理到位、监督到位”等举措，提前谋划，精心组织，完成重大节日、“两会”及中共二十大召开期间电力安全生产和保电工作。

【环境保护】 根据国家规定，合法转移废矿物油22.92吨、废旧催化剂939.52吨、废旧蓄电池12.74吨。根据《环境保护税法》，全年缴纳环境税204.5万元，同比减少31万元，万度电环境税由2021年的3.67元降低到2022年的3.6元。2022年5月，获得省生态环境厅颁发的“山西省污染防治攻坚战先进集体”荣誉称号。

【重点项目】 2022年，兆光电厂发展新能源项目建设。“霍州市100MW农光储一体化项目”计划总投资49978万元，2022年3月25日开工建设，10月9日实现首次并网发电；2022年12月29日，“五寨县100兆瓦光储发电项目”纳入省能源局风电光伏项目清单。截至年底，项目公司已成立，项目已备案；“霍州市100MW农光储一体化二期项目”已纳入了省能源局项目储备库。“汾西县源网荷储一体化项目”“五寨县200MW光储发电项目”已完成申报，待省能源局批复。（石媛媛）

商业贸易

商业外贸

【概况】 霍州市商务局是霍州市政府工作部门，主要承担流通行业管理与促进发展、推进商贸物流体系建设，推动电子商务服务体系建设；拟定和分解全市招商引资任务，外来投资项目协调、服务方面的相关工作，承担重要农副产品进出口总量计划的组织实施工作；按照有关规定对成品油流通进行监督管理。2019 年 3 月，根据上级机构改革要求，组建霍州市商务局，下设正科级事业单位促进外来投资服务中心。

【党建工作】 2022 年，霍州市商务局开展主题党日活动 12 次，民主生活会 1 次，组织生活会 1 次，通过领导干部上讲台、讲党课，组织党员干部集中观看《零容忍》警示教育片，赴冯南垣、霍州署廉政教育基地开展红色教育实践及廉政文化学习等活动，坚持周四集中学习制度，做好学习笔记，提高政治站位，强化理想信念。按程序接转新进党员组织手续，做好入党积极分子及发展对象的统计工作，吸纳思想进步、业务精通的年轻骨干力量加入组织，定期做好党费收缴工作，推进单位及人员的季度、年度考核工作，组织协调商务系统总支下属 5 支部的日常党建工作。

【经济指标】 霍州市 2022 年一季度至四季度社会消费品零售总额完成 37.8 亿元，增速-0.4%；1 月至 12 月累计完成 6.5457 亿元，累计增速 14%；在外贸进出口方面，根据海关反馈数据，霍州市 2 家外贸进出口企业，出口总额已达 120 万元。

【乡村 e 镇建设】 2022 年，霍州市商务局启动“霍嬷嬷”特色产业乡村 e 镇项目建设，围绕“小馍馍大产业”的思路，在霍州市东、南、西、北环路内 5 平方公里形成年馍产业聚集区，打造以年馍为特色的核心产品，逐步影响带动霍州饸饹、霍州碗托、霍州豆制品等特色产品协同发展。该项目以霍州年馍为主导，结合国家、省、市食品生产标准及行业标准和企业标准，制订霍州年馍生产、贮存、运输及安全标准、检测标准及管理机制；引导增加年馍市场主体，做好产业培育；建设标准化生产线，完善年馍电商产业链，建设上下游供应链体系，激励扶持主导产业发展壮大。同时，配套建设公共服务中心及冷藏保鲜仓储中心，夯实电商公共服务的基础。项目建成后，带动年馍及地方特色产品线上线下交易、消费、跨境电商等领域创新，还可以培育一批具有示范带动效应的商业带头人，将电商及直播带货普及更多本地居民，带动本地就业创业，扩大霍州年馍品牌效应。

【促消费活动】 2022 年，霍州市商务局在繁荣消费市场上作“文章”。在香江购物广场，隆重举行霍州市首届“霍嬷嬷”时尚购物节暨2023年年货节促消费活动，打造以霍州市香江购物广场、万通时光里、鼓楼地下商业街为核心，百余家商家辐射全程的商务圈，推动霍州市特色产品线上线下同步打造热门话题，打响“中国年馍之乡·霍州”网络知名度，通过“线上+线下”全渠道相结合的方式，以线下年货节办在“家门口”、线上直播带货促进农货进城，满足人们节日期间采购多层次、多元化需求，引导霍州商贸企业激发市场活力、释放消费动力、提升消费信心，开展一系列让利促销活动，展特色、聚人气、树形象。《山西日报》、黄河新闻网、《临汾日报》等多家省市级主流媒体，对此进行多次转载、报道，引发高度关注。组织开展2022年全国消费促进月暨“晋情消费·品质生活”促消费系列活动，发放7轮政府数字消费券，资金总投入达150万元，资金核销达176.76万元，核销比例高达117.8%，拉动销售额达935.29万元。

【成品油市场监管】 2022年，霍州市商务局按有关规定对成品油流通领域进行监督管理，做好对全市27家成品油经营企业进销存等业务监管，同时对安全、消防、反恐、税控和疫情防控等方面工作的落实情况进行严格的监管督查，确保筑牢防线，严防细守，保护好人民群众的生命财产安全。4月根据市关于环境空气质量提升要求，及时出台并下发《关于严格污染管控切实改善大气质量的通知》，加强对加油站的污染管控措施，坚持每日巡查并将情况上报大气办，配合环保部门关停了未安装三次油气回收设备的3座加油站；7月联合相关职能部门对全市加油站进行了一次全覆盖排查整治，排查出问题87条，责令加油站迅速整改；12月根据霍州市人民政府《关于印发加油站突出问题和非法违法加油行为专项整治工作方案的通知》精神，在加油站自查的基础上，组织税务、公安、应急管理、消防救援大队等部门重点对10个社会加油站开展一次联合检查。

【招商引资】 2022年，霍州市商务局建设总投资约20亿元的上海东方希望集团现代化生猪养殖项目。该项目于2022年11月实现开工建设，养殖种猪4万头，达产后可带动养殖100万头育肥猪，打造集养殖、屠宰、饲料加工等项目于一体的现代化生猪养殖循环产业基地，年产值约45亿元；总投资1.22亿元的杭州安费诺飞凤通信部电子元器件、机械部件组装生产线，目前一期已经建成投产，用工200余人。装修的智创园7号厂房将全面投放自动化装配生产线，项目全部投产达效后，可实现年产值1.8亿元，提供就业岗位800余人，围绕市委、市政府打造康养小镇、图书小镇、矿山小镇、厨具小镇、安防小镇的决策部署，开展招商，推进“五大小镇”建设。（贾　琦）

供销合作商业

【概况】 霍州市供销社是为全市农业、农村、农民提供服务的集体合作经济组织，负责全市供销社的组织管理、服务和指导工作。其办社宗旨就是为“三农”服务，下设办公室、财务股、人事股、合作统计股、审计股、监事办6个股室。所属9个市直公司、商场，即棉麻公司、土产公司、盐业公司、日杂公司、废旧物资回收公司、农业生产资料服务中心、霍州商场、鼓楼商场、新桥大楼。10个基层供销社即城关供销社、大张供销社、李曹供销社、三教供销社、冯村供销社、闫家庄供销社、白龙供销社、辛置供销社、师庄供销社、下乐坪供销社。

【网上供销】 2022年，霍州市供销社通过网上网下双轮驱动来重新激发供销经济新活力。利用供销e家、农芯乐、淘宝、京东、网上供销社、带货直播等平台，做好网上网下销售、物流等运营。通过灵活多样的合作方式壮大供销社集体经济，帮助农民增收致富，逐步解决遗留问题。

【项目服务】 2022年，霍州市供销社针对霍州外出务工人员较多、缺少耕种人员的实际，推动土地托管、农资直供、农机作业、统防统治、代种代管代收代销等一站式服务，扶持规模化“种养加”，扩大服务范围、提升质量。推进消费扶贫、组织社属企业、参股企业、系统职工购买销售贫困户土特产品，扶持帮助贫困户增产增收，购销贫困户土特产50余万元。按照“创国卫”战略部署狠抓社企环境整治、文明创建工作，重点对鼓楼商场、大张供销社等社企市容环境进行整治。把职工医保、职工养老始终作为头等大事来抓，解决机关近20年没有解决的养老问题。

石　　化

【概况】 2022年，中石化销售股份有限公司山西临汾霍州石油公司在上级公司和霍州市政府的正确带领下，按照临汾公司的整体工作目标和工作要求，围绕市场营销这个核心任务，完善企业管理体制，在轻油、非油品销售、证照办理、安全环保等方面做大量的工作，完成2022年工作任务。

【任务指标完成情况】 2022年，霍州石油公司轻油零售量7261吨，其中汽油4486吨、柴油2775吨。直分销完成7330吨。实现全年安全环保生产无事故。

【销售管理】 2022年，霍州石油公司拓销售、抓非油，打开销售局面。面对新冠疫情持续反复、油价低位震荡、市场消费不畅的困难局面，抓住春耕夏收、临汾市“涉税数据管理云平台”推广实施、山西省、临汾市政府消费券发放等有利因素，用好高标号、“周周降”、“一户一策”、“点对点”等各项促销奖励政策，开展“多卖一升油”、“零售客户开发”、“大干四季度，决胜22年”、加油站现场管理服务提升活动等劳动竞赛，围绕“提量增效”完成好任务目标。利用“夏收”契机，组织员工到田间地头进行宣传，加大高标号油品宣传力度及“周周降”活动，推广“爱跑汽油”的宣传，引导客户错峰加油。

直分销采取“一抢二争三控”措施。精准开展市场调研，强化对客户经理联量考核激励，督促客户经理开展客户走访，借“石化油你”平台增进客企关系，借“油非互促”开展油、气、非综合营销，全力拓市场稳效益。

非油品业务调整销售结构，培育“亮点”。组织开展核心商品专项竞赛，主抓基础品类的销售，强化门店要货准确率、商品标准化陈列、堆头摆放丰满程度，提升基础管理水平。贯穿全年开展年货节、易享节、易积分、水饮节、电器内购等特色营销，完成全年任务目标。

【安全环保】 2022年，霍州石油公司加强员工的安全教育，教育员工严格遵守安全规章制度和操作规程，多次组织安全知识培训，形成人人讲安全、人人抓安全的氛围。加强对应急预案的演练，按照现场处置方案的内容进行演练，提高员工处置突发事件的能力。按照“抓源头、保安全”的工作思路，加大现场检查力度，狠抓制度落实。坚持每天值班检查、每月安全大检查和节前大检查等检查方式，及时发现事故隐患，杜绝事故发生。（杨彦华）

烟草专卖

【概况】 霍州市烟草专卖局组建于1983年6月。下设4个股室，即专卖股、客服股、内管股、综合股。全局共有干部职工32人。党员18人。具有大专及以上学历31人，中专学历1人。

【主要经济指标】 2022年，全年销售卷烟10040箱；卷烟销售收入3.20亿元，卷烟销售条均价127.23元，同比增加4.63%。上缴地方税金1996.00万元。

【专卖管理】 2022年，按照省局依法严管违法违规卖烟大户专项行动要求和市局“尧风”系列专项行动要求，狠抓卖烟大户、违法违规大户监管力度，突出真烟非法流通和涉烟物流寄递打击力度，严厉查处无证无照经营。狠抓卖烟大户、违法违规大户监管。建立大户管理档案。根据客服股确定销售大户名单，建立大户管理档案，建立大户档案296余户，关注销售大户的卷烟库存状况及其销售动向，采取蹲点监控的方式加强监管。控制大户左右价格，扰乱市场的行为。狠抓真烟非法流动监管。加强与交管部门的联系，加大对公路、高速公路、物流贩运卷烟违法活动的查处和打击力度，重点切断违法卷烟运输渠道。狠抓规范经营。加强对管理人员、内部监管人员、客户经理、市管员日常教育管理，按照流程加强对重点岗位、重要节点的监管，确保规范经营。

2022年查处各类违法案件51起，查扣各类违法卷烟99.58件，违法案值71.12万余元，其中，经鉴定为假烟3.94件，真品卷烟95.38件，5万元以上1起，2万元以上案件9起，10万元以上2起，上缴罚没款8.91万元。（张　琳）

通信　邮政

通信业

·电　信·

【概况】　中国电信股份有限公司霍州分公司成立于2008年10月，主要业务经营范围包括：移动通信业务、国内国际长途电话业务、本地电话业务、数据通信业务、增值业务、固话和光纤宽带及与主营业务有关的其他电信业务。公司秉承中国电信“用户至上、用心服务”的服务理念，发扬改革创新，奋发有为的精神，为霍州人民提供更加完善的网络和优质的服务。

【网络建设】　2022年，霍州电信致力于为用户提供更好的网络服务，确保通信服务质量。公司加快第四代移动通信（4G）基础设施建设，截至2022年底霍州市4G网络覆盖率达到100%。公司将宽带网络项目建设列入重点建设项目，免收调测费用，推进光纤到户，争创金牌宽带服务。霍州分公司在各个小区以及部分平房区和城内小区，主要街道已经完全覆盖，并且光纤入户，已基本实现300兆起步，千兆起航。推出多项优惠政策，如宽带续费提速、宽带手机融合宽带免费用等多项优惠活动，最大限度满足人民群众的个性化需求。

【服务提升】　2022年，霍州电信分公司在全市各主要乡镇设立营业厅，在重要乡村设立业务代办点，逐步形成县乡村三级业务服务网点，为广大用户提供方便快捷的服务，霍州分公司有渠道15家，其中，市区自有厅3家，合作渠道12家，中国电信霍州分公司拥有覆盖县范围的移动通信网络和光纤宽带网络，移动业务信号好、低辐射、话质清晰、保密性强；光纤宽带业务网速快、维修快、服务好，霍州电信公司致力于为霍州的人民群众提供高品质信息通信服务，为地方的经济发展贡献自己的力量。

·联　通·

【概况】　霍州市联通分公司全称中国联合网络通信有限公司霍州市分公司，为中国联合网络通信集团有限公司的分支机构。

霍州联通2022年有合同制员工40人，机构包含1部、2中心和10个基层责任单元，其中8个基层责任单元主要服务于公众通信市场，公司在大张、贾村、退沙、白龙、辛置、开元街、北环路分别设立自营网点，另有业务合作点27个。2022年主营业务收入完成3340万元。2022年宽带到达用户32977户，移网到达用户54594户。

【实际成果】　2022年，中国联通霍州市分公司组织全体党员成立抗疫通信保障分队，对市委市政府抗疫视频会议实行重保；在两次静默期间参与市新冠防控流调工作，组织党员进社区担当志愿者；助力乡村振兴，将南程村智慧乡村拓展建设成数字乡村，完善平台功能；对冯南垣红色教育基地沿线线路进行全面整治，消除乱搭乱拽、支杆歪斜现象；中共二十大期间全面承接佳美有限电视业务，完成5000多户的转化工作。

【基层治理】　2022年，中国联通霍州市分公司对现有营服体系进行优化，统筹布局，多维度进行合作伙伴拓展，拉长长板，补齐短板，体系化推进营销和服务协同发展。合理进行资源配置，执行三重一大工作要求，重点突破，统筹兼顾，发挥资源支撑效用，助力业绩提升。落实数字化赋能工作要求，推进动作落地，以数据为驱动，实现价值变现，提升一线数字化应用能力，拉动产能增长。

【业务工作】　2022年，中国联通霍州市分公司推进九大行动进程：对非5G套餐用户积极宣传，引导体验5G网络；全年5G用户累计净增8700户；服务渠道方面精准补盲，提升高质渠道规模，全年新拓渠道4个，全渠道月均高质14个，较2021年月均提升33%；宽带引领方面借助智慧社区、智慧楼宇、智慧乡村平台，以社区、家庭、商企楼宇、乡村治理智能化驱动家庭智能化，带动千兆、智慧家庭业务规模发展，宽带累计净增3656户；开通专线23条；完成霍州住建局智慧平台项目建设；霍州税务局无线覆盖机房升级改造项目；发展智能门锁35套；助力防疫安装门磁1400套；完成霍州自来水公司数言舆情一单；客户问题解决率及客户感知评价满意度双提升。强化“以客户为中心”的服务文化建设，促进服务口碑再升级。坚实一码通办二维码、企业微信/微信等连接的建立，加大宣传力度，最大限度压降本投的发生；数字化转型方面数智赋能，实现增存一体客户运营，支撑三提三换营销动作，支撑满足一线精准用户需求。CEO工作台：要求全体CEO学会使用，与日常工作相结合，提升数字化管理能力。网格内部全体人员熟练使用网格运营系统，做好会看数会用数。掌沃通办理率，新发展移宽掌沃通办理率60%，提升现场受理业务能力。加大联通App宣传，推荐用户使用，提升全业务线上办理能力。

【产品服务】　2022年，中国联通霍州市分公司聚焦网络安全、数据安全、信息安全等重点方向，加强大安全战略业务布局，确保把安全从“后援保障部队”变成保驾护航先锋队”，紧密围绕防范化解重大网络安全风险的工作主线，加强大安全战略业务布局，推动网络安全产业优化升级，打造共建、共享、共通、共赢打造网络安全新生态。

（刘文娟）

·移　动·

【概况】　中国移动通信集团山西有限公司霍州市分公司成立于2002年9月2日，位于霍州市滨河北路。截至2022年底，员工56人。下设销售中心、集客中心、网络中心、综合部及网格。主要经营语音、数据、无线电话、计算机信息网络国际联网和基于移动通信业务的各类增值业务。经过不断创新和运营，中国移动除提供基本语音、数据流量、宽带、高清电视、智能硬件产品、5G终端、短信、彩信等业务及产品服务以外，还提供移动办公、移动云盘、咪咕视频、咪咕音乐、咪咕阅读等多种增值业务，以及集团类信息化定制服务。

【运营情况】　2022年底，霍州移动分公司有2个加盟店，14个专营店。全年通服收入达1.17亿元，移动客户达23.1万户，宽带用户达4.63万，5G资费用户数达12.6万户。辖区内共有基站488座。5G网络实现主城区以及各乡镇、重点行政村覆盖，5G覆盖已逐步向农村延伸，4G网络基本实现行政村以上级别的连续覆盖，重点景区和重要区域100％覆盖。构建的传输网络，可满足无线用户、集团客户、家庭客户等各类不同制式、不同带宽的业务接入需求。为霍州医疗集团提供上云服务，实现霍州4个光伏发电基地专线、监控全覆盖，以在信息化领域雄厚的基础和优势，为霍州市信息化进程贡献最积极的力量。

【党群工作】 2022年，霍州移动分公司聚焦“党建工作成效推广年”主题，通过落实“清廉晋移”“清风行动”“阳光行动”等重点工作、持续深化党业融合，推动高质量发展。

履行社会责任，组织开展、参加各项志愿服务。应对严峻的疫情防控形势，及时组建疫情防控突击队，深入霍煤机关社区，投身疫情防控一线。静默期间，号召党员、入党积极分子、青年员工就地转化为志愿者，积极参加流调、核酸检测、维持秩序等志愿服务工作，以实际行动助力抗疫行动。

落实员工关爱，开展工会活动，提升员工幸福感和归属感。常态化开展意识形态工作，筑牢安全生产责任意识，推进法治建设，为公司稳定健康发展提供坚实的基础保障。

【客户服务】 2022年，霍州移动分公司秉承“以客户为中心”的服务理念，勇担网络强国、数字山西、智慧社会主力军。改进服务质量，深入社区、农村等开展“宽带义诊”现场答疑活动，持续提升客户满意度。加强日常网络安全管理，确保公民网络信息安全。落实“断卡行动”，开展“安心行动”，推进防范治理电信网络诈骗工作。解决乡村智慧化需求，推进“数字乡村”建设，助力乡村振兴各项工作。（李芳芳）

邮　政

【概况】 中国邮政集团有限公司山西省霍州市分公司是经营储蓄、信函、包裹、汇款、特快、代理保险、报刊等多种业务的全民所有制企业，承担着全县党政机关、企事业单位及人民群众邮政通信需求的基础服务。经营范围包括：邮政基础业务、邮政增值业务、邮政附属业务、邮政储蓄业务、国家邮政局批准开办的其他邮政业务、自有房屋租赁、邮政物流；与邮政业务相关的设计、施工等服务项目、社会各类代办业务；信息业务以及国家允许开办的其他服务项目；经销：农业生产资料、日用品等。2022年底，有各类人员115人，其中，合同用工55人，劳务用工38人，劳务外包人员10人，委代办人员6人，纯业务外包人员4人，门卫及厨师各1人。公司内设综合办公室、市场营销部、金融业务部、寄递业务部。下设6个综合营业网点：鼓楼北街营业所、辛置镇营业所、李雅庄营业所、桥东街营业所、滨河路营业所、北外环路营业所；8个空白乡镇邮政所：团柏邮政支局、师庄邮政支局、李曹邮政支局、电厂邮政支局、陶唐峪邮政支局、三教邮政支局、白龙邮政支局、大张镇邮政支局。1个投递班组：发行投递部，有城投员16名，乡邮员7名，投递道段23条，邮路总长度1100公里，投送范围覆盖霍州市3个乡、4个镇、5个街道的139个行政村的各个角落。全市所有邮政营业网点均实现电子化和网络化，已形成一张覆盖全县城乡、连接全国、沟通世界的集实物传递、信息交流、金融融通于一体的邮政综合服务网。

【邮政业务】 2022年，中国邮政集团有限公司山西省霍州市分公司全年无零收入网点。代理金融捷报频传，寄递业务由疲转兴，集邮文传守正创新，渠道平台高速发展。提升能力，推进三级物流体系建设。发挥优势，服务乡村振兴战略。系统发力，寄递“六大改革”多点破局。发展基础进一步夯实。人力资源管理精细。财务管理精益化。安全管理常态化。

截至2022年12月底，全年总收入实现2425.91万元，完成市分计划的96.77%，同比增长11.40%，全年目标差距80.89万元：其中，金融收入完成1898.36万元，完成市分计划的99.06%，同比增长9.80%，全年目标差距17.64万元；寄递收入完成123.98万元，完成市分计划的74.69%，同比增长-8.13%，全年目标差距42.02万元；渠道业务收入完成137.84万元，完成市分计划的104.82%，同比增长24.48%；文传业务收入完成260.61万元，完成市分计划的90.08%，同比增长32.17%，全年目标差距28.39万元。　（曹　磊　樊红旗）

财政　税务

财　　政

【概况】 霍州市财政局是综合管理全市财政收支，实施财政监督，参与宏观经济调控的职能部门。

【财政收支】 2022 年，霍州市一般公共预算收入完成 61070 万元，为年初备案预算 61000 万元的 100.11%，同比增长 9.15%。其中，税收收入完成 51965 万元，为年初预算 51700 万元的 100.51%，同比增长 22.1%。非税收入完成 9105 万元，为年初预算 9300 万的 97.9%，同比减少 32.01%。实现首季“开门红”、半年“双过半”、完成全年任务的目标。

【财政支出】 2022 年，一般公共预算支出完成 210847 万元，为调整预算 249002 万元的 84.68%，同比增长 19.21%。经汇算，民生支出 175126 万元，占到一般公共预算支出 83.06%，较好保证了民生支出需求。

【上级转移支付】 2022 年中央、山西省、临汾市对霍州市转移支付 160016 万元，同比增长 31.81%。其中，一般性转移支付 147106 万元，增长 10.69?%；专项转移支付 19344 万元，增长 162.72%；返还性收入 -6434 万元，无增减变化。

【收支平衡情况】 2022 年，霍州市总财力 268424 万元，其财力构成为：全市一般公共预算收入 61070 万元，上级补助收入 160016 万元，上年结转 21222 万元，调入资金 3192 万元（其中，基金调入 1896 万元，国有资本调入 1296 万元），动用预算稳定调节基金 2231 万元，一般债券转贷收入 20693 万元（其中，一般债券 11393 万元，再融资债券 9300 万元）。2022 年全市总支出 268424 万元，其中，一般公共预算支出 210847 万元，上解上级支出 5680 万元，一般债券还本支出 9527 万元，安排预算稳定调节基金 4215 万元，结转下年使用 38155 万元。总财力与总支出相抵，实现当年收支平衡。

【政府性基金预算】 2022 年，霍州市政府性基金收入完成 13302 万元，为年初预算 7100 万元的 187.35%，超收 6202 万元，同比减少 2.72%。上级补助收入 3218 万元，上年结余收入 4118 万元，专项债券收入 20925 万元，基金收入总计 41563 万元。全市政府性基金支出完成 34147 万元，同比增长 207.33%（主要原因为 2022 年申请到位专项债券资金 20925 万元全部支出），调入一般公共预算 1896 万元，结转下年 5520 万元，基金支出总计 41563 万元。总收入与总支出相抵，实现当年收支平衡。

【国有资本经营预算】 2022 年，国有资本经营预算收入上年结转 856 万元，上级补助收入 11768 万元，收入总计 12624 万元。国有资本经营预算未支出，调入一般公共预算 1296 万元，结转下年 11328 万元，专项用于“三供一业”移交补助支出，支出总计 12624 万元。总收入与总支出相抵，实现当年收支平衡。

【社会保险基金预算】 2022 年，霍州市社会保险基金收入完成 31915 万元，为预算的 95.41%；社会保险基金支出 29242 万元，为预算的 94.78%。各项基金的具体执行情况为：机关事业单位基本养老保险基金收入完成 24303 万元，为预算的 95.57%，其中，基本养老保险费及其他收入 11824 万元，财政补贴收入 12464 万元，利息收入 15 万元；支出 24277 万元，为预算的 95.47%。城乡居民基本养老保险基金收入完成 7612 万元，为预算的 94.89%，其中，基本养老保险费及其他收入 2637 万元，财政补贴收入 4642 万元，委托投资收益 20 万元，利息收入 313 万元；支出 4965 万元，为预算的 91.57%。

【政府性债务】 2022 年，霍州市政府性债务余额 124320 万元，政府债务率为 47.67%，比债务风险警戒线 120%低 72.33 个百分点。2022 年严控政府债务规模，坚守不突破债务风险警戒线 120%的底线。

2022 年新增债券 32318 万元。其中，一般债券 11393 万元，专项债券 20925 万元。一般债券 11393 万元安排用于三个一号旅游公路项目 4728 万元、杨家庄水库安全监测和雨水情测报项目 45 万元、鼓楼东大街及霍东大道交通护栏改造项目 420 万元、安装信号灯及电子警察设备项目 300 万元、市区主要道路交通标线工程 200 万元、南环路南延道路改造工程 1085 万元、辛置河、桃沟环保应急抢修工程 319.86 万元、排水管网雨污分流改造工程 729.61 万元、天下霍姓出霍州展览体验馆及配套场馆项目 637.8 万元、天下霍姓出霍州精品博物馆展陈制作工程 264.87 万元、中医院二期工程 300 万元、辛置镇辛置河、阴底河沿岸污水收集管网及环境治理工程 230 万元、创国卫及部分道路环境整治项目 600 万元、人行道维修改造工程 300 万元、高速口花池及开发区景观绿化工程 104 万元、霍东大道绿化带升级改造项目 100 万元、“市民中心”项目（一期部分）室外管网及室内安装工程 248.86 万元、“市民中心”项目庭院工程项目 180 万元、“四好农村路”窄路基路面拓宽改造工程 600 万元。专项债券 20925 万元安排用于：人民医院（新医院）建设项目 13000 万元、妇幼保健计划服务中心基础建设项目 1500 万元、餐厨垃圾处理厂建设项目 2425 万元、第二生活污水处理厂项目 2000 万元、农村生活污水处理工程项目 2000 万元。

【“三公”经费预算】 2022 年，霍州市“三公”经费预算执行 652 万元，其中，因公出国（境）经费 0 万元；公务接待费 145 万元；公务车辆运行维护费 507 万元（其中，公务用车购置 78 万元）。

【“三大战役”】 2022 年，投入衔接资金 1802 万元，保障全市脱贫攻坚向乡村振兴平稳过渡；节能环保支出 8550 万元（其中，污染防治支出 2456 万元），主要用于汾河沿岸生活污水处理、供热换热站补贴、支持环境保护建设等方面，取得阶段性成果；防范化解重大风险。将政府债务还本付息全部纳入预算管理，严把债务入口，严控债务增量。

【资金保障】 2022 年，疫情防控投入 9284 万元，确保全市疫情防控经费需要；安排灾后恢复重建资金 6370 万元，确保霍州市灾后恢复重建工作顺利实施。

【民生保障】 2022年，霍州市财政局投入社保资金30840万元。用于发放退休人员养老金、城乡居民养老保险、城乡医疗救助等方面。投入医疗卫生资金12377万元，用于全市公立医院改革财政补助、城乡居民医疗保险、建档立卡贫困户和城乡低保对象医疗补助等方面。投入教育发展资金37492万元，主要用于义务教育薄弱环节改善与能力提升、教育信息化建设、“高清标准化”考点建设等方面。投入5011万元，用于旅游发展、文物保护、科学技术等方面。

【财政支出结构】 2022年，霍州市财政局根据制度性、结构性减税降费政策，保障全市留抵退税政策有效落实，支持市场主体纾困发展，落实增值税留抵退税2414万元；市政、交通重点工程投入16121万元，主要用于城市环卫绿化市容市貌及城乡道路建设等；全市投入资金2668万元，用于农业生产发展、农村厕所革命等；投入基层组织运转资金6015万元，主要用于保障各乡镇、街道办、村级组织、社区等运转工作。投入3595万元，主要用于采煤沉陷区综合治理搬迁、大众路棚改贷款还本付息及公租房廉租房维修等；全民健身中心建设项目已完工，已组建工程验收专班，进行项目验收；汾河流域生态治理项目河道部分施工接近完工，河岸部分正进行土地征收等工作，工程项目按要求稳步推进；朝阳污水处理二期工程项目已进入运营阶段。

【财政管理】 2022年，绩效目标已覆盖所有预算单位和项目，开展绩效自评和绩效目标公开工作；对政府债券、防汛救灾、扶贫支出等重点项目，进行财政重点评价，加强绩效评价结果的运用；完善部门资产核查和分析评价，强化资产管理的预算约束。完成了资产系统与财政核心业务一体化系统对接，2022年合理配置行政事业单位国有资产170家，预算金额3407万元；改进政府采购管理，依法开展集中采购，推进山西省电子卖场网上商城建设，2022年监督完成集中采购业务24宗，采购资金2062万元，节约资金58万余元，节约率2.81%。全面对接山西省政府采购电子卖场，推进全省政府采购电子一张网。利用财政投资评审机制，有效控制财政投资项目建设资金，2022年完成评审政府性投资工程项目303个，项目送审投资额142438万元，审定金额134916万元，审减资金7522万元，核减率5.28%，有效达到节支增效的目的。 （郭志苗）

税　　务

【概况】 国家税务总局霍州市税务局内设办公室、法制股、税政股、社会保险费和非税收入股、收入核算股、纳税服务股、征收管理股、风险管理股、税源管理股、财务管理股、人事教育股、机关党委、纪检组13个股室，下设第一税务分局、第二税务分局、辛置税务分局、李曹税务分局、白龙税务分局、大张税务所、开元税务所、南环税务所、鼓楼税务所、退沙税务所、七里峪税务所11个派出机构和票证管理所、信息中心2个事业单位。负责霍州市10138户纳税人的增值税、消费税、企业所得税、个人所得税、资源税、城市维护建设税、房产税、印花税、城镇土地使用税、土地增值税、车船税、车辆购置税、烟叶税、耕地占用税、契税、环境保护税以及社会保险费、教育费附加、地方教育附加、文化事业建设费、残疾人就业保障金、工会经费等各类税费的征收管理工作。有干部职工 160 人，其中党员 132 人。

【主题教育】 2022 年，霍州市税务局建立党委班子成员、党员干部、青年税干“三级联学”机制，开设“党建知识微课堂之聚焦党的二十大”“一句话学习二十大”学习专栏，开展“党的二十大”应知应会知识测试，通过专题党课、交流发言、主题研讨、思维导图、心得体会等方式，把学习成果转化为推动工作的强大动力。组织开展“税收现代化服务中国式现代化”大讨论，切实增强税务干部坚决捍卫“两个确立”、坚定践行“两个维护”的政治自觉。创建“三山五‘越’”党建品牌。围绕党的建设高质量发展两年行动方案、一体化综合监督重点量化指标、“晋税党建强基提质”工程等重点工作，对标对表狠抓落实，推进“学查改”稳步提升。开展“四强”党支部创建，完成支部换届和委员调整工作。组织“相约云端”线上党史分享、冯南垣“追寻领袖足迹　赓续初心力量”主题实践、七里峪三眼窑十三烈士纪念碑“诵读红色家书”革命教育、“我为群众办实事”等主题实践活动，不断丰富党的组织生活。

【税收收入】 2022 年，霍州市税务局办理增值税留抵退税 2.06 亿元，惠及纳税人 331 户，制造业中小微企业缓缴税费 985 万元，有效助力市场主体纾困解难。全年组织税费收入 35.09 亿元。其中，税收收入 13.87 亿元，同比增长 14.34%，增收 1.74 亿元；非税收入 1.65 亿元，同比增长 258.7%，增收 1.19 亿元；社保费及职业年金收入 19.57 亿元，同比增长 9.15%，增收 1.64 亿元。组织县级公共预算收入 51980 万元，超额完成市委市政府年初下达的 51700 万元目标任务，占一般预算收入的 85%。

【征收管理】 2022 年，霍州市税务局新增管户 3489 户，同比增长 61.16%。制定《轻微税收违法行为举报案件处理工作指引》，有效降低投诉率，2022 年轻微违法举报案件 26 件，同比下降 27%。完成 3 户房地产企业土地增值税清算工作。组织开展优惠政策落实、机动车涉税风险应对、留抵退税提示提醒等 16 批次、135 户风险任务应对工作，查补税款 98.53 万元，营造出公平公正的税收环境。建立会议协调、快速响应、信息共享等工作机制，与地方五部门密切协同交流，以税费共治化为依托，推进“统模式”改革。拓宽社保缴费模式，帮助机关事业单位设立基本账户并签订三方协议 127 户，与医保建立旬对账工作机制，解决缴费人医保报销问题。充实补强社保非税人员力量，分 13 个组对 113 户机关事业单位开展沉淀资金清理工作。完成国有土地使用权出让收入和矿产资源专项收入征管职责划转。

【法治税务】 2022 年，霍州市税务局落实“三项制度”，加强税务执法监管，持续优化执法方式。落实党政主要负责人履行推进法治建设第一责任人职责制度，建立常态化学习机制。发挥法律顾问、公职律师在重大执法中的把关作用，提升法治化水平。发挥法治文化阵地作用，利用税法宣传月、宪法宣传日等活动，宣传引导税务干部及纳税人缴费人尊法、学法、守法、用法。

【纳税服务】 2022 年，霍州市税务局连续第九年开展“便民办税春风行动”，结合 2022 年“我为纳税人缴费人办实事暨便民办税春风行动 2.0 版”、第 31 个全国税收宣传月活动和助力小微市场主体发展“春雨润苗”专项行动，深入霍州发电厂等重点企业开展宣传辅导，对 3184 户纳税人开展纳税信用等级评价。组织线上纳税人学堂7次，辐射纳税人1100户次。成立税费服务集中处理中心，推广征纳互动平台，点对点对3574户纳税人开展政策推送、问题咨询、业务处理、远程帮办，回复各类诉求778次。优化服务措施，扩大“非接触式”办税缴费范围，赢得广大纳税人缴费人和社会各界的点赞好评。

【队伍建设】 2022年，霍州市税务局开展职级晋升工作3次，完成32名干部职级晋升。树立正确选人用人导向，2022年7月至9月，分四轮多批次进行人事调整，累计提拔任用县局班子副职2人、副科级干部4人、正股级干部9人、副股级干部15人，平级交流正股级干部9人、副股级干部6人、一般人员17人，将一批成熟优秀的中青年干部提拔到重要岗位、关键部门。

【文明创建】 2022年，霍州市税务局打造“霍税青行”品牌。出台“霍税青行”青年干部成长成才创建工作指导意见，制定青年干部学习教育计划，采取“周一加油站”“文化小纸条”“周四讲习班”“五个一”等形式，举办“那一刻，我与税务结缘”“百年党史、对话青年”等系列主题活动。组织青年税干讲习班23期，坚持“习言习语”理论学习100余篇、“晨读打卡”133天、阶段考试6次、“考试星”系统答题35天105题，承担并完成重点调研课题7项。参加“奋进新征程　建功新时代”山西省喜迎二十大群众歌咏大会和“德润霍州　熨帖之州”第六届霍州市道德模范颁奖晚会，在山西卫视、临汾卫视等播放。

【全面从严治党】 2022年，霍州市税务局强化政治监督和日常监督，对《意见》落实、退税减税、疫情防控、队伍建设和办公用房使用管理等各项内容事项进行常态化重点监督，发现整改问题2个。对加强政治机关建设等7个方面、19项重点内容开展综合监督自查。狠抓税务人员与涉税服务机构违规交往问题专项治理工作，收回干部职工自查自纠承诺书236份。围绕专项整治的6大类问题深入核查，针对性走访涉税服务机构7家。以“清廉晋税”为抓手，逐步形成以“清廉税务”为核心的廉政文化。全年累计制作“清廉税务”24期，“廉政之窗”9期，开展警示教育6次。坚持从严监督执纪，以持续高压态势抓实队伍作风建设。常态化开展纪律作风、“以案为鉴　廉洁过节”、纠治“四风”等专项监督检查和明察暗访工作，开展明察暗访6次，廉政谈心谈话5次，督促整改问题3个。贯彻中央八项规定及其实施细则精神，加强对干部职工“八小时之外”引导和教育，不断筑牢拒腐防线。

（郭晨薇）

金融　保险

金融监管

【概况】 中国银行保险监督管理委员会临汾监管分局霍州监管组（以下简称霍州银保监组）前身为中国银行保险监督管理委员会临汾监管分局霍州监管办事处，2019年6月更名为现名。位于霍州市鼓楼东大街38号，隶属于中国银行保险监督管理委员会临汾监管分局。截至2022年12月末，霍州市有银行业金融机构6家（营业网点43个）、保险公司17家；各项存款余额为2200944万元，较年初增加284061万元，增幅为14.82%；全辖银行业金融机构各项贷款余额为1405050万元，较年初增加172540万元，增幅为14.0%。

【融资活动】 2022年，霍州银保监组配合临汾银保监分局开展融资对接“区县行”活动，首站在霍州召开，通过周密谋划、充分准备、精心组织，各银行对6家企业现场发放贷款1670.6万元，与14家企业达成19.37亿元贷款意向。

【脱贫攻坚】 2022年，霍州银保监组结合工作实际给辖内6家金融机构分配脱贫人口小额信贷任务，督促各机构完成任务指标，任务指标为625万元，已全部完成。多次对有逾期贷款的机构负责人进行监管谈话，并下发《临汾银保监分局霍州监管组关于霍州市巩固拓展脱贫攻坚成果有效衔接乡村振兴重点工作催办函》，要求其加快催收进度，制定整改措施，尽快压降逾期率。多次参加霍州市巩固拓展脱贫攻坚成果同乡村振兴有效衔接月例会，并向各机构传达会议精神，及时贯彻落实。

【现场检查】 2022年，霍州银保监组对霍州农商银行截至2022年1月末有余额的票据业务进行风险排查。配合霍州市教科局开展交叉核查。对霍州农商行开展2022年信贷专项检查。6月14日，对辖内辉腾保险代理有限公司霍州营业部进行现场核查。经对辖内工、农、中、建开展专项安全检查。9月19日至23日对辖内6家金融机构进行现场督导，通报各机构脱贫人口小额信贷投放进展，听取各机构分管负责人相关工作汇报，并提出相应监管要求。对霍州农商银行开展内部人控制和外部人操作专项整治排查工作，并上报分局。监管组对霍州农商银行开展现场检查。开展霍州市人身保险机构“代理退保”黑产乱象整治工作。霍州监管组联合霍州市公安局、霍州市市场监督管理局对辖内8家人身保险公司进行专项整治行动，已将排查情况上报分局。霍州监管组成立专项整治小组，开展打击整治养老诈骗专项行动。

【非现场监管】 2022年，霍州银保监组做好1104报表的审核和上报工作，确保数据的正确及时。对霍州农商行进行客观公正的监管评级打分。对霍州农商行开展2021年度商业银行小微企业金融服务工作评价、信息科技监管评级、董事、监事履职评价、消费者权益保护监管评价，并将结果上报分局。日常监管，健全报表、资料报送登记制度，不定期与高管人员约见谈话，了解和掌握被监管机构的经营情况和高管人员的行为操守等。

【保密工作】 2022年，霍州银保监组开展保密宣教活动，支部开展“国家安全人人有责”为主题的主题党日活动、上保密党课。结合当前保密工作形势和任务、涉密人员管理、网络保密管理等内容，对全员开展保密专题培训和警示教育活动。签订《山西银保监局在岗人员保密承诺书》，组织全体人员登录“保密观”App开展保密教育线上培训。按照霍州市委平安建设领导小组的工作安排，霍州监管组建立国家安全人民防线建设小组，增强全体党员的政治意识、保密意识和责任意识，筑牢保密工作的坚固人民防线。（王红云）

·中国人民银行霍州市支行·

【概况】 2022年，中国人民银行霍州市支行在市委、市政府和人行临汾市中支党委的正确领导下，贯彻中共十九大、二十大和中央经济工作会议精神，围绕上级行工作会议和地方政府经济工作会议精神，全面落实临汾市中支党委“四个继续坚持，四个不断提升”的工作举措，推动支行各项工作迈上新台阶，完成全年工作任务。

【贯彻货币政策】 2022年，人民银行霍州市支行年末全辖金融机构各项存款余额220.1亿元，较年初增长12.9%；各项贷款余额140.5亿元，较年初增长14%。脱贫人口小额贷款余额801万元，支持农户170户；创业担保贷款4040万元，支持213户。配合落实好市委市政府各项稳企纾困政策，指导霍州工行、农行为交通物流企业授信768万元。加强货币政策工具运用和管理，再贷款余额17464.86万元，使用率为99.8%，质押率为100%，为地方实体经济重点领域和薄弱环节提供信贷资金支持。

【维护金融稳定】 2022年，人民银行霍州市支行执行金融风险监测定期报告制度，提升常规监测的质量和有效性。按季对辖区法人金融机构开展存款保险现场核查工作，根据各项监管指标情况对地方法人机构作出风险提示以督导其向较好方向经营。制定《中国人民银行霍州市支行2022年存款保险宣传工作方案》，在全辖开展存款保险宣传。

【经理国库】 2022年，人民银行霍州市支行全年办理各级预算收入业务8.53万笔，金额37.86亿元，办理预算支出业务1.88万笔，金额29.54亿元；办理预算收入退付业务1.24万笔，金额2.29亿元；更正笔数10笔，金额0.034亿元；小微企业原政策增值税留抵退税0.16万元；小微企业新增政策增值税留抵退税0.63亿元；其他企业原政策增值税留抵退税0.042亿元；新增政策增值税留抵退税1.42亿元。

【人民币管理】 2022年，人民银行霍州市支行维护人民币流通环境，保证辖区现金投放。全年现金投放52.02亿元，回笼48.12亿元，净投放3.9亿元。反假货币业务考核评价机制纳入霍州市平安建设考核项目。全年收缴假币340张，合计29880元。其中，公安部门收缴130张，11855元。

【征信管理】 2022年，人民银行霍州市支行不断建立健全征信用户查询操作日核查机制，坚持按日对支行征信用户查询操作情况进行核查，完善异常查询监控、处置和报告机制。全年办理个人信用报告查询 9971 笔，其中，自助机查询 9970 笔，柜台查询 1 笔；办理企业信用报告查询 208 笔。

【金融知识普及宣传】 2022 年，人民银行霍州市支行组织辖内金融机构开展了“3·15”金融消费权益保护、网络安全宣传周“金融日”主题宣传、“人民币反假宣传”、“征信知识进机关”专题特色宣传活动，为社会公众普及金融知识，提升社会公众金融素养。（刘浩原）

银　行

·中国工商银行霍州支行·

【概况】 中国工商银行霍州支行是中国工商银行股份有限公司总行的下属一级县级支行，直属于中国工商银行股份有限公司临汾分行。主要职能是办理人民币存款、贷款、结算业务，办理票据贴现，代理发行金融债券，代理兑付、销售、买卖政府债券，代理收付款项，代理保险业务及经相关部门批准的其他业务。

中国工商银行霍州支行，下设 5 个网点，4 个部室。5 个网点分别是支行营业室（含牡丹卡业务中心和现金业务中心）、东大街支行、开元支行、辛置支行、矿区支行。4 个部室分别是：综合部、对公业务部、个人金融部和个人贷款部。全行现有在职员工 92 人。

【业务发展】 2022 年，中国工商银行霍州支行各项存款 45.23 亿元，各项贷款 25.82 亿元，全年累放贷款 20.74 亿元，实现业务收入 1.08 亿元，实现拨备前利润 6631 万元，完成任务的 120%。

【制度建设和内控案防】 2022 年，工商银行霍州支行长期坚持营造合规文化，开展支部书记讲党课和合规文化大讲堂活动，按规定及时召开内控案防分析会，坚持将员工行为动态排查作为一项重要的日常工作来抓，提高员工远离不良行为、守纪守法的自觉性。开展“警示教育活动”和“员工异常行为排查宣讲”活动，让真实案例教育人。加强业务运营督导管理，强化日常运营督导检查，有效防范日常风险。开展反洗钱、反网络诈骗犯罪活动，开展明白卡、明白纸宣传活动，警醒员工坚守红线，珍惜职业生命。做好安全保卫综合治理工作，加大安全保卫工作检查力度，定期邀请专家举办安全消防实战培训，定期进行“五防”演练和防暴反恐专项演练，购置更换安全消防设施工具，确保支行安全和综合治理水平不断提升。

【队伍建设】 2022 年 7 月，工商银行霍州支行开展“夏日送清凉”活动，把关爱送到业务一线；8 月 1 日，举办复转军人团建活动，展现霍州工行军人风采。8 月末，举办高考员工子女升学座谈会，为 2022 年员工高考子女送去慰问和鼓励；10 月，为全行职工安排了体检，发放劳保用品，12 月开展“战旺季大展宏兔，送关怀情系基层”慰问活动。

【服务工作】 2022 年 5 月 30 日，临汾分行“对标、达标、创标”网点服务质效提升项目启动会在霍州支行举行。霍州支行增强“对标、达标、创标”的思想自觉和行动自觉，迅速把思想和行动统一到市分行党委、支行党总支的决策部署上来，努力促进工作作风的转变、服务本领的提升。构筑

“严新细实”的工作氛围，脚踏实地、苦干实干，不走形式主义，不做表面文章。实行任务清单化，建立任务、责任、问题、举措、整改“五张清单”，形成清晰的责任链条和工作闭环。坚持专班机制化，实行重点客户、重大项目、重要工作专班推进机制，主要领导牵头抓、分管领导具体抓。完善标杆网点考核办法，规范建立工行驿站、工行学雷锋自愿者服务站等先锋组织，明确细化奖励措施，强化晨会管理。

【脱贫攻坚】 2022年，工商银行霍州支行制定帮扶计划、落实帮扶措施，因人、因户分别施策。落实国家扶贫优惠政策和享受条件，确保符合条件的贫困户不落档。强化调研，找准问题，找对措施，为贫困户解决实际问题。配合村两委走访排查、精准识别，开展动态排查。落实“五不摘”要求，关心、关注脱贫户生产生活，鼓励创业增收，稳定脱贫。坚持在传统节日期间，把粽子、鸡蛋、米、面、油等送到贫困户家里，让其感受到国家、社会、工行的关爱和温暖。（崔胜远）

·中国农业银行霍州市支行·

【概况】 中国农业银行霍州市支行位于霍州市东大街165号，隶属于中国农业银行股份有限公司临汾分行，下辖鼓楼支行、支行营业室、大众路支行、鑫泽分理处4个网点，内设风险/综合管理部、财会运营部、公司业务部、个人金融部4个部室，至2022年底，全行在职员工70人。

【业务发展】 存款。至2022年底，中国农业银行霍州市支行各项存款余额28.44亿元，其中，个人存款余额26.66亿元，较年初净增3.69亿元；对公存款余额1.78亿元，较年初净增1609万元。

贷款。至2022年底，全行各项贷款余额达9.13亿元，其中，个人类贷款余额2.96亿元，较年初净增7846万元；法人贷款余额5.32亿元；惠农贷款余额8450万元，较年初净增3500万元。

中间业务收入和利润。2022年，实现中间业务收入272.53万元，拨备后利润3363万元。

资产质量。2022年底，全行不良贷款余额557万元，其中，机构类和公司类余额为533万元，个人不良贷款余额24万元，不良贷款占比0.6%。

【支持地方经济发展】 2022年，中国农业银行霍州市支行，贯彻落实总行服务“三农”的初心使命、职责任务，加大金融服务力广度。以开展“我为群众办实事”实践活动，提高站位，强化担当，真抓实干，确保金融服务取得实效。发放公司贷款5.01亿元，惠农贷款8351万元；支持民营、小微企业贷款4032万元，发放个人住房贷款9965.45万元；完成小额扶贫贷款69.6万元的发放。

【文化建设】 中国农业银行霍州市支行重视企业文化建设，全年以坚定“四行目标”汇聚奋进力量，奋力谱写霍州支行高质量发展、全面进步新篇章为主题，坚持党建统领，坚持考核驱动，坚持案防为重，开展学习、活动，促进全行党员队伍建设和业务发展，树立以“市场为导向、以客户为中心、以效益为目标”的经营理念，客户至上，始终如一的服务理念。（刘　惠）

·中国建设银行霍州支行·

【概况】 中国建设银行霍州支行是一家国有股份制商业银行，位于霍州市鼓楼西街。内设科室：综合业务部、营业部、霍州东大街支行。截至2022年底，有人员34人。

【主要业务指标】 2022年，中国建设银行霍州支行一般性存款时点余额32.72亿元，较年初新增3.5亿元，其中，对公存款时点余额4.4亿元，较年初新增0.56亿元；个人存款时点余额28.32亿元，较年初新增2.94亿元。一般性存款日均余额30.77亿元，较年初新增2.81亿元，其中，对公存款日均余额3.99亿元，较年初减少0.09亿元；个人存款日均余额26.78亿元，较年初新增2.89亿元。霍州支行各项贷款余额（不含贴现）41.94亿元，较年初新增6.43亿元。其中，对公非贴贷款会额38.48亿元，较年初新增5.77亿元；个人贷款余额（含信用卡）3.46亿元，较年初新增0.66亿元，贷款余额和新增同业占比均保持第一。

【工作措施】 2022年，中国建设银行霍州支行贯彻落实中央、总分行党委关于全面从严治党、从严治行的工作要求，全行各项工作稳健运行，转型发展成效显现。巩固与发展与霍州市财政局、霍州煤电集团和山西兆光发电有限公司的合作关系，重要产品保持优的地位，占据较大市场份额，取得一些重大营销成果。

【队伍建设】 2022年，中国建设银行霍州支行加强对网点员工的业务技能培训，在人员紧张的情况下不断优化员工岗位设置，提升员工综合能力，充实网点营销队伍，有效保障网点服务客户能力，为支行转型发质奠定良好基础。

【关爱员工】 2022年，中国建设银行霍州支行落实上级行“关爱员工”要求，做好疫情期间各项防控措施，用好有限的资源，把好事办好，把实事办实，尽最大限度保障员工休息时间，在人员异常紧缺的情况下，确保一线员工实现轮休一天半；做好职工食堂、员工宿舍和员工休息室的管理，为员工工作、生活提供坚实保障。

【一岗双责】 2022年，中国建设银行霍州支行抓好山西省分行巡视工作指出问题的整改与落实，要求班子成员做以上率下的模范，做遵纪守规的合规标兵。开展案件防控和主题教育活动，对党风廉政建设、党纪行规、案件防控和积分管理等工作进行宣传和学习，增强员工遵章守纪的合规操作意识、责任追究意识，做好员工日常提醒与教育，促使大家由被动合规变为我要合规，形成自觉。（郭新宇）

·中国银行霍州支行·

【概况】 中国银行霍州支行（以下简称霍州中行）位于霍州市鼓楼东街198号，隶属于中国银行股份有限公司临汾市分行。霍州支行下设2个部门（综合管理部、业务发展部）、3个网点（营业部、鼓楼支行、辛置支行）。2022年底，全行在职员工58人。

【业务发展】 2022年，霍州中行各项业务指标稳步发展，截至年底，霍州中行实现营业收入7636.5万元，实现拨前利润6506.24万元，净利润4038.26万元，实现中间业务收入1282.6万元。各项贷款余额达196804万元；个人存款余额333736万元，较年初净增54123万元；公司存款余额39798万元，较年初净增28497万元；跨境业务客户数942户。

【党建引领】 2022年，霍州中行践行“以民为本”的初心使命和“以客户为中心”的经营管理理念，推动党建与业务发展的深度融合，投身全球一流现代银行集团建设。以中银“复兴壹号”为平台、加深与客户单位的合作，坚持把党建工作融入社会，树立中行勇于担当的品牌形象，推动中共二十大作出的重大决策部署在霍州中行落地见效。坚守“金融报国”初心，植根霍州发展热土，以中共二十大精神为引领，坚持“四个导向”，深耕“八大金融”“四大战略”业务，推进新金融供给，服务实体经济。

【企业文化建设】 2022年，霍州中行发挥党在思想政治工作方面的优势，坚持把党建融入人心，开展谈心谈话，改善食堂环境设施，丰富员工业余生活，开展“健康身心、快乐无限”趣味运动会与退伍军人座谈会，使员工感受到组织的温暖贴心；开展“沿着领袖足迹　实现金融报国”主题党日活动，增强金融为民初心，强化党建引领作用，胸怀国有大行使命担当。（王忠和）

·中国邮政储蓄银行霍州支行·

【概况】 中国邮政储蓄银行霍州支行依托遍布全市的8个网点，定位于服务社区、服务中小企业、服务“三农”，致力于为地方经济转型中最具活力的客户群体提供服务。

中国邮政储蓄银行霍州支行位于霍州市开元街，2008年8月正式挂牌成立，下设“四部一支行”即综合管理部、零售金融部、风险合规部、支行营业部、北环路支行。有在职职工28人。支行拥有8处网点，其中自营网点2处，代理网点6处。

【业务发展】 2022年，霍州支行党支部组织开展集体学习，广泛征求意见建议，开展谈心谈话，深入查摆存在问题，深刻剖析问题根源，全行上下齐心协力、攻坚克难，党建、经营深度融合，收入、利润再创新高。全行各项存款19.3亿元，各项贷款发放3.42亿元。

【支持小微服务地方】 2022年，中国邮政储蓄银行霍州支行积极搭建银企合作平台，为民营和小微企业量身打造“税贷通”等多样化的产品。推出“小微易贷”“极速贷”等产品，丰富线上服务小微企业的渠道和手段。推广“无还本续贷”等产品，重点解决企业因借新还旧、贷款回笼时间差造成的“过桥”资金需求问题。建立“零售信贷工厂”特色信贷模式，采取独立的审批和信贷准入标准，简化审批手续，缩短审批流程，提高民营和小微企业贷款审批效率。

【支持“三农”】 2022年，中国邮政储蓄银行霍州支行的业务重点。一年来，我行推出线上信用类贷款、小额信用贷、家庭农场专业大户贷款、农保贷等产品，重点解决农户缺乏抵押物，解决融资难、融资贵问题。霍州市新生助学贷款的发放工作，为3599户家庭困难的学生提供资金帮助，累计发放助学贷款6056万。推广信用村及信用户建设，对达到评定标准的信用村，给予额度、利率等多方面的政策支持，推进信用村农业发展、农户增收。加快住房贷款投放力度，在霍州大地上打响我行房贷品牌。以个人住房贷款作为本行的特色业务，在人力、物力等方面予以倾斜，发放住房贷款12778万元，为509户居民实现“安家梦”。发放创业担保贷款1921万元，涉及户数109户，扩大就业，提供创业支持。

【从严治党】 2022年，中国邮政储蓄银行霍州支行开展以党员先锋、党员突击队等为主要载体的党员争先创优活动，发挥党员的先锋模范作用。完善“三会一课”制度、民主生活会制度、民主评议制度、密切联系群众、加强巡视问题整改、全行员工攻坚克难，领题破题；通过设立党员活动室，增加宣传展板数量，增强自我学习氛围。注重培养选拔政治素质高、业务能力强、工作作风优良的员工，党支部按照集体酝酿、综合考核、民主决策的原则，创新党建范式，引领员工全面发展。支部培养考察 2 名入党积极分子，其中 1 名已成为预备党员。

【企业文化建设】 2022 年，中国邮政储蓄银行霍州支行开展基层党组活动，深入冯南垣，追寻总书记足迹，学习习近平总书记“我将无我，不负人民”的精神境界，坚定走好新时代群众路线，不忘初心，牢记使命；重温入党誓词，坚定理想信念，做好本职工作。促进以党建引领，打造和谐共建氛围，推进青年文明号的创建工作，组织员工学雷锋，向广大市民宣传金融知识，注重做好先进典型的宣传推广工作，为企业改革发展凝聚正能量。（武晶晶）

·山西霍州农村商业银行股份有限公司·

【概况】 山西霍州农村商业银行股份有限公司是霍州市唯一一家地方性金融企业，是农村金融的主力军。总行下辖 1 个营业部、8 个支行、5 个分理处、7 个储蓄所，共 21 个营业网点。截至 2022 年底，在职员工 250 人。总行机关设职能部室 12 个：信贷管理部、资金市场部、电子银行部、风险合规部、计划财务部、统计信息部、人力资源部、稽核审计部、安全保卫部、会计运营部、综合办公室、纪检监察室，2 个直属中心：特殊资产经营中心、普惠金融中心。

【存贷款业务】 2022 年，山西霍州农村商业银行股份有限公司总资产达到 67.61 亿元，较年初提高 6.66 亿元；各项存款余额为 56.52 亿元，较年初净增 7.18 亿元，增幅为 14.55%；各项贷款余额为 38.52 亿元，较年初增加 4.21 亿元，增幅为 12.27%。

【业务拓展】 2022 年，山西霍州农村商业银行股份有限公司把握“面向三农、面向小微企业、面向实体”的市场定位，坚守“百姓银行、幸福共享”的发展愿景，厚植“百姓银行、便捷银行”的服务理念，聚焦主责主业，金融支持地方经济发展的能力持续增强。各项实体贷款较年初净增 4.47 亿元，涉及小微贷款较年初净增 4.86 亿元，千万元以下贷款较年初净增 1.16 亿元。

【经营成果】 2022 年，山西霍州农村商业银行股份有限公司实现各项收入 3.18 亿元，同比增加 0.36 亿元，增幅 12.77%；实现经营利润 0.64 亿元。

【内控管理】 2022 年，山西霍州农村商业银行股份有限公司按月召开案防分析会，定期开展防火、防抢、防爆、防自然灾害等安全演练，提升员工安全防范意识和实际操作能力。按月检查安防设施，有效规避风险隐患。按月开展稽核检查，按季排查员工异常行为，对发现暴露的问题认真建档、销号整改，提升案件防控水平。

【文体活动】 2022 年 3 月 17 日，山西霍州农村商业银行股份有限公司开展“教育好孩子　培育好家风”宣讲活动，引领带动员工身体力行传播正能量，自觉提高家庭成员的家风家教意识，让“好家风、好家教”蔚然成风；开展“魅力女神　精彩生活”三八妇女节主题活动，让女职工品尝茶的清香、体验 DIY 制作乐趣；6 月 20 日开展“以热爱书写坚守　用敬业擘画底色”我热爱我敬业主题演讲比赛，激励员工脚踏实地、躬身于行，彰显责任担当；多次开展羽毛球、足球兴趣小组活动，丰富员工业余文化生活；8 月初组织开展“玫瑰书香”女职工主题阅读活动激发女职工阅读热情，营造广大女职工爱读书、勤读书、善读书的氛围。

【关爱员工】 2022 年，山西霍州农村商业银行股份有限公司对李曹支行、东城支行、城区支行的员工宿舍、食堂、澡堂等进行修缮，通过完善“五小”建设，提升职工的“幸福指数”；走访慰问员工、开展家访、发放生日蛋糕券，体现对员工亲情式的关怀；联合霍州市总工会职工维权中心，对员工开展心理评估，帮助员工正视生活与工作中的压力；在春节、三八节等节日来临时，为职工送精美节日礼品；组织开展“有家有爱 有健康”妈咪小屋主题活动，为女职工讲解了女性健康知识、准妈妈备孕优生注意事项、哺乳期保健知识等；7月20日，组织开展员工健康体检活动，为员工健康保驾护航；成立“爱心托管班”，提供职工适龄子女假期托管和校外课后托管，解决了职工后顾之忧。

【员工权益】 2022年，山西霍州农村商业银行股份有限公司召开会员代表大会及职工代表大会，发挥职工代表参与民主决策、民主管理、民主监督职能；集体协商签订四项合同，依法保障职工合法权益，建立和谐稳定的劳动关系；设立维权热线，真正做到沟通及时、畅通职工维权诉求，解决职工最关心、最直接、最现实的利益问题，当好职工权益的代表者和维护者，促进企业和谐发展；推进落实“零距离法律咨询”工作，在总行设立公益性法律服务咨询点，为全辖员工提供面对面的法律服务，拓宽员工寻求法律援助的渠道；全辖开展职工大病医疗互助活动，将关心关爱员工落到实处，维护和促进和谐劳动关系。

【公益慈善事业】 2022年，山西霍州农村商业银行股份有限公司开展各类志愿服务8次，参与志愿者50余人，捐赠各类物资20余件；依托点多面广的优势，在全市设立20家“户外劳动者爱心驿站”，为户外劳动者提供免费饮水、充电、小憩等暖心服务，以实际行动表达对户外劳动者的关心与支持。

爱心托管

（李勇杰）

保　　险

·中国人寿保险霍州市支公司·

【概况】 中国人寿保险霍州市支公司下设营销发展部、收展发展部、团体业务部、银行保险部、客户服务中心和综合部。营销发展部下辖李曹营销服务部、大张营销服务部、什林营销服务部、辛置营销服务部、陶唐营销服务部5个营销服务部，有业务员300多人。

【业务发展】 2022年，中国人寿保险保险霍州市支公司全年总保费收入1.21亿元，涵盖生存、养老、疾病、医疗、身故、残疾等多种保障范围。中国人寿坚持全心全意为客户服务的理念，全年理赔金额426.25万元，理赔人次1652人。　（高玉强）

·人民财产保险·

【概况】 中国人民财产保险股份有限公司霍州支公司（以下简称人民财产保险）

成立于1981年，是霍州市最大的财产保险公司。2022年，坚持秉承“以人为本、诚信服务、价值至上、永续经营”的经营理念，弘扬“求实、诚信、拼搏、创新”的企业精神，致力“做人民满意的保险公司”为促进改革保障经济，稳定社会，造福霍州人民提供强大的保险保障。立足霍州经济社会发展全局，坚持以市场为导向，客户为中心，引领霍州财险市场发展。

【业务范畴】 2022年，人民财产保险主要开办企事业单位财产险、家庭财产险、机动车辆险、货物运输险、煤矿企业险、建筑安装工程险、农业保险、责任保险、信用保险、意外伤害险、短期健康险等财产保险业务。

【业务发展】 2022年，人民财产保险车险提升车行及修理厂覆盖率，明确到店，责任到人，实时监控市场动态，作出正确对应措施；加强销售人员销售能力建设，做好培训辅导工作；加强政企公关力度，拓宽保费来源渠道，推广全险种销售；商业非车险业务正确处理好发展与效益之间的关系，实现在发展中求效益，在效益中要发展；农险在合规经营基础上加强相关部门的沟通，拓展特色农险，做大做强政策性业务。调整业务结构，加大对营业货车、特种车等亏损业务的管控力度，确保车险业务结构明显优化，提升赢利能力；在非车险业务方面，依托销售队伍狠抓分散性业务，各险种齐抓共管，颗粒归仓；农险方面，强化政企互动，向相关领导和职能部门汇报，争取政策，积极担当，主动作为，扭转农险市场份额下跌的局面。细化过程性指标考核，督促员工加强效益险种承保，强化车主惠增值服务推广，优化客户体验，扩大公司的市场影响力，最终实现规模效益双丰收。

【经济效益】 2022年，人民财产保险收取保费4466.03万元。机动车辆险保费2455.43万元、意外伤害保费97.1万元、农业险保费270.32万元、家庭财产险保费48.88万元、企业财产险保费868万元、货运险保费1.15万元、责任险保费371.18万元、健康险保费353.19万元、保证保险0.78万元。赔款支出1796.81万元。

（武卫民）

·中国太平洋人寿保险股份有限公司霍州支公司·

【概况】 中国太平洋人寿保险股份有限公司霍州支公司（以下简称太平洋寿险霍州支公司），隶属于中国太平洋人寿保险股份有限公司临汾中心支公司。公司于2002年10月开始筹备，成立于2003年10月，现位于霍州市河西区中部宏佳商贸城。经过20年创业，业务规模在霍州市场继续保持领先地位。公司拥有内勤员工7人，外勤营销人员186余人。

【业务发展】 2022年，太平洋寿险霍州支公司遵循寿险规律，回归保险保障，通过“产品＋服务”的模式，发展保障型和长期储蓄型业务，拓展个人传统分红期缴业务和短期意外险等核心业务，优化业务结构，内含价值不断增长。2022年完成规模保费14475.5万元，市场份额占比36.7％，连续多年稳居霍州寿险市场第一；全年理赔案件460件，赔付金额988.29万元。

【企业文化】 2022年，太平洋寿险霍州支公司以“打造服务体验最佳的寿险公司，做寿险行业的长期主义者”为使命愿景，秉持长期主义理念，把握高质量发展主线，以转型创新为驱动力，努力实现价值稳定增长、市场地位稳固。公司围绕客户需求，全力打造责任、智慧、温度的“太保服务”品牌，并以“财富”“健康”“养老”为支点，构建“产品＋服务”金三角体系。在“保险＋健康管理”方面，持续完善以“太保蓝本”“细胞冻存服务”为代表的健康服务体系；在“保险＋养老服务”方面，构建“城郊颐养、旅居乐养、城市康养”三位一体的“太保家园”养老社区。致力于提供基于客户全生命周期的风险保障解决方案，产品覆盖人寿保险、年金保险、健康保险、意外伤害保险等多个领域。太平洋寿险霍州支公司秉承“诚信天下，稳健一生，追求卓越”的企业核心价值观，秉持“稳健经营，以效益为中心”的经营思想，开拓业务，加强基础管理，应对市场发展变化带来的新挑战，履行社会责任，遵循寿险经营规律，在业务发展、客户服务、内控管理和风险控制等方面都取得显著成效。

【服务理念】 2022年，太平洋寿险霍州支公司探索和实践基于新技术应用的模式创新和流程再造，加快人工智能和大数据等新技术应用，推进投保、核保、理赔、客服等运营服务全流程的线上化、智能化和自助化，提升客户服务体验和运营效能，形成以“神行太保”“太平洋寿险”App、“太平洋寿险”官微及“科技个险”四大应用平台为主要构成的企业级移动应用体系，还开发如智学院、智云保、嗨问、承保智库、云柜面、移动保全、太易赔、太慧赔、员福2.0系统等新技术工具，推动销售和服务模式在业内率先转型，带给客户便捷贴心的服务体验。推进“以客户需求为导向”的战略转型，围绕转型三大目标，坚持问题导向，推动转型成果落地：在关注客户需求方面，实现精准销售和精细服务；在改善客户界面方面，运用新技术，确保中后台支持前端；在提升客户体验方面，推动产品创新，将优质、便捷的保险服务带到客户身边。太平洋寿险霍州公司将坚持保险业姓保的发展理念，推进实施“数字太保”战略举措，为客户、员工、行业、社会、环境等利益相关方持续创造共享价值。（马清林）

交 通

交通运输

【概况】 霍州市交通运输局是霍州市人民政府主管公路交通的职能部门，主要负责贯彻执行国家关于交通运输的法律法规和方针政策，贯彻执行综合交通运输发展战略，牵头推进交通强市建设。结合全市国民经济和社会发展需要，组织拟订并监督实施全市公路专项规划，负责全市道路运输市场监管。负责提出全市公路固定资产投资规模和方向、国家及省市级财政性资金安排意见，负责公路建设市场监管。贯彻落实全市公路工程建设相关制度，监督实施行业技术标准。负责组织全市农村公路的建设、管理和维护工作，对全市农村公路建设工程项目实施质量监督。指导全市公路行业安全生产和应急管理工作。指导全市交通运输信息化建设、监测分析运行情况、全市交通运输行业职工队伍建设、全市交通运输行政审批工作。指导监督全市交通运输综合行政执法工作。指导城乡客运及有关设施规划与管理工作，指导出租汽车行业管理工作和城市公交客运的运营管理。内设办公室、政策法规和安全监督股、规划投资股、建设管理股、综合运输股5个行政股室。下设交通运输综合行政执法队、公路事业发展中心、道路运输事业发展中心3个事业单位。

【基础设施】 2022年，霍州市公路通车里程为1104.916公里，公路密度144.43公里/百平方公里。其中，行政等级里程为：国道4条70.132公里，省道1条11.58公里，县道6条111.443公里，乡道45条348.257公里，村道338条563.504公里；技术等级里程为：高速公路45.963公里，一级公路23.401公里，二级公路51.959公里，三级公路121.779公里，四级公路844.698公里，等外路17.116公里。（新增铺装路面17.206公里，铺装路面里程达到882.981公里，占总里程的79.91%）全市公路桥梁130座11026.53延米，其中，特大桥1座2421.96延米，大桥24座5669.79延米，中桥24座1493.78延米，小桥81座1441延米。

【公路建设】 2022年，霍州市交通运输局实施县乡公路改造工程12.2公里，投资1220万元，包括杨家庄水库—南下线、义邢线—辛置2条线路，涉及2个乡镇。资源路、产业路项目2项7.9公里，其中，迎宾路—南赵线建设项目（霍东新型产业园道路建设项目），位于霍州市东部，起于迎宾南路与纬五路交叉口，终于县道南赵线，全长3.011千米，总投资3529万元。桃临线至韩南庄道路改造工程位于白龙镇，全长4.9公里，总投资1838.7万余元，计划2023年3月初开工年内完成。实施自然村通硬化路9条23.457公里，村道安全生命防护工程5条处治隐患里程2.07公里，投资2408万元，已完成。太行一号旅游公路连接线霍州市七里峪至古县北平旅游及森林防火通道工程，位于七里峪景区，全长4公里，总投资1850.61万元，主体工程已完成。霍州市农村公路灾后恢复项目，包括道路灾后恢复项目和桥梁灾后恢复项目。道路灾后恢复项目涉及99条农村公路，其中县道6条，乡村道93条，水毁里程83.611公里，项目总投资9387.87万元，分7个标段进行实施。桥梁灾后恢复项目包括加固改造35座、桥梁拆除重建8座。加固改造项目施工图设计已通过专家评审，正在报批中，拆除重建项目（除王庄汾河大桥）技术方案已批复，施工图设计正在编制中。霍州市王庄汾河大桥灾毁重建项目技术方案已批复，正在立项批复中。

霍州市七里峪至尉侯公路景观及慢行系统项目，位于七里峪景区内，利用七里峪至尉侯公路路域空闲地实施慢行步道、观景休闲、消防取水及绿化工程等，总投资1266.44万元。

霍州市滨河路辛置段建设项目，位于辛置镇辛置村，路线长1.1公里，总投资1000万元。项目可研、施工图设计已批复。

霍州市高铁车站连接线工程（中镇大道）位于市城区东部，全长3.4公里，总投资33000余万元。项目可研已通过专家评审。随着“三区三线”划定成果的启用，已与自然资源局沟通，项目可以提请办理用地预审与选址意见。

油盆峪至五龙壑项目，位于三教乡干节一带，全长约20公里，总投资12000余万元，项目可研已通过专家评审。

观景台至林场项目，位于七里峪景区，全长约8.5公里，总投资5500余万元。项目已立项，初设已通过省四好办审查，审批局已通过专家评审，正在进行初设审批。

做好黎霍高速公路征地拆迁扫尾工作，红线内土地征收和坟墓迁移工作已基本结束，拆迁房屋14座。与乡镇、村协调，完成改路、机耕路、边角地的补偿等后续工作，确保黎霍高速霍州段的顺利推进。

【公路养护】 2022年，霍州市交通运输局推进农村公路管理养护体制改革，落实“路长制”，加强农村公路巡查管养。明确农村公路养护质量要求，对各乡镇、街道办的163名护路员进行理论和实操培训。将全市农村公路进行路长责任段划分，明确各级路长工作职责，安装路长公示牌379块，其中县道11块、乡道44块、村道324块。农村公路列养率达到100%，县乡公路优良路率达到84.22%。

局管养的8条县乡公路103公里，日常养护坚持养护人员每天上路巡查，填写养管日志、巡查记录，发现问题填写报告单，及时上报及时处理，病害处置不超过一天，基本达到路面无堆积，路肩无杂物，边坡无垃圾，路面无坑槽。全年清理路肩、边坡垃圾12000余立方米，修复路肩2100余立方米，修复路面17000余平方米，疏通边沟5105米，施划标线3650平方米，改建混凝土边沟3500余延米，平交口上安装减速带44处共208米，年初清除道路积雪出动人工1660人次，撒铺防滑料1000余立方米，工业盐95吨。

【安全生产】 2022年，霍州市交通运输局开展2022年全市交通运输行业“安全生产月”活动，学习贯彻习近平总书记关于安全生产重要论述，集中观看《生命重于泰山》专题片，6月16日开展“安全宣传咨询日”活动，散发宣传资料300余份。检查道路运输企业落实各项安全监管责任制度情况，履行“三关”（即严把运输企业市场准入关、营运车辆技术状况关、营运驾驶人从业资格关），全市大型货车均安装具有行驶记录功能的卫星定位装置，执行国家有关标准和规定，投入营运的货车安全装备、技术等级和消防符合要求，无擅自改装情况发生。汽车客运站加强危险化学品的查堵，落实“四不进站，七不出站”措施（即危险品不进站、未佩戴口罩人员不进站、无关人员不进站，无关车辆不进站；超载客车不出站、未消毒车辆不出站、安全例检不合格不出站、旅客未系安全带不出站、驾驶员不符合要求不出站、客车证件不全不出站，出站登记表未经审核签字不出站）。对已开通客运班线进行安全检查，不符合安全通行条件的坚决停开。累计出动检查组300余次，出动人员1200余人次，检查企业280家次，发现一般性隐患59处，已全部整改完毕。全年没有发生安全责任事故。

【交通执法】 2022年，霍州市交通运输局深入运输企业摸底调查，召开政风行风征求意见座谈会和法律法规学习培训会，对全体执法人员进行一次从执法理念、宗旨意识、廉洁自律、为民服务、依法执法的全方位教育整顿，切实做到问题找准、原因查明、举措拿实、整改到位，按时按质完成专项自查工作。开展公路沿线路域环境专项整治行动和“路政宣传月”活动，打击损坏路产路权行为，重点治理农村公路乱堆乱放、占道施工、占道经营、私设非公路标志牌等违法行为，查处私设平交道口、车辆敞篷运输造成的滴漏抛撒污染路面、损害公路标志及公路附属设施的行为。出动执法车辆354辆次，执法人员2000余人次，执法检查次数576次，执法检查车辆798辆次。

【交通环保】 2022年，霍州市交通运输局在公路规划设计阶段，对公路建设跨越河流、挤占河流进行详细评价，科学规划公路布线，尽量避免挤占河流。在公路施工阶段，弃渣不得倾倒在河流内，不得随意在河流内挖沙取料，破坏河流断面，影响泄洪。在公路运营阶段，对跨越河流的桥梁、涵洞加强养护管理，及时清理淤积，避免堵塞河流，及时修复缺损，确保跨河设施安全使用。对临河防护设施加强维护，发现隐患及时修复，加强公路建设对跨越河流湖泊的生态保护。

【信用交通】 2022年，霍州市交通运输局开展“信用交通”创建，对道路运输企业进行质量信誉考核和驾驶员进行诚信考核，加强对全市道路运输企业、从业人员和车辆的管理，利用政策优势逐步取缔散、小、弱的企业，鼓励企业做大做强，切实把好道路运输安全“源头关”。

根据“双随机、一公开”联合执法抽查检查实施方案，采取随机抽取执法人员、随机抽取检查企业和市场监督管理执法人员联合，抽查道路货物运输企业6家，机动车维修经营企业4家，达到按照计划抽查20%的比例标准。所抽查企业除一家维修经营企业（霍州市卓远汽修厂）正在进行店面装修，一家道路货物运输企业（霍州市安迅运输有限公司）因旧车淘汰，新车还没购置到位，无运输车辆状态，处于停产，其他企业都正常开展工作。

【道路运输】 2022年，霍州市交通运输局开展对道路运输企业的质量信誉考核和驾驶员诚信考核，加强对全市道路运输企业、从业人员和车辆的管理，利用政策优势逐步取缔散、小、弱的企业，鼓励企业做大做强，把好道路运输安全“源头关”。推进互联网物流平台的建立，为培育“互联网＋物流”新业态、新模式，引导我市现代物流服务业提质增效。推广电子证照，为道路运输行业从业人员提供更多的政务服务事项，实现网上办、掌上办、一次办。开展维修企业质量信誉考核，加强对维修企业备案审查和防污除尘设施的使用监督，防止企业安装设备后不使用超标排放。日常巡查注重维修企业规范操作，使用合格零配件，提高维修质量，确保车辆技术状况良好，预防和减少道路交通事故的发生。驾培行业继续教育培训从线下转为线上，开放驾驶证学员报名及小众学习。加大对驾校培训的监督力度，确保学员按照规定的学时、规定的标准完成驾驶学习，维护学员合法利益。组织客运企业开展“爱心送考”公益活动，帮助广大考生安全、快捷、及时到达考场。（荀宝雷）

公路管理

【概况】 山西省霍州公路管理段始建于1959年，隶属于山西省公路局临汾分局，事业单位，正科级建制。主要担负霍州境内42.394公里的国、省干线公路养护、管理工作。其中，国道京昆线（K810＋710－K829＋780）19.07公里、省道桃临线（K94＋052－K100＋557计6.505公里、K104＋363－K109＋438计5.075公里）11.58公里、国道胶海线（K999＋082－K1004＋181）5.099公里，国道京昆复线（K822＋011－K828＋656）6.645公里，

【公路养护】 2022年，公路段开展路域环境综合整治，打造生态文明风景线。全年完成疏通边沟31048米，清理绿化平台24950平方米，铲草22310平方米，整修平台30200平方米，修剪行道树600棵，路面清淤30710平方米，整修边坡3090平方米，打草840平方米，处置路面坑槽740.35平方米，路面灌缝5672米，贴缝9968米，碎石封层3200米平方米。2022年优良路率为97.97％，公路路面使用性能（PQI）指数达89。

【抢修水毁工程】 2022年，公路段完成处置多处公路沿线山体崩塌、路基推移等灾毁工程，主要为抗滑桩、拱形骨架及护面墙等防护工程，共完成挖除旧路面1478立方米，拆除结构物530.3立方米，挖土方12000立方米，挖石方28000立方米，清理塌方2550立方米，回填沙砾1500立方米，回填片石300立方米。

【桥涵养护】 2022年，公路段全线有桥梁28座，其中大型桥梁6座，全部为二类桥，涵洞71道。在日常工作中加强桥涵的养护和经常性检查，并及时更新桥梁卡片及台账，保障桥梁的安全畅通。

【沿线设施】 2022年，公路段完成G108线道口标柱修复20根，更换波形护栏180米，做到沿线公路设施无缺损。

【公路环保】 2022年，公路段结合霍州市政府扬尘污染治理的要求，以改善环境为目标，采取以清扫车为主、人工为辅的清扫方式，清扫率达到50％；针对易扬尘的厂矿路口、过村镇等重点路段，提高清扫的密度和频次，采用机械洒水方式进行抑尘作业，避免造成二次扬尘现象发生。2022年完成清扫路面38693.7平方千米，倒杂物836.3立方米米，清洗波形护栏124.5千米，清洗轮廓标1740根，清洗防眩网130564米，清洗桥栏1360米，清洗波形护栏反光块10736个，冲洗路面337.3千米，最大限度地保持

了国省干线公路的畅、安、舒、美。

【资产设备】 2022年底有应急保障车2辆，施工机械6台件，小型机具17台件，养护汽车6辆。

【路政管理】 2022年，全年发现赔（补）偿案件8起，收回路产赔（补）偿费48468元。

【安全生产及应急工作】 2022年，公路段是制定《安全岗位职责》《安全制度》，明确各级人员的安全生产职责，使安全生产主体责任得到进一步落实。层层签订安全生产责任书和一岗双责责任书，形成一级抓一级、层层抓落实的安全生产责任体系。加强日常安全工作，春节、清明、端午等重要节点进行安全隐患排查工作，并进行多种情况下的应急演练，提高职工应对各类突发事件的能力。开展"安全生产大检查大整治大提升""安全生产风险隐患大排查大整治""百日攻坚集中行动""安全生产隐患排查整治专项行动"活动，做到有部署、有落实，提升安全生产及应急工作。

【精准帮扶】 2022年，公路段做好脱贫攻坚与乡村振兴的有效衔接，给包联贫困户送政策、送温暖、送技术的同时，与村委班子共建美丽乡村。 （陈智华）

铁路运输

·霍州车站·

【概况】 霍州火车站铁路线路中心里程位于南同蒲线，自大同站起至蒲州站之间550千米300米处，隶属的大秦铁路股份有限公司侯马车务段管辖，为双线电气化区段。霍州站等级为二等站。按技术性质为中间站，按业务性质为客货运营业站。该站线路情况：站内有7条线路，5条货运线，1条待机线，1条轨道车库线。车站管辖专用线：霍州三合专用线、四七五专用线、中冶专用线、什林小线专用线。车站设有区域内燃调车机1台。

【客运完成】 2022年，霍州车站旅客发送94936人，到达58162人，客运总收入471.2401万元。

【货运完成】 2022年，霍州车站装车30826车，发送吨数2041691吨。其中，煤炭发送23047车，煤炭发送吨数1563243吨；集装箱装车6244车，集装箱发送吨数380093吨；货场装车1535车，其中，粮食装车922车，发送吨数59155吨，化肥装车158车，发送吨数10111吨，其他装车455车，发送吨数29089吨。集装箱到达6185车，到达吨数395840吨。运输收入3.6亿元。到2022年底，车站有职工85人，其中：党员28人。

【安全管理】 2022年，霍州火车站主要卡控接发列车、穿正作业和调车作业的安全。车站制定实施值班站长全过程监控施工和穿正作业，除进行接发列车、穿正监控等必要的工作外，只要各专用线有作业，值班站长必须全程对车辆的静、动态防遛进行现场监控，保证车站的安全生产。车站规范职工考勤、台账填记、文件收发、信息上报等考核制度。至2022年底，车站实现安全生产4655天。

【后勤文化】 霍州火车站为活跃职工文化生活，每天开放文化室，设公共健身场地供职工活动。在春节、"五一"节、国庆节期间经常开展乒乓球、台球、拔河、羽毛球等群众性比赛活动；在"三八"妇女节专为车站女职工举办文体活动、妇女健康知识讲座、女职工演讲比赛、读书会等活动，使职工的业余文化生活更加丰富多彩。车站还完善对车站小单身、小庭院、伙食团、小浴室、小图书室、小药箱的投入和管理，深化职工小家建设。（刘红玲）

·霍州东高铁站·

【概况】 霍州东高铁站位于山西省霍州市李曹镇境内，车站中心里程位于大同至西安高速线444千米521米处，隶属大秦铁路股份有限公司侯马车务段。该站为三等站，按技术作业为中间站，业务性质为客运站。霍州东高铁站（站中心K444＋521），设到发线4条（含正线2条）；设大型养路机械停留线1条；工务轨道车库线、接触网作业车库线各1条；安全线2条。设基本站台和侧式站台各1座；站台上均设风雨棚1座。车站设旅客地道1座。车站两端进站方向制动距离内均为超过6‰下坡，在太原南方向到发线接车末端设安全线作为隔开设备，西安北方向利用维修车间岔线作为隔开设备。到2022年底，车站有职工35人。

【客运完成】 2022年，霍州东高铁站旅客发送384168人，客票收入为2506.3万元。

【党建情况】 霍州东高铁站为党支部，上级为中共侯马车务段委员会，有党员14人。设党支部书记1人，支部委员2人。

【安全管理】 霍州东高铁站以“人民铁路为人民”为服务宗旨，开展客运服务质量“双提高”活动，坚持整章建制大练兵，规范管理抓基础，全方位提高作业标准化、管理规范化，在客运服务方面做大量的工作。特别是安全管理方面，始终围绕安全是一切工作的生命线，深入开展专项治理，推进隐患排查，确保车站实现安全生产有序稳定。至2022年底，车站实现安全生产3104天。

【文化生活】 2022年，霍州东高铁站工会围绕“八小工程”，改善职工的生产生活条件，特别是在疫情期间和节假日期间，经常性追加费用、发放物资，体现组织关怀，维护了职工的合法权益。全年多次组织本站及站区职工，经常性开展群众性象棋、毽球、乒乓球、拔河、书法竞赛等活动，丰富了职工的文化生活，增强了职工保安全、讲奉献的主人翁意识。（师记龙）

·辛置车站·

【概况】 辛置车站位于山西省临汾市霍州市辛置镇境内。该站铁路线路中心里程位于南同蒲线自大同站至蒲州站之间563千米851米处，隶属大秦铁路股份有限公司侯马车务段，为双线电气化区段。辛置站等级为二等站。辛置站按技术性质为中间站，按业务性质为货运营业站。辛置站内有11条站线。该站管辖专用线4条，货场整车发运，辛置矿专用线、总仓库专用线、国电霍州发电厂专用线、企业专用线。车站设有专区域内燃调车机1台。到2022年12月底，车站有职工65人。

【货运收入】 2022年，装车为33346车，集装箱发运810车，卸车为13217车，发送2188719吨，运输收入为28800万元。

【安全管理】 2022年，辛置车站实施重点作业强力卡控。针对辛置矿专用线紧邻车站，作业量占全站装车的98%，车站制定并实行当班值班站长除对调车作业、穿正监控等必要的工作外，只要辛置矿专用线有作业，必须全过程对车辆的静、动态防溜，配备作业记录仪。霍州发电厂专用线增加集装箱业务办理，主要发运品类：炉灰。车站规范职工考勤、台账填记、信息上报等考核制度。截至2022年底，车站实现安全生产11826天。

【后勤文化生活】 2022年，辛置车站以创建星级“八小工程”建设为目标，做好“我为群众办实事活动”，对车站宿舍以及伙食团全面进行改造，洗浴室、文化室（乒乓球、羽毛球）、小药箱的投入和管理，由工会主席、站长、书记共抓，深化职工小家建设，丰富职工业余文化生活，在春节、国庆节期间开展群众性的乒乓球、台球、羽毛球、书法及摄影展等活动；在“三八”节期间专为车站女职工举办趣味活动，丰富车站职工的业余文化生活。（高怀玉）

·圣佛车站·

【概况】 圣佛火车站位于山西省临汾市霍州市南环路街道境内。该站铁路线路中心里程位于南同蒲线自大同站起至蒲州站之间556千米283米处，隶属大秦铁路股份有限公司侯马车务段，为电气化区段。车站为三等站，按技术作业为中间站，业务性质为货运营业站。站内有7条线路，正线2条，到发线4条，货物线1条。车站管辖专用线：山西兆光发电有限责任公司专用线。管辖专用铁路：白龙洗煤厂专用铁路。到2022年底，车站现有干部职工35人。

【货运完成】 2022年全年装车为2626车，货物发送吨数为17.6万吨，全年卸车为95车、0.65万吨，全年运输收入为389.9万元。

【安全管理】 2022年，圣佛车站坚持强基达标、提质增效节支降耗、改革创新，围绕“五个确保、五个见实效”目标，勠力同心，攻坚克难，坚持安全第一思想不动摇，坚守政治红线和职业底线，夯实安全基础，全面管控安全关键，确保车站运输生产安全万无一失。截至2022年12月31日，车站实现安全生产7830天。

【文化生活】 2022年，圣佛车站开展“主人翁保安全”劳动竞赛和“五小”竞赛职工技术创新活动，规范完善工会组织建设，倾情开展人文关怀走访慰问，引深站区职工文体活动，精心组织节日送温暖、暑期送清凉、集中修施工送慰问，为职工办实事、做好事、解难事，为推动车站高质量发展做贡献。以创办优秀职工小家为目标，活跃职工文化生活，工会经常开展羽毛球、踢毽子、跳绳、象棋、书法竞赛等群众性活动，共享和谐车站文化，管理和发展“八小工程”，让职工树立爱车站、爱岗位、爱铁路的敬业意识。车站继续加大伙食补助的预算，增加午餐与早餐等多种时令水果，为职工洗净装盘，让职工食有营养、吃出健康。给职工宿舍按照“每床两套”更新床上用品“三件套”保证职工宿舍的定制管理。组织职工健康体检，完善健康档案，让职工享受带薪休假，提升职工健康生活的整体水平，为建设车站美好家园谱写下非凡篇章。（闫润龙）

运输管理

【概况】 霍州市道路运输事业发展中心，监管服务范围包括道路旅客运输经营、道路货物运输经营、道路运输站（场）经营、机动车维修经营、机动车驾驶员培训、机动车综合性能检测、汽车租赁、物流服务和城市公共客运经营、出租汽车经营等10个分支行业。干部职工91名，内设14个股室。

【客运管理】 2022年，霍州市有客运公司2家。全市有班线客车66辆、1698座；旅游客车22辆、884座；客运班线15条，其中，省际班线1条、市际班线3条、县际班线4条、县内班线7条。全年客流量127万余人次。

【货运管理】 2022年，霍州市有货运企业76个，营运货车2078车辆。其中，主车917辆、挂车812辆、普货302辆、罐车45辆。

【机动车维修管理】 2022年，霍州市有汽车维修企业60家，其中，一类企业1家，二类企业18家，三类企业41家。具有维修救援能力的企业3家。

【驾培管理】 2022年，霍州市有驾校3所。

【物流管理】 2022年，备案管理物流企业13家。

【城市客运管理】 2022年，霍州市有出租汽车公司2个，投入运营出租汽车340辆，其中，纯电动出租车335辆。城市公交公司2个，公交车50辆均为新能源纯电动公交车。全年公交车载客229.8万人次，出租车载客478.12万人次，公共交通出行合计707.92万人次。

【汽车租赁管理】 2022年，霍州煤电集团鑫钜煤机装备制造有限责任公司在霍州市市域内布控新能源汽车30辆，充电桩47个。

【证照办理服务】 2022年，从业人员资格证的审验办理2250余人，等级评定1890余辆次。实行网上审验，通过“一网通办”，车辆的等级评定在全省范围内都可以异地检测、写卡，就近办理。资格证和营运证都可以申领电子证照，做到让数据多跑腿、群众少跑腿。

【安全管理】 2022年安全月期间，组织道路运输行业应急救援演练，诚邀市委、市政府主要领导及市各乡、镇、街道办主要负责人参加，本次应急救援演练参演单位由我市客运、货运、维修、驾校等20余家企业组成，120余人。规模宏大，案例明确，全方位诠释市道路运输行业应急救援能力。

2022年，出动检查组395个，1737人次，检查企业916家，发现一般隐患问题24个，已全部整改完毕，未发现重大安全隐患，并对上级部门检查出的问题及时整改并上报。

【帮扶工作】 2022年，驻白龙镇柏木沟村、陈家庄村、马岭村落实帮扶政策，巩固工作成果，全部脱贫摘帽。 （朱明琦）

城乡建设

住房和城乡建设

【概况】 霍州市住房和城乡建设局是市人民政府的工作部门，为正科级，加挂霍州市人民防空办公室牌子，于3月24日成立，办公地点在开元街政府大厦七层。主要职能：贯彻落实国家、省、市关于住房和城乡建设的方针、政策及法律法规；负责规范全市房地产市场管理工作；负责全市城市建设工作；指导全市村镇建设及管理工作；指导全市建筑市场管理工作，规范市场各方主体行为；负责全市建设工程质量安全监管工作；贯彻落实国家、山西省、临汾市建筑节能政策、法律法规及中长期发展规划；负责全市建筑业、房地产业、工程造价咨询企业、施工图审查机构等企业资质初审（或审批）和监督管理以及从业人员的资格管理工作；负责市政公用设施的建设、运行、维护、管理工作；指导住房和城乡建设行业职工队伍培训和继续教育工作；承担人民防空办公室职责；负责本局和所属事业单位的人事、机构编制工作；完成市委、市政府、军分区交办的其他任务。内设办公室、党建办、计划统计股、政策法规股（行政审批股）、住房和房地产市场监管股、城市建设股、村镇建设股、建筑市场监管股（工程质量安全监管股）、工程建设抗震消防监管股、人防股二办八股，行政编制13名，股级职数10名（含总工程师1名），下属单位共7个，分别为：霍州市城市建设工程项目开发中心、霍州市房产服务中心、霍州市工程建设服务中心、霍州市公用事业服务中心、霍州市人防信息指挥保障中心、霍州市供热中心、霍州市自来水公司，有干部职工600余人，局党总支下设12个支部，有党员403名。

【住房管理】 2022年，霍州市住建局组织房地产领域扫黑除恶专项斗争和房地产市场专项整治行动，加强房地产市场监管。严格执行备案制度，共22家纳入备案企业。建立健全房地产市场信息网上公示制度，要求各楼盘售楼处按照要求的公示内容现场公示，增强房地产市场信息透明度。推动房产交易系统信息化建设，实施商品房交易网签备案制度。严格商品房预售资金监管，专款专户专用。对全市房地产开发企业在建项目进行资金监管，禁止房地产项目进行非法集资和社会融资行为。成立霍州市物业服务领域突出问题专项整治工作领导小组，全面启动市物业服务领域突出问题专项治理活动。完善住房供应和保障体系，对公租房进行分配，通过公开摇号，阳光操作，有90户低收入住房困难家庭圆了“住有所居”的梦想。

【城市供水】 2022年，自来水公司完成有效供水1336万立方米，新建供水管网

2500米，累计管网总长度达383公里；安装超声波远传水表1299块、普通水表598块；新增用户1598户，用户总数达82588户。自来水公司加大水源地保护巡查力度，加强对机电设备检查、维护和保养，保证供水生产的连续性和稳定性，实现安全生产零事故。水质综合合格率、供水管网压力合格率、管网维修及时率均保持100%。

【城市排水】 2022年，霍州市住建局加强城市防汛工作，成立防汛工作领导组，组织人员对城区所有排水管网进行彻底检查，对检查存在的北涧河污水截流方涵、兴霍路、前进街、开元街、桥西街、火车站广场、观坡街、北街、北环路、滨河路等主要街道的排水管网于7月15日完成清挖、疏通，及时清理打捞排水支管入口的杂物共计清淤2271.43立方米。做好汛期内干渠的巡查、检查，加强汛中观测，及时处理突发险情。逢大雨时及时到达城区易涝点打捞各类杂物，开启井盖，确保洪水排出。加强对易发生冒溢的管道检查井的检查，彻底进行清挖、疏通，清挖雨水井2600余座。同时建立岗位防汛责任制，组建专门抢险队伍，发现险情及时抢护，确保全市安全、顺利地度过汛期。

【城市道桥】 2022年，推进霍州市经一路（纬一路—霍东大道）道路建设工程、霍州市经二路、纬一路大张段道路工程、霍州市纬三路（经十路—迎宾路）道路建设工程前期手续的办理。

【城市燃气】 2022年，霍州市住建局规范城市燃气管理，开展燃气市场专项整治，霍州市“三强制”+燃气泄漏报警器改造安装工作需改造燃气居民用户58436户，完成改造52419户。其中，华润燃气有限公司承担改造53878户，改造完成49640户。中燃能源发展有限公司承担改造1958户，改造完成1779户。喜龙液化气站承担改造2600户，改造完成1000户。另外，对辖区内所有燃气企业进行专项检查，开展燃气安全整治“百日行动”，按照职责分工对燃气生产、经营、运输、储存、使用等重点燃气企业进行了排查，摸清底数，建立台账。

【城市照明】 2022年，霍州市住建局为确保城市照明，对全市所有路灯控制柜进行检修，对控制柜进行除尘、维护部分门锁，更换部分老化损毁的高压开关、空开、中控，确保控制柜的正常运行，排除各大安全隐患；对市区各大街道更换了损坏、丢失的小型断路器200余个，确保路灯照明工作正常，防止漏电触电事件的发生。对东环路以及北环路进行路灯主体改造工程，对路灯设施的安全、设备的完好进行整改和巡查，确保设施运转正常，努力降低灭灯率，使得城市照明设施普遍好于往年。对108沿线及退沙路段安装太阳能路灯200余盏，提高城市边区的夜间出行环境。对新建南路高压线进行抢修并且更换霍东大道主要线路3次；配合雨污分流等市政工程的改造，在地埋线有损坏的前提下积极抢修以保证市内的正常照明。受理路灯故障电话60余次，累计完成紧急抢修65余次，对市区LED路灯进行过11次大检修，确保城市亮灯率及设施完好率在98%以上。（王　正）

城市管理

【概况】 霍州市城市管理局是市人民政府的工作部门，为正科级。主要职能：贯彻落实国家、省、市关于市容市貌、环境卫生、城市垃圾收集清扫清运处理、城市公厕、园林绿化、城市广场（不含中镇广场、霍州东站广场）、游园、城市管理综合行政执法等城市管理的方针政策和法律法规；负责研究制定霍州市市政基础设施执法监管、市容市貌、环境卫生、城市垃圾收集清扫清运处理、城市管理综合行政执法等城市管理工作发展战略、中长期规划和年度计划目标，经批准后组织实施；负责市政道路、桥梁、排水等设施的正常维护管理，按照年度经费预算和设施养护标准做好日常巡查和维修保养工作；负责指导霍州市城市管理行政执法工作；负责城市环境卫生、垃圾收集清运、城市公厕、园林绿化、城市广场、游园等安全运营的管理，参与市政基础设施工程的竣工验收工作；负责市容市貌、环境卫生管理工作；负责霍州市园林绿化管理工作；负责编制下达城市管理专项经费的使用计划；负责城市管理收费项目征收的管理工作；负责城市管理系统内代表政府采购社会企业提供的园林绿化、市容市貌、环境卫生等服务项目的指导监督管理；负责城市管理行业安全质量监管工作；负责监督系统内重点单位建立应急预案；承办市委、市政府交办的其他事项。内设办公室、政策法规股、市容环卫股、园林绿化股、计划财务股等，下辖城市管理综合行政执法队、市容服务中心、园林事业发展中心。行政编制 7 名，股级职数 5 名，有干部职工 280 余人，下设 4 个支部，有党员 138 名。

【城市管理行政执法】 2022 年，城市管理综合行政执法队对开元街、新建南路、赵家庄农贸市场、开元盛典早市，东大街、大众路、南街、北街、桥西街及北环路和南外环，全线规范治理，采用严管、宽服、零容忍、疏堵相结合的办法，对全市所有门店实行“门前五包”责任制，加强了渣土运输管理和液化气非法经营查处力度，规范流动摊点近 1200 余处，查处 33 起建筑市场违法违章案件，已结案 42 起，巡察检查 18 次，行政处罚 33 件，罚款 150 余万元，规范广告牌匾 160 余块，通过摸底排查餐饮油烟，全市餐饮油烟排放单位 350 余户，聘请第三方专业机构进行检测，改造一家挂牌一家，已完成整治任务。

【市容环卫】 2022 年，市容中心每日对市区主干道路进行巡查，发现道路损坏 60 余处，抢修 1000 余平方；更换雨水井箅子 240 套，对兴霍路人行道、东环路、西张口至大张路口和旧火车路四条城市道路进行整体维修。完成对紫薇园公厕和万宝隆公厕排水管道改造工作，并对万宝隆超市等 3 处游园的健身器材及灯光设施进行整体修缮，已正常投入使用。全市有 40 处公厕，全部实行 24 小时免费开放，全天候保洁，专人看管，确保公厕内部设施完好，标牌规范，环境整洁、干净、卫生。落实环境卫生相关制度，强化环境卫生管理，以城区主干道、重要区域为重点，实行“机扫、冲洗、普扫、沿街单位、门店生活垃圾上门收集、管理人员巡回监管”的“六位一体”保洁制度，垃圾清运做到定车、定人、定时、定点的规范作业，城市生活垃圾、建筑垃圾日处理率已达到 100%。进行人行道和街头广场冲洗工作。城市道路机械化清扫率已达到 85% 以上，实行“两班倒”工作模式。加大环卫设备的建设，加强环卫设备完好率的管理，发挥环卫设备的使用功能，提升作业质量和效果，确保全天候、无缝隙、无盲区、不间断管理。

【园林绿化】 2022 年，霍州市城市管理局开展园林绿地、绿化带卫生清理工作，结合专项行动，对城区各街路绿化带、园林绿地、公园广场内的白色垃圾、枯枝枯草落叶及行道树树挂垃圾等进行集中彻底的清理，日常通过定期巡护与清理长期保持。对市区公共区域、主要街路、重要节点的树木进行修剪，达到树木冠形均衡美观、分枝点整齐划一、分车绿带两侧视线通透、无明显枯枝残枝的效果。开展灌木、绿篱修剪，对剪除的残枝即产即清。精准施策清除绿地杂草，早期在各绿地、绿化带喷施除草剂，减少杂草丛生；对主要街路和节点重点关注，采用人工拔除的方式进行彻底清理。针对日常巡护中发现养护区域内树种受到病虫危害的情况，通过施用低毒性、易降解的药剂，快速抑制住病虫发展危害。降雨不足时，出动浇水车对市区内全部绿化树木、绿地等进行浇水灌溉。对树木、草花采用扯管灌溉，灌多灌透，保证水分渗透至根系；播种花籽场地采用喷淋浇水，少量多次，使土壤浅层保持湿润，利于花籽萌芽生根。（赵　博）

·华润燃气有限公司·

【概况】　霍州华润燃气有限公司成立于2009年9月，由华润燃气集团控股，山西天然气有限公司参股双方成立的合资公司。2009年11月，霍州市行政区域内独家经营燃气业务，包括管道燃气、压缩天然气及汽车加气站的特许经营权30年；2011年12月，成功收购霍州市煤气中心，于2012年3月平稳过渡整合，完成市场一体化工作。

【企业文化】　企业使命：通过持续不断的发展，为客户提供优质、高效、安全的燃气及服务，把霍州华润燃气建设成为霍州市公用事业中“安全专业，服务一流，受人尊重”的优秀企业，并努力实现股东价值和员工价值最大化。企业愿景：通过不断的创新和变革，努力达到国内燃气行业同规模城市中排名前列，成为受人尊敬的城市燃气企业。战略目标：成为综合实力“中国第一、世界一流”的燃气企业。管理哲学：打破边界，协同共赢。企业信条：包容、信任、感恩、回报。用人理念：海纳百川，唯才是用。

【安全生产】　2022年，霍州华润燃气有限公司开展自查摸排工作，检查出的问题隐患及时整改回复；根据集团输配、场站安全审核表单，要求各班组对照表单台账、工作记录等进行逐项梳理，罗列不符合项，消除整改隐患，确保合规、安全运行；全年检查21次，发现隐患44个、隐患整改44个、整改率100%。制定《全员应知应会跟进考核管理办法》通过润工作安全管理群，按部门经理、副经理、班组长轮岗在群中开展“每日一问”将应知应会学习内容“化整为零”带动公司全员共同学习；开展应知应会考核4次，分别采用线上及线下笔试的方式进行考核，通过率为100%；人员取证方面，组织四批，合计20人参与一线从业人员继续教育培训；截至年底安全管理人员27人，取证人数19人，取证率为70%；一线岗位从业人数为56人，持证人数53人，取证率为95%。组织开展受限空间作业应急救援演练。开展安全宣传工作10次，提高用户及广大市民对燃气知识的了解，加强用户及市民自觉保护管网的意识；开展安全教育培训工作12次。2022年8月1日，第九十五个“八一”建军节来临之日，带领部门班组长，携带防暑降温慰问品，赴霍州市消防救援大队进行慰问。

【重点工作】　2022年，开发2户工业用户，10月已投产运行（1沥青厂试运行阶段），对优化销气结构、提升销气毛利起到推动作用；综合业务完成年度目标105%；综合能源销售额完成预算的97%（受疫情影响，目前康宝能源项目停滞），综合能源毛利率较上年同期增长282%；2022年通过调整价格政策（接驳户均毛利较去年增长42%）、各部门工作紧密衔接（当年施工当年结转，遗留工程清理达94%），费用的有效管控（费用总额较上年同期减少92.23万元），最终实现扭亏重任。完成燃气经营许可证换证，推进三强制改造，降低客户端风险隐患。

【民生工程】 2022年底，拥有门站1座、充电站1座，工业3户，商业用户482户，拥有天然气居民用户5.82万户，年销气量1023.5万立方米。

【党建工作】 2022年，霍州华润燃气有限公司接收正式党员1名，发展对象1名，积极分子4名并完成其各项审批工作。霍州公司党员到居住地社区报到参加疫情工作并进入社区开展“我为群众办实事”活动，11月9日，霍州市突发疫情，公司党员主动前往社区报到，成立党员先锋队为霍州市疫情防控工作增添战“疫情”力量；组织开展“喜迎二十大，奋进新征程，庆七一”系列活动；党员发展：开展主题为“弘扬伟大建党精神，走好新的赶考之路”“追寻领袖足迹、牢记初心使命”“学习贯彻全会精神、推动高质量发展”“党建引领基层治理　坚决筑牢抗疫防线”“突出问题导向　探索基层治理新路径”“喜迎二十大，奋进新征程”主题党日活动；组织党员及各部室学习了习近平总书记在庆祝香港回归祖国25周年大会暨香港特别行政区第六届政府就职典礼上的讲话、王祥明书记在中国华润2022年“七一”主题党日活动上讲话、杨平书记在华润燃气党委2022年“七一”主题党日活动上讲话；为坚持创建学习型和服务型党组织，开展文明单位创建，强化党风廉政建设，做好燃气特色工作。（蓝　悦）

·霍州华新液化天然气有限公司·

【概况】 霍州华新液化天然气有限公司是华新燃气集团有限公司旗下山西华新液化天然气集团有限公司下属的全资子公司，属于华新燃气集团有限公司四级子公司。公司于2014年12月24日在山西省霍州市注册成立，注册资金1亿元，位于山西省霍州市大张镇西张村。按照集团公司战略部署，由于公司业务发展需要，于2022年8月10日更名为“霍州华新液化天然气有限公司”。主要负责霍州液化天然气调峰储气设施项目的建设及运营管理工作，负责液化天然气（LNG）加气站的运营和管理。公司本部下设8个部门，分别为综合办公室、财务管理部、市场营销部、党群工作部、生产运行一部、生产运行二部、安全环境部和工程技术部。

【企业情况】 霍州液化天然气调峰储气设施项目占地面积约80亩，是省重点建设项目及省级转型综改重大项目。日处理原料天然气10万立方米，液化天然气（LNG）产量约70吨/天。项目投产后年产LNG2.8万吨，可替代煤炭23.56万吨，减排氮氧化物605.46吨、二氧化碳1916.2吨、烟尘1032吨。

2022年根据集团公司安排，公司与7家单位签订《储气调峰与应急保障服务合同》，储存液化天然气（LNG）247.63万立方米，缓解冬季用气供能不足问题的同时，发挥资产效益，为公司盈利，完成冬季保供任务。

公司下设许村液化天然气（LNG）加气

站一座，位于108国道旁，占地面积为5865.12平方米，是专为LNG汽车加注液化天然气（LNG）燃料的专用基础设施，于2019年11月14日正式运营，为过往LNG重卡充装提供了便利条件。

公司与洪洞县通达物流有限公司携手合作，组建专业的燃气运输物流车队，有液化天然气（LNG）专用运输车10辆。

【党建工作】 2022年，霍州华新液化天然气有限公司推进党建与国企改革深度融合，促进党建工作融入国企改革中，抓实支部班子和党员干部队伍建设。落实“三会一课”、民主评议党员，落实党建工作责任制，规范党支部标准化建设。公司党支部履行抓党建是“第一责任人”职责，班子成员按“一岗双责”要求，坚持带好头，起到模范带头作用，广大党员干部自觉履行党员义务，干好本职工作，公司党支部形成了党员干部人人知责、尽责的党建工作局面。

（王英华）

生态环境

综　　述

临汾市生态环境局霍州分局成立于1990年，于2019年3月31日正式挂牌为临汾市生态环境局霍州分局。2019年根据机构改革调整后，内含股室17个：办公室、党办、财务室、大气股、水防股、审批股、生态股、土壤股、固废股、宣教股、法制股、信息中心、监控中心、12369举报中心、应急办、督查办、综合行政执法队办公室；综合行政执法队下设5个监察中队和2个执法室；下属事业：监测站。2022年共有员工111人，财政开支43人，排污费开支68人；男74人，女37人；党员89人，其中退休党员19人，局班子成员9人。大专以上文化程度108人。

生态环境局主要职责：贯彻执行国家、省、临汾市的有关环境保护方针、政策、法律、法规和规章制度；制定全市环境保护规划；负责污染防治工作，组织实施环境管理、综合整治、环境监测、环境宣传；负责生态保护、环境安全、辐射管理、技术推广等工作；负责查处环境纠纷、污染事故、生态破坏事件等查处工作；组织编制并发布环境质量报告和环境状况公报。

环境监测

【环境质量】　霍州市环境监测站2022年承担着全市空气、地表水、区域噪声、交通噪声等例行监测，全年空气质量二级以上天数共233天（其中一级天数为35天），三级天数为109天，四级天数为19天，五级天数为3天，六级天数为1天。2022年全年空气质量监测：SO_2年均值为16微克/米^3，NO_2年均值为29微克/米^3，PM_{10}年均值为75微克/米^3，$PM_{2.5}$年均值为47微克/米^3。2022年地表水化学需氧量（COD）：北益昌断面36.3毫克/升；氨氮：北益昌断面0.88毫克/升；总磷：北益昌断面0.237毫克/升。2022年区域噪声平均值：昼间为53.8分贝，夜间为46.1分贝；2022年交通噪声平均值：昼间为66.6分贝，夜间为62.5分贝。

【环境宣传】　2022年，临汾市生态环境局霍州分局出动宣传车辆20余次深入各乡镇、村流动播放禁烧散煤音频，发放散煤禁烧倡议书3000余份，宣传彩页2000余份，宣传品10000余份，涉及10000余人次。并通过电视、广播、新媒体等方式，加大禁放烟花爆竹相关规定和燃放烟花爆竹产生不良影响的宣传力度，倡导人民群众树立环保意识，自觉做到不购买、不燃放烟花爆竹，确保人民群众过一个环保、祥和、欢乐的春节。为庆祝第51个世界环境日，临汾市生态环境局霍州分局全体人员经过半个多月的紧张排练共同唱响《环保人之歌》。在霍煤集团辛置煤矿举办“六五环境日”入企宣传服务暨“蓝天杯篮球友谊赛”活动，并为矿工和参赛队员（200余人）发放环保宣传资料和宣传品400余份，提升广大群众的环保意识。在州署广场围绕“共建清洁美丽世界”主题，开展“六五环境日”公益宣传活动，观看“六五”世界环境日公益宣传片，市领导为市民群众（2000余人）发放环保公益活动宣传品5000余份，倡导市民参与绿色低碳生活方式、传播“绿色文明生活”理念。6月15日是全国低碳日，临汾市生态环境局霍州分局在机关门口开展以“落实‘双碳’行动，共建美丽家园”为主题的全国低碳日宣传活动。通过拉横幅、设置宣传台、发放宣传册、环保袋、现场答疑等多种形式，向过往市民普及绿色低碳生活方式，呼吁公众从我做起，从身边做起，从现在做起，自觉践行绿色、低碳、循环生产方式和生活方式。2022年临汾市文化科技卫生“三下乡”集中示范活动在霍州市师庄乡冯南垣村启动，为过往群众发放了各类宣传品和宣传资料，提升广大群众的环保意识。为持续强化秸秆管控力度，坚决杜绝开展秸秆禁烧督查巡查工作。深入各乡、镇、村督查秸秆禁烧工作宣传、责任落实、值班值守等情况。使广大农民群众树立“不敢烧、不能烧、不想烧”的意识，营造良好禁烧氛围。

污染防治

【重点行业深度治理】 2022年，临汾市生态环境局霍州分局印发《霍州市土砂石开采行业深度治理标准规范》《霍州市肥料行业深度治理标准规范》，规范行业治理标准。有4家砂厂完成深度治理，通过验收，其余砂石厂均在改造中；9家生物肥厂全部完成工业窑炉清洁化改造。

【臭氧管控】 2022年，临汾市生态环境局霍州分局印发《霍州市2022年夏季臭氧污染管控工作方案》，组织专家逐户排查了全市涉挥发性有机物（VOCs）工业企业，指导企业制定挥发性有机物（VOCs）治理提升计划。保留喷漆工艺的8家涉挥发性有机物（VOCs）工业企业和11家汽修厂全部完成“活性炭＋催化燃烧（分解）”治理。

【矿山综合整治】 2022年，临汾市生态环境局霍州分局加强霍州市煤矸石堆场管理，加强环境监督管理。投资近3000余万元对养马岭、沟口等3处煤矸石固废点进行了高标准整治，确保周边土壤环境稳定。

【扬尘管控】 2022年，临汾市生态环境局霍州分局制定《霍州市2022年扬尘污染整治工作方案》并严格落实日报告制度。按方案要求开展细化施工工地“六个百分之百”措施，加强运输装载源头管控，开展车辆运输抛撒扬尘整治，对“五堆”进行全面清理，强化市区道路湿扫保洁，开展市区清洁清洗，对市区及周边裸地全面开展排查。

【降低 SO_2 浓度】 2022年降低二氧化硫（SO_2）浓度。强化重点企业燃煤源头管控。2家电厂每日6—14时，SO_2 排放浓度控制在15毫克/立方米内；使用含硫量在1.0%以下的煤炭；2家砖厂加大喷浆量，延长出砖时间，严控制进、出口pH值。9家使用燃煤窑炉的生物肥厂全部停产改造。沟口村历史遗留矸石场进行了规范治理，彻底解决了因矸石自燃对环境造成的污染。

【水环境治理】 2022年，霍州市汾河北益昌断面自动站氨氮平均浓度为0.88毫克/升，总磷平均浓度为0.237毫升/升，化学需氧量平均浓度为36.3毫克/升，水质为Ⅴ类。

霍州市共有2个城市集中式饮用水水源地，分别为源头新建水源地和白龙水源地。《霍州市城市集中式饮用水水源地保护区划分与调整技术报告》已编制完成，通过专家评审，待省人民政府批复。编制完成《霍州市2021年度城镇集中式饮用水水源地环境保护状况评估报告》。规范开展排污口治理。根据《霍州市汾河流域入河排污口排查整治工作实施方案》，对560个排污口（其中工业排污口30个，农业农村排污口55个，城镇生活20个，城镇雨洪323个，沟渠34个，其他98个），进行分类整治，正在对407个排污口树立标识牌，153个排污口接入污水收集管网。采取措施，稳定断面水质，针对汾河水质超标问题，采取聘请第三方专业机构对我市汾河水质状况进行全面分段监测、跟踪监管涉水企业、抢修破损管网、关键点位新建收集设施、成立专班不间断排查沿河排污单位等各种有力措施，加快改善断面水质。

节能减排

【柴油货车治理】 2022年，临汾市生态环境局霍州分局制定了《霍州市严厉打击拆卸国六重型燃气车后处理装置违法违规行为专项治理行动工作方案》，生态环境、交通、交警、市场监管等部门密切配合，检测道路运输车辆338次，国六重型燃气车辆1249辆，路查路检国六重型燃气车辆1322辆。持续推进非道路移动机械编码登记工作，累计编码登记325辆，发放190套号牌，经过检测全部做到达标排放。

【车辆管理】 所有货物运输用车单位使用车辆全部采用绿色密闭运输，“秋冬防”期间货物运输车辆全部采用国五及以上排放标准车辆。出省货物全部采用铁路运输。铁路运输货物总量达到货物运输总量的80%以上。

制定《霍州市规范成品油市场专项整治行动工作实施方案》，从3月10日起组织开展成品油质量监管专项行动，对全市范围内27家加油站销售的车用汽油、车用柴油、车用尿素质量抽检全覆盖。全年抽检加油站27个，企业自备油库1个。

环境监管

【环境管理】 2022年，霍州市推行网格化环境监管，建立市、乡、村三级环境监管网格，完善网格化监管制度。2022年立案20起，处罚金108.3万元。

【秸秆禁烧管控】 2022年霍州市印发《关于进一步加强秸秆禁烧管控的通知》，打击秋冬季焚烧秸秆等各种违法行为。实行市、乡、村、片四级网格化监管制度，实行24小时巡查监管，确保监管到户、责任到人，做到全覆盖、无盲区。发现秸秆垃圾燃烧问题192处，全部现场处置并依法对当事人进行处罚和批评教育。

【环保督察】 2022年，第二轮中央环境保护督察共向市反馈6个问题，均为群众反映的具体问题，其中5个问题完成整改，已销号，剩余1件（责任主体为晋中市灵石县）正在整改中。省委省政府生态环境保护督察反馈涉及霍州市问题28个，按照清单管理要求，推进整改，及时总结进展，按时上报。

【环境治理】 2022年，霍州市涉气企业49家，完成深度治理的46家，长期停产3家（泓源洗煤厂、冠美精煤产业有限公司、兴盛园煤矿）。推进工业污染源全面达标排放，加大超标处罚和联合惩戒力度，未达标排放的企业一律依法停产整治。确保深度减排任务落到实处。

【工业炉窑和有机物综合整治】 按照《工业炉窑大气污染综合治理方案》要求，全市2家铸造和2家砖瓦行业全部实施了综合治理，全部完成治理任务。5家治理挥发性有机物企业，全部完成整治。11家生物肥制造企业全部停产，要求实现清洁化升级改造。

（刘晓云）

教　育

综　述

【概况】　霍州市教育科技局是霍州市人民政府设立的行政管理部门。负责全市教育科技工作的总体规划、统筹管理等，履行中小学教师资格的认定、招聘录用、职务评聘、培养培训、考核奖惩及技术承包、咨询、开发等工作的组织、审批、登记、管理等职能。截至2022年底，全市有各级各类学校76所，其中义务教育阶段学校72所（公办66所：小学49所、教学点7所、初中8所、九年一贯制学校1所、特殊教育学校1所；民办学校6所）；非义务教育阶段学校4所（高中3所、职中1所）。有学生34131人，其中义务教育阶段28417人（小学20172人，初中8245人）；非义务教育阶段5714人（高中4633人、职中781人）。

【教育资金投入】　2022年，霍州市财政对教育的拨款为44814万元，生均教育事业费为小学9647.71元、初中12994.3元，生均公用经费为小学2336.5元、初中2507.29元。

【教育教学质量】　2022年，霍州市教科局在全市中小学指导开展专题研究，联系专家以线上培训的方式，举办2022年版义务教育课程标准解读，进而解决教学普遍存在的突出问题，深化中小学课堂教学改革。开展“同课异构”等教研活动，促进薄弱学科建设，创新作业方式，提升作业质量，建立完善教研机构内部管理制度，促进教研工作深度转型。

【师德师风建设】　2022年，霍州市教科局强化教师队伍建设，加强师德师风管理，出台相关文件，建立健全教师师德师风承诺、个人事项报告，组织教师强化学习“十项准则”，规范中小学教师从教行为，提升广大教师的思想政治素质和职业道德水平。

【平安校园创建】　2022年，霍州市教科局坚持“以防为主”的方针，按照“以人为本，防范严密，控制有力，全面设防”的要求，排查全市各级各类学校存在的安全隐患，做到全覆盖、无死角，开展全市学校安全大排查。2022年5月17日—19日开展临汾市校园安全大检查大整治大提升行动，对全市各学校（幼儿园）的消防安全、交通安全、建筑安全、食品安全、危化品及校园周边等方面进行全面检查，就存在的问题提出意见和整改建议。要求各校制定整改方案，在规定时间内及时整改，确保做到隐患整改闭环销号，所有隐患点已全部整改到位。

【推进“双减”政策】　2022年，霍州市教科局启动双减工作推进，明确学科类及非学科类培训机构的主管部门及主体责任，确保政策落实落地。把“双减”工作摆在突出位置，巩固成果、健全机制、扫除盲点、提升水平、维护稳定、强化督导，着力巩固学科类培训机构压减成果，加大对隐形变异培训查处，强化培训收费行为监管，防止出现新的野蛮生长。提高学校作业设计水平、课后服务水平和课堂教学水平，健全课后服务经费保障机制，拓宽课后服务资源渠道，开展课后服务精品课程资源推介。

【学前教育】 2022 年，霍州市有各级各类幼儿园 99 所，其中，公办幼儿园 33 所，民办幼儿园 66 所，在园幼儿 9298 人。扩大普惠性学前教育资源，认定普惠性民办幼儿园 7 所，完成北环办中心幼儿园改扩建项目，以片区教研联动，优质普惠学前教育。

【义务教育】 2022 年，霍州市有义务教育阶段学校 72 所，在校生 28417 人，义务教育入学率达到 100%。为优化义务教育阶段学校资源配置，改善学校办校条件，完成北环路小学寄宿制和放心午餐改造；启动霍东学校征地程序；完成 6 所寄宿制学校改造。

【高中教育】 2022 年，霍州市有普通高中学校 3 所，在校生 4633 人。对霍州一中、霍州二中学校领导班子进行调整，强化管理岗位、充实教学力量，推进新高考课程改革研究，为助力高中教育提质发展奠定了良好的基础。

【职业教育】 2022 年，霍州市有职业中专学校 1 所，在校学生 781 人。贯彻《山西省推进职业教育改革发展行动计划》，产教融合、双向发展，以对口升学的模式提升学生学历水平；“订单培养、对口就业、跟踪服务”的办学模式促进学生学习就业，与部分企业共同打造学生实训、实践基地，促进职业教育多元发展。

【民办教育】 2022 年，按照中央、省、临汾市关于规范民办义务教育发展的指示精神，要将市（县、区）域内民办义务教育在校学生规模占比控制在 5%以内，2022 年暑期根据临汾市规范民办义务教育发展工作领导组要求停办市域内 5 所民办学校，对剩余 6 所民办学校进行轨制缩减和学费限定，对停办学校的学生进行分流，按照相关措施稳妥推进，强化经费保障，保障各项工作平稳有序。

【特殊教育】 2022 年，霍州市有特殊教育学校 1 所，为保障残障儿童能够接受应有的教育，在持续优化特教办学的基础上，为残障儿童开展送教上门服务，助力全市广大聋哑及智力残疾学生能够享受到现代化的教学及康复训练，社会反响良好。（韦志明）

学　校

·霍州一中·

【概况】 霍州一中建于 1948 年，2006 年被授予“山西省示范高中”称号，是一所 20 轨制的公立高中学校。2022 年学校有一支师德高品位、专业高学识、能力多方位、研究高水平的教师队伍，包括 2 名特级教师、1 名正高级职称教师、83 名高级职称教师、66 名中级职称教师、87 名初级职称教师。

【德育工作】 2022 年，霍州一中坚持立德树人的根本任务。学校教育始终强调德育为先，从学生身心特点和思想实际出发，把思想政治教育“小课堂”与社会“大课堂”贯通起来，提高学校思想政治教育的亲和力和针对性。学校成立心理健康中心和学生生涯规划中心，引导学生树立正确的世界观、人生观、价值观，教会学生有能力、有责任、有爱心，全面发展、学有所长，培养出党和国家需要、对社会有用的人。狠抓对学生的常规教育，制定《霍州一中学生管理办法》，加大检查力度，规范全体学生行为习惯。规范宿舍管理，整顿住校生的内务、卫生。组织高一、高二学生进行军事训练，在军训期间组织学生学习国防教育宣讲，组织应急地震、消防、疫情演练，完成国防教育的相关工作。全校举行升国旗仪式，规范学生的跑操习惯，渗透科学的教育理念。在周日学生返校期间，在校南北口检查学生防止违禁物品进校园，使学生逐步养成良好的行为习惯。

【教育教学和教研工作】 2022 年，霍州一中坚持教育质量是生命线，以提高教育质量为导向完善学校的管理制度和工作机制，统筹学校的各种资源，把学校工作重心集中到教育教学质量上来，提高各年级的教育教学的质量。落实教学环节各项任务。培养学生养成良好的听课习惯，教会学生听课的方法，提高了教学质量，做好培优补差工作。实行网课监督检查，网上教研实施线上线下无障碍对接，网上公开课听评课互相学习，共同提高。组织月考、期中、期末考试，通过每次考试分析会，对学情和考情进行分析，查找不足。组织全校教研活动，积极探索优质课堂的教学。加强师德师风工作，教师要注重自身的形象，为人师表，言传身教，具有爱岗敬业和奉献精神，要求教师不准侮辱、体罚和变相体罚学生，做好学生的思想工作，在所教学科中渗透德育教育。

【扶贫工作】 2022 年，霍州一中学习贯彻习近平总书记关于巩固脱贫攻坚成果同乡村振兴有效衔接的重要讲话精神及相关文件，提高业务能力，把党的政策宣传到村民心中，让村民参与到乡村振兴中来，让群众听党话、感党恩、跟党走。严格执行驻村工作制度，强化驻村管理，做到日签到、月小结。落实驻村工作队员工作职责，不定时到联系村走访；聚焦“建强村党组织、推进强村富民、提升治理水平、为民办事服务”等职责任务，结合驻点村实际，开展各项工作。协助村两委加强支部标准化规范化建设落实“三会一课”、“支部主题党日”、民主生活会、组织生活会等制度。开展“户户走到”，对全村“三类对象”实施常态化监测和帮扶；加大对低保、五保、孤寡老人、独居老人、留守妇女儿童、残疾人的关注力度，帮助村民解决急难愁盼问题，提升村民幸福指数。

【后勤教辅工作】 2022 年，霍州一中强化“以教师为本”“以学生为本”的工作理念，以提供良好的物质条件和优质的教育教学环境为重点，坚持以服务为宗旨，强化后勤教辅人员的素质，提高办事的时效性。改善教职工办公条件，给教师们配备办公桌椅和办公设备，提高教师的工作积极性。改善学校环境面貌，对学校围墙进行砌砖加固，消除学生翻越围墙带来的安全隐患。把学校多年坏掉的路灯更换为太阳能路灯。在北门房加盖厕所，改善门房人员的生活条件。维修服务保障到位，凡是影响到教学工作的事都做到立马处理，随叫随到。对学校锅炉进行清污除垢，对污水处理泵进行及时检修，确保各项设备的正常运转。（董琴琴）

·霍州二中·

【概况】 霍州二中创办于 1986 年，于 2002 年 9 月高中部迁至建材路北科技路旁，新校区占地面积 70 余亩，绿化面积达 1 万平方米。该校是一所具有8轨制的市直普通高中。拥有22个教学班，约1100名学生。在编教师共136人，其中，拥有中小学高级职称23人，中小学一级职称55人，初级职称56人；省级学科带头人2人。全校党员37人，退休党员5人。

【行政管理】 2022年，霍州二中集中修订学校的考勤制度、班主任工作制度、教师绩效考核细则、各处室工作职责制度等，加强可操作性。规范教师签到、量化考核管理，完善检查考评。各年级、各处室明确岗位职责，体现多劳多得、优劳优酬、公平公正的原则。制定教育教学精细化管理制度，制定出学校精细化目标管理措施，使学校各科室目标任务分工明确。要求教师执行教学精细化管理常规，备好每一节课，上好每一堂课，为学生精选每一份练习，组织好每一次测试。对学校中层干部进行明确分工，目标管理，各司其职。经常召开校委会班子成员会议，提出工作中发现的问题和遇到的困难，共同探讨解决问题的方案。加强学校行政管理团队建设，要求行政管理人员学会善于处理矛盾和解决问题，在确保本职工作按时按量完成的情况下，努力创新，以便适应不断变化的环境。注重提升行政管理人员的管理能力，建设一支有开拓创新精神、有较高执行能力又善于管理的行政管理队伍。

【政教德育】 2022年，霍州二中通过强化德育队伍建设，开展诚信学习活动；注重加强师德师风建设，根据实际探讨制定师德考核的相关条款，提升德育教师的职业道德品质，为评优、评先、年度考核提供有力依据。规范班主任工作绩效考核评价体系，落实班主任职责，纳入班主任奖惩体系，综合评价班主任的工作实绩，提高班主任的工作热情和德育工作实效。定期召开政教处工作会议，安排好周工作任务，利用班主任例会、班主任经验交流会，组织班主任进行理论培训，提高素质，增强责任感。坚持抓好“国旗下的演讲”这一重要的德育基地，树立优秀学生榜样，激励学生自我成长。开展多种途径的文化活动，加强学生的德育教育。利用班会、黑板报、宣传栏、校园广播、电子屏幕等多种途径，对学生进行德育教育活动，努力促进校园文化建设。加强爱国主义和革命传统文化教育，组织清明祭扫革命烈士墓活动，加强对学生世界观、人生观、价值观的引导点化教育。

【教研工作】 2022年，霍州市第二中学教研室组织全体高一高二教师学习新课程标准、新教材的网络培训。在新课程教学中，逐步摸索出适应新教材，适应该校学生特点的教学方式，重视学法指导，倡导学生主动参与，乐于探究，培养学生收集和处理信息的能力、获取知识的能力、分析和解决问题的能力以及交流与合作的能力，培养学科核心素养。抓好学科教研，开展教研活动。每周召开一次教研活动，各学科组根据本学科特点，拟定教研主题，指定主讲人，轮流进行活动。活动内容形式多样，有集体备课、公开课、高考专题、竞赛创优等。组织“霍州二中成长杯”竞赛公开课活动。安排教师参加了山西省高考综合改革教学管理者培训会，学习新课程教学改革、生涯规划与学业管理、选课走班、综合素质评价的策略、学业水平考试政策解读、新高考命题改革对教学的要求等理论，为新高一的新课程教学起到一定指导作用。

【安全工作】 2022年，霍州二中树立师生的“安全重于泰山”的意识。开展安全教育工作，利用国旗下讲话、校园广播站、宣传窗等宣传阵地，让师生增强安全工作的观念。开展交通安全教育、消防安全教育、防汛防溺水教育、新冠疫情防控教育、灾害天气应对教育等活动。组织开展消防知识讲座、紧急疏散演练等活动，增强学生自我保护的意识。定期开展地震紧急避险及消防应急演练活动，加强师生应对突发险情的能力。经常开展安全教育，进行安全检查、演练，确保学校、教师、学生的人身安全和学校正常的教学秩序。

加强校园安全设施建设，排除安全隐患，积极改善师生的学习、工作条件。2022年下半年主要对公寓楼顶蓬进行维修、更新，解决楼内漏雨漏雪的隐患；加固维修大门门厅和教学楼门厅铝塑板，对公寓楼监控进行系统更新，确保楼道内视频监控不留死角；完成理化生实验室的升级更新，改善实验条件；多方筹划为学校新建一座换热站，优先保障学校的供暖质量；对校内后排四层楼加锁封闭，确保学校资产安全。加强校园安全防范工作，实现技防、人防相结合，安装视频监控、购买防范器具，加强安全、卫生监督管理，把校园建设成平安校园。

【高考成绩】 2022年高考达二本线共66人，其中，理工类27人，文史类7人，艺体类32人。其中，理工类一本线上4人；文史类1人，系霍州市文科状元。（赵新燕）

·霍州市职业中专·

【概况】 霍州市职业中专学校创建于1987年，是国家级重点中等职业学校，山西省星级管理四星级学校。学校位于霍州市霍东新区纬三路8号，学校占地31231平方米，建筑34470平方米，有教学楼、实训楼、食堂报告厅、男女生宿舍、浴室等。学校在编教师105人，全日制中职学历教育在校生814人。学校开设有计算机应用、机电技术应用、汽车运用与维修、老年人服务与管理、音乐表演、旅游服务与管理、绘画、动漫与旅游制作、一年制计算机应用等专业。其中计算机应用专业、机电技术应用专业为省级示范专业，汽车运用与维修专业为临汾市示范专业。学校先后与山西管理职业学院、山西轻工职业技术学院、太原旅游职业学院、临汾职业技术学院签订联合办学协议，开通“3+2”大专直通车，所有学生都能根据自己的意愿，直接升入对口大专院校，继续深造。“免费上中专，直接升大学，轻松找工作”成为学校办学理念的又一大亮点。

【办学理念】 2022年，霍州市职业中专学校践行“学历教育与成人教育相结合、职前教育与职后服务相结合、基础教育与技能培训相结合”的办学思路，注重探索长期短期互补、联合自办并存的灵活方式，时刻恪守“以服务为宗旨，以就业为导向”的办学宗旨，开展校企合作，培养技能人才，传承工匠精神，促进就业创业，为建设人力资源强市提供人才支撑。

【宣传职业教育法】 2022年5月7日到9日连续三天组织全体教师学习《中华人民共和国职业教育法》，5月13日校长带队在霍州市衙门外利用展板、发宣传册及讲解的方式向社会群众宣传职业教育法。5月17日组织全校师生参与临汾市教育系统清廉学校建设之同听廉洁党课视频会议。5月下旬开展为期一周的安全教育周活动，以深入开展安全教育活动为主线，以“增强安全防范意识，提高自救互救能力”为主题，围绕安全工作重点任务，发动广大师生，全面利用各种载体，深入宣传学校安全管理的方针政策，普及学校安全法律法规和安全常识，强化校园安全文化建设，推进“平安校园”建设，努力创建安全、文明、健康、和谐的校园环境。

【队伍建设】 2022年，霍州市职业中专学校加强“双师型”教师队伍的培养。重新修订一系列教学安排、学生考核、校舍安全、消防安全、交通安全和学生实习安全管理等制度，主动做好突发事件的应急预案及处理演练工作，紧绷确保校园和谐平安这根神经。加强学籍管理，严格按照国家学籍管理相关要求，落实中职教育免费全覆盖政策，按时组织国家助学金的发放工作。加强班主任队伍建设，使班主任工作制度化、规范化和科学化。对班主任工作量化考核办法进行修改，减少片面、表面评价因素，使班级管理和班主任评价更加注重过程，注重实效。打造教师之间相互学习的平台，发挥老教师和骨干教师学科带头人的作用，注重以老带新，为年轻教师成长创造条件。

【德育教育】 2022年，霍州市职业中专学校开展“华彩职教、畅享青春”系列活动，举办拔河比赛、诗歌诵读比赛、书画展，通过宣传橱窗、阅读栏、黑板报等形式，加强学校德育教育宣传工作。3月14日团委组织开展“深学雷锋精神　做德技同优人”活动。4月党支部、团支部组织开展“清风职教”师生书画展活动，书画展坚持围绕学习宣传全面从严治党、全面建设清廉霍州等重大决策部署，深入挖掘霍州廉洁文化资源，突出职教校园文化特色，传播正能量、鞭挞腐恶丑。开展校园文化活动，适时组织学生开展爱国主义教育、感恩教育等活动。

（朱庆文）

·霍州市实验中学·

【概况】 霍州市实验中学是霍州市公办全日制初级中学之一，占地面积32384平方米，校舍建筑面积16350平方米。其服务区内驻扎有中共霍州市委党校、霍州市第一中学、霍州市第二中学等；建有永和公园、中镇广场、火车站等；其办学规制为18轨，2022年底有50个教学班，2844名学生（其中寄宿生114名），175名在编教师，同工同酬教师6名。

【教学理念】 2022年，霍州市实验中学把“健康教育”作为办学理念，形成“健康育人、育健康人”的办学特色，把“培养健康学生、成就健康教师、打造健康学校”作为办学目标。培养健康学生，使他们身体强健、心理健康，具备社会适应能力；成就健康教师，做到体魄健美、心态阳光、崇尚务实；打造健康学校，形成健康教育理念、健康管理体系、健康师资队伍、健康教学课堂、健康主题活动、健康家校共育、健康评价方式、健康安全教育等。

【安全工作】 2022年，霍州实验中学以校长为组长，校委会成员、班主任为成员的安全工作领导小组领导下，政教处与各处室、班主任、学生家长分别签订安全责任书，层层落实安全责任制。

学校加强对师生《初中学生防灾安全守则》《中小学公共安全教育》的宣传教育工作，向学生发放安全教育宣传单，教给学生必要的安全知识，定期开展安全自救演练活动。寒暑假及节假日期间，学校安全领导小组均向每位学生家长发一封公开信，做到回执单按时发放、及时回收。学校还适时通过微信家长群、实验中学微信公众号平台发布相关信息，建议家长教育孩子在假期注意各方面安全。

学校加强门卫责任意识，对进出校园的校外人员全部按相关要求进行询问、登记。按上级标准配备安全保卫人员，负责防范、处理校园内的安全隐患或突发事件。学校每天安排 3 名值班人员全天候值班，挂牌上岗，早、中、晚在校门口维持秩序并督查保安人员工作情况。交通民警每天下午放学时间在学校路口执勤，确保师生人身安全。

学校安全工作领导小组利用课间操、班会、网络安全竞赛、外聘专家到校举办专题讲座等方式加强对师生的安全教育，制定了事故及时报告制度，建立突发事件应急预案和安全预警机制，落实校舍安全排查制度，发现安全隐患，及时处置，在校园醒目位置设置安全警示标志，配置必要的安全施救设施。各楼层灭火器按标准配备，在每个楼层的出口及时更新“紧急疏散示意图”和安全警示语。

学校未出现一起安全责任事故。学校牢固树立“安全为天”思想，制度建设规范，措施落实有效，督查过程翔实，纠错问责及时，把隐患消灭在萌芽状态。

【名师工作室】 2022 年，霍州市实验中学落实立德树人的根本任务，贯彻新课标理念，推进课堂教学改革，发挥教育科研对教学质量提升的作用，展示“双减”成果，充分发挥骨干教师的引领、示范作用，交流先进的教学经验，促进教师专业成长，提高课堂教学效率，在霍州市教育科技局举办的第二届“霍州市青苗杯”教育教学技能大赛中，有 7 名教师参加，其中 6 名教师获奖。在学校校委会的指导下，召开霍州市实验中学 2022 年“聚焦双减创建高效课堂”教学示范观摩系列活动、霍州市实验中学多媒体课件大赛和霍州市实验中学“班主任经验交流演讲赛”等活动。

名师工作室提出在教育教学中要紧扣提高教育教学质量这一核心，抓实教育教学常规管理，强化备、讲、批、辅四环节。重视“四环节集体教研”，提高备课质量和效率，真正做到优化教学方式，助力学生发展，创新布置作业，落实减负增效，构建开放课堂，发扬自信自主，丰富评价方式，凸显激励功能，加强文化摄入，实现生态和谐，能够在“双减”背景下展开有效教学，从而增强学生幸福体验。

名师工作室秉承“提升教师专业水平、促进教师终身发展”的服务宗旨，组织策划各类“主题教科研活动”，努力为教师搭建一个发现自我、发展自我、展示自我的平台。

加强教师的理论和业务学习，采用理论联系实际、集体与自学相结合的办法，通过“请进来、走出去”的方式，多方面创造条件为教师提供进修和培训的机会，使教师获取先进的教改信息，学习先进的教育理论和实践经验，提高教师的业务水平。

【养成教育】 2022 年，霍州市实验中学结合“主要节日”教育、绿色环保教育、革命传统教育、“英雄、榜样”系列教育等活动，以“主题教育”促养成。强化学生习惯培养，规范学生仪容仪表，规范学生行为；以“两个规范”促养成。实施“国学”诵读制度，完善“综合评价”机制，把“行为评价”经常化，结合“课改”促养成；坚持校内、校外教育相结合，通过家长会、开放周、关工委、送法进校园、教师家访等活动促进学生良好行为习惯的养成，提高学生养成教育的质量。

【优势特色】 2022 年，霍州市实验中学加强校园文化建设，优化校园绿化、美化、亮化，提升硬件建设水平，为师生创建优美的工作和学习环境。构建富有浓郁文化气息的墙壁、走廊、楼梯、教室、办公室、舞台文化，彰显人文内涵。加强心理活动室和心理咨询室建设，把心理健康教育辐射到每个班级和每个学生，使学生心理健康；以快乐大课间、多彩的活动课为平台，助推学生全面发展。

【工会建设】 2022年，霍州市实验中学工会举办中华传统文化学习会和每周一期的良知教育读书会。疫情期间志愿者仍然坚持每天线上读书分享。了解教职工的家庭状况和生活条件，关心教职工生活，开展送温暖活动，慰问困难教职工，看望患病的教师。教职工的红白喜事，学校工会总是同党政领导一起，在第一时间上门送去慰问和祝福。为青年教师送上新婚贺礼和祝福，为退休教师举办欢送会。为全体教职工发放中秋福利和春节福利。把学校的关心送到每个教职工的心坎儿上。完成智慧工会会员信息采集完善工作、脱贫地区农产品定额采购、办理全体教师大病医疗、完成工会年报和决算报表。

【中考成绩】 2022年，霍州市实验中学在2022年中考中再次取得优异成绩。达临汾一中统招（617分）、指标到校（定向）（567分）和剩余择优（613分）分数线97人，达线率16.14%。达临汾三中统招（604分）、指标到校（定向）（554分）和剩余择优（610分）分数线129人，达线率21.46%。达师大实验中学统招（580分）、指标到校（定向）（530分）和剩余择优（599分）分数线192人，达线率31.95%。达霍州一中统招（541.5分）、指标到校（定向）（491.5分）和剩余择优（491分）分数线275人，达线率45.75%。达霍州煤电一中（478分）分数线302人，达线率50.25%。达霍州二中（456分）分数线345人，达线率57.4%。

（田文耀）

科学技术

科技工作

【深化产学研合作】 2022年，霍州市教育科技局以强化企业的主体创新地位为目标，开展科技成果转移转化建设与“双创”工作，打造一流创新生态，通过各类科技活动促进产业链和创新链更好地耦合，有效对接临汾市科技成果转化线上服务平台，加快推进产学研合作步伐。

【开展科技宣传】 2022年，霍州市教育科技局利用“科技、文化、卫生”三下乡宣传、“科技活动周”广泛开展了科技宣传培训工作。在各乡镇依托各类农业合作社及科技乡土人才开展种植、养殖培训。发放农业科技图书等各类科技资料现场解答技术难题，培训群众，实施科技文化进万家。

【创新驱动发展】 2022年，霍州市教育科技局开展高新技术企业培育，深入山西光瀛达建材有限公司、山西晋丰肥业公司、亿能电气股份有限公司等企业，完成高新企业培育指标。 （韦志明）

气　　象

【概况】 霍州市气象局为正科级建制，行政编制7人。内设综合管理科、防灾减灾科（机构规格为股级）和直属事业单位霍州市气象台（站）（机构规格为副科级）。霍州市气象局实行上级气象主管机构和本级人民政府双重领导，以上级气象主管机构领导为主的管理体制。主要承担本辖区内气象工作的行政管理职能，依法履行气象主管机构的各项职责，为本区域的防灾减灾、经济发展和社会稳定服务。

【气象监测】 2022年，霍州市气象局多次升级地面气象观测软件，已实现气压、气温、相对湿度、风向风速、降水量、日照时数、能见度、天气现象、各层地温等气象要素的自动观测，启动雪深、云量、云状、地面凝结天气现象和冻土等自动化观测试运行，地面气象观测基本实现无人值守。台站业务工作中还包括：推进完善气象观测质量管理体系建设工作任务；开展行政执法，有效保护气象探测环境；区域自动气象站的巡检和维护，做到每月一次清洁仪器和清理杂草工作，保障气象仪器的正常运行；自动土壤水分站和大张农业示范园樱桃大棚温室小气候站仪器运行正常；各乡镇气象服务站，市委、市政府气象服务终端运行良好。

【气象灾害监测预警】 2022年，霍州市气象局强化建立健全以气象灾害预警信号为先导的应急联动机制建设。加强相关单位的应急联动工作，并且与移动、联通、电信三大运营商开展合作，推进高级别预警信息全网绿色发布通道。依托地方政府的经费支撑，推进霍州气象微信公众号的开发和完善，打造智慧气象服务平台。根据临汾市重大气象灾害预警叫应实施细则，制定霍州市气象局强降水天气“三个叫应”服务标准和工作流程。年内霍州市气象灾害应急指挥部启动重大气象灾害应急响应7次，其中，高温Ⅲ级1次，高温Ⅳ级1次，暴雨Ⅳ级5次。每次应急响应启动后，气象灾害应急指挥部成员单位（应急局、水利局、自然资源局）每日9时30分在气象局开展天气会商，各成员单位及各乡镇、街道按照各自职责分工开展工作，气象局及时发布气象预警信息，各单位根据预警信息进行监测和巡察管控，对存在的隐患立即采取有效措施，做好各项防范应对和应急保障工作。

【气象服务】 2022年，霍州市气象台按照质量观测管理体系的要求开展气象服务工作，要求所有综合业务人员在班在岗，严密监测天气，遇到重大天气过程和重要时间节点于第一时间开展公众气象服务工作，开展节假日专题气象服务13次，发布预警信号90次，发布各类气象服务材料100余期近2500余份，短信50多条，短信接收3万余人次，通过电视、广播、微信等将气象信息送入千家万户。气象局开展专业气象服务工作。在山西省气象服务中心的大力支持下，霍州经济技术开发区的气候可行性论证工作圆满完成；霍山景区申报“中国天然氧吧”工作有序开展，完成创建工作的初评和实地复核，中国气象局已对评审结果公示完毕，正在等待授牌。在山西省大探中心的主持下，经过专业技术人员的精心安装调试，在师庄乡冯南垣村顺利建成冯南垣智能气象观测站并顺利投入使用，该站的建成使用能够提供准确及时的气象观测数据，对霍州市全力建设冯南垣乡村振兴先行示范区、使红色教育基地具有气象保障作用，有效提升气象灾害的防御能力。

【人工影响天气】 2022年，霍州市气象局在山西省人工影响天气办公室技术人员的指导下基本建成霍州云物理和人工影响天气超级观测站，有可移方舱式边界层风廓线雷达、可移方舱式毫米波多普勒云雷达、微型雨雷达、微波辐射计、降水现象仪、2DVD成像雨滴谱仪、DZB1型便携式自动气象站等设备已安装完成并投入试运行，该站的建成对开展市及周边县市的短时临近预报及服务工作起到积极的作用，提高市气象防灾减灾工作的精准性和实效性。落实人影安全责任，签订人影安全责任书，建立生产的领导、组织、协调、督查体制机制。强化人影安全管理，完善人影安全监管体制及作业安全标准化建设情况。开展人工影响天气设备及库房巡视巡查，对存在的隐患及问题及时进行了整改。加强设备定期维护，人工增雨火箭架正常年检、人工增雨焰炉及时维护，确保人影作业设备的可用性及安全性。抓住有利降水天气过程，及时开展火箭和焰炉增雨作业。

【安全管理】 2022年，霍州市气象局强化气象部门安全生产工作职责，成立安全生产领导组，落实安全生产职责，加强宣传教育，宣传“安全生产月”教育各项活动。开展消防安全隐患检查及公共卫生、安保措施落实。注重道路交通安全，执行公车使用、审批、维护管理制度。高度重视社会化管理，加强辖区内易燃易爆危险化学品等重点行业领域开展防雷安全管理工作，对霍州市辖区内危化企业开展防雷安全执法检查。加强社会综治工作，维护部门安全稳定。

（李晓燕）

文化　广电　旅游

文化事业

【文化惠民】　2022年，霍州市文化和旅游局元宵节期间，组织合唱团参加临汾市“2022年元宵节音乐会”。参加2022年山西省“唱游三晋”走进景区活动。完成“免费送戏下乡”144场，文化惠民演出1422场。

【文化交流】　红色音乐情景剧《家国情怀》荣获临汾市第九届精神文明建设“五个一工程”奖。2022年7月，大型廉政蒲剧《廉吏曹端》在临汾市九州广场文化消夏月活动暨“清廉临汾”进行专场演出。

【文化活动】　2022年6月1日在师庄乡冯南垣村组织“喜迎二十大　奋进新征程”童心向党六一儿童节晚会。6月11日至12日组织开展“喜迎二十大　奋进新征程”2022年山西省群众文化惠民工程进景区演出活动。7月7日组织60余人合唱团，参加了“喜迎二十大　奋进新征程”临汾市群众文化活动启动仪式暨全市合唱大赛。7月19日组建24人广场舞队伍，参加“喜迎二十大　奋进新征程”临汾市群众文化活动全市广场舞大赛。7月21日组建18人旗袍秀队伍，参加“喜迎二十大　奋进新征程”临汾市群众文化活动全市旗袍秀大赛。7月25日组织全市各乡镇、街道办举办“喜迎二十大　奋进新征程”霍州市群众文化活动广场舞展演。7月27日组建60人锣鼓队伍，参加“喜迎二十大　奋进新征程”临汾市群众文化活动全市锣鼓大赛。8月17日、18日承办“喜迎二十大　奋进新征程”山西省锣鼓大赛总决赛，市代表队荣获一等奖。9月27日组队参加“喜迎二十大　奋进新征程”山西省合唱大赛总决赛。　（朱耀力）

文物管理

【文物保护】　2022年，霍州市文化和旅游局完成千佛崖摩崖石刻造像加固修缮工程。千佛崖摩崖石刻造像窟前遗址考古定为2021年山西省重要考古发现之一。由省考古研究院、南开大学共同进行霍州窑址文物调查勘探及发掘，2022年完成考古发掘调查及勘探工作。

【文物安全】　2022年，霍州市文化和旅游局完成霍州市红色文化遗址调查工作。完成霍州署安全防范升级改造工程。

【文物工作】　2022年，霍州市文化和旅游局完成“天下霍姓出霍州”三层精品博物馆展陈工程。　（朱耀力）

老年书画

【概况】　2022年，老年书画协会组织政治理论学习，开展网络平台教学，组织办展参展和文化下乡活动，发挥专业优势，为弘扬传统文化增光添彩，为促进文化事业的繁荣和发展，做出积极贡献。

【理论学习】 2022年，老年书画协会组织会员50余人参加市委老干部局举办的“习近平谈治国理政”专题讲座和传达二十大精神报告，引导会员发挥退休干部的政治优势和专长，不断增强“四个意识”、坚定“四个自信”、做到“两个维护”，学习和掌握党的路线方针政策，用党的政治理论武装头脑，积极为党和人民事业增添正能量。组织会员参加山西省、临汾市老干部局举办的“喜庆二十大、银龄心向党”书、画、诗、影大赛活动，本会选送作品30余件，其中，会员晋从华诗词作品荣获一等奖，曹曙平绘画作品荣获二等奖，王斌正、陈福全书法作品荣获二等奖，武科元摄影作品荣获优胜奖。

【网络平台教学】 2022年，市老年大学书画诗联辅导班停止正常的课堂教学，利用“霍山诗联书画”微信平台，定期开展网上作品展示、交流、评析及“对对子”活动，全年由傅立圃、武科元、陈淑芳合作，精心制作美篇24期，选登会员书画作品400余件，诗词楹联作品1000余首（副）。而且，每期都选载常务副主席张福义有关诗词讲评知识。特别是会员成晓宇、孙步炯、赵晓红、陈凤兵、来国保、李平平、陈福全、胡秦明、曹曙平、刘更生、房庆斌、乔明管、李玉华、周春花等40余人的诗联书画作品进步很大。将每期美篇转发至市委老干部局、市文联、临汾各市县区等微信平台，扩大宣传，增进友谊和联系，展示霍州老年大学教学成果和学员的艺术风采，受到上级书画组织及社会各界的肯定和赞扬。

【书画诗联办展参展】 2022年，老年书画协会参加市纪检委、市委宣传部、市文联举办的“喜迎二十大、奋进新征程”“霍州市庆七一、清廉霍州、文化促廉”书法、美术、诗词、楹联、散文、故事征集展赛活动。其中，有60余名会员的作品分别荣获一、二、三等奖和入围奖共100余人次。配合市委老干部局举办“喜庆二十大、银龄颂党恩”书画诗联展，选出100余人书法作品100余件，绘画作品50余件，诗词楹联作品80余首（副）并制作条幅和版面。原计划国庆节展出，因疫情影响，展览时间推迟到2023年2月。

参与市文联、市书协举办的“第四届书法临摹展”选送会员作品23件，展示了老年人的艺术风采。同时向临汾市“喜庆二十大网上书画展”选送会员赵子俊、傅枫、李红富、傅立圃、马晋耀、陈福全、赵全锁、党天凤、祝玉梅、高学英、王顺兰等30余人的40余件作品，入选入展，并编辑霍州专辑，特别是祝玉梅的绘画作品入选省老年喜庆二十大书画展并获优秀奖，并被省老年书画报选登。

【文化下乡活动】 2022年1月3日至16日，组织书画楹联专长的40余位会员，深入孔涧村、源头村、靳壁村、燕南庄村、新庄村、李雅庄村、退沙村和永泉社区、新建社区、鼓楼社区以及中医院等单位，义务书写并赠送春联1万余副，条幅100余件，把党委政府的新春祝福送到千家万户。2月16日，参加市委老干部局组织的“冯南垣参观学习活动”，又参加市文联组织的冯南垣采风活动，组织诗联专长的赵子俊、张福义、晋从华、朱壮军、张美玉、傅立圃、来国保、胡秦明、陈福全、陈凤兵等就乡村振兴、红色研学、德孝文化、乡村记忆、农旅融合等方面内容，征集书写楹联 100 余副，受到各级领导和群众赞誉和青睐。7 月中旬，师庄乡陈家窊村拟举办古建维修竣工庆典活动，本会赵子俊、张福义、晋从华、朱壮军、李红富、张美玉、曹曙平、董双锁、陈凤兵、武科元、陈福全等应邀参加调查采风活动，为该村庆典活动书写楹联 20 余副，得到该村“两委”干部和村民的青睐和赞誉。8 月 15 日，本会赵子俊、晋从华、朱壮军、董双锁、傅立圃、来国保、张美玉、李红富及白龙分会分会员共计 20 余人，应邀参加陈村“霍国霍姓古窑瓷”考古参观采风活动，征集诗词、楹联 30 条首（副）。之后，白龙镇书画协会还编印了专集，为了弘扬传统文化、促进文旅融合发展贡献才智和力量。　（张美玉　曹曙平）

广播电视

【概况】　霍州市融媒体中心是按照县级融媒体中心建设要求成立的市政府直属事业单位，主要承担全市的媒体新闻宣传工作，负责全市广播电视网络的规划、建设和维护工作，承担完成中央、省、市广播电视节目的转播和自办节目的安全播出等工作。

【新闻宣传】　2022 年，融媒体中心在新闻宣传工作中强化主流媒体意识，坚持融合发展，严格内容审核，做好广播、电视、报纸和新媒体平台内容的策采编发工作，筑牢宣传阵地，新闻宣传工作呈现良好发展态势。全年制作播出《霍州新闻》316 期，《一周要闻》44 期，发稿 2200 余条，在临汾台播发新闻 72 条，省台播发新闻 6 条，中央台播发新闻 2 条，《今日霍州》报纸编辑出版 42 期。

围绕疫情防控、乡村振兴、党的二十大召开、安全生产、文明城市创建等重点工作精心策划选题，推出专题专栏节目，制作播出《冯南垣的一周》栏目 13 期，《灾后恢复重建》栏目 28 期，《文明城市创建》10 期，编辑制作了《霍州年馍》《汇聚科普之光　践行为民之路》《红领巾心向党》《喜迎二十大　说说心里话》等 20 余个微视频和专题。《今日霍州》组织策划“两会”特刊，集中出版 16 个版面，联合交警大队、司法局开办《交警之声》《与法同行》等栏目。

霍州人民广播电台在正常转播中央、省和本市时政新闻的同时，继续做精做好《霍州之声》《倾听 107 之文化霍州》《消防天地》《与法同行》《国学经典诵读》等自办节目，围绕建党 101 周年制作播出《百日红歌展播》《习主席金句学习时间》《中国梦新创歌曲展播》等节目，及时将党的政策和群众喜闻乐见的广播节目传播到霍州大地。全年制作播出森林防火、食品安全、药品安全、安全防汛、城市管理、禁毒宣传等 20 条公益广告。

【媒体运营】　2022 年，融媒体中心加大微信公众号、视频号、抖音号和“爱霍州”App 运营工作，努力打造全媒体宣传矩阵，发挥媒体联动效应，形成宣传合力。全年在“霍州融媒”微信公众号制作发布 265 期，发布消息近 2200 余条，开辟《二十大时光》《喜迎二十大　奋进新征程》《走进县城看发展》《众志成城　抗疫有我》《疫情防控　我们在行动》《疫情防控曝光台》《科普霍州》《安全生产检查》等专栏。“霍州融媒”微信视频号发布视频 322 期，其中，点击量破万的视频 118 个。霍州融媒官方抖音号累计发布视频270期，点击量上万的113期，最高点击量达41.6万人次。“爱霍州”App同步更新《霍州新闻》，精心策划开设《领航》《2022全国两会》《天宫课堂》《全方位推动高质量发展》《战疫》《军民鱼水一家亲 双拥共建情谊深》《牢记嘱托 山西答卷》《二十大时光》《我和我的新时代》等宣传专题，全年发布霍州各乡镇、部门新闻报道370余条，使“爱霍州”App在霍州的影响面不断扩大。

2022年，融媒体中心策划摄制“异域同庆、霍虎生威”云春晚，完成全市疫情防控应急演练、冯南垣元宵节赏月诗会、冯南垣童心向党庆六一文艺会演、霍州市非遗展示等重大活动的宣传报道工作，通过微信公众号、客户端等多平台对“2022年霍州冯南垣赏月诗会”等活动进行全程直播，提升新媒体宣传能力和影响力。

【事业建设】 2022年，融媒体中心按照国家广电总局和山西省广播电视局关于开展地面数字电视700兆赫的频率迁移工作要求，完成国家700兆赫迁移工作。10月，为处置佳美公司遗留问题，为佳美公司电视用户免费安装无线电视机顶盒5000个，满足用户收听收看电视的需求，确保全市广播电视信号的高效、优质传输。

【安全生产】 2022年，融媒体中心高度重视安全生产和广播电视安全播出工作，落实安全生产责任制，树立“安全播出重于泰山”“安全无小事”的责任意识，成立检查组，提前排查消除安全隐患，做到早部署、严强调。在中共二十大等安全播出保障期内，实行领导带班，播控中心、网络中心等重要岗位24小时值班制度，保障网络安全运行，完成“党的二十大”“全国两会”等一系列重要时期以及元旦、春节、五一、十一等重要节假日安全播出工作。（申韶君）

新华书店

【概况】 山西新华书店集团临汾有限公司霍州分公司隶属于山西新华书店集团临汾有限公司，设有4个科室，分为综合办公室、业务科、财务科、图书超市。

【业务指标】 2022年，霍州分公司完成销售收入1550万元，比2021年同期增长109%，利润为138万元。全年教材科任务完成码洋1296万余元，其中两教发行册数91175册，码洋2526748.42元。全年华育发行册数670957册，码洋9799927.52元。全年幼教发行册数9646册，码洋636627.6元。连锁门店全年任务完成情况：图书超市全年连锁POS机销售码洋3219657.18元，其中，传媒销售696470.68元，连锁销售2523186.5元。

【全民阅读】 2022年的阅读月在疫情期间，针对集团号召，购进好书，制作平台海报，宣传“新华E书城”，通过抢抓节假日的有力时机，集中促销。全国上下开展党史学习教育，学习二十大精神，抢订党史学习资料，与市委宣传部、组织部沟通协调，大家齐心协力，抢占市场。重点政治类征订发行情况：销售册数12976册，销售码洋1972095.6元；二十大读物发行1526册，码洋21056元。

【服务理念】 2022年，霍州市新华书店提升服务理念展示“新华”风采。新华书店是服务社会、服务群众，推销精神产品的“窗口”行业，把加强员工学习、提高员工素质当作树立书店整体形象的主要工作来抓。

（管 彤）

旅游发展

【品牌创建】 2022年“霍州年馍”“霍州宴”省级第六批非遗项目申报成功。霍州市李曹镇七里峪村农家小院、静心谷康养山庄、陶唐峪成家庄村玉泉农家乐成功入选“三个人家”中的“太行人家”。霍州署景区、七里峪景区成功创建国家AAA级旅游景区，2023年1月5日公示期满颁证，打破了霍州零国家A旅游景区创建的空白。

【推广宣传】 2022年5月19日举办“感悟中华文化，享受美好旅程”“5·19”中国旅游日宣传活动。5月20日在七里峪静心谷康养山庄举办“悦享临汾、粽想霍州”直播带游带货活动。同年举办“魅力霍州”推介宣传活动，中国镇山高层文化论，霍州市庆祝“第五届中国农民丰收节”活动，“唱响霍州”七里峪森林音乐会。9月27日世界旅游日，开展“畅游霍州”旅游宣传推介活动。12月15日，参加中国非遗面食大会。

【旅游月活动】 2022年8月17日，山西省锣鼓大赛决赛暨“中镇霍山·华夏州署”第十二届文化旅游月活动开幕式。系列活动包括“山水霍州、熨帖之州”创意视频大赛，“精彩霍州，创意未来”文创展，“大美霍州”风光古建摄影作品展，“星耀霍州”梦幻灯光秀，“畅游霍州”旅游推介活动，“醉美霍州”非标民宿评比大赛和“食尚霍州”文化美食节。

“畅游霍州”旅游宣传推介会

（朱耀力）

医药卫生　体育

卫生健康

【概况】　霍州市卫生健康和体育局是市人民政府的工作部门，正科级建制，负责贯彻落实中央、省委、临汾市委和市委关于卫生健康和体育工作的方针政策和决策部署，组织拟定全市卫生健康和体育事业规划和实施，组织推进落实卫生健康基本公共服务均等化、普惠化、便捷化和公共资源向基层延伸等政策措施。下设11个股室（即：办公室、政工股、规划信息和法规股、医政医管中医股、基层管理指导股、人口和家庭发展股、妇幼保健股、科教宣传股、财务股、监督股和体育股），有市医疗集团、市中医医院、市妇幼健康和计划生育服务中心、市疾病预防控制中心、市卫生健康综合行政执法队、市卫生应急服务中心、市体育健康发展中心7个下属事业单位。

【民生实事】　2022年，霍州市卫生健康和体育局完成免费婚前检查、产前筛查、新生儿疾病筛查和“两癌”筛查工作任务。2022年完成婚检903对，婚检率83.46%，达到临汾市要求的婚检率达到80%的目标；产前筛查任务完成率105%；新生儿疾病筛查任务完成率101%；宫颈癌筛查任务完成率100%；乳腺癌筛查任务完成率100%。同时做好“健康快车”临汾（霍州）光明行活动，免费为群众做白内障手术500例。完善计划生育家庭奖励扶助和特别扶助制度。按程序逐一核实，一人一档，每年两次摸底，三次复核。2022年累计核实农村4项奖励扶助对象5923人，发放补助406万余元；累计核实在职、离岗农村计生服务员1336人次，发放生活补助34万余元。完善母婴室建设。开展“我为群众办实事、千名医生进万家”活动。县级医疗机构组建医疗小分队，通过开展健康义诊进农村活动，进行常见病、慢性病、肿瘤、儿童疾病、地方病等疾病的咨询、初步筛查、诊断和一般治疗。

【基本公卫】　2022年，霍州市卫生健康和体育局基本公共卫生人均补助经费由79元提高到84元，常住人口家庭医生签约覆盖率达74%，重点人群签约覆盖率达92%，电子健康档案建档率达90%以上。通过对目标人群进行健康教育，定时监测、指导康复、控制病症，做到有病早治、无病早防，提高辖区居民生活质量，让基层公卫医生成为群众健康的守护人。建立“不定期培训、季度督导、半年考核、年度通报”基本公卫工作制度。将基本公共卫生服务规范纳入基层医务人员培训计划，举办公共卫生服务项目培训班，多次组织辖区内责任医生开展基本公共卫生服务规范理论考试，将成绩纳入年终基本公共卫生考核，为群众提供方便、快捷、安全、优质的基本公共卫生与健康服务。

【医政医管】　2022 年，霍州市 5 个二级以上医疗机构全部设置发热诊室，12 个乡镇卫生院、社区卫生服务中心全部设置发热诊室，落实网格化管理责任，对重点人群实施分级分类管理，为群众提供健康监测、咨询和用药指导。做好分级分类的就诊转诊，规范医疗救治流程与管理。优化门急诊、发热门诊就医流程，采取分级分层分流方式对患者进行收治，全面做好各类防疫物资储备，满足人民群众就医用药需求。

【人才引进】　2022 年，霍州市卫生健康和体育局开展公立医院招聘工作。完成 2022 年霍州市人民医院 26 名专业技术人员招聘工作。开展公务员、三支一扶及人才引进工作。2022 年招录公务员 1 人，三支一扶 1 人，人才引进 2 人。加强基层卫生人才队伍建设，提高服务能力和水平，完成 29 名基层村医服务能力提升培训工作。

【项目建设】　2022 年，市人民医院（新医院）建设项目和市妇幼保健计划生育服务中心建设项目进展迅速，年内完成投资 2.15 亿元。省级划拨 25 万元专项资金，在霍州市中医医院建成中医药师承培训基地，提升基层中医人员对常见病、多发病的诊疗水平。　（贾明慧）

疾控预防

【概况】　霍州市疾病预防控制中心前身是霍县防疫站，创建于 1974 年，2002 年正式更名，是市政府设立的公共卫生事业机构。截至 2022 年底，单位在岗干部职工 35 人，其中专技人员 26 人，管理人员 5 人，工勤人员 4 人。设办公室、财务科、免疫规划科、传染科、结核科、生物制品科、慢病科、性病艾滋病科、地病科、应急科、职业病科、检验科计 12 个科室。拥有原子吸收分光光度计、酶标仪、生物安全柜、200 毫安 X 光机等检验及诊断仪器设备 20 余台（套）。能开展 HIV 检测、碘盐检测、消毒效果检测、水质常规检测。

【免疫规划】　2022 年从产院规划信息平台中查询到霍州市累计出生儿童数为 1583 人。从免疫规划管理信息平台中查询到 2021 年全市金苗系统的儿童建卡数为 1569 人。新生儿童建档率 99.12%。各接种单位每月都能及时上报接种常规报表；AFP 主动监测工作：未发现疑似病例；麻疹主动监测工作：截至年底，发现 4 例疑似病例，进行采样、送样、个案调查等工作，实验室检测结果显示麻疹、风疹 IgM 抗体均为阴性，病例最终诊断为其他病例。

【传染病防治】　2022 年无甲类传染病病例发生，无重大传染病暴发流行，全市传染病网络直报工作，网络覆盖率、及时率、审核率等均达到 100%。截至 12 月 31 日，报备类传染病 12 种 874 例，其中，病毒性肝炎（396 例）、其他感染性腹泻（126 例）、布病（45 例）、梅毒（34 例）、急性出血性结膜炎（32 例）、肺结核（30 例）、流行性腮腺炎（27 例）、流行性感冒（26 例）、痢疾（13 例）、百日咳（7 例）、艾滋病（1 例）。

【结核病防治】　2022 年，病人系统管理率达 100%。接诊可疑就诊者 161 例，发现活动性肺结核 39 例，接受免费治疗 39 例，涂阳 14 例，其中初治涂阳 14 例，仅培阳 0 人，仅分子生物学阳性 0 人，仅病理学阳性 0 人，涂阴 14 例，初治涂阴 0 例，复治涂阴 0 例，无病原学结果 11 例，结核性胸膜炎 0 人，排查涂阳病人密切接触者 42

例。截至12月31日，非结防机构共上报48例可疑患者，其中重报患者5例，住院患者0例，出院患者0例，转诊43例，追踪36例，其他0例，追踪到位35例，追踪到位率97.22%。截至年底，痰检处置有效规范接诊161例，查痰148例，痰标本431份，随访病人39例，痰标本78份。

【生物制品】 2022年，霍州市疾控中心建立健全各项规章制度，完善生物制品安全使用各环节工作程序；疫苗全部采用省卫健委阳光采购网的方式购进，有验收记录，检验合格证明，审核批准证明，有资质；完善各类疫苗温度监测制度、分发记录及各类疫苗过期回收制度。完善疫苗管理工作，及时接收并下发免疫规划内疫苗，推动山西省综合信息系统平台安装与使用，通过多次培训，让预防接种工作人员熟悉掌握系统的使用方法，确保疫苗信息全程可追溯，开展扫码接种工作。冷链设备的运转与管理是开展疫苗质量管理最重要的环节，加强对冷库的温度监测，实时将温度记录上传到电脑，加强冷链运转的质量管理，每次疫苗运转均实行冷藏运输，确保疫苗质量。开展对基层生物制品安全使用管理的督导检查工作，督导内容包括各级规章制度的建立，冷链设备的管理，疫苗的使用情况等。

【慢性病防治】 2022年，霍州市疾控中心收到各级医疗机构通过死因登记报告信息系统网络报告的死亡卡1197张，审核1197张，报告初死亡率438.48/10万，全年5‰（1365例）。由人社、卫体、民政低保、殡葬、公安多部门共享死亡信息945条，已全部下发至各社区、乡镇进行比对核实。2022年死因监测漏报调查工作经调查核实漏报21人，全部生成个案。中国居民心脑血管事件监测工作于2022年3月17日开展启动会培训，共培训31人次，已实现参与项目人员培训全覆盖。收到各级医疗机构通过中国居民心脑血管事件监测系统报告卡1063张，审核1063张。其中，急性心肌梗死164张，占15.43%；心绞痛67张，占6.3%；脑卒中827张，占77.8%；心脏性猝死5张，占0.47%。

【艾滋病防治】 2022年，霍州市疾控中心对看守所新入所监管人员进行常规HIV抗体检测，将检测结果及时反馈并上报市中心。2022年市里任务500人，年底完成检测83人，结果均为阴性，完成率17%；开展自愿咨询和检测工作，建立健全规范化档案及个案登记，市里任务450人，咨询检测451人，结果均为阴性，完成率100%；对所管理的73名免费抗病毒治疗的艾滋病病人定期随访、CD_4检测、临床检验、心理关怀、支持与干预，其中69人在治，治疗率94.5%；截至2022年12月底，已完成干预412人次，检测212人次，发放宣传材料4100份、安全套2800个；全人口检测任务29000人，完成32826人，完成率113%；性病门诊就诊率任务量490人，完成503人，完成率102%。

【地方病防治】 2022年底共报45例，均开展流行病学调查和追踪随访，个案调查率达100%；采集血清264份，RBPT阳性18份，SAT阳性者16份，新发病例10例，旧患2例，隐性感染4例；疟疾防治：年底上报不明原因发热病人血涂片102人次，监测点居民户及居住半年以上常住人口中的8—10岁儿童、孕妇，监测项目包括8—10岁儿童尿碘、盐碘含量；孕妇尿碘、盐碘含量根据抽样方法，抽取鼓楼、大张、北环、白龙、辛置五个乡镇参与监测，检测结果儿童21.8m毫克/千克，孕妇212.6克/升，中位数适中，碘盐覆盖率 97.3%，合格碘盐食用率 95.3%；成人大骨节病人随访南车腰，神半节无现症病人，干节 10 例病人，中度 3 例，轻度 7 例，无重度病例；对 7—12 岁儿童共进行临床调查 18 人，未发现大骨节病Ⅰ、Ⅱ、Ⅲ度病例；饮水型地方性氟中毒监测：在 3 个改水村中，共监测 2 个改水工程，正常运转工程 2 个，占监测工程的 100%；水氟含量合格工程 2 个，占监测工程的 100%。

【食品卫生】　2022 年，食品采样 25 种食物样品，化学污染物 13 种 32 份。致病菌 6 种 12 份，其中特色食品致病菌 6 种 12 份。全市食源性疾病监测点工作开展率达到 100%。全年共累计上报病例 232 例，上报及时率 100%，审核及时率 100%；对霍州市辖区内 2 起疑似食源性疾病事件开展流调工作，将工作情况及时报告给上级部门。

【职业病防治】　2022 年，开展霍州市职业健康检查机构为仁福堂医院，对劳动者进行岗前、岗期、离岗时职业健康检查，常规监测 5021 人；霍州市职业病及健康危害因素监测信息系统中，已完成 325 人随访工作并上报；根据《2022 年全市重点人群职业健康素养监测与干预工作实施方案》，选定霍州市供热中心和霍州煤电集团云厦建筑工程有限公司水泥厂两家企业，已完成入厂调查，供热中心 15 人，霍州煤电集团云厦建筑工程有限公司水泥厂 40 人，已通过市级审核。

【检验检测】　2022 年 4 月完成全市 300 份碘盐检测，6 月对 200 名儿童和 100 名孕妇进行尿碘检测；水质卫生监测采集农村饮用水 31 份，采集城市饮用水 6 份分别进行枯水期和丰水期的监测，水样类型包括出厂水和末梢水。监测指标包括感官性状和一般化学指标 18 项，毒理学指标 12 项，微生物指标 3 项，消毒剂指标 1 项，枯水期的 6 份城市饮用水的检测结果全部合格，31 份农村饮用水检测结果全部在合格范围内。艾滋病筛查检测工作有序进行，看守所筛查 63 人，娱乐场所筛查 212 人，自愿咨询 451 人，全年筛查 726 人，结果全部为阴性。

（刘　丹）

妇幼保健

【概况】　霍州市妇幼保健计划生育服务中心是政府设立的公共卫生事业机构，以贯彻落实《中华人民共和国母婴保健法》《中国儿童发展纲要》《中国妇女发展纲要》为主线，坚持以“以保健为中心，以保障生殖健康为目的，保健与临床相结合，面向群体、面向基层和预防为主”的妇幼卫生工作方针，以提高出生人口素质为重点，促进妇女儿童健康为主题，为全市妇女儿童提供健康保健服务。有在职职工 34 人，专业技术人员 33 人，共设 6 科 1 室，即妇保科、儿保科、婚检孕前科、检验科、财务科、办公室。主要仪器有 B 超、阴道镜、血球分析仪、心电图机等。

【卫生项目】　2022 年，霍州市妇幼保健计划生育服务中心对农村妇女（包括流动人口）实行免费婚前医学检查、免费孕前优生健康检查、免费产前筛查、增补叶酸预防神经管缺陷项目、两癌（宫颈癌、乳腺癌）免费筛查及孕产妇健康管理服务，为孕产妇提供预防艾滋病、梅毒和乙肝母婴传播的健康咨询和检测工作，为阳性孕产妇及所生儿童提供干预措施；为儿童提供新生儿疾病筛查及0—6岁儿童健康管理服务，从而减少出生缺陷的发生，保障母婴安全，提高出生人口素质。

【宫颈癌、乳腺癌筛查】 2022年，霍州市妇幼保健计划生育服务中心为全市35—64岁农村妇女开展免费宫颈癌、乳腺癌检查，对疑似病例进行跟踪随访，提高了农村妇女“宫颈癌、乳腺癌”的早诊早治率，降低了“宫颈癌、乳腺癌”死亡率，改善了农村妇女健康状况。

【新生儿疾病筛查】 2022年，霍州市妇幼保健计划生育服务中心为新生儿免费筛查先天性甲状腺功能减低症（CH）、苯丙酮尿症（PKU）、肾上腺皮质增生症（CAH）、串联质谱（MS-MS）遗传代谢性疾病，规范全市新生儿疾病筛查工作，提高新生儿疾病筛查率，保障儿童的身心健康。对医疗机构产科人员进行新生儿疾病筛查技术指导、培训，宣传新生儿疾病筛查的重要性和迫切性，使广大家长在知情基础上自愿进行筛查。

【产前筛查及产前诊断】 2022年，霍州市妇幼保健计划生育服务中心为妊娠15—20＋6周的孕妇进行21-三体综合征、18-三体综合征和神经管缺陷血清生化免疫筛查；为产前筛查结果高风险的孕妇免费提供产前先天性缺陷和遗传性疾病诊断的转诊服务。自上而下逐级建立产前筛查、产前诊断信息月统计报表制度。

【孕前优生健康检查】 2022年，霍州市妇幼保健计划生育服务中心为农村计划怀孕夫妇开展免费孕前优生健康检查，这是党和政府关注民生、服务民生、改善民生的具体行动，为有利于提高计划怀孕夫妇优生科学知识水平，增强孕前风险防范意识，推进免费孕前优生健康检查工作，开展免费孕前优生健康检查，把预防措施落实在怀孕之前，从源头上降低出生缺陷的发生风险。

【农村孕产妇增补叶酸】 2022年，霍州市妇幼保健计划生育服务中心对准备怀孕的农村妇女及孕早期妇女宣传补充小剂量叶酸的好处及领取叶酸的程序。加强对各级妇幼保健人员项目知识的宣传培训，并组织发放小剂量叶酸片，做好发放登记及信息上报工作。

【预防艾滋病、乙肝、梅毒母婴传播项目】 2022年，霍州市妇幼保健计划生育服务中心为全市孕产妇提供免费艾滋病、乙肝、梅毒三病检测，建立“逢孕必检”的工作机制，对感染的孕产妇实行“首诊负责制”，规范相关药品、试剂，特别是乙肝免疫球蛋白的出入库管理、存储和使用，宣传“预防艾滋病、梅毒、乙肝母婴传播”知识，将感染孕产妇纳入高危管理，责任明确，管理衔接紧密，避免脱节、漏洞；母婴干预措施、转诊、定期随访工作落实到位，提供自愿咨询与自愿检测服务。

【婚前医学检查】 2022年，霍州市妇幼保健计划生育服务中心建立“政府主导、部门合作、专家支撑、群众参与”的工作机制，与婚姻登记处实现无缝对接，将免费婚前医学检查和国家免费孕前优生健康检查项目有机整合，出生缺陷发生风险逐步降低，出生人口素质逐步提高。

【出生医学证明管理】 2022年，霍州市妇幼保健计划生育服务中心根据《中华人民共和国母婴保健法》及《山西省出生医学证明管理办法》的要求，出生医学证明由各医疗助产机构签发，实行专人专管，证章分离，分级管理。空白证依号码顺序发放，落实“两锁三铁”的存储要求，规范做好首次签发、换发和补发，严格废证管理，做好出生医学证明档案管理、登记、上报等工作。

【健康教育】　2022年，霍州市妇幼保健计划生育服务中心通过制定详细的工作计划，采取进村入户，媒体宣传、举办孕妇学校，开展预防出生缺陷、预防艾滋病、梅毒和乙肝母婴传播、母乳喂养宣传周等宣传，利用健康快车、媒体宣讲及发放资料等方式，提高全民妇幼健康知识的知晓率。

【三网监测】　2022年，霍州市妇幼保健计划生育服务中心以市、乡、村三级网络为依托，加强信息的统计、上报、反馈、核实工作，实行每月例会制度，对妇幼人员进行培训，提高基层妇幼人员的整体素质，使妇幼信息做到及时、准确、科学，为政府制定政策提供科学依据。（成如珍）

医药管理

【概况】　霍州市医药有限公司始创于1956年7月，2006年10月由原山西省霍州市医药药材公司改制而成。2014年11月独家投资组建了山西德顺源大药房连锁有限公司，2019年4月，2022年1月分别成功收购霍州市馨康医药有限公司、霍州市君益大药房有限公司。旗下有连锁直营药店28家、中医诊所3家、古法艾灸理疗馆1个。经营范围包括中药材、中成药、中药饮片、化学药制剂、抗生素、生化药品、生物制品（除疫苗）、精神药品（限二类）、蛋白同化制剂及肽类激素、医疗器械、保健食品12大类5800余个品规的医药商品。担负着城镇职工、城乡居民医保刷卡购药、城镇职工门诊大额疾病、特殊病用药以及霍州、汾西两地基药配送和全市30万人民群众防病治病、康复保健、抢险救灾和疫情防控物资的供应任务。

【经济指标】　商品销售收入：2022年度实际完成13133.45万元（含批发调拨给连锁的5026万元，实际纯销售净额为8107.45万元），占年计划13500万元的97.28%，与上年同期的13012.28万元相比提高0.93个百分点。其中，“三家”零售公司销售收入完成6965.43万元，占商品销售收入总额的53.04%。

净利润：2022年度四个公司合计实现净利润564.88万元（其中营业外收入为181.87万元），占年计划500万元的112.98%，与上年同期的512.01万元（其中营业外收入为216.83万元）相比净增绝对额52.87万元。

上缴税金：实际上缴305.55万元，与上年同期的345.93万元相比净减绝对额40.38万元。

【药品采购】　霍州市医药有限公司立足降低采购成本、保障市场供应，采取线上线下同步进行扩充采购渠道，寻求同质低价优势品种，适时组织回金纳多片、盐酸氨基葡萄糖胶囊、二甲双胍缓释片及拜尔系列等近百个品种；结缘知名厂家辉瑞、阿斯利康、赛诺菲、修正药业、广誉远、南北同仁堂等，争取品种资源和优惠政策；采取以量换价手段，对重点品种进行适度囤积。尤其是在防疫物资和药品的采购上，时刻关注市场动态，及时反馈商品信息，迅速组织货源，从而使口罩、防护服、制氧机等应急物资在同行货源断供的情况下抢得先机，占据了市场的至高点。

【批零经营】　2022年，霍州市医药有限公司发挥“两大仓库”蓄水池的作用，确保市场急需品种不脱销，依托医院、连锁、基药、外埠“四大中心”固守本土阵地，强力拓展开发外埠市场。发挥各自的职能作用。零售门店以实施销售毛利双考核为着力点，促进销售增长原动力。按照运营部精心设计的促销方案，寻突破、增亮点，成功将安宫牛黄丸、人参系列产品，葵花药业等促销活动的业绩收入囊中。以品种数量要求为基点，带动新品增加，确保品种齐全，扎实走高、中、低档经营之路；以市场动态为导向，出台对策，调整价格，着力提高市场竞争能力；以会员发展为抓手，稳定客户群，增加顾客黏性，培育忠诚度；以防疫药品家庭储备为爆点，抢抓战略机遇期，全力以赴抓销售，紧盯目标赶任务，形成家家争抢货源、人人冲刺在先、日日捷报频传的局面，掀起年末岁尾销售新高潮，12月销售突破千万元大关。

【药品质量管理】 2022年。霍州市医药有限公司组织开展《药品网络销售监督办法》等法规学习，以此提高全员履职能力。依法修订质量管理体系文件，构建质量安全体系屏障。在质量管理领导组的主导下，质管部经过依法斟酌，逐条修订，制订出台第五版质量管理体系文件手册，满足药品经营全程质量管理钢性要求。实施微机升级改造，提升信息化管理手段。投资20万元于2022年9月启动微机升级工程，经过三个月的奋战，将用友时空KSOA 9.0升级为最新版本的时空智友V.11。与此同时，通过投标比价一次性投资12万元新购电脑35台，打印机10台，提升信息化管理水平。强化日常现场管理，促进GSP实施进程。始终坚持在落实制度上“严”，操作程序上“细”、改进工作上“实”的做法，推进质管工作的落地实施，从而提升质量管理水平。在省、市全年组织的10余次督导检查中，均给予充分肯定，且顺利通过山西省药监局第四分局腾讯视频非现场检查验收。

【医保管理】 2022年，霍州市医药有限公司把规范管理贯穿于医保工作的全过程来抓，以此促进医保工作迈上规范运作轨道。参加医保知识竞赛活动，丰富员工的专业知识，提高做好医保工作的能力水平。抢占医保资源，拓宽服务范围。1月份康复特、学府、西街三家连锁店医保刷卡业务正式上线；10月第二连锁店“特药”定点资格获批，服务业务顺利开通；有26家医保定点药店申请跨省异地结算进入审批程序。嫁接布局网点，调整培育优势。4月26日将宏泰连锁店由永合村整体搬迁至霍煤集团开元小区设点营业。于2022年1月21日投资38万元成功收购具有医保定点资格的霍州市君益大药房有限公司。压实责任，主攻目标，使医保电子凭证使用率由原来的不足20%上升至40%以上。提高自律意识，化解经营风险。医保刷卡不规范行为存在着巨大的潜在风险，违规受罚、违法必究，时刻警示着要守住政策底线、不触碰违规的红线。强抓管理促规范，痛下决心补短板，对照医保服务协议，从严整治任意串换药品，集中收卡购药和购、销、存等不规范行为。

【换届选举】 2022年，公司董事会、监事会、党支部及工会委员会任期均已届满。换届工作事关大局，承载重托、任务艰难、迫在眉睫，为此，公司经过精心筹备，细化程序、优化人选，严密组织，依法有序开展换届选举工作。1月18日隆重召开第六届股东大会，依照大会程序选举产生第六届董事会、监事会组成人员。张国新第六次连任董事长。3月31日召开支部换届选举党员大会，依照大会程序，采取差额选举的办法，选举产生新一届支部委员会委员，宋永利当选为支部书记。3月27日召开霍州市医药联合工会第三届委员会会员大会，选举产生霍州市医药联合工会第三届委员会委员，刘世保担任工会主席。

【团队建设】　2022年，霍州市医药有限公司举办线上培训7场、线下培训9场，充实了员工的专业知识。全年培养药学初级专业人才14名，财会中级专业人才1名，引进具有执业药师资格的人才1名，使专业技术队伍不断得到壮大，执业药师团队达到了43人，为企业新建网点持续发展储备雄厚的人力资源。有2名优秀青年员工经过任前锻炼、重点培养步入管理团队之列。顺势而为出台内退政策，调整员工队伍结构。依法建立劳动关系，规范企业用工行为。随着新聘员工的增加和部分员工劳动合同到期，为理顺劳动关系，确保劳资双方的权利和义务，依法与15名员工建立劳动关系，与47名员工续签劳动合同，在人力资源和社会保障部门完成备案，规范企业劳动用工行为。

（高继忠）

重点医院

·人民医院·

【概况】　霍州市人民医院始建于1948年，是一所集医疗、教学、科研、预防、保健和康复为一体的二级甲等综合公立医院；是全市基本医疗保险、生育保险、工伤保险和各种商业保险定点医院；是交通事故绿色通道定点医院。全院开放床位236张，年门急诊10万余人次，住院近1万人次。

医院有职工461人，其中，硕士研究生2人，正高职称资格12人，副高职称资格56人，中级职称资格153人。拥有：飞利浦FD-20数字减影血管造影系统、飞利浦1.5T核磁共振、美国GE16排CT、美国飞利浦四维彩超、奥林巴斯CV-290消化内镜操作系统、美国史塞克数字HD高清晰腔镜手术系统、德国WOLF电切镜和钬激光碎石系统、血液透析机、法国梅里埃微生物诊断系统等大型设备，为临床诊治提供有力支撑。医院设置15个职能科室，46个一、二级临床医技科室。其中心血管内科、神经内科为山西省首批县级临床重点专科。骨科为临汾市级重点专科。

【质量安全】　2022年，霍州市人民医院落实医院感染预防与控制措施，监测出院病例8326例，医院感染发病率0.22%，漏报率0，无菌手术切口感染率0，无医院感染聚集性发生，无医疗事故发生。按程序规范购置医疗设备57台（套），总费用596万元。设备使用率97%，完好率100%。定期开展质量管理系列活动，全年组织疑难、危重、死亡病例讨论6次，集中优势资源，吸纳更多医务人员参与质量管理。人民医院病案首页数据质控系统、医保结算清单管理系统、DRGs绩效院内管理系统顺利部署运行，顺利通过电子病历系统3级、网络安全2级评价，用信息化为管理晋级，为高质量发展铺路。

【人才培养】　2022年，霍州市人民医院加强人才队伍建设，公开招聘专业技术人员入职41名，自主招聘专业技术人员23人，完成25人职称人员晋升聘任工作，分类分层打造人才梯队，助力专业技术水平提升。坚持“内引外培”，选送10名医生4名护士到三甲医院进修学习，提升专业能力。邀请上级专家到院讲学20次，参加省内外学术交流100余人次，“云课堂”视频培训2000余人次。教育学分达标率98.1%，同比增高 3.9%。为 41 名新入职员工“量身打造”递进式、周期性培训。

【学科建设】 2022 年，霍州市人民医院五大急诊急救中心进行建设。胸痛中心接诊胸痛患者 1030 人次，高危患者 340 例，急性 ST 段抬高型心肌梗死 108 人，静脉溶栓 49 例，急诊 PCI 17 例，转运 PCI 32 例，平均 Dto 29.5 分钟，最短 13 分钟。卒中中心接诊高血压、脑血管病 1660 人次，急性脑梗死 588 例，溶栓 43 例，DNT 平均时间 36 分钟，最短 29 分钟。创伤救治中心接诊 4395 人次，上报中国创伤救治联盟平台 841 例，AIS 评分≥3 分危重患者 83 人，数据上报 A 级，周排名位列全省 28 名左右。危重孕产妇救治中心建设逐步完善，规章制度、工作流程不断健全规范，高危孕产妇专案管理 26 人，成功救治危重孕产妇 6 人，实现“零死亡”。危重新生儿和儿童救治中心建设平稳推进，收治新生儿 91 人次，其中孕龄最小 34 周，年龄最小 22 分钟，体重最轻 1.61 千克。

全年引进开展新技术新项目 14 项。导管室稳步发展，自 2020 年 1 月份成立以来，已经开展冠脉造影及冠脉 PCI 术 1070 余例，全脑血管造影及颅内动脉瘤栓塞术 30 余例，消化科 ERCP 及胆道支架植入术 10 余例，赢得百姓信任与赞誉。胃镜室开展内镜下经皮胃造瘘术，骨科开展经皮椎体强化成形术，神经外科开展经鼻蝶窦垂体瘤清除术、小脑扁桃体下疝切除治疗脊髓空洞等 5 项新技术。口腔科开展口腔种植技术 3 例。

【指令性任务】 2022 年，霍州市人民医院完成政府指令性保障任务 183 次，派出医护人员 500 余人次。配合组织部、武装部、公安局完成教师体检 1049 人、征兵体检、拘留人员体检 760 人。完成 5 个单位近 905 人体检。驾校学员体检 290 余人次，个人体检 2000 余人次，婚检、托幼体检 800 余人次，职业健康体检 401 人。组织 7 支多专业联合医疗小分队服务 12 个基层乡镇/社区，入户服务 1127 户、2599 人。开展 13 次义诊活动，免费测量血压、血糖，义诊 500 余人次。开展 6 次健康教育讲座，受众 300 余人，完成“千名医生进万家”活动任务。

【医药监督】 2022 年，霍州市人民医院牵手山西省人民医院、省心血管病医院、临汾市中心医院等三级医院组建“医联体”，按照“院对院、科对科、人对人”的精准帮扶，将一流的技术、一流的管理经验倾囊相助。深入推进“优质服务基层行”，“我为群众办实事”等活动，集团 11 所乡镇卫生院和社区服务中心全部通过“基本标准”验收。开展“千名医师下基层、提升基层救治能力”巡回医疗工作，用好用活各类资源，深入基层共同探讨救治方案、服务群众需求，专家查房 127 人次，会诊 24 人次，深入 6 个乡镇（社区），随访 450 人，做到“疾病共治、慢病共管、资源共享”，让老百姓真正体验到在家门口就能获得三级医院的医疗服务。

开展“四合理”相关政策知识培训、宣传，严格执行药品、耗材零差率销售和集中带量采购政策，集中带量采购药品 245 种，节约费用 1153.564 万元。纠正“应检查不检查，应复查不复查”，杜绝“乱检查、重复检查”，规范检查结果分析和记录。坚持开展医嘱、处方点评、抗菌药物专项点评等工作，每月统计、定期公示，发现问题及时提醒通报、查处整改。医嘱合理率超 90%，麻精药品处方合格率 98.78%，抗菌药物使用率 42.3%，DDD 值 43，遵守循证医学理论和实践，制定合理治疗方案，优化临床思维，规范诊疗行为。实际开展临床路径95个病种，出院病人覆盖率54.8%。路径入组率98.4%，变异率2.7%，退组率1.6%，完成率98.4%，推进同质化服务。加强对医疗服务价格的监督管理，执行物价政策和费用清单制、价格公示制，自觉接受患者和社会的监督。

【预防保健】　2022年，霍州市人民医院第一批健康小屋建成使用，开设健康大讲堂、组建健康小分队，实施常态化全周期健康服务行动。基层医疗机构居民健康纸质档案210330份，建档率99.4%；开展健康教育讲座1047次，16283人受益。访视新生儿1213人，访视率为97.9%；随访0—6岁儿童12494人，健康管理率为90.2%；早孕建册1144人，建册率92.3%，产后访视1211人，访视率97.7%；65周岁及以上老年人健康体检11490人；高血压患者规范管理23806人，规范管理率89.7%；糖尿病患者规范管理5322人，规范管理率90.8%；严重精神障碍患者规范管理1005人，规范管理率98.5%；接受中医药健康管理服务3707人，管理率64.7%；传染病疫情报告率100%。

【文化建设】　2022年，霍州市人民医院组织开展"2022年庆祝第五个中国医师节暨清廉医院建设系列活动"，营造"党风清正、行风清朗、院风清明、医风清新"的清廉医院氛围。组织举办"5·12"系列活动，通过技能"比武"、记录单"比写"、应急演练"比快"等方式，提升护理技能，增强专业素养。对标三基三严，开展急救技能培训、练兵、考核等系列活动，覆盖150余人，提高护理队伍应急能力。举办手卫生活动宣传周，"竞赛、视频、讲座"相互衔接、各显其能，让手卫生走进医院每一个角落，提升医务人员防控技能，激发"人人都是感控实践者"的自觉性。受临汾市卫健委表彰"最美逆行者"1名，"平阳好护士"2名，"平阳好医师"2名。获得锦旗43面。

【党风廉政建设】　2022年，霍州市人民医院全年开展党组织班子成员谈心谈话150余人次。实施"头雁工程"，党委理论中心组发挥引领作用，一年学习50余次，推动理论学习提质增效。打造党委书记"特色党课"，开展"高举旗帜、凝聚力量、团结奋进"党务工作培训，提升基层党员党务工作能力。讲述"一起学党史"故事，回顾百年征程、讴歌百年辉煌，形成"书记带头学、班子领头学、支部联动学"良好氛围。"党员进党校""省委党校专题授课"计20余次，各支部集中学习计150余次，党员撰写学习心得体会200余篇，读书笔记约100万字。利用"微信公众号""学习强国"学习平台，推出"党史随手学""每周小测试""二十大专栏""学分大比拼"系列活动。

【清廉医院】　2022年，霍州市人民医院推动现代医院管理制度、DRG付费试点改革等重点工作，不断深化清廉医院建设"6341"工程。落实党委从严治党主体责任和纪委监督责任，签订党风廉政建设责任书、党支部党建目标责任书、廉洁从业承诺书，确保党风廉政建设责任纵到底、横到边。落实党委领导下的院长负责制，修订完善党委会议、院长办公会议议事规则，确保"三重一大"事项集体决策、科学决策。建立廉政谈话提醒制度，筑牢思想防线。对后勤保障、信息、药剂、设备科等多个重点科室进行了约谈。设置医院"廉政文化长廊""清廉书法展""清廉专题版面""清廉电子屏""廉政文化教育宣传栏"阵地集群，形成"多面环绕、立体交叉"的清廉医院局面。将清廉医院建设与深化医药卫生体制改革同部署同推进。通过落实药品零差率，药品耗材带量集中采购，实施临床路径和DRG付费，开展医嘱处方点评、合理检查、合理治疗、合理收费等活动，节约费用4124.05万元，减轻群众就医负担。开展医德医风月查房，开展“私设小金库”“欺诈骗保”“不合理用药”专项整治活动。（杨月婷）

·中医院·

【概况】 霍州市中医院位于霍东新区经五路东侧、开元小区南侧，占地10695.9平方米，建筑面积8486.64平方米。其中，门诊楼5层，住院楼4层，建筑面积为7009.08平方米。

医院系山西省中医院医疗集团霍州医院和临汾健康大讲堂霍州市讲堂，承担着全市人民预防保健、常见病诊疗、术后康复护理和中医传承创新发展等职能。全院设：内一（心内）科、内二（肿瘤）科、康复科、儿科、外科、妇科、耳鼻喉科、督灸科、体检科、预防接种室、检验科、放射科、CT室、彩超室、心电图室、院感科、防保科、收费室、药剂科、党建办、院办室、医务科、护理部、财务科、人绩科、医保科、设备科、病案室、信息科、后勤科30个科室。截至年底，全院开设床位85张。职工108人，其中，在编人员58人，聘用制人员50人。在编人员：医生20人，其中高（副）职称4人，中级职称3人，初级职称13人；护士17人，其中高（副）职称3人，中级职称6人，初级职称8人；工勤人员3人；其他专业技术人员18人。聘用制人员：医生15人，其中高（副）职称3人，中级职称2人，初级职称7人；护士15人，其中中级职称5人，初级职称10人；医技人员12人；后勤行政人员8人。固定资产达5000余万元。2022年全年门诊诊疗患者达21266人次，比上年增长91%；住院患者达1217人次，比上年增长42%。

医院设中共霍州市中医医院支部委员会，14名党员。设工会，93名工会会员。

2020年，霍州市中医医院先后被纳入山西省针灸学会会员单位，康复科和督灸科被授予“临汾市市级重点专科”称号，被中共临汾市委宣传部、临汾市文明办授予“社会主义核心价值观建设示范点”称号。2021年11月，晋级为二级甲等中医医院。

【特色建院】 2022年，中医院贯彻落实市委“转型出雏型、率先蹚新路”总目标，坚持“优中更优”整体推进的思路，康复科在强化推广针灸、推拿、针刀术等传统中医诊疗技术的基础上，住院病人与上年同比增加40%，门诊病人与上年同比增加30%。督灸科规范了督灸区、雷火灸区、脐药灸区、隔物灸区，拓宽温针灸、隔物灸、火龙药灸、艾灸冬病夏治疗法、雷火灸疗法、通督灸脐药灸治疗等诊疗技术。新增内科、骨伤科、妇科、儿科、五官、皮肤等多系统疾病的治疗。肿瘤科新增化学疗法、免疫疗法、中草药疗法、中医外治疗法等诊疗方法。筹备口腔科。11月，与霍州市职业中专学校搭建合作平台，共同打造中医药传承实习基地。

【科技强院】 2022年，中医院在普及推广医保DRG改革付费工作的基础上，改善医疗条件，加大投入，提升基础设施的服务档次和接待能力。新增全自动生化分析仪1台；96通道核酸提取仪1台；医疗垃圾转运车1辆，负压救护车2辆，配齐配全医疗救治特种设备3套；移动PCR方舱实验室和隔物灸仪、灸疗排烟设备、艾灸雷火灸仪、坐熏仪等灸疗服务能力提升项目。

【人才兴院】 2022年，中医院坚持“外引”和“内培”相结合，坚持“请进来、走出去”的机制，打造人才新高地。完成两批次高层次人才的引进。先后邀请山西省级医院和临汾市级医院的专家来院授课，固化聘请邀请省城专家坚持每周一次坐诊制度，解决了人民群众就医难的问题。常态化坚持线上线下进行教育培训，先后开展50余次医护人员培训学习，参加人员达2100余人次。

【清廉医院建设】 2022年，中医院开展“清廉医院”建设活动。聚焦政治挂帅，铸牢理想之魂。组织观看警示教育片，坚持以案为鉴，用身边事教育身边人，从思想上自觉抵制腐败、杜绝腐败、远离腐败，走好行医路。坚持以开展院外购药吃“回扣”问题专项整治活动为突破口，开展打击欺诈骗保、收受红包回扣、医疗乱象专项整治活动，打击药械、耗材购销领域商业贿赂行为，打击医疗机构、医务人员利用执业之便谋求不正当利益的行为等7个专项行动。完善固化党支部、院长办公会议议事决策制度、“三重一大”重要事项制度、现代医院管理制度、医疗卫生机构廉洁风险防控机制、人事薪酬制度、医药购销制度、财务审计制度。落实卫生医疗“放管服效”，畅通服务群众“最后一公里”。推进药品、耗材集中带量采购，全年网采平台采购达463种类，比上年增加10%。完善HIS信息系统，实行了“一站式即时结算”，开通意外伤害保险服务窗口，调整超限用药价格，修改个别诊疗项目。全年慢性病总人数41人，比上年增加了1.41倍，慢性病住院563人次，比上年增加1.14倍。拓宽高考和“三八”妇女节等重要节点体检，全年体检人数达7000余人，比上年增加30%。深入农村和白龙、辛置、大张、李曹、三教乡5个乡镇，南环、退沙两个街道办事处的11个农村（社区），开展“千名医生进万家”活动。组织专家150余人次，义诊人数800余人次，开具中药处方300余张，心电图600余人次，彩超200余人次，火罐治疗500余人次，三伏贴100余人次，发放宣传资料5000份。出台霍州市中医医院预防新冠肺炎中药预防处方，并向市直单位、疫情防控一线人员免费发放。在市区人口密集区域设立“发热门诊便民点”。为市事业机关单位、全市十九家养老院中的老年人上门核酸采样等工作。

（郭志妃　靳　羚）

爱国卫生

【概况】 霍州市爱国卫生运动服务中心是霍州市爱国卫生运动委员会的办事机构，正科级建制，公益一类事业编制，编制10名，2022年有在职职工9人（其中正科级1人，副科级4人），主要职责是：贯彻国家爱国卫生工作的方针、政策和法规；负责城乡环境卫生的监督及检查评比；组织协调开展创建“卫生城”活动，组织协调开展创建卫生乡镇、卫生社区、卫生村活动；组织协调乡镇街道办、有关部门和团体的爱国卫生工作；协调处理环境卫生工作；开展爱国卫生宣传教育活动；开展农村改厕工作；组织开展全市病媒生物防治活动。

【创建国家卫生城】 2022年，霍州市爱卫办按照全国爱卫会办公室2021年12月3日印发《国家卫生城镇评审管理办法》和《国家卫生乡镇标准》，制定新的创国卫任务和责任清单，对新的标准进行分解。发挥组织协调职能，坚持问题向导，对照新的指标要求，进一步细化，建立问题清单台账，对照问题清单，逐一研究，逐项整改，逐步完善。各成员单位按照创建国家级卫生城工作指标，对建成区及城乡接合部的大街小巷的破损路面、广告牌匾、违建临建、残垣断壁、农贸市场、畜禽养殖、流动摊贩、空中网线等方面进行整治；开展健康教育和健康促进活动，对重点场所卫生、食品和生活饮用水安全进行整治规范，推进公共卫生与医疗服务和病媒生物预防控制，加大环境保护治理。

【爱国卫生月】 2022 年 4 月，霍州市爱卫办下发《关于开展第 34 个爱国卫生月活动的通知》，结合纪念爱国卫生运动 70 周年的有利契机，开展健康知识普及行动、控烟行动和倡导文明健康绿色环保生活方式活动，宣传爱国卫生运动对于增进人民健康、改善城乡人居环境、助力疫情防控发挥的积极作用，传承爱国卫生优良传统，倡导居民勤洗手、常通风、保持社交距离、使用公勺公筷、不乱扔垃圾、公共场所不吸烟等科普宣传。开展垃圾分类和限塑等知识宣传，引导群众不使用一次性餐具和塑料制品、分类投放生活垃圾，在全社会营造自觉垃圾减量、全民注重环保的氛围。集中开展灭蚊、灭蝇、灭蟑、灭鼠行动，有效降低病媒生物密度，严防媒介疾病发生。

【农村改厕】 2022 年，霍州市爱卫办制定本年度改厕工作方案，完成上级下达的 1500 座农村户厕改造，同时做好日常改厕工程质量督查，发现问题及时整改，对改造农厕质量进行验收，统计改造农厕使用情况。组织相关人员对全市所有户厕进行拉网式、全覆盖摸排检查，建立改厕台账和问题厕所台账，对排查出的问题厕所全部进行整改。

【除“四害”】 2022 年，霍州市爱卫办开展以整治环境，清除垃圾和“四害”滋生地为重点的除“四害”活动，从源头彻底清除“四害”的孳生和各种传染病的传播。制定下发《2022 年关于开展消杀活动的通知》，以多种形式普及卫生传染病知识。（李汶涛）

综合检验检测

【概况】 霍州市综合检验检测中心成立于 2015 年 3 月，承担全市的计量检定、食品、药品、农产品等各类检验检测任务。

【队伍建设】 2022 年，霍州市综合检验检测中心落实“一岗双责”要求，对单位内部的党风廉政建设进行安排。从业务特点出发，实行分级负责、分组督导、把主体责任和反腐败任务层层分解到各股室、重要环节和关键岗位，达到人人有责任、个个挑重担、人人受监督的效果。加强廉政风险防控工作，班子成员为党员干部讲廉政专题党课，并在重要节日前进行廉政提醒，确保中心内部风清气正、为民务实。

综检中心把业务知识学习纳入工作日程，建立健全学习制度，制定周密的学习计划，确定内容丰富的学习专题，研读检验检测工作方面的政策法规，不断提升履职尽责的业务能力，以保证各项工作责任到位、措施到位、工作到位，完善业务工作流程，特别是抽调中心业务骨干进行专业知识讲座，对目前开展的计量器具强制检定的申请进行受理、内部流转、检定操作、原始记录填写、数据处理、证书出具等各个环节进行深入细致的讲解，提升干部职工的专业素养和理论指导实践的能力。

【党建工作】 2022年，综检中心落实“三会一课”制度，以强化政治建设和理论武装为着力点，丰富学习形式、内容，采取集中学习、个人自学、专题研讨等方式加强学习，开展党性教育活动，通过上廉政党课、观看爱国影片等方式加强党员干部爱国主义教育、廉洁自律警示教育，引导全体党员干部不忘初心、查找并改正自身问题，提高党性修养和自身素质。严格标准、程序发展党员，年内共发展入党积极分子1人，接收预备党员1人。

【计量检定】 2022年，主导并参与检定压力表1032块、衡器221台、加油机416枪次、燃气表2000块、血压计188台、天平45架，确保了强制检定计量器具的受检率达98%以上，建立成品油市场多部门联动监管机制，促进成品油市场持续健康发展，配合全市规范成品油市场专项整治行动安排，对全市范围内从事生产经营、在市场监督管理局备案、用于贸易结算的加油站点的所有加油机，工作人员在对加油机的铭牌和标记、外观结构、防作弊系统、加油机主板、编码器、流量器铅封是否完好进行检查，对加油机的示值误差和重复性进行一次超标准严要求的计量检定。

【宣传工作】 2022年5月20日是第23个世界计量日，为推动计量工作惠及百姓，综检中心和市场监督管理局在霍州市监督管理局广场开展以“推进计量数字化转型　服务数字中国建设”为主题的宣传活动，制定详细的活动实施方案。工作人员向过往市民发放宣传资料，宣传计量法律法规，现场解答电子秤等计量器具作弊防骗小窍门、血压仪的日常检测、水电气等仪表的基准计量及校验等群众关切的问题和计量器具的正确使用方式，对超市内水果、蔬菜等各区域和加油站所使用的计量器具进行免费检测。活动期间，发放宣传资料上百余份。

（段超娴）

体　育

【比赛展演】 2022年6月10日，霍州市卫生健康和体育局在永和公园举行老年人门球比赛和太极拳（剑）展演活动。7月10日—8月16日，举办“喜迎二十大　奋进新征程”2022年全省群众文化活动霍州市第三届街头体育运动会，以篮球赛、武术赛、足球锦标赛等市民喜闻乐见的赛事活动在全市营造良好的氛围。

【项目建设】 完善霍山航空飞行营地迁建项目。由于霍黎高速的修建，阻断安全航线，根据专家建议，决定迁建霍山航空飞行营地，新建标准化降落场并完善相关设施，新场地迁建基本完毕，功能设施已配套到位。

社会生活

人力资源和社会保障

【概况】 霍州市人力资源和社会保障局（以下简称霍州人社局）组建于2010年4月，是市级党政机关机构改革后在原市劳动和社会保障局、市人事局的基础上组建而成。到2022年底，在册干部职工228人。内设14个股室，下设4个机构。

【就业创业】 2022年，霍州人社局开展就业援助月活动、岗位推介活动，举办毕业生专场招聘活动及退役军人专场招聘活动，有40余家用人单位，提供1500余个就业岗位，达成就业意向200余人。开展“云招聘”专场活动和线上直播带岗活动，有44家用人单位，提供2800余个就业岗位。认定就业见习基地8家，为全市32名高校毕业生提供就业见习岗位；在各乡镇（街道）设立就业服务站，招用了36名公益性岗位，从事基层服务工作。有序推进求职创业补贴，为3家学校符合条件的15人，发放1.8万元求职创业补贴。落实就业创业政策，累计发放创业担保贷款194笔、3743万元。城镇新增就业4871人，完成全年任务4700人的104%；农村劳动力转移就业3735人，完成全年任务3700人的101%；失业人员实现再就业1568人，完成全年任务1500人的104%；就业困难人员实现就业352人，完成全年任务350人的100%。技能培训带动就业：深化全民技能提升工作，截至年底，开展补贴性职业提升培训1402人，完成全年任务1400人的100.14%，其中订单式培训122人，普惠制培训730人，创业培训120人，企业培训430人。围绕“霍嬷嬷”霍州年馍劳务品牌建设工作，带动更多的城乡劳动力就业增收，将小馒头做成大产业，助推“霍嬷嬷”区域品牌产业发展。

助企纾困稳定就业：落实社保费缓缴政策，已对7个特困行业（餐饮、零售、旅游、民航、公路、水路、铁路运输等）实施阶段性缓缴企业养老保险费和失业保险费政策。优化助企服务流程，变“企业跑政策”为“向企业送政策”，以“免申即享”的方式，直接向符合条件的企业发放稳岗返还资金。向符合条件的88家企业发放稳岗补贴169.32万元，惠及企业职工3696人。

【社会保险】 2022年，参加城镇职工基本养老保险人数36908人，完成全年任务36007人的102.5%；参加企业职工基本养老保险人数25832人，完成全年任务24806人的104.14%；其中职工（不含离退休）人数18907人，完成全年任务18185人的103.97%；城乡居民基本养老保险参保人数97460人，完成全年任务96550人的100.94%；失业保险参保人数15147人，完成全年任务15147人的100%；工伤保险参保人数23575人，完成全年任务22258人的105.92%；霍州市社会保障卡持卡人数289007人。开展社保基金管理问题专项整治，排查发现9个方面管理风险，逐一堵塞管理漏洞，维护社保基金安全运行。

【人事人才】 2022年，霍州人社局推进“技能服务人才培养基地建设”和“大学生就业创业基地建设”，为4所高校输送人才17人。实行校企深度合作，与中教纳才教育科技集团合作，实行联合招生、联合培养。抓好技能人才培训和评价工作，落实按照“培训一人，取证一人”的要求，加强取证工作。新增技能人才800人，完成全年任务800人的100%，新增高技能人才133人，完成全年任务100人的133%。开展全市政府所属事业单位年度考核工作，事业单位岗位设置和岗位聘用工作，深化职称制度改革，开展卫生资格考试审核报名工作和专业技术人员网上继续教育学习统计备案工作。完成2021年事业单位公开招聘192人，推进2022年事业单位公开招聘工作，已完成报名工作。2022年招录“三支一扶”人员9人。

【劳动关系】 2022年，霍州人社局构建维护和谐稳定劳动关系，开展劳动关系“和谐同行”能力提升三年行动，健全风险动态监测预警和突发事件应急处置机制。促进城镇居民增收。2022年全市城镇常住居民人均可支配收入前三季度28452元，增幅6.1%。非营利性服务业工资总额三季度增速17.39%。指导全市37家样本企业完成《企业薪酬调查》填报工作。完成劳动用工备案4305人。联合多部门，开展三次根治欠薪集中接访活动，多部门协作，共同处置讨薪维权案件，开展2023年春节前拖欠农民工工资问题专项整治活动。全年处理拖欠农民工工资举报投诉案件117起，农民工865人，涉及金额1174余万元，接受案件已在规定时间内办结。开设工资保证金保函1430余万元，全年无重大欠薪舆情事件发生。受理劳动人事争议仲裁案件49件，涉及劳动者49人，帮助劳动者维权金额达153万元。结案32件，到期结案率为100%，其中调解成功4件，调解率为88.7%。

（牛海良）

民政工作

【概况】 霍州市民政局为正科级行政单位，负责组织实施落实民政事业的法律、法规和方针、政策，牵头拟订全市社会救助、城乡基层群众自治建设和社区治理、地名管理、殡葬管理、养老服务、婚姻登记、慈善事业、社会组织、志愿服务等的规划、实施工作。内设行政股室6个：办公室、社会组织管理股、社会救助股、基层政权和社区治理股、社会事务股、养老服务股。2022年，行政编制11名，实有7名；工勤编4名，实有2名。下设事业单位3个：霍州市社会救助中心：事业编制12名，实有10名；霍州市社会事务服务中心：事业编制5名，实有5名；霍州市社会福利服务中心：事业编制10名，实有4名。

【社会救助】 2022年，霍州市民政局巩固拓展兜底保障与乡村振兴有效衔接，城市低保对象845户、1648人，发放低保金1100.71万元；农村低保738户、1475人，发放低保金770.86万元；特困供养人员442人，发放供养金621.61万元；救急难244人，发放补助金44.89万元；小额救助480

人，28.44 万元。四类家庭学生和大学生 595 人 172.59 万元；80 岁以上老人 2426 人，发放补贴 318.55 万元。排查困难群众，建立低收入人口数据库，实现对低收入人口的信息汇聚、监测预警、分类处置、精准救助，截至 12 月底，低收入人口录入比例已达 4.95%。

【社会事务】 2022 年，霍州市民政局落实残疾人“两项”补贴，发放困难残疾人生活补贴 958 人 79.19 万元，重度护理残人补贴 2220 人 250.46 万元；发放孤弃儿童 52 人 346.68 万元，事实无人抚养儿童 58 人 165.06 万元。完成霍州、汾西界的界线联检，无任何变动和纠纷；完成地名数据库 2070 条数据维护任务。婚姻登记工作总量 2140 对。救助 43 人次，寻亲成功 3 人次，护送返乡 2 人次。

【社会组织】 2022 年，霍州市有 237 个社会组织。其中，社会团体 46 个，民办非企业单位 191 个。开展社会团体分支（代表）机构专项整治、持续整治行业协会商会乱收费以及社会组织领域重大风险防范化解等专项工作，促进社会组织高质量发展。2022 年度年报合格 169 家，撤销 3 家，清理“僵尸型”社会组织 2 个，23 家社会组织列入了活动异常名录。

【基层政权】 2022 年，霍州市民政局深化清廉村居建设，合力打造前进社区、永泉社区、云厦社区、退沙村、许村、冯南垣村 6 个示范点，延伸引领 24 个村（居），辐射带动 60 个村（居），实现全市 12 个乡镇（街道）152 个村（居）全覆盖；冯南垣村社会工作服务点已经正式挂牌运行。完成村改社区工作，全市有 127 个行政村，25 个社区；联合编制《霍州市村级党务、财务、村务公开制度（试行）》，全市 152 个行政村（社区）全部完成“三务”公开信息的上传，完成率为 100%；乡镇社工站全覆盖，12 个乡镇社工站持证 10 人，占比 26.3%，累计服务儿童 480 人次、老年人 1200 人次。

【养老服务】 2022 年，霍州市民政局登记在册养老机构 19 所，为老年人提供用餐的日间照料中心 61 所；完成农村老年人日间照料中心建设任务 35 所，公共浴室建设任务 86 所；发放困难家庭中高龄、失能老人补贴 110 人，7.545 万元。发放百岁老人补贴 6 人，1.26 万元。截至 2022 年底，市福利服务中心工程已基本完成，做好机构转型设计规划，申请开办资金。联合相关部门对全市 5 所公办敬老院和 14 所民办养老院进行安全检查。全市取得消防验收（检查）手续的养老机构 14 所，委托第三方房屋安全鉴定 17 所，完成机构备案 9 所。配合社会组织对 5 所民非养老机构进行年检工作。疫情防控期间为各养老机构发放消毒液、口罩、防护服、一次性手套等防疫物资，为 19 所养老机构建立就医绿色通道。

【基础工作】 2022 年，霍州市民政局召开党风廉政建设和反腐败工作会议，党组成员、分管领导、股室负责人层层签订责任书。坚持民政党员干部政治理论、业务学习制度，组织集中理论学习、业务学习 48 次，举办主题党日活动 12 次、意识形态工作专题学习会议 1 次。提升自身素质和工作能力，夯实民政事业发展的根基。坚持挖掘和宣传民政工作典型做法，被霍州政府网站采用 8 条、融媒体采用 2 条，《专职社工为民解忧献真情》被人民资讯、《临汾日报》、《山西经济日报》、学习强国、省民政厅网站采用，《倾情救助，千里护送老人返乡》被霍州融媒体、梦阳正能量转发采用。

【重点项目】 2022年，霍州市民政局推进殡葬基础设施建设。霍州市殡仪馆、骨灰堂重新选址在白龙镇白龙村，占地面积约40亩，总投资7179.88万元，已经完成立项批复，正在征地。乡、村级公益性公墓，已完成选址11个，同步进行设计、预算和可研工作。（王晓晖）

医疗保障

【概况】 霍州市医疗保障局于2019年3月7日正式挂牌成立，是市人民政府的工作部门，正科级建制。内设办公室、政策法规股、医药服务管理股、基金监管股4个股室，行政编制6人，局长1名，副局长1名，股级职数4名。局属事业单位医疗保险服务中心，事业编制，编制人数25名。

【主要职责】 霍州市医疗保障局主要职责是：拟订全市医疗保险、生育保险、医疗救助等医疗保障制度的地方性法规、规章草案、政策、规划和标准，并组织实施。组织制定并实施全市医疗保障基金监督管理办法，建立健全医疗保障基金安全防控机制，推进医疗保障基金支付方式改革。制定全市医疗保障筹资和待遇政策并组织实施，完善动态调整和区域调剂平衡机制，统等城乡医疗保障待遇标准，建立健全与筹资水平相适应的待遇调整机制。组织拟订并实施长期护理保险制度改革方案。负责中央、省驻霍和市属机关、事业、社会团体及企业等单位的医疗保险和生育保险管理工作。组织拟订和落实全市城乡统一的药品、医用耗材、医疗服务项目、医疗服务设施等医保目录和支付标准，建立动态调整机制。组织拟定、落实全市药品、医用耗材价格和医疗服务项目价格、医疗服务设施收费等政策并组织实施；建立医保支付医药服务价格合理确定和动态调整机制，推动建立市场主导的社会医药服务价格形成机制，建立价格信息监测和信息发布制度。制定全市药品、医用耗材的招标采购管理政策并监督实施。制定全市定点医药机构协议和支付管理办法并组织实施，建立健全医疗保障信用评价体系和信息披露制度，监督管理纳入医保范围内的医疗服务行为和医疗费用，依法查处医疗保障领域违法违规行为。负责医疗保障经办管理、公共服务体系和信息化建设。组织制定和完善异地就医管理和费用结算政策。建立健全医疗保障关系转移接续制度。开展医疗保障领域国际、国内合作交流。完成市委、市政府交办的其他任务。职能转变。市医疗保障局应完善统一的城乡居民基本医疗保险制度和大病保险制度，建立健全覆盖全民、城乡统筹的多层次医疗保障体系，不断提高医疗保障水平，确保医保资金合理使用、安全可控，推进医疗、医保、医药“三医联动”改革，更好保障人民群众就医需求、减轻医药费用负担。与市卫生健康和体育局的有关职责分工。市医疗保障局、市卫生健康和体育局等部门在医疗、医保、医药等方面加强制度、政策衔接，建立沟通协商机制，协同推进改革，提高医疗资源使用效率和医疗保障水平。

【主要指标】 2022年，霍州市基本医疗保险参保人员27.6358万人，医保基金收缴63189.13万元。其中，城乡居民参保19.6047万人，医保基金收缴18232.37万元；城镇职工参保80311人，医保基金收缴44956.76万元。全年基本医保基金支出30987.77万元，其中，城镇职工基本医疗保险基金支出21697.57万元，城乡居民基本医疗保险基金支出9290.2万元。

2022年全市年度城乡居民参保人数为196417人，特殊人群参保7522人。

【基金监管】 2022年，霍州市医疗保障局开展“集中宣传月”活动。以4月份医保基金监管集中宣传月为中心，开展一系列宣传活动。通过全市定点医药机构运用电子屏滚动播放医保政策标语、播放打击欺诈骗保公益动漫及悬挂标语条幅、发放宣传折页等多种方式宣传医保政策，集中宣传月期间制作宣传动漫8期，在各定点医疗机构定时播放打击欺诈骗保动漫宣传片和宣传标语25天，定点医药机构张贴宣传海报200余张，全年发放宣传折页5万余份；在政府门户网站开设政策宣传专栏，宣传解读《医疗保障基金使用监督管理条例》等医疗保障基金监管法律法规与政策规定；组织发动局机关、局属单位及定点医药机构工作人员及其身边的人，参与2022年临汾市医保基金监管集中宣传月微信知识竞赛活动，霍州市参与人次与总分成绩在临汾市排名第一；利用霍州特色的曲艺形式，录制了以打击欺诈骗保为主题的“霍州干口”微视频，通过微信朋友圈、公众号及手机来电等途径广泛传播。

【宣传工作】 2022年，霍州市医疗保障局对全市定点医药机构进行2021年度年终考核：涉及违规医药机构65家，总计扣除违规费用11.44万元；配合临汾市医疗保障局对霍州市10家定点医疗机构进行飞行检查：检查发现涉及违规医疗机构6家，合计扣除违规费用72.57万元；对全市定点医药机构进行全覆盖检查并组织各定点医药机构进行自查自纠，处理定点医药机构72家，扣除违规费用31.94万元，主动公开曝光6家违规医疗机构。全年扣除违规费用115.95万元，其中，涉及扣除违规本金63.81万元，涉及扣除违约金52.14万元。

【医药服务】 2022年，霍州市医疗保障局推进DRG支付方式改革。深化医保支付方式改革，以国家示范市建设为抓手，统筹推进DRG工作，实现DRG工作实际付费。市人民医院、煤电集团有限责任公司总医院两家二级甲等医疗机构确定为临汾市DRG付费试点医疗机构。将DRG付费总额指标纳入总额预算管理。其中，市人民医院2022年DRG付费总额指标居民1626.28万元，职工630.2万元；市煤电集团总医院2022年DRG付费总额指标居民608.47万元，职工1006.53万元。2022年，全市集采总金额7072.81万元。其中，耗材集中带量采购14个批次，产品种类九百余种，采购金额1779.23万元；药品采购17个批次，采购种类1800百余种，采购金额5293.58万元。定期深入定点医药机构开展督查检查和过程监管。督促医疗机构根据药品用量按需申报，优先使用中选药品，对各批次集采药品实行定期监测，落实采购进度通报机制、进度滞后约谈机制。完成辖区内325家定点医药机构与经办机构2022年服务协议的签订。其中，医院19家，药店64家，乡镇卫生院13家，卫生所229家。

【政策法规】 2022年，霍州市医疗保障局为落实生育保险政策，支持三孩政策落地，在做好职工生育保险工作，提高城乡居民生育医疗保险待遇工作的同时，精简新生儿参保登记手续、简化经办服务流程，支持三孩生育政策落地实施。通过多种渠道和方式，推广和宣传医保电子凭证，加快推进定点医疗机构电子凭证应用场景建设，致力于实现医保电子凭证和居民身份证在挂号、就诊、支付、取药、取报告等就医服务全流程全场景应用。2021年度，市医保电子凭证激活172127人，激活率达61.72%。霍州市5家定点医疗机构就医服务中使用医保电子凭证和居民身份证占比均已达80%以上。为推进“互联网＋”医保服务，实现医保业务“网上办”“手机办”，以“山西医保”微信公众平台为依托，实现城乡居民医保缴费和查询、医保余额查询、重复参保、跨省异地就医备案等多项业务的网上办理。

2022年7月1日开通门诊慢特病直接结算，针对包括高血压和糖尿病在内的“两病”和恶性肿瘤门诊放化疗、尿毒症透析、器官移植术后抗排异治疗共五种门诊慢特病实现跨省直接结算，保障“两病”医保待遇的落地工作。2022年度霍州市城乡居民医保参保率为98.69%，其中，脱贫人口参保率为100%。2022年，医疗救助对困难群众住院救助2725人次，救助金额391.87万元。

（张晓咪）

住房公积金

【概况】 临汾市住房公积金中心霍州管理部贯彻落实中共二十大、十九届六中全会精神及习近平总书记最新重要讲话精神，坚持党建引领，坚持开拓创新，加强住房公积金服务能力建设，各项业务顺利推进，为更好地服务霍州市经济社会高质量发展做出贡献。

【目标任务完成情况】 2022年，临汾市住房公积金中心霍州管理部正常缴存单位182家，封存89家，销户65家；系统内缴存人数10398人，正常缴存人数9103人，封存1295人；资金归集1.19亿元，累计归集余额6.7亿元；全年提取7000万元，全年发放贷款156户，资金4700万元，回收贷款为2400万元，贷款余额为2.4万元，使2200户家庭改善了住房条件。

【职工权益】 2022年，临汾市住房公积金中心霍州管理部开展唤醒、清理公积金“睡眠账户”专项行动，是市中心深入推进“向人民群众交好账”实践活动的重要举措，旨在激活职工“睡眠账户”，释放长期沉淀资金，从而提升职工消费能力。霍州管理部存有500多万元睡眠资金，在短短不足3个月时间，经过多渠道宣传，针对工作中各类账户特点采取科学有效的处理办法，唤醒300多万元，完成约60%的工作任务。

【征信授权】 2022年，为加快推进住房公积金数字化转型，提升管理服务效能，有效防范风险，将临汾市住房公积金个人住房贷款信息纳入中国人民银行征信系统，2022年5月开始进行公积金个人征信授权工作，创新方法，工作科学稳定有序进行。

【“放管服”改革】 2022年，临汾市住房公积金中心霍州管理部简化办理要件，提高审核效率，支持提取职工各类住房消费，方便企业和群众办理公积金业务，提升公积金服务水平，宣传使用线上办理业务渠道，让更多服务事项“网上办、掌上办、就近办、一次办”，提高办事效率。贯彻落实阶段性支持政策，受疫情影响的企业可按规定申请缓缴住房公积金，受疫情影响的借款人暂时失去收入来源不能正常还款的，不作逾期处理，提升群众满意度。开展“跨省通办”业务以来，落实相关政策，办理两地联办、打印异地缴存明细、异地购房支取、信息共享等相关业务。

（牛立榭）

老龄人才资源开发协会

【概况】 霍州市老龄人才资源开发协会，成立于2005年，是一个自上而下的群众性社团组织。主要职责是：组织和动员全市各种类型的老龄人才，发挥优势，发挥余热，发挥特长，力所能及地为社会做一些有益的事情。市老龄人才资源开发协会，与市老区建设促会、两个组织，一套班子，统一领导，合署办公。

【活动情况】 2022年，霍州市老龄人才资源开发协会组织老干部深入学校、社区，开展宣讲活动。组织全市老年文艺宣传队，深入农村基层和街道社区，结合形势，宣传党的政策和市委的中心工作，自编自演文艺节目，利用庙会，为广大市民进行义演活动。组织全市体育爱好者，广泛开展门球、太极拳、柔力球、广场舞、健美操等各种体育活动，参加市老干部局举办的体育运动会。成立专家联络部，发挥各类人才的技术特长，为霍州发展献计献策。“霍州年馍”等传统工艺获得国家技术专利证书，已投入批量生产。协调市人民医院，分批为全市离退休老干部进行定期体检，对个别行动不便者，进行上门服务。对老干部、老同志开展送温暖的关爱活动。组织全市离退休老干部举行各种形式的座谈会，征求意见，让大家为霍州的发展献计献策。其中有11名老同志，荣获临汾市老促会“特别贡献奖”。市老龄人才资源开发协会组织部分退休老干部深入抗日县政府驻地旋风峪、南塔革命烈士陵园、牛腰山绿化点进行观摩。组织全市各类人才，对全市本半度的各项重点工程进行观摩，参观经济开发区、河西工业园区、城中村改造工程以及鼓楼周边的仿古改造等。市老龄人才资源开发协会利用“九九”重阳节之际，举办“耆英望重　百佳人物”表彰活动，对全市100名各类突出人才进行隆重表彰。

（董双锁）

老区建设促进会

【概况】 霍州市老区建设促进会是国家、省、市、县、乡设立的革命老区系统组织，肩负弘扬老区革命精神，促进老区社会、经济、文化发展的光荣使命，是实施红色文化保护、开发利用工作的倡导者、引领者，在国家实施精准扶贫工作中发挥监督及推进的作用。至2022年，理事单位成员80余人，其中，名誉会长4人，协会班子成员9人，党支部班子成员7人。

【重点工作】 2022年，纪念习总书记查看冯南垣灾情一周年之际，追寻领袖足迹，重温入党誓词，开展党史教育活动；督察市区重点工程项目3次；《霍州老区发展史》样稿完成，待书号确定后印刷；“发展史”续篇《霍州名人录》编辑工作基本完成；建立市红色文化研究协会工作机构，会长郭恩红任顾问；邀请专家、学者进校园、社区宣讲党史6次；视察林区、植树造林、护林防火工作2次；督导烈士陵园保护利用工作2次；党支部始终坚持每月6日、16日开展党日活动。学习小组分两组，在册党员40余名。7月3日，考察干节村抗日县政府旧址，开展红色主题教育。进行“喜迎二十大，奋进新征程”庆七一文化活动。编撰历史文化系列丛书。根据市委提出的“打造官道文化，振兴美丽乡村”的发展思路，根据霍州南北古驿道历史文化遗存，副会长董双锁编撰的历史文化丛书涉及 13 个村，38 个故事，已出版成册。“九九”重阳节，市委老干部局、市老促会、市人才协会联袂为 100 余名为霍州发展做出贡献的离退休老干部颁发“耆英望重”奖牌及“不忘初心、方得始终”纪念品；市老促会荣获临汾市优秀县级老促会荣誉称号。霍州市老促会老会长米培人、会长郭思红、支部书记张明光等 11 人荣获“特别贡献奖”。董双锁、何林明等人荣获“优秀奖”。（张明光）

乡镇　街道

三教乡

【概况】　三教乡地处霍州市东北隅，距霍州城区12.5公里，北靠晋中市灵石县，东邻长治市沁源县，西接师庄乡，南连大张镇、李曹镇，总面积151.46平方公里，所辖19个行政村，57个自然村，总人口2.1万人，耕地6万亩，乡人民政府驻地为下三教村。党委政府机关内设党政综合办公室、经济发展办公室、社会事务管理办公室、综合执法办公室、乡村规划建设办公室5个办公室，设综合便民服务中心、退役军人服务保障工作站2个办事机构。

【基层治理】　2022年，三教乡乡村两级多次召开会议研究，多方面、多层次进行研究，综合分析研判，完成问题查找并形成问题清单。三教乡党委班子发现问题10条，已整改10条；领导班子成员发现问题56条，已整改56条；村党组织发现问题124条，已整改124条；村党组织班子成员发现问题427条，已整改427条。开展农村党员积分制管理，做到“细划分”“起作用”“常激励”。制定《三教乡农村党员积分制管理办法实施方案（试行）》，完成党员的划分和积分评定，有681名党员参与积分管理工作，做到区别管理、统一评分、分类评价，营造党员内部“比学赶超”的浓厚氛围。确定星级文明户的创评内容，对评选“星级文明户”活动进行宣传发动，使“星级文明户”评选落到实处，全乡有5220户群众参与“星级文明户”评选，评出“星级文明户”2295户。其中，十星级25户、九星级697户、八星级1260户，并全部挂牌上墙。通过划分132个小网格，463个微网格，设立党组织，党员全部编入网格党组织，依托微网格建立网格党支部19个，网格党小组95个，建好网格框架；通过建立乡级网格调度群、村级网格管理群、微网格管理群三级联络体系，推动村“两委”干部、村民代表、普通党员等担任兼职网格员，整合现有各类专业工作人员，建强专兼职网格员队伍。

【乡村振兴】　2022年，“清化收”工作开展以来，三教乡成立由党政一把手为组长的领导组，第一时间召开乡、村两级工作部署会，对全乡“清化收”专项工作进行专题安排部署，制定《三教乡农村集体资产“清化收”专项工作方案》，厘清工作思路，明确工作方向。以“清仓见底”为目标，党政主要领导、包村领导下沉一线靠前指挥，按照“看着合同找土地、对着土地找合同”的工作思路开展摸排工作，建立资产、资源、债务等各项台账；对于信息不明的土地、合同，全面摸清情况。通过对合同的排查清理、依法规范，聚焦债务本身，收回合同欠款，紧抓债务化解；对合同履行不到位的，号召村集体积极催收；对无偿占有集体资产资源的、长期拖欠集体资金的，通过公安、司法诉讼等手段进行追缴，把欠下的合同款收回来；通过兑现合同，收回合同款，债务化解工作稳妥有序推进。对常年拖欠占地费且不兑现合同款的企业及个人一律依法解除合同，收回占用土地。通过清理整顿，最大限度地盘活土地资源，推动土地入市，促进村级集体经济发展壮大。

【网格化管理】 2022年，三教乡制定网格化管理制度，各村成立由村干部任组长、全科网格员任副组长、网格联络员任成员的村级网格管理，并对辖区进行网格划分，明确网格联络员职责，充分发挥网格员作用。建立网格员台账、网格员包联户基本情况台账，建立网格员包联户微信群。制作疫情防控“四张图”，即航拍网格区位分布图、金字塔式网格责任体系图、应急流程图、防控力量配置图实现全流程挂图作战。全乡有全科网格员23名，网格联络员69名，132个小网格，463个微网格。做到村组无死角、横向到边、纵向到底。

【稳定发展】 2022年，三教乡成立三教乡综合行政执法工作委员会，配强以11名执法人员和6名辅助执法人员组成的综合执法队伍；发放各类宣传册5000余份，签订禁种铲毒责任书5300余份，开展专题活动20场，悬挂宣传横幅10条，覆盖人群5万余人次；协同司法所人员、派出所民警深入农户排查整治矛盾隐患信息760余条。利用闲置的学校改建公共浴室共13个，实现服务全覆盖；日间照料显“温度”，原有日间照料中心2处，新建8所，覆盖10个村。健身设施显活力，公共场所健身器材共配建8处57件。利用各类媒体做好政策解读，帮助各类市场主体健康发展，帮办90家。完成19个行政村的村庄建设信息调查统计，及时上报至全国村庄建设系统，为上级部门提供准确的村镇数据。审核并汇总公共租赁住房人员信息39户、108人，及时对接行政审批局、人社局、自然资源局、道路运输管理中心、交警大队车管所5个部门进行家庭信息核对，确保有用房需求符合政策的群众真正享受实惠。

【集体经济】 杜庄年馍加工厂。选址在杜庄村原幼儿园场地内进行改造建设，总体规划面积300平方米，3间厂房，于11月开始施工建设，主体改造工程已完成，机器设备已订购，总投资约39.5万元。12月底建成投产，日生产能力约300公斤，可提供20余个就业岗位，采用“集体＋个人＋农户”的经营方式，有效促进集体经济发展，带动群众就业增收，助推霍州市年馍产业高质量发展。主乐核桃脱衣加工厂。结合全乡3000多亩核桃种植资源，利用原主乐小学改造建设，占地面积1000余平方米，项目总投资60余万元，有脱青皮机、清洗机、砸仁机，流水线核桃脱衣机正在购置。以主乐村集体经济合作社为股东，收益按集体70%，农户30%分配，预计年收益约15万元、年内建设完成，2023年初投产达效。下三教农机合作社。项目总投资107万元。自合作社成立以来，无人机喷洒农药9600亩，年收入约14万余元，拖拉机深耕土地1600余亩，收入6万余元，年均收入10万元。兴三教电商平台。由冯村股份经济合作社与安乐村股份经济合作社共同出资组成，占地面积约210平米。建立“兴三教”小程序电商平台，整合梨湾小米、龙泉苹果、林场蜂蜜、甜糯玉米、核桃油等优质特产，运用“线上＋线下”的经营方式，每年可带动村集体增收近 20 万元。冯村石磨面加工厂。依托小麦种植资源优势、振农公司兴三教平台，于 2022 年 9 月建成投产，预计每年可带动村集体增收 10 余万元，将整合资源优势，与杜庄年馍加工厂探索合作模式，形成链条式发展。李壁肉牛规模养殖项目。李壁集体经济合作社与霍州市鹏睿农业发展有限公司合作，该公司从事牛羊养殖近 20 年，在原先 11 头肉牛新产牛犊 4—5 头基础上，新购 35 头优种肉牛，养殖规模年内会达到 50 头左右，项目总投资 95 万元，每头肉牛增值 1 万—1.2 万元，总增值达 50 万—60 万元，扣除养殖开支 25 万元，项目年收益可达 30 万元。建设屋顶分布式光伏。完成全乡逐户登记统计意向安装屋顶光伏户和面积，2022 年底对意愿户屋顶进行安全鉴定，签订租赁协议，2023 年年初实施。每年 40 元/千瓦，租期 25 年，每户每年租金收益约 1200 元。

【民生改善】 2022 年上半年，三教乡二次上报验收并统筹拨付一般户 98 户和脱贫户 47 户灾后重建修缮款，完成全乡 198 户灾后补助资金发放工作。2022 年下半年，开展经营性自建房安全隐患排查工作。累计发动 200 余人次排查隐患 12657 处，其中经营性自建房排查隐患 108 处，完成属地内全部经营性自建房安全鉴定。城镇低保覆盖 3 户、3 人，乡村低保覆盖 149 户、311 人，特困人员 58 人，80 岁以上老人 275 人，残疾人共计 581 人，四类学生 40 人，救急难 7 人，确保了全乡急难群体的生活保障。重点优抚对象医疗救助 3 人；重点优抚对象年度确认 158 人。申报“雨露计划”本科、大、中专在校生 16 人；完成 2022 年贫困户危房改造任务 6 户；申报脱贫户种粮深耕以及化肥补贴 1124.74 亩；落实防返贫监测保险 63 人次；发放光伏收益资金 92980 元；落实一次性交通补贴 9 人、一次性稳岗补贴 28 人，完成小额信贷发放 60 万元任务。完成 2022 年度地力耕地保护补贴发放和一次性种粮补贴发放工作；涉及杜壁村、下三教和上三教的约 4474.13 亩的高标准农田建设项目已基本完工；“三教乡 2014 年小型农田水利重点县修复工程”“三教乡 2011—2013 年农田水利灌溉渠系配套修复工程”及高标准农田建设项目排查问题修复工程涉及三教乡东王、南车腰、梨湾等 13 个村 14 个小项目 9 月底前修复工程全面完工；2022 年度“一事一议”涉及南车腰、主乐、高王庄道路硬化项目及杜庄村的水渠维修项目全部完工，完成自验，投资 119 万元；油盆峪美丽乡村建设项目总投资约 373 万元，已完成前期初步规划；联系农业局，免费为农户深耕土地约 2000 亩。

【文化建设】 2022 年，三教乡加强农家书屋建设，满足基层文化需求。对三教乡 19 个行政村的农家书屋的管理制度进行规范，对各类书籍分门别类陈列，图书保管、借阅等有章可循，统计整理图书总量约 3 万册，便于村民借阅。定期检查书籍是否被虫蛀、受潮，是否有遗失、缺页等现象，保证图书不被损坏和丢失。成立 19 个新时代文明实践志愿队，并对全乡 19 个新时代文明实践站的阵地建设、实践活动进行拍摄上传，持续学习各地新时代文明实践中心的先进经验，构建“五个一”新时代文明实践工作体系，确保阵地资源整合到位、体制机制建设到位、服务群众精准到位，全面打通宣传群众、教育群众、关心群众、服务群众的“最后一公里”。高标准打造下三教文化活动中心、歇马滩文化活动广场，提高文化活动硬件设施，形成“两中心”的文化阵地格局。

【生态建设】　2022年，三教乡集中对霍冯沿线进行清、整、亮、美四类整治，确保全线无死角，全程有绿色。不定期巡查19个行政村的环境卫生治理情况，并及时通报，督促整改。对辖区内使用清洁煤的用户及清洁煤需求量做了统计。

【队伍建设】　2022年，三教乡围绕巩固深化“党史学习教育”的政治要求，将《习近平谈治国理政》第三卷、第四卷，中共十九届六中全会精神及中共二十大精神作为12次党委理论学习中心组学习、7次党委会议、2次民主生活会、27次党政联席（扩大）会议、42次集中学习暨工作例会的重中之重。开展“清廉霍州宣传周”系列活动暨“清廉霍州”主题党日活动。4月召开党风廉政建设专题会议，发放宣传册5000余份，组织观看警示教育片，敲响党规法纪“警示钟”，以身边案例、身边教训警示全体党员干部慎独慎微、慎言慎行。　（荀耀印）

师庄乡

【概况】　师庄乡位于霍州市北部，东与三教乡接壤，西南与退沙办毗邻，北与晋中市灵石县交界，属温带大陆性气候，占地面积90.4平方公里，耕地45000亩，全乡有13个行政村，46个自然村，总户数5632户，总人口13385人，下辖13个农村支部，1个机关党支部，共有党员763名。师庄乡人民政府驻师庄村，全乡机关人员41名，公务员16人，事业单位25人。乡机关包含党建办、经管站、综合办、水利办、农业服务站、民政办、林业站、工青妇等。

【民生工作】　2022年，师庄乡坚持聚焦脱贫攻坚，聚焦特殊群体，聚焦群众关切，始终注重织密扎牢基本民生保障安全网；发挥好综合行政执法作用，加强土地违法违规、乱搭乱建管理工作；健全就业服务、公共文化、社会保障、困难救助等机制。进行环境整治专项行动，做好卫生厕所改造工作，做好农村建筑生活垃圾治理，做好农村污水处理等。落实退耕还林、粮食补贴、农机补贴、清洁煤发放、地质灾害救助等党和国家强农惠农政策。乡城区服务站运行正常，减少村民办事环节，提高服务效率。按照建设新型社会救助体系的要求，落实农村最低生活保障、80岁以上老人、四类困难家庭学生和贫困大学生等弱势群体的帮扶救助政策，解决困难群众生产生活难题。

【项目建设】　2022年，师庄乡围绕“1·1·3·5”建设规划（即一个核心、一条古驿道文旅融合发展带、三个片区、五个基地），辐射带动全乡六大产业区发展（即冯南垣湖羊养殖和年馍加工特色产业发展区，师庄、老张湾村古驿道文化融合发展片区，周村、西华、李雅庄村低碳光伏发展先行示范区，白道、坡底小杂粮种植区，山头、朱家岭、陶村特色养殖区，蔡家沟、凤栖中草药种植区）。师庄乡同山西国盛电力、国能霍州新能源有限公司等公司签订合同，全力打造“光伏之乡”。光伏项目涉及全乡13个行政村8800余亩荒山荒坡，集体经济收入120余万元。打造师庄乡红色研学游和古驿道历史游两条线路，形成具有本地特色的精品红色旅游文化，高标准修建初心讲堂（红色教育报告厅），在习近平总书记的为民情怀中聆听红色党课、传承初心使命，讲好师庄故事。将周厉王墓、万圣寺、娲皇庙、烽火台、老张湾古村落等历史文化资源纳入古驿道文旅融合发展带中。统筹考虑师庄乡整体资源禀赋和产业发展基础，主打“特色”“优质”品牌，加快培育优质杂粮、蔬菜、中药材等特色优势产业。

【环境卫生】 2022年，师庄乡开展人居环境综合整治，累计清理积存垃圾和生活垃圾83.4吨，清理遗留、废弃的广告牌和无实际用途、有障碍的视觉污染设施160余处，整治交通安全隐患32处，整治坑洼路面、隔离带和绿化带27处，拆除违法占地占道建筑6处，清理乱堆乱放、乱搭乱建、乱贴乱画85处，拆除废弃建筑和残垣断壁43处，清理村内垃圾2105吨，清理农业生产废弃物43吨。发动320户村民参与“六乱”治理，占到全乡常住人口的35%。

【安全发展】 2022年，师庄乡对经雨水冲刷或自然塌陷致坑口开漏的情况，一经发现及时封堵填埋，实行常态化巡查，杜绝私采乱挖、滥采滥挖、零星散乱开采等情况的发生。护林防火期间，采取专业队巡查和群防群治的方法，发现火情，及时扑灭，一年来没有发生大的火情。防汛期间，确保每年汛期安全无事故，保障人民的生命财产安全。重点对道路交通、非煤矿山、食品药品安全、学校、易燃易爆品等领域开展安全生产排查。结合“三零”创建工作要求坚持班子成员定期接访、领导包案处理等制度，加大社会热难问题的排查调处力度，规范信访秩序，畅通信访渠道，避免群体上访和越级上访现象发生。通过群策群力，信访大幅度减少，没有发生大的集体或越级上访案件。

【基层党建】 2022年，师庄乡坚持以党建引领为主线，搭建党群服务中心、综治中心、新时代文明实践站“三中心合一”治理平台，发挥基层网格作用，形成党建引领“1＋3”基层治理体系。坚持按照霍州市“144工作法”，在师庄乡13个行政村85个网格区域中，调动各层力量，在社会治理中发挥作用。落实矛盾化解机制，强化“村干部—包村干部—乡政府”化解矛盾机制，引导群众合理合法表达诉求；把牢安全生产责任线，定期对全乡进行安全生产大摸排，重点针对特殊时期、特殊地点等开展工作，保障全乡安全；坚持普法宣传，开展禁毒、反邪教工作，树立正确的观念，确保社会稳定。

（张　融）

陶唐峪乡

【概况】 陶唐峪乡地处霍州市东南部的霍山脚下，东南与洪洞县接壤，西南与辛置镇毗邻，北与李曹镇相邻，总面积64平方公里。下辖25个农村党组织，16个行政村，36个自然村，耕地面积3.6万余亩，林地面积1.7万亩，人口5300余户，2万余人。主导产业为种植业和养殖业，种植业以粮食、苹果为主，干果和中草药为辅，养殖业以养猪、养羊为主，养鸡为辅。

【重点项目】 2022年，陶唐峪乡推进五个重点项目建设：推动玫瑰茶厂的建设。按照“种植、加工、销售和观光”一条龙模式，建立相应的玫瑰茶加工厂房，做好工作人员生产、加工等技艺培训，进行玫瑰系列产业链深加工。打造玫瑰园文旅基地。陶唐峪乡将立足义城玫瑰产业，联合霍州市文旅公司打造千亩玫瑰园文旅基地，开展土地入股、利润分红等多种合作形式，全力打造玫瑰特色旅游品牌；婚纱摄影基地、绘画写生基地等。实施“农业＋文旅”行动，将文化、旅游与农业农村紧密结合，促进农旅融合发展。推动双头垣富硒农副产品产业化发展。把双头垣村的富硒产品作为全乡“绿色崛起”的重要抓手，打造特色品牌效应，精心编制中长期规划，推广“公司＋基地＋农户”产业化发展模式，发展富硒红薯、紫薯、秋葵等产品种植及精深加工，作为助农增收、脱贫奔小康的重要支柱产业。推动华北滑翔伞基地建设。按照市政府2022年工作报告中提出的着力打造华北滑翔伞基地的要求，引导所在村集体在积极配合的基础上，主动谋划集体产业，建设与打造游乐设施，发展和壮大集体经济。筹划万头肉牛养殖项目。该项目落地将促进全乡养殖业发展，形成源头化、规模化为一体的新型养殖产业链示范基地，为全乡经济产业化腾飞注入强心剂。

【乡村振兴】　2022年，陶唐峪乡保障贫困劳动力稳岗就业。全乡劳务工2665人，开发公益性岗位100余个，确保“零务工”家庭至少有1人就业，达到每个贫困家庭均有劳动力外出务工的目标，实现有意愿务工的全部务工，“零务工”家庭全部清零，激发贫困群众就业创业积极性，巩固脱贫成效。发挥产业项目带动作用。以打造“一村一品”为抓手，培育壮大村集体经济，带动308户贫困户、763人全部脱贫。依托特色产业带动村集体经济发展，实现村级集体经济组织全覆盖。截至年底，16个村级集体经济收入全部达5万元以上，实现集体经济破零，保持集体经济中高速增长。

【环境整治】　2022年，乡政府开展联合执法检查30余次，打击秸秆焚烧和违法燃放烟花爆竹行为，强化农村生活垃圾无害化、资源化、减量化处置。深入实施“两违”整治行动。解决农村乱占耕地建房等问题，加大“逢建必报、违建必拆”、农村乱占耕地“八不准”宣传力度，简化农房报建审批手续，保持“违建必拆”的高压态势，遏制违法建筑蔓延的态势。整治城乡人居环境。农村生活垃圾做到村收集、乡处理；加强河道管理，在全市开展“六乱”专项整治行动：清理垃圾1853吨；拆除遗留、废弃的广告牌和无实际用途、有碍观瞻的视觉污染设施104处；清理整治乱堆乱放、乱搭乱建、乱圈乱占、乱贴乱画2546处；清理农业生产废弃物156吨，改善农村“脏乱差”的局面。

（张志鹏）

大张镇

【概况】　大张镇地处霍州市东郊，总面积36平方千米，耕地面积28078亩，全镇辖11个行政村、1个社区，常住人口5万余人。大张镇总体自然结构是“一滩六垣两河”（大张—靳壁—下乐坪滩，靳壁垣、北张垣、张望垣、上乐坪垣、青郎坪垣、西张垣，北涧河、南涧河），大张镇产业结构以种植业、养殖业、加工业和商贸服务业为主。

【党建工作】　2022年，大张镇根据2021年度考核结果、任职年限、奖励情况等，确定6名村（社区）党组织书记初次评定星级，其中获得三星的1名，获得二星的2名。大张镇下辖22个党支部1179名党员，全镇分类施策对所有党员进行积分制管理。畅通民主渠道，常态化推进农村协商议事制度化、规范化和程序化，以民生民情民事“小切口”，实现基层治理“大变化”。大张镇党群议事厅制度实施以来，召开党群议事厅会议62次，解决民生实事56条，向上级反映问题21条，镇村共解决问题30条，推动党组织的力量向基层治理最末梢延伸。开展星级文明户评选。制定新时代“星级文明户”创评工作方案、动态管理办法、创评工作要点，评出六星级文明户765户、七星级文明户754户、八星级文明户562户、九星级399户、十星级20户。

【产业发展】 2022年，大张镇按照“党建引领、科学规划、因地制宜、多元发展”的思路，采取“133”工作法（即“1”个规划谋布局、“3”种类别明方向、“3”条路径求突破），聚焦“特色种植、规模养殖、食品加工、新型建材、商贸物业”五大产业，全面打响2022年“十万清零、整体翻番”目标攻坚战。以“创优模式＋育强品牌”，增强“一类村”造血功能。狮子洼村在原有仓储基础上扩建仓储场地，以集体经济合作社为主体投资建设厂房，以资产发包的形式租赁给企业，每年可为集体增收10万元，企业可为该村提供20余个就业岗位。大张村通过招商引资，引进山西德峰食品开发有限公司，采取“合作社＋公司＋农户”形式，将原粉条厂资产整体发包给企业获取租金，企业整合大张粉条、西红柿酱、辣椒酱、年馍等特色产品，进行精加工、精包装，延伸产业链条，增加产品附加值，带动周边农户种植辣椒等原材料，实现订单农业，增加农民收入。西张经济合作社积极招贤纳士，引进本土商人参与大棚经营，利用“合作社＋公司”的模式，探索发展“智慧农业＋认养农业”，面向城市家庭，开展亲子活动、体验农事等活动，探索近郊农村发展新路径。以“资本运营＋资源开发”，激发“二类村”内生动力。上乐坪规范集体经济合同，将土地置换整合，流转给同兴鸡场、种养殖户，年收入可达8万元；依托年馍加工、黄桃种植、油桃种植等资源，推进低温仓储项目建设，通过收取服务费，实现年利润5万元。贾村探索文旅融合模式，打好乡村旅游发展牌，依托娲皇庙、状元桥、魁星楼、乡村记忆馆、刘守维纪念馆等资源优势，招商引资，开发游乐项目，探索文创产品，多措并举实现集体经济增收。以“党建引领＋帮扶带动”，催生“三类村”最大效应。针对这类村集体经济收入来源单一、光伏收益占比较大的现实情况，采取强村带动弱村的方式，将三类村的“单打独斗”变为“联合作战”，将“路径不明”变为“引领发展”。贾孟村创新“合股经营＋抱团发展”的模式，由张望村托管，实现场地、人员、技术利用价值的最大化，每年可为贾孟村节省费用2万元，预计实现集体增收4万元。加快推进项目征地，锦峰学府完成征地54亩；经一路纬一路完成征地25亩；锦绣家园完成征地17.8亩；霍州市人防工程完成征地7.9亩；南涧河治理完成征地100余亩；政务中心东103亩土地征收任务现已完成55亩；防洪能力提升完成征地11亩；经开区70亩、经开区二期267亩征地接近尾声。

【民生工程】 2022年，大张镇建立镇、村、队、组、户“五级联动”体系，全镇分12个大网格，大网格长由各村支部书记担任，96个网格由村“两委”干部担任网格长，233个小网格由党员和村民代表任网格员，711个微网格由邻近15户组成，确定一名责任心强的户代表担任微网格员。在贾村先试先行建立“七彩网格”治理模式，实现以“点”带“网”，一网一特色；以“网”带“片”、一片一阵地的治理目的，激活基层治理“末梢神经”，形成矛盾不上交、平安不出事、服务不缺位的稳定局面。大张镇贯彻落实“向人民群众交好账”，聚焦群众反映的洗澡难、吃饭难、理发难问题，实施了公共浴室、日间照料中心全覆盖，以各村新时代文明实践站为阵地，每月持续开展“您的银发，我的牵挂”新时代文明志愿服务活动，为村内65周岁以上老人免费理发和义诊。开展“农家书屋”图书整理、禁止燃放烟花爆竹宣传、“世界水日”“中国水周”宣传活动暨“学雷锋月”“护苗助成长，童心向未来”主题阅读、“爱在七夕，守望幸福”等丰富多彩的志愿服务活动。大张镇有实名注册志愿者1万余名，村（社区）志愿服务组织12支。大张村碧泉路、张望村村中主路、狮子洼新区主路、西张村纬一路西张段、东港湾小区路段、西张小学至工业路段、贾孟村进村主路、北张村进村主路等已全部修缮升级，大张村、下乐坪村小游园和公厕等基础设施建设正在办理前期手续。

【环境整治】　2022年，大张镇对各村陈年垃圾、建筑垃圾进行清运，根据“门前四包”责任制要求，对沿路沿线广告牌匾进行全面拆除，累计清理各类垃圾385吨，绿化美化街巷7000余平方米。大张镇给西张村东港湾前兵营路进行公路美化、绿化，保护道路两边自然环境和改善生活环境。

【乡村振兴】　2022年，大张镇落实大病救助、低保、医疗救助等相关政策，核实监测户“两不愁三保障”情况，夯实防止返贫监测工作基础，牢牢守住不发生规模性返贫风险的底线。坚持劳务协作与职业技能培训相结合，通过扶持产业项目，为脱贫劳动力增加就业机会，解决就业问题；加大职业技能培训力度，通过线上线下相结合的方式为群众提供免费技术培训，培训100余人次，搭建供需平台，鼓励农村劳动力就业。通过“一事一议”项目修建贾孟500米排洪渠、西张村和狮子洼村进村主路等，并为各村安装路灯，改善群众生活条件。

【安全稳定】　2022年，大张镇加强防火、防汛和各项安全排查整治，排查出各类安全隐患140余条，下达整改通知书60份，已全部整改。

（姜瑞峰）

白龙镇

【概况】　白龙镇位于霍州市城区西郊，霍侯一级路纵贯南北，交通便利，人杰地灵。全镇辖10个行政村、1个社区，分别为白龙、寺庄、陈村、漪汾、柏木沟、马岭、燕南庄、虎头山、柳树腰、陈家庄、白龙社区，全镇人口23282人，其中常住农业人口7585户、19560人，下设5个党总支，21个党支部，党员1004名。全镇耕地总面积23841亩，其中水地1870亩。有国有、省属企业3个（霍州煤电集团下属的云厦公司、团柏煤矿、兆光发电厂），规模较大的民营企业15家。

【党建工作】　2022年，白龙镇在全市率先成立乡镇党校，以“党建＋理论提升”打造“白龙讲坛”。镇班子成员及机关全体轮流授课，开展习近平新时代中国特色社会主义思想、中共二十大精神等专项培训40余次。以“党建＋行政执法”打造“平安白龙”。组建18人的综合行政执法队，开展行政执法专题讲座3期，参训50余人次，持证、服装、设备、“三室一库”、意外险等全部统一配套，实现人人持证上岗和“一支队伍管执法”，出动执法人员150余人次，开展行政执法28次。坚持以考促行，以“党建＋工作考核”，开展“创新评价”。建立“3＋X”考核体系，组建考评专班，一月一考。清单式细化考核指标精准赋分，制定考核流程图，“三看三加三减”，实现多维度综合评价，倒逼工作落实。全镇10村党群活动中心软硬件全面提标提级。推进党员积分管理，提升基层党组织的领导力、组织力、执行力。以“党建＋民主监督”，打造清廉白龙。落实党风廉政建设主体责任，持之以恒抓作风建设，严防“四风”反弹，狠抓源头防腐败，把好廉洁关。发挥人大监督职能，组织市镇人大代表深入群众，听民声，察民情，汇民智，提高人大代表的履职能力和水平，全面助推乡村振兴。发挥政协职能优势，每月进行一次社情民意调查，为全镇发展建言献策。

【项目建设】 2022年，白龙镇党委年初确定的76件重点实事项目全部按时按质高标准完成。国宝项目霍窑开发2022年发掘工作已经基本结束；光伏阵区建成2000余亩；白龙“霍兴老娘馍”20多个品种全面推向市场；8800亩高标准农田建设完成土地深耕、田间路硬化等。中小微企业和个体工商户蓬勃发展，新增个体工商户305户；全镇年出栏肉鸡120万羽，占全市70%以上；全市唯一一家鹌鹑养殖基地独具特色，存栏鹌鹑2万羽；华得宇光伏发电二期100兆瓦项目，升压站完成征地及主体建设；山西建投霍州园区粉煤灰建材项目全面投产。集中开展农村集体资产“清化收”，梳理核查各类合同1031份，清理“三资”合同332份，核实债务722笔、2904万元，化解债务71笔、1015万元，核实债权297笔、3145万元，收回债权23笔、179万元，新增资源性收入10处，各项指标均居全市前列。全镇10个集体经济项目稳步实施，燕南庄肉牛养殖存栏肉牛70头；柳树腰村种植玉露香梨500余亩20000余株；寺庄种植玉米＋中药材100亩；马岭村种植“大粉王”红薯100亩，粉条加工车间建成投产；虎头山村300只山羊已入舍；陈家庄种植玉米100亩；柏木沟新型彩钢加工项目建成投产；白龙村老陈醋加工项目基本完工；陈村养羊合作社正常运营。2022年全镇10个村集体经济收入达326.6万元，100万元以上的村1个，20万—50万元的村5个，10万—20万元的村4个。

【环境优化】 2022年，白龙镇强化“六乱”整治，整治通道卫生，清理霍侯一级路、霍永高速、霍桃线等公路沿线垃圾杂物，建设绿色通道。整治村庄街巷环境卫生，清理“六乱”，提升人居环境质量。虎头山森林乡村建设项目沿路栽植树木1000余株。畅通便民通道，对镇便民服务中心进行改造升级，为企业和群众提供“一站式”服务。加强政企沟通，组建工作专班，对新落地的企业项目派驻专人协调处理疑难杂症，为企业保驾护航。高度重视舆情监督，向融媒体推送发表52期，推出视频号27期，《山西日报》发表1期，《临汾日报》发表1期。弘扬社会主义核心价值观，评选星级文明户2070户，11个村（社）全部成立新时代文明中心站，白龙镇连续7年被评为临汾市文明乡镇。坚持镇班子每周深入村企安全排查两次，排查经营性自建房271户，发现的8户隐患全部整改，审核办理公租房86户，为79户灾后重建户发放补贴资金148万余元。强化大气污染整治，严禁秸秆焚烧，出重拳推进劣质散煤“动态清零”，推广清洁取暖，完成煤改电60户，集中供暖扩户400余户，完成7公里天然气主管网铺设。提高扬尘治理水平，辖区企业、施工单位沙土堆苫盖、定时洒水抑尘。

【民生改善】 2022年，白龙镇9个日间照料中心和10个公共浴室全面完工并投入使用。做好拥军优属工作。落实省级双拥模范城迎检要求，发放退役军人优待证。陈家庄广场健身器材配套完善，陈村集中供暖毁坏道路1.1公里重新修复硬化，寺耿公路柳树腰段硬化道路3.3公里，虎头山燕南庄等村整修硬化田间路2公里，夯实农业根基。全镇新农合和新农保覆盖率达95%以上，群众就医需求得以保障。开展“五项重点百日攻坚”专项行动，健全完善防返贫动态监测和精准帮扶机制，推动产业提档升级，拓宽就业渠道，落实创业就业政策，开展劳务技能培训，管好用好公益性岗位，筑牢防返贫底线，提升乡村治理水平。

（闫志坚）

李曹镇

【概况】 李曹镇地处霍州市地区东部，距市区10公里，东临沁源、古县，南临陶唐峪乡，西连大张，北靠三教乡，南北约13公里，东西宽23公里，总面积275平方公里，其中，山区占75.6%，丘陵占24.4%，辖区内共27个行政村，人口29236人，为霍州市占地面积最大的乡镇之一。

【现代农业建设】 2022年，李曹镇小麦收割面积达到21256亩，亩产355公斤；玉米收割28123亩，亩产825斤；苹果8012吨，核桃146吨，发展规模以上养殖场（户）8家，生猪出栏33756头，牛出栏1062头，羊出栏2920只，肉鸡出栏46735只，李曹镇已经成为全市重要农副产品生产交易基地。开展全镇范围内的撂荒地排查工作，摸排27个行政村，实有撂荒地面积748.84亩，其中正在整地191.35亩，已耕种418.68亩，剩余撂荒面积涉及131块土地138.81亩。针对各村撂荒的原因，综合分析研究后进行分类整改，确保应种尽种。开展“非粮化”整治专项行动，对全镇范围内的确权土地面积、永久基本农田、一般农田的面积进行全面排查，对照上级文件要求，李曹镇不存在需要整改的“非粮化”土地。高标准农田整治方面，把水利局、自然资源局、农业农村局等部门涉及的整治工程分类统计，专题会议研究，并要求时限整改，按照要求全部整改完成，并通过验收。农村厕改方面，按照上级要求，全面排查，摸排5211户，完成排查任务。乡村建设信息录入工作采集农户信息共计4632户，全部登记录入系统。

以打造“畜牧养殖、优质苹果、沿山干果、苗木花卉”四大特色农业基地为重点，学习先进技术和管理经验，以市场需求为导向，推广“企业＋农户”订单式农业，提升特色农业发展水平，向规模和科技要效益，打造全市农产品生产交易基地。深化农村集体产权制度改革，推进农村土地流转，发展适度规模经营，培育农产品加工企业、专业合作社等新型市场主体，推进农村“一二三产业融合发展”，特别是依托全市重大节点活动、重要推介平台，扶持绿和祥福、裕鑫博康、霍山花馍、姥姥家年馍等农产品加工企业做大做强，增强农村经济发展活力。

【文化旅游】 2022年，李曹镇发挥景区的游客聚集效应，让更多游客走进霍山、走进李曹，在全市引起强烈反响。依托七里峪和悬泉山两大景点，结合各村特点，发展休闲娱乐、餐饮住宿、田园采摘、文化纪念品、农家乐等配套产业，推动文旅产业的多元发展和集群发展。“两廊带三片区”集体经济三年行动计划有序推进。围绕七里峪农文旅康融合发展，采取抱团经营模式，以源头、鸭底、窑底、范村为主“四村”联建，实施“月季花街”旅居项目，由集体统一打造、统一推介、统一管理，发展集“吃、住、娱”为一体的乡村旅游。窑底村已打造“姥姥家”系列乡村游乐场、有机菜园、农家乐、民宿小院等乡村休闲游项目，“五一”期间日均销售额过万元，成为不少市民争先打卡的“网红村”。9月，央视特别节目《走进县城看发展》对李曹镇窑底村乡村旅游特色产业进行了报道。围绕悬泉山乡村休闲旅游发展，下王村正着手打造集旅游和户外运动物资补给、休憩、餐饮和住宿于一体的高端休闲旅游产业。项目总投资750万元，前期规划设计、可研和图纸设计全部完成，招投标工作有序推进，工程建设顺利开展，预计年收益可达20万元。

对各村文物进行巡查调研，摸底排查，从根本上消除隐患，配合市文旅局对李曹镇文物进行修缮、修复，采用遮盖、加固、围挡等方式，做好汛期保障工作，保护镇文物，对李曹东南遗址、风水塔、瓦窑遗址、柏乐村白螺寺、小涧村龙王庙等70处文物遗址进行安全隐患排查，排除防火隐患。

窑底月季花

【苗木花卉】 2022年，在峪里、秦家岭村等村打造的“鲜果采摘园”成效初显，樱桃、葡萄等采摘园已在夏季旅游高峰期开始试营业。在范村培育的“芳青玫瑰种苗基地”，首期栽种的玫瑰花苗面积达100亩、24000余株，已同经销商达成合作，长势良好。

【物流商贸】 2022年，李曹镇推进高铁规划区商业综合体项目建设，发展散货物流、建材家具、农产品批发等产业。抓准旅游旺季，“五一”“十一”黄金周，在霍州高速服务区，主推李曹镇特色农副产品，通过线下推销的方式，真正通过旅游架起李曹镇农副产品的销售桥梁。高度注重互联网商务的应用，引导群众学习对接网上电子商务平台，努力争取全国“电商小镇”特色名片，利用电商、微商、抖商等平台扩大产品销售渠道，变等客上门为送货上门，将离城区较远的区位劣势，转变为低房租、低人工、低成本的市场竞争优势，打造霍州东部商贸物流集散中心。

【环境卫生】 2022年，李曹镇巩固和提升“六乱”治理成果，提升农村人居环境质量，对各村拆违治乱、农村垃圾、农村污水、厕所革命、乡村卫生等农村人居环境整治工作的成果进行持续深化。在旅游路沿线各村集中实施垃圾不落地管理，协调配合建设村庄垃圾地埋坑35个，改善旅游路沿线环境卫生情况。从源头村到鸭底村、窑底村、范村打造“姥姥家”月季花一条街，实现“脏退绿进、乱退景进”。按照住建部门要求，在各村规划放置地埋式垃圾池，协调城建部门进行李曹村污水管网铺设。在旅游路沿线11村实施垃圾不落地管理，每天定时在村内由垃圾车循环回收垃圾。先行示范村试行街长制、巷长制管理机制和“门前三包”制度，乡村面貌焕然一新，展示李曹镇整洁有序、干净亮丽的新形象。

环境卫生整治

【民生工作】 2022年，李曹镇有脱贫户46户、113人。建档立卡户中的低保户20户、43人；建档立卡中的特困救助4户、7人；建档立卡中的80岁高龄补贴2户、2人；建档立卡中的四类学生及大学生救助共7户、7人；建档立卡贫困户中残疾人有24人。按照有关程序对全镇特困救助供养对象进行重新核定，对不符合特困救助供养条例规定的对象坚决予以取消，对符合特困救助供养条例规定的对象，没有享受特困救助待遇的做好申报审核工作。通过排查，截至年底特困救助供养81户、81人，分散供养50户、50人，集中供养31户、31人。完善城乡居民临时救助制度和残疾人“两补”工作。对因病、因残、因灾、因老、四类学生等各种特殊原因造成基本生活出现暂时困难的家庭，给予非定期、非定量的临时救助，缓解城乡困难群众突发性、临时性生活困难，申报救急11人，四类学生救助71人，80岁以上人员高龄补助333户、333人。完善其他各类残疾补贴。残疾人重度护理补贴共有299人，困难生活补贴78人。

【社会事业】 2022年，李曹镇规范各类学校办学管理，常态化关注校园安全、关心教师工作、关爱学生成长，提升各级各类学校的教育质量。配合医疗卫生体制改革，加强镇村医疗网络建设，提高村级卫生所标准，李曹镇村卫生所已实现全面覆盖，各村村医共计35人，服务人口达25645人。全镇农村集体资产“清化收”工作共涉及27个村、33个集体经济组织，坚持“三个强化”，抓实抓细“清化收”工作。“清化收”专项整治方面，全镇清理合同435份，其中规范合同336份，不规范合同55份，口头协议44份，已整改完成97份，提级整改2份，实现新增收入4500元，新增资源148.28亩。完成“三资”管理工作，对农村集体“三资”管理底数、制度、问题进行全面摸排，形成“三清单”，及时整改存在的问题。规范镇村级范围内筹资筹劳管理，结合“一事一议”奖补政策的实施，2022年度一事一议项目5项涉及李曹、小涧、杨枣、源头、沟东5个村，要求各村加强所筹资金使用的监督管理。

强化组织领导，凝聚合力，摸清合同底数，分门别类建立台账，健全完善资料，切实做到底子清、情况明。推进合同清理、整治、规范等工作，为厘清村集体资源、资金、资产打牢基础，促进集体经济发展。为落实全市年馍产业发展规划，在范村学校旧址规划打造年馍加工厂。 （冯朝霞）

辛置镇

【概况】 辛置镇位于霍州市最南端，距市区10公里，南与洪洞接壤、西与汾西相望，是霍州市的南大门。辛置镇总占地面积 46.6 平方公里，下辖 16 个行政村，5 个社区，总人口 73826 人，其中，农业人口约 21000 人，非农业人口 52826 人，耕地面积 33691 亩，党员 1831 人。辛置镇机关共有工作人员 65 人，内设党政综合办公室、经济发展办公室、社会事务办公室、综合行政执法办公室、规划建设办公室 5 个办公室和党群服务中心、综合便民服务中心、退役军人服务站 3 个事业单位机构。

【党建工作】 2022 年，辛置镇党委、镇政府开展“党旗在基层一线高高飘扬”“我为群众办实事”活动，累计为群众办实事 86 件。农村党群服务中心面积均达 500 平方米，国有企业移交的 5 个社区高标准完成提档升级并投入使用，打造霍电辛庄社区国电小区、辛置社区美丽园小区、十里铺社区兴晟苑小区党群服务驿站。依托辛置村和下曹村“幸福罐”道德储蓄和“百议堂”村民议事会党建品牌的成功经验，在农村领域全面推广“村民说事议事”“道德储蓄银行”“综治服务中心”等品牌项目，在城市领域实施“党建＋养老”“红色物业党建联盟”等党建品牌。7 月在十里铺现代产业园举行集体经济开工仪式，总投资 700 余万元的 9 个农村集体经济产业项目已全部完工。全年全镇所有村集体经济收入均突破 10 万元，其中，30 万元以上 6 个，占 37.5％；50 万元以上 2 个，占 12.5％。

【重点项目建设】 2022 年，辛置镇把农村集体经济壮大提质作为“书记工程”统筹推进，构建“1＋3＋X”运行机制，按照北部发展农业、中部发展商贸、南部发展工业的思路，培育支柱产业，推动全镇 16 个村、3 个村社合一社区集体经济提质增效。培育“一村一品”，依托十里铺甜瓜、段庄大葱、后河底红薯、北泉熏醋等特色农产品，延伸产业链条，提升农产品品牌知名度。投资 320 万元的段庄村现代农业种植产业示范基地已完成冷链储藏中心和农产品综合销售平台建设，建成 17 个春秋棚，大田耕种 700 余亩；总投资 200 余万元的北村规模养殖项目已完成基础设施建设，养羊 1000 只；总投资 5000 万元的霍州市煤炭交易中心项目正在进行“三通一平”。

北村集体经济项目——养殖场

【经济转型】 2022 年，辛置镇推动传统煤电产业转型升级，加快推进紫晟煤业矿井充填开采、霍州发电厂安全节能技术改造等项目，发挥传统优势产业“稳盘托底”作用。做大新能源产业，推动国电、华得宇集中式光伏发电项目建设，加快实施镇域 70 万平方米屋顶分布式光伏发电项目，推进南下庄、下曹、宋庄、塔底、北村的矸石山光伏项目，打造新能源产业霍州标杆。开展“市场主体建设年”活动，挖掘市场潜力、激发市场活力，推动市场主体倍增。落实落细支持民营经济发展优惠政策，鼓励民营企业进入基础设施、公共服务、公用事业、生态保护修复等领域。开展入企服务，为企业纾困解难。利用原橡胶厂废弃闲置土地、厂房，引进霍州市煤炭交易中心项目，走高端低碳发展的辛置路径。利用原辛置村小学废弃土地、校舍，采取“合作社＋企业”模式，创办集体自营年馍加工厂，让“沉睡”资产变为转型增收“活水”。

【环境整治】 2022年，辛置镇开展散煤污染整治、秸秆禁烧等行动，强化低空面源管控，提升环境空气质量，实现“蓝天常驻”。坚持“五水同治”，全面完成污水处理厂（站）的设施建设。开展污水处理提质增效行动，巩固沿汾郭庄村、团柏矿、辛庄村、辛置村4座污水处理站污水处理成果，保障汾河出境断面水质稳定达标，实现“绿水长清”。实施汾河干流防洪能力提升工程，出动机械、人工历时一个月，对郭庄、辛庄、辛置、北益昌等多处河道进行“四清”，砍伐林木5000余棵。执行《山西省泉域水资源保护条例》，保障汾河生态基流。开展城乡结合部、背街小巷、夜宵市场、流动摊位等专项治理。加大违法建筑清理力度，改善辛置环境面貌。加快镇村垃圾收集、转运一体化建设，推进生活垃圾分类管理。对二处菜市场进行规范整顿，新修遮阳棚、修葺公共厕所，规范市场摊位，改善镇荣镇貌。

【社会保障】 2022年，辛置镇坚持应保尽保，应退必退、坚持民主评审，公平公正、坚持定期核对，动态管理、坚持统筹兼顾，协调推进。完善社会事业建设，着力“兜底线、织密网、建机制”，健全完善覆盖全民、统筹城乡、公平统一、可持续的多层次社会保障体系。推动“双减”政策落地落实，深化职业教育产教融合、校企合作。完善扶困救助体系，继续举办爱心助学活动，加强对农村留守儿童、老人、残疾人等社会弱势群体的关爱保护。做好退役军人就业创业、待遇保障等工作。

【文教卫计】 2022年，辛置镇发展文化事业，挖掘镇域内文旅资源，以辛置老火车站、郭庄千佛崖、下马洼梁衡故居等为依托，以点带面，打造辛置一日游精品旅游线路，通过辛置魅力景点的打造，让辛置旅游“熨帖”起来，让辛置名片“闪亮”起来，努力开创文旅融合提档增速、高质量发展崭新局面，助力霍州全域旅游。加强卫生管理，加快国家卫生乡镇创建步伐，开展城乡接合部、背街小巷、夜宵市场、流动摊位等专项治理，加快镇村垃圾收集、转运一体化建设，推进生活垃圾分类管理对2处菜市场进行规范整顿，新修遮阳棚、修葺公共厕所，规范市场摊位。

【社会管理】 2022年，辛置镇加强和完善村、社区治理，发挥全科网格员作用，建设更高水平的平安霍州。加强反电信诈骗宣传，提高群众防范电信诈骗知晓率和普及率，提升群众识骗能力和防骗能力，守护群众钱袋子。坚持和发展新时代“枫桥经验”，加强改进信访工作，做好“重复信访治理和积案化解”工作。加大食品药品安全监管力度，推进追溯体系建设，严防严控各类食品药品安全风险。防范金融领域风险，守住不发生系统性、区域性金融风险的底线。常态化开展扫黑除恶斗争，依法打击和惩治各类违法犯罪活动，营造安全稳定的社会环境。

（李雨珂）

南环路街道

【概况】 南环路街道位于霍州市城南，地处南涧河下游城区南部，东和大张镇衔接，西与白龙镇隔汾河相望，南与辛置镇接壤，北靠南涧河和鼓楼办、开元办为邻，办事处驻南坛社区，距霍州市城区500米，总面积15平方千米。南环路街道办事处前身为城南乡（城南乡于1995年1月1日由原城关镇改制而成），2001年撤乡并镇后更名为南环路街道办事处。境内有南涧河，由东向西注入汾河，河道长2千米，是境内唯一一条常年性河流。种植作物以粮食和蔬菜为主。小麦、玉米均两季轮作。畜牧业以养殖业为主，养殖品种以猪、牛、羊、鸡为主。

【党建工作】 2022年，南环路街道办事处全年为群众办理惠民事项1760余件，惠及群众3000余人。7村、2社区党群服务中心设施、版面、制度完善更新。党建制度完善落实，从严落实基层党建第一责任人、“三会一课”、党员承诺评议、“四议两公开”等制度；规范落实“定查评”、党建例会等制度。围绕“打造生态南环、红色南环、魅力南环”奋斗目标，立足自身实际，从经济基础、区位特征、资源条件等实情出发，着重发展特色种植、小型加工、仓储物流、商贸服务等产业，通过“党建+”等举措探索多元化发展，实现党建工作与村级集体经济发展同频共振，互融互促。因村施策，精准定位，着力构建“红黄蓝绿黑”“五型五色”产业体系。

【项目建设】 2022年，南环路街道办事处推进9个产业项目，完成全年集体经济收入指标任务。南坛村红色美丽乡村建设项目。项目依托南塔烈士陵园红色资源和明清“霍州书院”遗址，挖掘南坛深厚文化底蕴，做大做强红色文旅产业。做出项目可行性报告和详细建设规划，计划投资350万元，规划设计3440平方米，建成后村集体增收15万元。南庄村泰和胶带加工扩容项目。南庄村与山西泰和包装材料有限公司合作经营，打造全市首家规模化胶带加工产业链条基地，实现村企共赢，企业增效、集体增收。项目占地600余平方米，总投资140万元，建成达产后，企业每年收益可达20万元，村集体创收3万元。项目整体工程已完工，12月前进驻设备安装调试，投入生产。龙口村冷链仓储项目。盘活闲置多年的原砖厂旧址土地，作为项目建设用地，规划占地2600平方米，实用制冷面积1728平米，拟建成贮藏冷库8座，年贮藏能力2000吨物流仓储库。项目投资720万元，村集体筹措出资100万元，其余资金部分已与市农发公司沟通上报，等待审批。预计每年可为集体增收10万元。南沟村物流园综合物业管理项目。南沟村依托“仓储物流园”，成立综合物业管理委员会，实施统一物业管理和服务，6月，物业管理委员会成立挂牌，预计年收入4万元，解决劳动力10余人。东湾村特色红薯规模种植项目。东湾村依托200余亩的优质旱地，实施以“济薯25号”“翼薯66号”“西瓜红密薯”为主的特色红薯规模种植。启动1期工程，投资10余万元，试种10余亩，可为集体经济创收2万元。圣佛村综合商场扩容项目。圣佛村盘活现有资产发展产业，将团柏矿移交停车棚二层建设为综合商场统一经营。项目占地800余平米，投资60余万元，每年可为村集体创收10万元，解决群众30人就业。项目整体工程已完工，设置摊位、门店20个，11月中旬即投入运营。东湾村鸿叶肥业有机肥料产品升级和达效扩建项目。新建厂址占地12.8亩，用地手续正在办理中，主体开工建设，力争年底前投产，村集体以土地入股，参与经营，每年可实现分红4万元。赤峪村大型机械设备租赁项目。村集体投入资金10万元，购置小型挖掘机参与建筑工程等项目，每年可为集体创收6万元。南坛村霍州年馍加工项目。项目占地 7280 平方米。预算资金 467 万元，项目用地正在进行相关手续办理，年底完成建设。购置设备投入生产，每年可为村集体创收 20 万元。

【“清化收”工作】 2022 年，南环路街道办事处排查摸底合同 1025 份，经认真甄别，确定规范合同 873 份，不规范合同 11 份，口头协议 141 份。其中问题合同整改 136 份，收回资金 35.19 万元。化解债权债务方面：共化解债务 43 笔，涉及资金 64.99 万元。化解债权 66 笔，257.27 万元。收回资产资源方面：共核定收回新增资源 999 宗、942.438 亩，实现新增资源收费 28.34 万元；新增经营性资产 8 处，新增资产收回 6.85 万元。

【行政执法改革】 2022 年，南环路街道办事处推动综合行政执法改革，加强执法人员资格管理。执法队有人员 11 人，其中有 3 名公务员、8 名事业干部，全部通过综合行政执法考试。设置专门办公室，做到有机构、有制度、有牌子、有人员。多次组织专题培训。市级下发的执法事项清单，涉及 7 个部门，55 项执法事项，科目繁多、专业性很强。开展综合行政执法工作培训会、综合行政执法岗位大练兵，学习综合行政执法法律运用、办案程序方法等，提升执法人员办案能力。开展日常执法检查。开展常态化日常巡查，针对重点问题、重要区域开展专项检查，建立村（社区）网格员动态举报“三位一体”的执法网络，确保违法违规行为可以“早发现、早制止、早处理”。开展行政检查 12 次，出动执法车 12 次、人员 36 人，下达责令整改通知书 4 份。综合行政执法改革后，执法人员全部通过执法证考试，统一配备执法制服。

【党员积分制管理】 2022 年，南环路街道办事处探索“分类管理、积分考评、双向激励”的农村党员管理体系。8 个农村党支部 361 名党员划分为 4 大类进行管理，划分有职党员 51 名、无职党员 168 名、流动党员 77 名以及弱困党员 65 名，有 296 名党员参与积分制管理。自 6 月开始，将各村评定结果报街道党工委进行备案。为便于管理，南环路街道印制下发《南环办党员积分管理手册》《霍州市南环路街道党工委农村党员积分制管理实施方案》各村成立积分评定小组每月对党员进行积分评定，评定结果报街道党工委审核、村委公示后方可生效，确保积分评定结果公开、公平、公正。截至年底，得分 80—85 分 1 人、70—75 分 7 人、65—70 分 61 人、60—65 分 144 人。

【“星级文明户”创建评选】 2022 年，南环路街道办事处开展“星级文明户”创评宣传，建立有效机制，鼓励农户积极参与创评，全办宣传覆盖率达 100%，农户参评率达 95%以上。完成星级文明户评选 1036 户，其中十星级 10 户、九星级 309 户、八星级 312 户、七星级 405 户。通过创评活动，农村社会风气有了很大好转，文明生活方式在农村中蔚然成风，农民群众思想道德素质和科学文化素养有了很大提高。各村（社区）新时代文明实践站全部挂牌，按照五有标准规范管理，全部上传网络。推荐第六届霍州市道德模范候选人 1 名（龙口郭耀丽）。

【“村改居”工作】 2022 年，南环路街道办事处对照村改居相关条件。针对辖区符合条件的唯一村南坛村，制定方案，合理设置社区规模，确定界线，明确整合范围和辖区区户。南坛村村改社区涉及 1689 户，包含原村民 433 户及辖区内的城市居民 1256 户，对月亮湾小区、时代豪庭南苑北苑等进行整合。5 月份，街道提出建议，村召开户代表会议，讨论决定建议和方案，征求村民意见，以无记名投票方式进行民主表决。6月份，组织选举社区居民代表51人，8月前，完成整档改制、更牌换印，村改社区。

【正风肃纪】 2022年，南环路街道办事处组织机关干部及各村“两委”干部集体参观霍州廉政教育基地霍州署、在“清风临汾”上参加知识竞赛。拓宽线索加强对信访案件的查办力度，接待群众来访，耐心听取群众诉求，虚心听取群众意见。南环路街道监察对象94人，7个行政村2个社区监察对象66人，监督对象502人（女党员数101人）。截至目前，共受理问题线索13件：其中：初步核实了结2件，立案审查11件，受党纪处分10人。按照政治监督“六步工作法”的要求，对疫情防控、森林防火、采煤沉陷区治理、大气污染防治、大棚房治理、村（社区）“两委”换届、灾后重建等情况进行监督检查，对监督检查中发现的问题，及时采取约谈提醒、批评教育等方式，督促其整改。坚持围绕中心大局，发挥党内监督专门机关作用。在专项督查方面：经营性自建房检查2次，疫情防控5次，森林防火检查2次，大气污染防治检查2次，防汛检查2次，通过对各项检查发现问题20余处。

【民生改善】 2022年，南环路街道办事处完成城镇低保78户、155人，农村低保4户、11人，特困19户、19人；两补人员生活补贴53人，集中供养1户、1人；小额救助1户、1人；80岁老人131人；两补人员生活补贴53人，护理补贴97人。关注“春风行动”“乡村振兴招聘”及时准确为脱贫人口及重点人群提供外出务工信息，为脱贫劳动力实现稳定就业提供了可靠渠道。落实各项教育扶贫、资助政策，做到脱贫不脱政策，保持政策连续性，完成村级卫生室合格医生配备全覆盖，确保正常运行。制定《南环办巩固脱贫攻坚成果同乡村振兴有效衔接工作实施方案》，细化分解任务，责任到人，确保脱贫攻坚同乡村振兴有效衔接工作推进。健全防止返贫监测帮扶机制，紧盯已脱贫57户建档立卡贫困户人口家庭收入支出，“两不愁三保障”等方面困难和问题开展常态化监测。已开展防止返评监测排查3次，全办新识别监测户1户、无返贫户认定，无错退户纠正、无错评户清退。完成贫困户受疫情影响的务工需求与务工信息核实录入，逐户逐村对57户贫困户信息进行全面采集并录入系统，鼓励有劳动能力的脱贫户积极外出就业，有就业人员46人，办事处组织对脱贫劳动力进行培训。

【耕地撂荒核查整治】 2022年，南环路街道办事处对辖区8村区域内所有耕地播种种植情况分类调查登记，摸清撂荒地底数，建立撂荒台账。经摸排，全办撂荒耕地面积34.19亩，制定三项具体整治措施，撂荒耕地基本整治完毕。

【社会事业】 2022年，南环路街道办事处对辖区内在外务工人员进行全面摸底，摸底人数748人。各村（社区）新时代文明实践站全部挂牌，按照“五有”标准规范管理，全部上传网络。推荐第六届霍州市道德模范候选人1名，以电影放映员何林明的事迹为原型，报送1名第七届霍州市“好基地讲好故事”活动参赛选手及作品。推进“一事一议”有序开展。涉及南沟村防洪渠下水管网治理和龙口村文化广场硬化、圣佛村下水管道治理、南坛村道路硬化排水渠治理4个项目。确定南坛村为2022年，红崖堡为2024年实施项目，南坛投资450万元，依托南坛村南塔烈士陵园红色资源和“古霍书院”遗址文化，实施红色美丽乡村建设。红崖堡村投资420万元，实施南山绿化、紫薇园建设、农村基础建设。2022年，坚持党管武装，完成民兵整组和征兵任务，大学生入伍比例达100%。

【基层治理】 2022年，南环路街道办事处南坛村投资110余万元修建的党群服务中心办公楼建设完工；完善日间照料中心设施，改建公共浴室60平方，更好地服务村空巢老人；完成村中主干道近400米沿线环境治理，人居环境明显提升。南沟村申请灾后重建资金240万元，对因强降雨山体滑波造成近300米坍塌道路进行高标准修复，龙口村投资30万元进行文化广场建设；修缮村中坍塌受损道路90米，清理浇地水渠600余米，清理龙曹线排洪渠300余米；规范化建设日间照料中心1座，面积300平方米。东湾村对霍侯一级路路西120多户供暖管道沟进行管道覆盖；对铁路沿线两侧约1000米排水渠进行清理整治；对汾河堤坝近1500米沿路垃圾进行清理整治。圣佛村完成村主干道道路修复收尾工程；修缮村中受损道路260米、修复排水渠350米；投资10万元修缮村中古庙。南庄村对村灌溉渠进行清理，完成村中道路水泥硬化300米。

【环境整治】 2022年，南环路街道办事处按照全市“创国卫”工作“三拆三下三进三出”的总体部署和“148”整治目标，锚定“一线四路八网”整治目标，实施“六化”措施，提升人居环境。全年清理垃圾1.5万余立方米，粉刷树木2500棵，修建围墙600平方米，粉刷墙壁15000余平方米，清理杂草2000余平方米，清理乱贴乱画1300余处，栽植树木500余株，拆除违建8处，发放宣传材料4000余份，悬挂宣传标语30条。加强“水污染”管控，全面落实河长制，重点监控汾河和南涧河，加强入河排污口管理，对全办河道排污口进行不间断排查。结合南涧河综合治理工程，加强污水处理排污管道管控，杜绝村民对河水的污染。组织机关全体工作人员、南沟村“两委”干部、各村护林防火员70人，开展“为人民植树，为城市添绿”南环办第九期南山公益植树活动，栽植白皮松、柏树300余株，完成除草整地，栽植率达80%。加大对各企业监督力度，配合环保、公安等职能部门采取清理、关停有效措施，进行全面整治和规范；加大对桃临路、南外环沿线的环境卫生整治，加强禁止焚烧垃圾管控工作；推进秸秆禁烧工作。广泛宣传，明确责任，村级成立巡查小分队，办事处成立督查组开展巡查。排查260户，清缴散煤3吨。

【安全应急】 2022年，南环路街道办事处建立“日巡查、周汇总、月研判”安全生产工作机制。将安全生产和应急管理纳入街道年度目标考核，建立健全街道领导班子成员安全生产职责清单和履职档案。集中开展3次户外集中宣传活动和2场集中宣讲，发放安全宣传资料4000余份，发放宣传物品200余件。修订完善街道总体应急预案及9项专项预案并指导村、企业单位修订完善各类应急预案，补充防汛、防火、防疫等应急物资。建立办、村两级应急抢险队伍，计80余人。开展安全生产领域大排查大整治“百日攻坚”活动，累计检查村中微小企业81个，排查各种安全隐患160余项，整改160项；加大危险化学品、易燃易爆品、烟花爆竹销售点安全检查力度，查处非法销售烟花3起，查处非法使用改装液化气行为2起，处理清收27个非法液化气瓶。开展城乡消防及火灾隐患专项排查。针对生产企业、加油站、居民院落等人员密集场所，排查整改消防隐患46条。开展安全生产专项整治。组织开展“安全生产专项整治三年行动”“森林防火和城乡防火专项行动”“安全生产月隐患大排查大整治行动”等专项整治和节假日专项检查，巡查172家单位，累计排查安全隐患75项，下达执法文书4份，停业整顿4家，责令整改企业2家，完成各项专项整治任务。强化值守，确保稳定。制定重要节假日期间应急值守方案和值班值守人员安排表，安排街道值班人员、村社干部、网格员、基干民兵开展安全生产巡查。

【安全防范整治】 2022年，南环路街道办事处地质灾害隐患点涉及7村32点（其中高陡边坡20点、崩塌8点、地面塌陷4点），涉及545人。街道、村两级加强地质灾害排查治理，发放防治工作卡7份、避险明白卡189份，受影响群众504人。地灾搬迁治理8户，发放搬迁补助86.976万元。农民自建房排查防范方面，排查经营性自建房125户，第三方鉴定62户，其中9户C级隐患；非经营性自建房8075图框。公共租赁住房方面，现中低收入人群住房保障36户，本年新增4户。

【政法领域工作】 2022年4月25日，南环路街道办事处在各村（社区）举行“反邪拒邪”签名宣传活动，发放宣传资料2000余份。为提升老年人防范养老诈骗意识，组织网格员入户开展“一对一”宣传，发放宣传资料2400余份，受教育人数达5000余人；为督导铲毒禁毒有力开展，全面管控登记在册的吸毒人员，通过线上线下方式签订禁毒承诺书4160余户，完成率达76.3%。组织各级网格员入户排查，下载“国家反诈中心”App，累计注册6625人；为保证网格信息上报有效落实，开展各级网格员培训工作，年初至今全科网格员累计上报事件信息1816件，风险隐患类上报166件，治安问题类18件，疫情防控类408件，其他281件，网络信息办结率达99.89%；为保证治安管理工作有序开展，年初至今接处警156起，现场调解38起，办理治安案件10起，行政拘留4人，刑事案件0起；开展有效的信访群众思想疏导和法律教育、救助扶助，有效疏通信访群众情绪，化解矛盾。结合“安全生产宣传月”“防范养老诈骗”“防止非法集资和电信网络诈骗”“铲毒禁毒”“反邪拒邪”等活动，利用横幅、标语、设立咨询服务点、发放宣传资料等形式向群众广泛宣传，开展法律知识，禁毒知识和安全生产知识专项培训，提高群众自我保护意识和遵纪守法自觉性。集中举办法律安全等宣传教育4次，发放宣传资料3000余份，张贴标语横幅60余，“防范养老诈骗”活动入户4500余户，宣传覆盖率达74.6%。（桑玲玲）

鼓楼街道

【概况】 鼓楼街道位于霍州市中心城区，辖区总面积6.1平方公里，东与开元街道办相连，西与白龙镇接壤，南与南环街道办交界，北与北环街道办相望。鼓楼街道办事处下辖文庙、前进、滨河路、永安、西街5个城市社区，总人口约3.5万人，耕地881.75亩。办事处设4个党总支，共11个党支部，党员592名。

鼓楼街道办事处辖区内既有华怡商场、泰昌商场、唐荣市场、香江城等大型购物中心，又有霍州署、鼓楼、祝圣寺、火星庙等历史遗迹。鼓楼街道办事处历史悠久、人文荟萃、物华天宝、人杰地灵，是霍州市政治、经济、文化中心。

【党建工作】 2022年，鼓楼街道办事处召开巡视整改专题民主生活会、“廉政文化进社区（村）”等活动30余次，开展学习活动90余次，培训1000余人次，开展日常监督检查12次、谈话提醒12人。实行党组织书记星级化管理，评选星级党组织书记8人；评选星级文明户1205户；实行党员积分管理办法，10个支部583名党员全部纳入积分管理。全年新发展党员12人，储备入党申请人、积极分子、发展对象51人。全年解决群众的“急难愁盼”问题150余件。探索“344”工作机制（即摸清三个信息、引领四支队伍、搭建四个平台），发挥街道办、社区、业主委员会等方面的作用，推动解决5个“三无小区”的治理难题。

【村改社区】 2022年8月，鼓楼街道办事处完成“村改社区”工作，对辖区4个村、4个社区及白龙镇涧北村科学合理划分，改为5个社区，成立4个党总支和1个党支部。

【乡村振兴】 2022年，北峰村充电站集体项目运行正常，经济效益良好。西街村投资500万元建设农副产品超市，正在推进装修工程；西街村西城华府项目总投资2.3亿元，2022年一期工程项目已动工兴建。北街村以西红柿酱、霍州碗托等农副食品为基础，打造“霍岳庆农”品牌生产基地。南街村拟利用区位优势和村集体闲置土地的资源优势，按照新农村建设的标准，进行开发建设。

【清化收专项工作】 2022年，鼓楼街道办事处排查整改涉及3个村（西街、南街、北街）4.28亩的土地，提升耕地资源利用率。清理22份合同；化解债务58笔428.66万元，化解债权11笔2.02万元，新增收入2笔21万元。

【靓城提质】 2022年，鼓楼街道办事处细化环卫区域，辖区内72条背街小巷安排27名环卫人员进行清扫，做到垃圾日产日清。组建由14名工作人员为主的专门力量，坚持每天对秸秆焚烧、农村面源污染、散煤禁烧等进行监管，2022年，已制止野外用火行为50余起，查处柴火取暖情况8起。

【综合执法】 2022年，鼓楼街道办事处组建综合行政执法委员会、综合行政执法队，设置3室、1库，配发执法服装，配备执法记录仪、执法车辆等设备，10人持证上岗，开展执法巡查20余次。

【民生保障】 2022年，鼓楼街道办事处为“一老一少”发放退烧药品2500片；全办60—79周岁老年人接种加强针174人，80周岁以上全程接种156人。全街道居民参加基本养老保险征缴4386人；参加城乡居民医疗保险征缴7184人；为17名残疾人发放辅具；为53名贫困残疾人发放补贴和生活物资；为5户五保户发放消费券。完成市场主体倍增238户；完成退伍军人建档立卡，征集新兵。

【危房排查】 2022年，鼓楼街道办事处落实危房和老旧房屋安全隐患排查工作要求，全年排查自建房3520处，其中经营性自建房551处。

【平安创建】 2022年，鼓楼街道办事处围绕道路交通安全、燃气安全等现象，出动检查组76组，检查生产经营单位240家，发现一般隐患66处，均已全部整改。常态化开展防范非法集资、电信诈骗等宣传活动，先后发放宣传资料10000余份，宣传横幅20余条，制作视频号6期。开展平安创建活动，推进全科网格建设，维护安全稳定的

良好局面。在“平安山西”App上报事项5153条，办结率达99%。（陈 敏 朱江华）

北环路街道

【概况】 北环路街道办事处地处霍州市城区，是霍州市的北城门，辖区面积6.8平方公里，东与大张镇相连，西与鼓楼办相接，南靠开元办，北连退沙办。下辖有永泉、北兴、邢家泉、北关、永合5个社区居委会，三合1个行政村。耕地面积1445亩，总人口31123人。北环办产业是以第三方为主的主导产业。

【项目建设】 2022年，北环路街道办事处服务于全市重点项目工程建设，该项目落地实施后将给霍州市财政收入增加1亿元以上，并且解决若干就业岗位，带动周边经济较大发展。2022年完成征地事宜，天悦府项目开工建设。

【安全工作】 2022年，北环路街道办事处按照市安委会工作要求，压实安全责任，严格排查制度，逢会必讲，警钟长鸣，利用6月“安全生产宣传月”，并通过多种形式向辖区居民宣传安全知识，增强居民群众的安全意识。6月11日在北关村组织开展防汛及地质灾害避险应急演练，组织村干部、民兵、村民等80余人参加演练。按照市人武部国防后备力量组织整顿工作要求实施民兵整组，组建民兵应急排练，预建党支部，开展基干民兵入队训练和集合点验，顺利通过市人武部的检查验收。

【环保工作】 2022年，北环路街道办事处狠抓大气污染防治，加强禁煤控烧工作，深入辖区开展日常巡查，及时发现处置使用各类煤炭制品和焚烧秸秆垃圾行为。针对沟口村北原垃圾填埋场环保突出问题，协调相关部门进行彻底治理，由临汾市生态环境局霍州分局委托山西弘润工程咨询有限公司于2022年3月对该垃圾场进行治理，通过对高温自燃区进行灌浆灭火，抑制自燃冒烟现象，进行削坡整形，实施植被恢复。

【党建组织】 2022年，抓党建促基层治理能力提升工作开展以来，明确“155”工作思路，即：坚持以夯实基层社会治理为基础，不断推动社会治理和服务重心向下移，把“党建引领、法治保障、德治教化、自治强基、智治支撑”贯穿基层治理的始终，聚焦干部能力素质提升、强化网格治理、壮大村集体经济、阵地规范建设、村风民风优化五大重点，“多网”融合，变“粗管理”为“精治理”，多维发力，绘出共建共治共享共荣的基层治理新蓝图，努力开创党建引领基层治理新局面。为在原来网格化基础上再细化为小网格细胞单元，将各村、社区“两委”班子成员、党员、志愿者、热心群众等人员编入网格细胞单元担任网格服务员。全办下辖6个全科、34个大网格、116个小网格、415个微网格五级网格体系，激活基层治理“末梢神经”，精准高效解决群众“急难愁盼”问题，推动精细化管理水平提升。

【民生工作】 2022年，北环路街道办事处辖区有低保户78户、174人，五保户3户、3人。依据上级残联要求对辖区内的残疾人进行摸排，对没有纳入救助的残疾人进行了入户，了解其是否符合救助政策。高效用好防返贫动态帮扶监测机制，开展集中排查1812户、5148人，回退监测户1户、2人；按程序申报“雨露计划”3人；帮助办理保险理赔6人；对照重点帮扶县市际交叉评价反馈问题排查问题6条均已整改完成；脱贫户外出务工16人，其中省外5人；开展“五项重点百日攻坚”，对新任村干部和帮扶工作队进行政策培训，脱贫户人均收入达12055元。在村改居工作中，制定村改社区工作实施方案，辖区进行整改的5个村（社区）合理划定边界，按程序经过村民会议、居民代表大会等完成村改社，补充选举居民代表，完成代码证的更换、挂牌等工作；为普及社会工作知识，提升社会工作认知度，分别在北兴社区、北关村开展“汇聚社工力量　助力乡村振兴”的社会工作主题宣传周活动。创办“活力北环”视频号，连接政府机关和广大群众，及时发布政策宣传、展示工作动态、宣传党的大政方针等，发布视频56期，累计观看量超18万人次。（任雪涵）

开元街道

【概况】　开元街道地处霍州市东城区，东至东环路，西至大众路，南至南涧河，北至北涧河，下辖新建社区、赵家庄社区、李诠庄社区、永康社区、众康社区五个社区。辖区总面积约5平方公里，其中，耕地面积1021.01亩；常住人口约3.6万人。开元街道办事处驻永康路南段，全办机关人员42人，其中男21人，女21人；公务员15人，事业单位21人，公务员工勤人员1人，政府购买基层服务人员4人，专职网格员1人；35周岁以下10人，35岁至45岁16人，45岁以上16人；大专及以上学历36人，高中及中专学历2人，初中及以下4人。办事处机关内含科室包括：党建办公室、公共管理办公室、公共服务办公室、公共安全办公室、综合行政执法办公室、党群服务中心、综合便民服务中心、退役军人服务保障工作站，下设计生所、民政、林业，还有妇联、共青团委等组织。

【学习教育】　2022年，开元街道始终把理论学习放在首位，强化意识形态的凝聚力和引领力，通过“集中＋自学”“线上＋线下”等方式，系统学习中共十九大和十九届历次全会精神以及习近平总书记考察调研山西重要指示精神，制定学习宣传贯彻党的二十大精神意见。中心组学习12次，主题培训4次，集中学习35次，讲授专题党课8次。

【集体经济发展】　2022年，开元街道发挥产业、区位、资源“三大优势”，探索村级集体经济发展新路径，促进村级集体经济壮大提质。赵家庄发展新型防水材料项目，东堡村和东关村发展服务业和土地、商铺、设备等优势，增加集体经济收入。赵家庄村集体经济收入达到31万元，完成市定30％的目标任务；李诠庄、东关、东堡村均突破10万元。

“清化收”工作稳步推进，聚焦“清合同、化债务、增收入”三项重点工作，积极推动村级各类承包合同规范完善、村级债务有效化解、新增资源收费逐步增加，梳理合同52份，核实集体债务279笔共735.25万元，核实集体债权150笔119.05万元，共化解债务143笔30.64万元，收回债权95笔44.44万元；收回商铺19间、共1231平方米，收回房屋3间、324平方米，切实清出秩序规范，化出发展活力，收出群众满意。2022年开元街道“清化收”工作被评为霍州市一类等次。

【社区服务】　2022年，开元街道完成开元街道、李诠庄2个党群服务中心提档升级工作，优化设置党群、民政、国土等服务窗口，实现党群服务中心功能多样化、管理规范化、服务精细化。

高质量推进“村改社区”工作，根据开元街道实际，以街巷路作为社区四至边界，裁弯取直，拆并撤改，合理划分行政区域，将开元辖区划分为新建社区、赵家庄社区、李诠庄社区、永康社区、众康社区5个社区，有效解决村社人口混居、管理范围重叠交叉、职能界限不清等问题。

【清廉建设】 2022年，开元街道开展“清廉霍州宣传周”活动，开设“法治讲堂”，组织集中廉政警示教育9次，廉政教育宣讲8次，党工委书记讲授廉政党课1次，召开专题党日活动1次。

各社区全部实现“三员合一”，高标准打造了村务监督委员会，办事处“清廉村居”建设稳步推进。日常监督常抓不懈，重点围绕抓党建促基层治理、安全生产、巡察整改等，针对性开展12次监督检查，发现整改共性问题5条，现场约谈4人。完成第二批“三个一批”重点村东关村的档案规整、基础设施完善、阵地提升等工作，解决群众急难愁盼问题2件。抓实线索处置力度，处置问题线索8件，谈话函询1件，初步核实4件，立案审查5件，开除党籍2人，留党察看1人，党内警告2人，责令检查1人，营造风清气正的政治生态。

【党建工作】 2022年，开元街道接受市委第一巡察组政治巡察，针对提出的三方面11条整改意见，定期调度整改进展情况，确保整改任务落地见效。完善制度机制建设，落实“三会一课”，加强支部标准化建设，完善党员积分制、星级化管理、考核激励机制，实现制度化、规范化管理。加强党员队伍建设，严把入口关，全年发展积极分子25名，党员9名。加大党员干部教育力度，培训村“两委”干部72次、村官12次、党务工作者15次。发挥下沉干部先锋模范作用，345名干部参与疫情防控等志愿服务活动，梳理项目清单26条。破解基层治理难题，探索构建“1＋2＋X”社区物业党建联建管理模式（“1”即社区党支部，“2”即居委会、物业公司，“X”为居民代表、志愿者等群体），开展“党建引领促服务、红色物业解民忧”活动，开创社区物业组织共建、资源共享、实事共做的党建新格局。

【民生改善】 2022年，开元街道扎实推进有效衔接，落实“四不摘”政策，扎实推进各类政策学习培训，发挥帮扶工作队作用，持续开展走访慰问。做好稳岗就业，设置5个公益性岗位，组织参加职业技能培训，促成19名脱贫劳动力外出务工，实现脱贫劳动力稳岗就业。开展防止返贫动态监测和帮扶集中排查工作，识别严重困难户2户、7人，建立一户一档，明确帮扶责任人，针对性制定帮扶计划与措施，全面落实帮扶政策。开元街道21户脱贫户、3户监测户2022年人均年收入11000元，较上年收入稳步提升。国考反馈问题15条，“八必访”突出问题4条，全部完成整改。发展文旅产业赋能乡村振兴，提升打造赵家庄北顶庙（中共山西临时省委扩大会议旧址）红色教育基地，积极融入全市旅游精品路线。

办好民生实事，建成占地1000平方米，集日间照料、公共洗浴、专业护理于一体的赵家庄老年公寓，为老年人提供餐饮、保健康复、特殊护理、文化活动等服务，满足老年人多样化、多层次的养老需求。尤其是原东关村主干道改造难问题，在市委、市政府主要领导的关心协调下，积极与住建部门沟通对接，在较短时间内对村内500余米的主干道进行高标准修缮。

优化营商环境，开展“市场主体建设年”活动，对便民服务场所进行升级改造，增设市场主体倍增窗口，改善服务环境。全年帮办代办个体工商户198个、公司1个。

【各类工作】 2022年，开元街道强化精神文明建设，开展“公勺公筷”主题活动，评选出道德模范10人，最美家庭6户，绿色家庭6户，霍州市十星级文明户8户，临汾市级星级文明户3户，进一步弘扬了家庭传统美德。

推进农村推进综合行政执法改革，成立综合行政执法队，健全“一委、一队、两办”组织架构，加强执法队员业务培训，提高执法规范化水平，建立包片负责、协调联动、执法处置等制度，推进行政执法队伍规范化制度化建设。

全方位整治“六乱”，以李诠庄村为重点，以点带面、补齐短板，打造乡村振兴示范村。清除四堆292处，倾倒各类垃圾6030吨，硬化路面3200平方米，铺设下水管道500余米，整理线缆83处，维护绿化带35处。

推进河长制工作，强化河道“清四乱”，对发现的问题全部整改。组织30余人次、出动10余车次，清理河岸垃圾约15吨。

开展大气污染防治，对野外用火、秸秆焚烧、散煤治理等问题进行全面排查、严格管控，发现问题第一时间整改到位，全年未发生重大大气污染事件。

【基层治理】 2022年，开元街道开展安全生产，对重点行业、重点领域开展隐患排查整治，加强源头治理与系统治理。召开安全例会、隐患点研判会等30余次，建立7支64人的应急防灭火队伍，开展地质灾害转移演练1次，安全生产和应急管理培训2次、防灾减灾培训1次、开展新修订《中华人民共和国安全生产法》宣传2次、集中学习3次，累计出动检查组398组、检查单位815家、排查各类安全隐患48处，组织群众躲迁避让32户81人。开展自建房安全专项整治，整改隐患35处，确保人民群众生命财产安全。开元街道实现全年无安全生产事故。

开展平安建设，加强法治建设，推进综治中心“一厅四室”规范化建设，常态化推进扫黑除恶斗争，健全社会矛盾纠纷排查化解机制，加大普法教育、防范养老诈骗等力度，制作宣传展板2块，悬挂宣传条幅50余条，粘贴宣传画1200处，向群众发放宣传册5000余份，微信群推送宣传知识20余条。

信访工作常抓不懈，严格执行信访工作“三三制”，坚持领导干部固定接访、带案下访制度，创新开展人大代表定期接访制度，积极化解信访矛盾。

夯实粮食安全根基，完成2.34亩的撂荒耕地整地播种工作。制定“非粮化”问题整改方案，稳妥处置占用基本农田种植林果、苗木等问题，“非粮化”基本农田面积23.35亩。

【重点工程】 2022年，开元街道围绕市、街道重点项目，成立工作专班，紧盯目标任务，精准分析研判，推进实施，各重点项目建设按计划有序推进。南涧河生态综合治理项目租地工作已签订协议155户，租地56.68亩。赵家庄砖厂地灾点治理项目初步方案已经通过，正在完善立项审批手续。中镇泰达园项目被征地农民参加基本养老保险方案已通过审核，征地补偿协议已签订。赵

家庄村申报总投资383.5万元的美丽乡村建设项目，财政局已审核通过且第三方设计团队已实地考察。（韦晓玲）

退沙街道

【概况】 退沙街道地处霍州市西北部，北与晋中市灵石县南关镇接壤，西与汾西县永安镇相连，东与师庄乡相邻，南与北环路街道、白龙镇相邻。退沙街道办事处驻地什林村，距霍州市区8千米。下辖退沙村、许村、什林村、王庄村、姚村、枣洼村、朱杨庄村、安祥社区7个行政村和1个社区。2022年辖区有农业人口12917人、4910户，常住人口11395余人，耕地面积19019余亩，企业30余家。共有1个党总支、12个党支部，党员共计731人，机关有工作人员29名，班子成员10名，普通人员19名。南同蒲铁路线、108国道、大运二级公路纵贯境内，乡村公路辐射成网，交通便利。

【安全生产】 2022年，退沙街道办事处按照“五个一”抓党建促基层治理能力提升工作思路，即抓好一批关键人、打造一张综合网格、健全一项好制度、做实一批民生事、借助一个好载体，推动抓党建促基层治理能力提升专项行动高质量落实。把“星级文明户”创评工作和党员积分制管理作为推动基层治理体系建设的有力抓手，激发基层治理新活力。

【集体经济发展】 2022年，退沙街道办事处坚持“四轮驱动”指导村级经济组织壮大集体经济，构建街道主导、村社主抓的责任体系，通过建立畅通的沟通协调机制，形成街道统一领导、多方支持配合、村社具体落实的工作格局。以党建带动集体经济，夯实集体经济发展根基。以项目驱动集体经济，提升集体经济发展能力。以文化撬动集体经济，创新集体经济发展模式。以村企联动集体经济，凝聚集体经济发展合力。

【“清化收”工作】 2022年，退沙街道办事处以“五个聚焦”，推动“清化收”工作开展。制定《退沙办开展农村集体资产“清化收”专项工作方案》，成立退沙村农村集体资产“清化收”专项工作领导小组，确定以班子成员为组长的7个工作专班。通过召开动员部署会、悬挂标语横幅、村内“大喇叭”等方式，开展“清化收”宣传工作，营造干群同参与的良好工作氛围。工作专班对全办各个行政村进行了集体资源资产资金合同、村集体债权债务、新增资源等的分类，摸底核对建立台账。聚焦破难题。召开“清化收”座谈会，对梳理汇总的问题逐一进行研究解决，对发现的疑难问题，专项工作领导小组集中把脉会诊，制定行之有效的破题措施。建立“日常跟踪、联系指导、督促检查”工作机制，专项工作领导小组定期对各村工作情况进行督促检查，听取进展汇报，解决存在问题，确保“清化收”工作顺利有效开展。

【项目建设】 2022年，退沙街道办事处坚持“主动介入、靠前服务”，协调各类项目签约落地，推进项目开工建设。霍州市东方希望投资1.5亿元建设年出栏6.5万头育肥猪养殖项目落地什林村，已完成300余亩土地的租赁、平整以及地面附着物清理补偿等工作，项目区550米道路提质改造工程已完成施工建设。山西兆光、国盛能源、华得宇新能源3家公司的光伏发电项目涉及5个建制村（什林村、王庄村、枣洼村、姚村、朱杨庄村），完成2500余亩的土地租赁工作。山西兆光100兆瓦光储一体化项目升压站在什林村已动工建设。推进圣和铁路运输公司投资2亿元建设的王庄铁路站台物流工程项目，已在王庄村完成项目土地预公告。投资2000万元、年产5万吨的山西晋丰生物科测土配肥及技术服务改造项目正在办理用地手续。推动“霍嬷嬷”年馍产业发展，7家年馍加工点加入霍州市年馍协会，开展年馍加工人才培训40余人。

【乡村振兴】　2022年，退沙街道办事处围绕巩固拓展脱贫攻坚成果同乡村振兴有效衔接这一主线，推动脱贫攻坚工作全面转向乡村振兴。针对现有的脱贫户79户、182人，监测户2户、11人，严格落实“四个不摘”要求，延续、优化、调整现有帮扶政策，保持兜底救助类政策稳定，优化产业就业等发展类政策，落实教育、医疗、住房、饮水等民生保障普惠性政策，根据脱贫人口实际困难给予适度倾斜。做好乡村振兴规划项目的政策衔接，推进许村省级乡村旅游振兴示范村创建工作。实施一期工程建设有4个项目，其中，总投资423万元的朱家客厅（生态停车场）项目主体已基本完工，其余3个项目（古村落区改造项目、怀仁广场改造项目、基础设施建设项目）总投资903万元，均已开工建设。

许村省级乡村旅游振兴示范村项目——朱家客厅

【人居环境】　2022年，退沙街道办事处成立“三支队伍”即“村级网格环卫小分队、网格员监督巡查队、沿线环卫队”，累计清理陈旧垃圾5500余立方米。7个行政村的82名保洁员值守岗位，实行垃圾定点倾倒，做到日产日销，逐步建立垃圾清洁处理长效机制。各村划分巡查区，配齐巡查队伍，采取不间断巡查检查，及时发现，及时制止，加大对路面扬尘、渣土车路面抛撒、烧荒、烧垃圾、烧秸秆等污染整治，改善空气质量。按照环评审批要求，对全办各村范围内的畜禽养殖业进行清查。对未进行环评审批或未达到环评要求的，责令限期整改。规范对辖区内规模养殖企业废弃物、粪污治理处置方式，提高粪污资源化利用水平，病死畜禽做到无害化处置。

【民生实事】　2022年，退沙街道办事处落实最低生活保障、四类贫困家庭学生、农村80岁以上老人等弱势群体的帮扶救助政策，协助民政部门完成各季度城乡低保复核等工作，其中，农村低保复合59户、128人，城市低保复合112户、184人，享受生活补贴72人、护理补贴149人、80岁高龄补贴161人；救急难办理5人、孤儿1人，各类弱势群体都享受到不同程度的保障。开展孕前优检等优质服务项目，严格坚持奖励扶助、特别扶助、独生子女父母奖励对象的申报、评议、审核、复查程序，做到及时申报、不漏一人。以老年人需求为导向，整合各类资源，建设农村公共浴室。退沙、朱杨庄、王庄、坡底利用闲置集体用房按要求完成农村老年公共浴室建设，什林村对原有公共浴室进行改扩建并增设免费理发室，枣洼村在党群服务中心新建“日间照料中心＋公共浴室”，姚村依托矿区协调免费公共洗浴服务。配合退役军人局完成辖区内退役军人及优抚对象的认定核查工作，实现优抚资金及时足额发放，对辖区内退伍军人进行优待证的资料汇总上报。开展军民共建活动，开展“送立功喜报”、慰问困难军属、悬挂光荣牌等活动，提升优抚对象的获得感、幸福感。

【基层治理】 2022 年，退沙街道办事处在重大节点、重点领域等进行值班值守严防出现重大群体性事件的发生。全办 26 名全科网格员、124 名微网格员、327 名微小网格员对所负责辖区每天进行巡逻，宣传政策法规，入户询问情况，排查化解各类矛盾。坚持把安全生产摆在突出重要位置，定期召开安全工作例会，分析安全生产中出现的问题，研究布置安全生产工作任务。开展安全生产大检查大整治大提升工作，重点针对各村、企业的安全管理制度、安全应急预案、各类设备、设施的管理等进行了现场隐患排查，对生产经营租住自建房火灾风险隐患要求各村逐户进行排查，形成综合治理整改意见，督促落实整改。打造民兵营部，调整充实基干民兵人员，购买服装等，优化民兵之家活动室管理，提高国防教育阵地建设，加强硬件建设，为应急处置突发事件做足准备。

（张　易）

开发区和风景区

霍州经济开发区

【概况】 霍州经济技术开发区是2019年12月10日经山西省政府批准设立的省级开发区，面积5.14平方公里，园区规划为东西两区“一园一港”。东区依托智能再制造研究院，打造2.99平方公里的新型产业园；西区以山西兆光发电有限责任公司、国电霍州发电厂两大电力企业为基础，打造2.15平方公里的“动力港”。开发区以装备制造和节能环保为主导产业，入驻企业共52家，其中“四上”企业15家。

【经济指标】 2022年，霍州经济技术开发区省定六项考核指标完成：工业投资增速，截至年底，完成6.32亿元，增速为20.8%；规模以上工业增加值，截至年底，完成12.91亿元，增速为16.0%；转型项目当年完成投资占工业投资比重，占比达到99.1%；高新技术企业数，新增1家，增速达到33.4%；“四上”企业，新增4家，增速达到36.4%；产出强度，产出强度为173.76万元/亩。

【项目建设】 2022年，霍州经济技术开发区成立工作专班，对所有签约项目进行跟踪服务，对重点项目实行领导包联机制，推进项目加快建设。山西兆光发电厂和霍州发电厂技改项目稳步推进；格盟霍州新能源、国能霍州新能源、霍州市国盛新能源3家企业完成投资，并网发电，传统产业能源转型步伐全面加快，转型动力更加强劲。

【招商引资】 2022年，霍州经济技术开发区加大招商引资力度，围绕装备制造和节能环保两大主导产业，盯紧瞄准食品加工、电子产品制造、服装加工等劳动密集型产业大招商、招大商，线上线下同步推进、干部群众同向发力、各部门间同频共振，大家心往一处想、劲往一处使，全年共签约项目8个，总投资27.95亿元，涉及新能源、新材料、节能环保、电子产品制造等多个产业链，产业集聚初见成效。

【营商环境】 2022年，霍州经济技术开发区“承诺制+标准地+全代办”改革强力推进，“承诺制”实施细则和工作流程不断完善，专业领办、代办队伍充实壮大，“标准地”指标体系加快建设，赋权事项加快承接，建立健全联动审批制度，完善优惠政策，提高行政审批效率，优化营商环境。

（蔡　烨）

霍州市七里峪景区

【概况】 景区成立于2006年3月8日，为国有企业，注册资金1110万元，股东分别为市国资委（实物出资1100万元）、七里峪林场（实物出资10万元），经营期限30年，现法定代表人于晓艳（霍州市文化旅游发展有限公司总经理、霍州市七里峪景区旅游开发有限责任公司总经理）。该公司为七里峪景区实际经营者。

【省级文明旅游度假区初审工作】 2022年4月，响应上级文旅部门关于创建“省级文明旅游度假区”的文件指示要求，七里峪景区进行省级文明旅游度假区的申报工作，公司成立由总经理为组长、各部门经理为组员的领导小组，加强对创建工作的监督指导，确保活动顺利开展。

公司在售票处等窗口部位设置“人人是旅游形象，处处是旅游风景”的宣传牌，在售票处设置公布牌，向游客公开门票收费标准、服务承诺及投诉电话，售票员、检票员统一着制式服装并佩戴员工基本资料胸卡，自觉接受游客监督。本着“绿化、美化、亮化、硬化”的原则，公司集中对办公环境进行整治，对办公房屋进行重新粉刷，坚持每日打扫，为创建省级文明旅游示范单位提供一个和谐优美、整洁舒适的工作环境。

【五一黄金周节前防护】 2022年4月底，景区为迎接五一黄金周的到来，对七里峪景区的疫情防控工作进行了部署，明确分工，准备相关疫情防控资料。

【创建工作】 2022年5月，开始进行国家AAA级旅游景区创建的前期准备工作，七里峪景区创建AAA级旅游景区是2022年临汾市文旅局、霍州市委、市政府安排部署的一项重要工作，也是落实习近平总书记考察调研山西重要讲话精神的具体体现。公司从薄弱环节入手，强化软硬件建设，完善旅游服务设施，提高管理与服务水平，推进七里峪景区创建AAA级工作，积极谋划、认真对待、充分准备，按照AAAA级标准实施，开展创建工作。

【创建方案】 2022年6月，公司特邀请省内标准化景区评定专家对七里峪景区创建AAA级旅游景区进行现场调研，对景区现状进行了解和分析，肯定景区自然生态环境的稀缺性，对景区申报AAA级工作提出建设性的建议。2022年7月26日，市政府第24次常务会议一致表示同意实施该项目。经过与专家多次沟通对接，通过设计团队的多次实地考察，编制完成《七里峪景区总体规划》和实施方案。

在通过创建工作会议后，景区按照《旅游景区质量等级的划分与评定》（GB/T 17775—2003）的指导要求进行标准化景区建设。

【创建工作实施】 2022年6月至2022年12月，七里峪景区对原游客中心办公楼合理规划，设置医务室、卫生间、导游室、购物中心、母婴室、售票室、办公室、投诉室、邮政和存放室等多个功能区域；改造升级停车场，为游客提供充足的停车位，能有效解决游客出行停车难问题，通过大停车场与景区售票处临时停车点的有效衔接，实现合理换乘，还能为以后景区实行小交通打好基础；新建高标准的卫生间，既能获得游客极高的满意度，又能提升景区环境质量。

【创建工作初审】 2022年12月，由临汾市文旅局牵头，以临汾市文旅专家审核组为主，对七里峪景区的A级景区创建工作进行初审，专家团队通过考察对七里峪景区A级创建工作给予肯定。

【创建工作完成】 2022年12月底，中镇霍山七里峪景区的国家AAA级旅游景区创建工作通过审核，完成创建工作。七里峪景区正式升为国家AAA级旅游景区。

【宣传工作】 2022年，景区建设了景区网站、公众号等新媒体设备，统一定位，统一宣传，统一管理，定期发布景区活动信息，对七里峪景区进行全面宣传，结合新媒体“短、频、快”的优势，展示员工风采、企业文化。（武亚正）

重要文献选摘

中共霍州市委常委会工作报告

——2022年1月19日中共霍州市委八届二次全体会议
暨市委经济工作会议

中共霍州市委书记　李　强

过去一年，面对深刻复杂的国际国内形势，面对新冠疫情的严重冲击，面对艰巨繁重的转型发展任务，市委常委会坚持以习近平新时代中国特色社会主义思想为指导，全面贯彻党的十九大和十九届历次全会精神，深入学习贯彻习近平总书记视察山西重要讲话重要指示精神，全面落实省委全方位推动高质量发展目标要求和临汾市委“1355”战略，牢牢扭住“转型出雏型、率先蹚新路”总体目标，只争朝夕，真抓实干，推动党的建设和党领导的各项事业全面进步。

看似寻常最奇崛，成如容易却艰辛。刚刚过去的2021年是非比寻常、极其特殊的一年。面对百年未有之“大变局”“大疫情”，常委班子精诚团结、勇于担当，务实重干、攻坚克难，着重抓了一批关乎全局和长远的大事难事，主要工作成效体现在聚力攻坚“八场硬战”和重点推动“八项工作”上。

一、过去一年常委会聚力攻坚的“八场硬战”

一年来，市委常委会沉着应对多重特殊矛盾和重大考验，交出比较满意的“霍州答卷”。

一是集中力量打好疫情防控阻击战。市委常委会坚持人民至上、生命至上，以坚韧不拔的决心和持之以恒的耐心，全面落实中央、省市“外防输入、内防反弹”的部署要求，动员全市广大干部精准施策、合力攻坚，坚决打好疫情防控阻击战，守住疫情防控的“霍州阵地”。

二是大胆创新打好党史学习教育主动战。在党史学习教育中，市委常委会精心组织实施、有力有序推进，创新“七个统一”学习机制，打造党史学习教育“50＋教学点”，广泛开展情景式现场教学，广大党员干部接受了一次深刻的党性淬炼，信仰之基筑得更牢，精神之钙补得更足，思想之舵把得更稳，全市上下迈进新征程、奋发新时代的精气神更加强劲。

三是凝心聚力打好防汛救灾保卫战。面对霍州有气象记录以来最大强降雨灾害和1993年以来汾河最大洪峰，市委常委会果断决策，迅速行动，各级各部门通力合作，社会各界积极响应，在最短时间内恢复了生产生活秩序，特别是克服重重困难，夺取了灾后恢复重建工作的全面胜利。

四是精准发力打好换届选举阵地战。市委常委会认真履行管党治党的主体责任，充分发挥总揽全局、协调各方的作用，严把政治首关，严明用人导向，严肃换届纪律，调整配备一大批优秀干部，市乡村三级班子的结构大幅优化，干事创业的积极性得到了充分调动，实现了“五个好”的预期目标，为“十四五”开新局提供了坚强的组织保证。

五是动真碰硬打好巡视整改歼灭战。市委常委会对巡视反馈问题高度重视，班子成员主动认领认账、挂图作战，巡视反馈涉及的 29 条具体问题，27 条完成整改，其余正在加快推进。整改过程中，全市共清理规范违规违纪资金 6590 万余元，共组织处理 42 人、党纪政务处分 58 人，做到了见人见事见处分，扎实做好了巡视“后半篇文章”。以巡视整改为契机，出台《霍州市容错免责事前备案办法（试行）》，制定《关于贯通“两个责任”强化政治监督的实施办法》，大力整治形式主义、官僚主义，鼓励干部担当作为、建功立业，推动干部作风、政治生态持续好转、全面好转、根本好转。

六是高位推进打好城市创建大会战。持续开展创建国家卫生城市、靓城提质、农村“六乱”整治等行动，对市容市貌、村容村貌进行了一场彻底深入的整治，全市人居环境明显改善。成功举办“中镇霍山·华夏州署”第十一届文化旅游月，精心打造“天下霍姓出霍州”展陈馆，大力实施州里特色饮食文化街升级改造，相继推出《石兰峰》《廉吏曹端》《锣鼓》等精品力作，“霍嬷嬷”区域公共品牌正式入驻临汾，千佛崖入选 2021 年度山西重要考古发现，霍州成功蝉联省级文明城市，荣膺第五届全球书画传播五强城市和美育联盟城市。霍州的城市形象和城市品味有了质的提升。

七是全力以赴打好平安建设持久战。精心部署庆祝建党 100 周年安保维稳，常态化开展扫黑除恶斗争，扎实推进信访积案化解工作，不断强化公共安全监管、社会治安防控、网络舆情处置，努力将各类问题隐患消灭在萌芽状态，有效维护了全市意识形态领域和社会大局的平安稳定。扎实开展安全生产专项整治三年行动，深入推进各领域安全隐患大排查大整治，不断改进和提升本质安全水平。霍州连续 13 年未发生较大以上生产安全事故，荣获 2020 年度山西省平安县市称号。

八是刀刃向内打好政法队伍整顿攻坚战。对政法队伍教育整顿，常委班子坚持高站位谋划推进，勤调度压实责任，强查处动真碰硬，严格整治顽疾清零，坚决清除害群之马。通过“七查六整治”，建强班子、提升队伍、完善制度，政法队伍思想上得到洗礼、作风上得到改进、整体上得到重塑、革命性得到锻造，焕发了政法铁军的新姿态。

二、过去一年常委会重点推动的“八项工作”

一年来，市委常委会认真履行职责，把方向、管大局、作决策、保落实，统筹推进“六稳”“六保”各项工作，推动全市经济社会取得了新的进步。

一是隆重庆祝党的百年华诞。召开庆祝中国共产党成立 100 周年表彰大会，对优秀共产党员、优秀党务工作者和先进基层党组织进行集中表彰，为 1129 名老党员发放“光荣在党 50 年”纪念章。举行“党旗在基层一线高高飘扬”“党课开讲啦”“学习身边榜样”“重温入党誓词”等系列活动，传承红色基因，弘扬革命精神，凝聚奋进力量，让党史学习教育更加深入人心。

二是保持经济平稳健康发展。市委常委会切实加强党对经济工作的领导，克服疫情影响和经济下行压力，坚持稳中求进工作总基调，全市经济运行稳中向好、进中提质，实现“十四五”良好开局。预计全市地区生产总值完成92亿元，同比增长6%；固定资产投资完成26.4亿元，同比增长13.3%；规模以上工业增加值完成46.01亿元，同比增长4%；社会消费品零售总额累计完成37.96亿元，同比增长16.4%；财政总收入完成13.28亿元，同比增长19.37%；一般公共预算收入完成5.6亿元，同比增长14.71%；城镇常住居民人均可支配收入为37177元，同比增长8.5%；农村常住居民人均可支配收入为17785元，同比增长11%。

三是加快推动产业转型升级。市委常委会坚持以项目建设为引领，全力以赴推进项目建设提标提速提效，实施总投资172亿元的61项重点项目，以高质量项目建设推动经济高质量发展。坚持以开发区建设为龙头，加快“标准地”储备，加速标准化厂房建设，2021年共招引项目12个，落地开工7个，竣工投产3个，引领转型发展的主阵地作用更加凸显。大力发展现代农业，着力打造特色优势品牌，全市农产品加工业销售收入达到4.15亿元。深度推进文旅融合，创新开展“服务区＋”展销活动，利用五一、国庆黄金假期，在霍州高速服务区开展农特产品展销，受到央视的关注报道。大力发展电商产业，网络交易额增长30%，霍州成功入选2021中国县域电商竞争力百强榜。

四是巩固拓展爱国统一战线。市委常委会坚持大团结大联合主题，建立健全党政领导干部与民营经济人士联系交友制度，成立了市侨联，依托新联会联谊点开展送金融进企业活动，顺利完成民主党派换届工作，加强与民主党派、工商联、无党派人士联系合作，强化党外知识分子、新的社会阶层人士统战工作，不断巩固提升党的统一战线事业。全力支持和推进群团工作，成功争取到全国共青团改革试点县，奋力跑出县域群团改革“加速度”。

五是全面加强民主法治建设。市委常委会认真贯彻落实习近平法治思想，广泛发扬人民民主，坚定推进依法治市，努力用法治规范秩序、协调关系、凝聚合力。充分发挥党委对人大工作的领导核心作用，支持人大及其常委会依法履行职责，听取审议“一府两院”专项工作报告7项，作出决议决定、审议意见7项，组织人大代表开展专项视察、执法检查等活动4次，有效发挥了地方国家权力机关的作用。支持政协在推进协商民主上发挥重要作用，开展2项专题协商、4个专题调研和4次监督性视察调研，有效发挥了建言献策作用。高质量部署“八五”普法工作，深入开展法律“六进”宣传活动，有力提升了普法治理水平。

六是持续深化生态环境治理。市委常委会坚定不移贯彻“两山”理念，积极落实“碳达峰”“碳中和”政策，成功获批全国屋顶分布式光伏发电试点市，大力实施清洁取暖，超额完成“煤改气”“煤改电”目标任务。全力推进“公转铁”工作，全市铁路运输量达到货物总运输量的90%。扎实开展散煤整治，对19家企业“两断三清”，实现“散乱污”企业动态清零。全年优良天数达226天，比2020年增加1天，比2019年增加48天，空气质量综合指数5.04，同比下降14.9%，改善率位居临汾市前列。

七是着力保障和改善民生。市委常委会把做好巩固拓展脱贫攻坚成果同乡村振兴有效衔接作为最紧迫的任务，巩固提升“两不愁三保障”成效，完善动态监测和精准帮扶机制，坚决消除返贫致贫风险。进一步优化基础教育校点布局，实施市教科局、北环路小学整体搬迁，推动西张小学入驻新校园，完成北京培文教育集团对霍州一中整体托管，严格落实“双减”政策，连续13年举办爱心助学活动，让每一名霍州籍学生都能顺利完成学业。深入实施全民参保计划，认真执行城乡居民补充养老保险制度，全民健身中心、疾控中心正式投入使用，新人民医院、妇幼保健院建设有序推进，让群众生活有了多重保障。成功举办职业技能大赛，擦亮了“霍州技工”金字招牌。

八是不断强化党管武装。市委常委会认真履行党管武装职责，把国防动员、兵员征集、民兵整组、战备训练、国防教育、双拥共建等纳入全市工作大局通盘考虑，突出解决好武装工作重大事项，编实建强民兵应急队伍，高标准完成军地联合演练，推动国防后备力量建设迈上了新台阶。市人武部被省军区表彰为“战备训练”“民兵工作”“征兵工作”等先进单位。

一年来，市委常委会高度重视自身建设，认真贯彻民主集中制，努力把好方向、管好大局、做好决策，谋划重大思路、部署重大改革、推出重大举措。着力站稳人民群众立场，保持清正廉洁，大兴务实之风，常委班子的凝聚力、战斗力不断增强，为全市各级党组织作出了示范。一年来，各位委员和候补委员，各级各部门负责同志，对常委会工作给予大力支持。在此，我代表市委常委会，向各位委员和候补委员，向奋战在各条战线的党员干部，向全市广大人民群众，表示衷心的感谢！

三、当前工作中存在的困难和问题

在肯定工作成绩的同时，我们清醒地认识到，工作中还有一些需要加强和改进的地方。

一是结构调整步伐不快。常委会认为霍州还未能摆脱对煤电产业的依赖，煤炭、电力行业占工业增加值80%以上，比重依然较大，接续产业还未能挑起经济社会发展的大梁，未能从根本上破解结构性、体制性、素质性难题，资源枯竭城市转型任重道远。

二是民营经济活力不足。常委会认为霍州民营经济结构不优，层次不高，活力不足，起步低，规模小，管理不精，缺乏核心技术和创新能力。而且大多集中在与煤电产业相关联的行业领域，以矿产资源为原料的粗加工产品比重过大，高附加值产品较少，抗风险能力不强，企业效益不够稳定。

三是农业产业化层次较低。在区域布局上，农业产业聚集度低，发展规模不大，不便于规范管理和集中经营；在农产品加工上，初级产品、低附加值产品多，精深加工、高附加值产品少，缺乏知名度高、带动力强、辐射半径大的现代化龙头企业。

四是污染防治任务艰巨。近年来我市环境质量明显好转，但境内的国电、兆光两个电厂仍为主要污染物排放企业，虽然两个电厂都先后完成了超低排放改造，但排放总量仍然较大，导致全市接纳新项目的环境容量有限，节能减排的任务依然很重。

五是基础建设短板较多。全市水电气暖路等设施历史欠账较多，发展还不均衡，管理仍然滞后，面貌亟须改善。针对这些问题，常委会将高度重视，采取有效措施认真加以解决。

常委会将全面贯彻落实党的十九届六中全会、省第十二次党代会、省委十二届二次全会暨省委经济工作会议精神、临汾市委五届二次全会暨市委经济工作会议精神，在中央、省委、临汾市委的坚强领导下，团结带领全市广大干部群众进一步解放思想、真抓实干、攻坚克难，努力把霍州的事情办得更好，全方位推动高质量发展迈上新台阶，以优异成绩迎接党的二十大胜利召开！

霍州市人民代表大会常务委员会工作报告

——2022年1月26日霍州市第八届人民代表大会第二次会议

霍州市人大常委会主任　陈占平

肩负着时代赋予的光荣使命和神圣职责，在历届人大常委会打下的坚实基础上，市八届人大常委会自去年4月产生并开展工作。九个月来，在市委的坚强领导下，市人大常委会坚持以习近平新时代中国特色社会主义思想为指导，全面贯彻落实中央人大工作会议精神，认真履行宪法法律赋予的各项职责，紧跟市委决策部署、紧贴群众呼声期盼、紧扣全市中心工作，在“转型出雏型、率先蹚新路”的新征程中展现了人大新作为。

一、坚持党的领导、强化忠诚担当，始终保持正确政治方向

常委会坚持政治导向，坚守政治定力，坚定自觉地把人大工作置于党的全面领导、绝对领导之下，做到了市委的决策部署到哪里，人大力量就汇聚到哪里，人大作用就发挥到哪里。

以理论清醒坚定思想自觉。始终把党的领导落实到人大工作的全过程、各方面，坚持重大事项、重要会议及时主动向市委请示报告，市委交办的任务高质高效完成，围绕市委“转型出雏型、率先蹚新路”的总体目标，找准人大依法履职的切入点和结合点，着力开展有针对性的监督，提出有建设性的意见建议，推动了各项工作的落细落实。

以鲜明立场突出政治自觉。充分发挥人大党组把方向、管大局、保落实的领导作用，紧扣市委重视、群众关切、人大可为的工作，统筹安排年度计划和阶段性任务，有效发挥地方国家权力机关的作用。九个月来，共召开人大常委会会议5次，听取和审议“一府两院”专项报告13项，依法作出决议决定、审议意见10项，任免国家机关工作人员52名，组织开展专题调研、专项视察等活动9次，配合省人大、临汾市人大开展立法调研和执法检查活动15次。

以使命担当增强行动自觉。围绕市委决策部署，积极参与疫情防控、乡村振兴等全市重要活动、重点工作，特别是去年10月，面对霍州有气象记录以来最大强降雨和1993年以来汾河最大洪峰，常委会组成人员靠前指挥、防汛救援，机关干部职工奋战一线、抢种抢收，各级人大代表献计出力、捐款捐物，在推动灾后恢复重建工作中彰显了人大担当，贡献了人大力量。

二、紧扣中心工作、聚焦群众期盼，多措并举增强监督实效

常委会坚持发展导向，服务中心、突出重心、顺应民心，始终把共谋发展、致力民生、崇尚法治作为监督工作的出发点和落脚点，正确监督、有效监督、依法监督，助推了经济社会高质量发展。

促进财政经济规范运行。立足我市财政收支矛盾日益凸显的实际，加强对经济发展形势分析研判，围绕高质量发展，提出一系列意见建议。在听取和审议年度预算执行、调整、决算等方面报告的基础上，要求市政府及有关部门加强财源建设、完善预算编

制、强化绩效管理，促进预算安排更加精细、资金分配更趋合理，切实提高财政资金使用效益。在听取和审议《国有资产管理情况综合报告》和《国有自然资源资产管理情况专项报告》的基础上，提出加快健全国有资产台账、完善国有资产监管制度、统筹谋划信息系统建设等方面的审议意见，推动国有资产更好发挥效益。在听取和审议《全市2021年上半年国民经济和社会发展计划执行情况报告》的基础上，督促市政府统筹抓好常态化疫情防控和经济社会发展，扎实做好“六稳”工作，落实“六保”任务，在加快转型项目建设进程、创新招商引资模式、提升文旅发展水平等方面加大力度，确保完成全年目标任务。在听取《关于审计查处问题整改情况报告》的基础上，要求市政府坚持依法办事，将整改落实和完善制度有机结合，促进各类资金规范管理和安全运行。

促进发展成果普惠共享。坚守为民初心，从解决人民群众最关心、最直接、最现实的利益问题入手，着力提高群众的生活质量和幸福指数。围绕医药卫生体制改革，组织开展全市医保工作专题调研，提出加大政策宣传力度、加强医保基金监管、加快医保工作改革等意见建议，督促市政府提高医疗保障服务水平，让医保改革发展成果惠及更多群众。围绕生态环境持续改善，听取和审议《靓城提质工作情况报告》，要求市政府坚持以“创国卫”和农村“六乱”整治为抓手，多措并举，突出重点，高标准设计、规范化施工、精细化管理，我市鼓楼周边和开元街等多个城市新街区的颜值、气质、品质不断攀升。围绕推进乡村振兴战略，听取和审议《关于全市农业产业发展情况报告》，督促市政府注重规划引领、实施品牌战略、用好“互联网＋”，统筹推进农业与旅游、文化、健康、养生等产业深度融合，促进农业产业转型升级。组织开展全市美丽乡村集中连片示范建设专题调研，要求市政府坚持规划先行、注重产业支撑、突出地域特色，由点及面推进美丽乡村建设进程。围绕教育教学提质增效，听取和审议市政府《关于全市教育科技工作情况报告》，支持市政府及教科部门扩大优质教育资源供给，落实“双减”政策，加强师资队伍建设，推进教育公平，进一步满足人民群众对优质均衡教育的新需求。

促进民主法治建设进程。全面推进依法治市各项决策部署，推动法律制度优势更好转化为治理效能。聚焦公平公正司法，听取和审议市人民法院《关于行政审判工作情况报告》，要求在加强宣传教育、坚持依法履职、突出队伍建设等方面多管齐下，依法及时审理行政案件，畅通司法救济渠道，切实提高行政审判工作质量和效率。听取和审议市人民检察院《关于控告申诉检察工作情况报告》，提出注重司法为民、加大办案力度、强化法律监督等审议意见，督促检察机关发挥法律监督职能，努力化解社会矛盾，更好维护群众合法权益。聚焦法治宣传教育，开展“12·4”第八个国家宪法日宣传活动，通过悬挂横幅、张贴标语、发放资料等方式，深入宣传宪法至上、依宪治国、依宪执政的理念，积极营造全社会尊崇宪法、厉行法治的良好氛围。聚焦法律法规实施，全力配合和大力支持临汾市人大常委会开展的“自立法规执法检查年”活动，先后组织对《临汾市饮用水水源保护条例》《临汾市文明行为促进条例》《临汾市禁止燃放烟花爆竹规定》等10余部法规条例的执法检查和专题调研，得到了上级人大的充分肯定和积极认可。

三、依法服务保障、拓展载体平台，充分发挥代表主体作用

常委会坚持服务导向，在思想上尊重代表、工作上依靠代表、情感上凝聚代表，完善工作机制，健全激励措施，努力为代表依法有效履职创造良好条件。

夯实履职基础。通过召开人大代表初任培训会、为代表订阅《人民代表报》、定期刊发《人大常委会会刊》等方式，进一步拓宽了代表知情知政渠道，增强了代表的履职能力。同时，落实市级人大代表交通、通信补助，为代表依法履职提供了保障。

发挥平台作用。坚持高起点定位、高标准运行代表联络站，采取常委会主任会议成员、各委室负责人包指导联系、包推进落实的办法，坚持“一月一活动、一季一总结、一年一述职”，丰富了进站代表发挥作用的形式和内容，较好展示了新时代我市各级人大代表的工作风采。换届以来，围绕防汛救灾、安全生产等工作，全市 12 个代表联络站共开展主题活动 80 余次，走访选民 500 余人，为民办实事 300 余件。

增强办理实效。始终在意见建议“提得好、交得准、办得成”上下功夫，对八届一次会议收集的 84 件意见建议进行梳理汇总，综合采取市政府副市长领办、职能部门承办、人大工委督办等方式推动办理工作，代表满意率达 98.8%，有力回应了代表和群众关切。

四、注重强基固本、加强自身建设，全面夯实依法履职基础

常委会坚持问题导向，积极适应新形势新要求，守正创新，主动作为，机关运转更加高效，履职能力显著增强，工作效能进一步提升。

坚守初心促学风。结合党史学习教育、“争先、进位、崛起”解放思想大讨论等，通过专家讲座专题培训、机关每周例会学习等方式，不断加强对习近平总书记关于坚持和完善人民代表大会制度重要思想、习近平法治思想等内容的学习，先后召开 10 余次专题研讨，进一步提高了机关党员干部职工的政治觉悟、综合素质和业务能力。

遵规守矩扬正风。坚持全面从严治党，主动履行“一岗双责”，围绕端午、中秋、元旦、春节等重要时间节点和外出学习培训、参与“红白事”宜等开展谈心谈话，及时提醒警示，层层传导压力，教育引导各工委负责同志和机关党员干部职工严守政治纪律和政治规矩，认真贯彻中央八项规定及实施细则精神，坚决反对“四风”，力戒形式主义、官僚主义，持续保持风清气正的政治生态。

上下联动树新风。注重沟通指导，推行常委会组成人员联系乡镇人大工作办法，支持基层人大依法履职、丰富活动、创新实践。同时，坚持市乡两级人大代表分期分批列席常委会会议，参加法院、检察院旁听庭审活动，参与专题调研、专项视察、执法检查等履职工作，推动市乡人大互联互动，提升了全市人大工作的整体实效。

各位代表，一年来，我们同心协力，务实奋进，积极探索，各项工作取得了新进展。这些成绩的取得，是党的创新理论指引的结果，是市委坚强领导的结果，是市人大代表、常委会组成人员、各专门委员会组成人员和机关工作人员扎实工作的结果，是市人民政府、市监察委员会、市人民法院、市人民检察院密切配合的结果，是乡镇人大协同努力的结果，是全市人民充分信任、大力支持的结果，在此，我谨代表市人大常委会，表示崇高的敬意和衷心的感谢！

回顾九个月以来的工作实践，我们深深体会到做好新时代人大工作：

一是要始终把坚持党的领导作为人大工作的根本保障。要聚焦市委确定的奋斗目标、中心工作和主要任务，制定人大工作要点和监督计划，及时向市委报告开展的重要工作、组织的重要活动、召开的重要会议、作出的重要决定，保证人大工作与市委要求同轴运转、同频共振、同向发力。

二是要始终把服务发展大局作为人大工作的中心任务。要牢记使命、担当作为，紧扣高质量发展主题，围绕市委“转型出雏型、率先蹚新路”的目标要求，综合运用执法检查、专题调研等多种监督方式，更好找准人大定位，履行人大职能，发挥人大作用，彰显人大作为。

三是要始终把践行为民初心作为人大工作的题中之义。要把人民对美好生活的向往作为奋斗目标，充分发挥人民代表大会的民主主渠道作用，坚持调研求深、审议求真、督办求实，推动解决群众关注的“急难愁盼”问题，以实实在在的履职成效保持同人民群众的密切联系。

四是要始终把加强自身建设作为人大工作的内在动力。要巩固拓展党史学习教育成果，弘扬伟大建党精神和共产党人的精神谱系，赓续红色基因，增强“四个意识”、坚定“四个自信”、做到“两个维护”，努力打造政治坚定、服务人民、尊崇法治、发扬民主、勤勉尽责的人大干部队伍。

在总结成绩的同时，我们也清醒地认识到，常委会的工作离人民的期望和代表的要求还有一定的差距，主要是：学习党的创新理论系统性整体性还不够，在学用中增强制度自信、把握工作规律、破解工作难题方面还需要持续用力；监督的刚性和实效还不够，推动法律法规实施的措施还需要不断完善；密切与人大代表、人民群众联系的制度机制还需要进一步落实落细；与乡镇人大的工作联动还不够紧密；自身建设还需要进一步加强和改进等。这些需要我们认真研究、切实改进，也要求我们深化改革、务实创新，不断把我市人大工作推向新的高度。

2022年是党的二十大召开之年，也是贯彻落实省、临汾市党代会精神、全方位推动高质量发展的关键一年。市人大常委会工作的总体要求是：在市委的坚强领导下，始终以习近平新时代中国特色社会主义思想为指导，深入贯彻落实中央人大工作会议精神，坚持党的领导、人民当家作主和依法治国有机统一，围绕市委八届四次会议暨市委经济工作会议部署安排，紧扣市委“转型出雏型、率先蹚新路”的目标任务，认真履行宪法法律赋予的各项职责，创造性开展监督、代表等工作，为全市经济社会高质量发展和民主法治建设进程作出积极的新贡献。

各位代表，去年召开的中央人大工作会议，在党的历史上、人民代表大会制度史上都是第一次，为做好新时代人大工作指明了方向、提供了遵循。“四个机关”是党中央明确的新时代加强人大自身建设的新定位新目标新抓手。新的一年，常委会将进一步加大政治机关、工作机关、代表机关、权力机关“四个机关”建设力度，奋力推进全过程人民民主建设，坚定扛起以法治方式服务高质量发展的历史使命。

一、突出思想引领、保持正确方向，建设讲忠诚、有信念的政治机关

对标“自觉坚持中国共产党领导的政治机关”要求，进一步筑牢增强“四个意识”、坚定“四个自信”、做到“两个维护”的思想根基，保持人大工作正确的政治方向。

加强思想政治建设。坚持用党的创新理论武装头脑，把学思践悟习近平新时代中国特色社会主义思想摆在首位，系统学习习近平总书记关于民主法治建设、人大制度和人大工作的重要论述，进一步增强以新思想新理念新要求引领人大事业发展的自信自觉。

贯彻市委决策部署。突出议大事、推改革、促发展，始终围绕市委确定的发展目标和重点任务，制定工作要点、选定监督议题、组织代表活动，做到在思想上紧贴市委意图、工作上紧扣市委要求、行动上紧跟市委步伐，切实当好市委决策部署的实践者、推动者和保障者。

自觉扛起政治责任。认真履行人大常委会党组把方向、管大局、保落实的政治责任，不断提高政治判断力、政治领悟力、政治执行力，忠诚拥护“两个确立”，进一步完善常委会会议、主任会议等会议制度和执法检查、专项视察、专题调研等活动规范，为全市经济社会高质量发展提供坚强支持，筑牢做好人大工作的政治基础。

二、围绕发展大局、依法履职尽责，建设讲实干、有作为的工作机关

对标“全面担负宪法法律赋予各项职责的工作机关”要求，牢牢把握人大监督的政治定位和法律定位，寓支持于监督之中，认真依法履职，积极创新实践。

把准履职重点。围绕经开区争先进位、主城区更新改造、文旅产业提档升级、乡村振兴破题开局等方面的工作持续聚焦，精准发力，适时听取审议专项工作报告，依法作出决议决定，扎实开展专题调研、执法检查等活动，保证人大工作融入大局、服务发展。

创新监督方式。注重以改革添动力、以创新增活力，积极进行多种监督形式的探索，把工作监督和法律监督、专项监督与综合监督、听取专项报告与开展执法检查、自行整改与依法纠正有机结合，由事后监督评价转向事前科学预测、事中多出建议、全过程监督支持，提升监督的针对性和实效性。

提升会议质效。以提高常委会会议质量为突破口，积极推行清新简洁的会议新风，抓细抓实会前、会中、会后各个环节，做到内容安排科学、议题审议充分、知情知政便捷。同时，要求常委会委员在审议发言时，始终运用法言法语，做到心中有法、言必合法、履职依法，保证审议角度切合、依据充分、内容精准。

三、践行为民初心、密切联系群众，建设讲宗旨、有情怀的代表机关

对标“同人民群众保持密切联系的代表机关”要求，突出代表主体地位，积极探索新形势下做好代表工作的新机制、新途径，支持和保障代表依法履职、发挥作用。

致力联系选民更紧密。结合临汾市人大常委会组织开展的“学讲话、悟精神、见行动”“集中进站履职月”等活动，拓展更加密切联系群众的方式方法，组织广大代表深入基层、深入一线、深入群众，最大限度地直接听取民声、吸纳民意、汇聚民智。同时，继续在代表联络站“建、管、用、评”上下功夫，进一步发挥作用、充实内涵、提升质效。

致力为民履职见实效。通过“线上＋线下”结合的方式，丰富代表活动内容，保障代表依法履职。“线上”主要是发挥代表联系群众微信群、代表服务工作联络群等平台作用，鼓励群众通过微信群邀请代表见面或线上反映问题，实现代表“云接待”，服务“零距离”。“线下”主要是完善群众意见分类登记、过程转办、处理反馈等办法，回应群众关切、解决群众需求，促进服务管理更加规范。

致力建议办理高质量。注重在代表意见建议“提出质量、办理质量”上双向发力，进一步优化“提、交、办、督、评”全过程管理，压实责任，跟踪问效，推动代表建议“花开有果”，促进承办单位加大力度、落实责任、增强实效，更好发挥代表联系群众、服务民生、推动发展的作用。

四、把握时代要求、推进法治进程，建设讲责任、有担当的权力机关

对标“保证人民当家作主的国家权力机关”要求，积极发展全过程人民民主，确保这一重大理念在人大工作中得到贯彻落实，以人民群众可见可感的实际成效，彰显人民代表大会制度的政治优势。

丰富公民有序政治参与方式。进一步健全人大代表、人民群众参与人大工作、参与管理社会事务的制度机制，切实保障代表和群众的知情权、参与权、表达权和监督权，将过程民主和成果民主、程序民主和实质民主、直接民主和间接民主具体地、现实地体现到人大工作各个环节、转化为具体实践，实现代表和群众对政治生活的有序有效参与。

锤炼人大干部队伍过硬作风。坚持以提高素质、服务群众、讲求实效为重点，注重对常委会委员、乡镇人大负责同志、机关人员等人大工作者的教育引导，加强思想淬炼、政治历练、实践锻炼、专业训练，不断提高调查研究和督促落实的能力，努力在推进法治建设上有新进展、在服务改革发展上有新成效、在汇聚民心民力上有新作为。

推动各项为民举措有效落实。进一步引申党史学习教育“我为群众办实事”实践活动，着力解决群众的“急难愁盼”问题，结合靓城提质、老旧小区改造等工作，督促市政府有效发挥规划对城市建设的引领支撑作用，细化各个片区的功能布局和发展定位，由点及面多措并举全面提升城市品位，不断增强群众的获得感幸福感安全感。

踏上新征程，担当新使命。让我们在市委的坚强领导下，珍惜人民的信任、珍惜时代的重托，用担当诠释人大工作的使命，用奉献绽放人大代表的风采，踔厉奋发、笃行不怠，为推动全市经济社会高质量发展做出新的更大贡献，以优异成绩迎接党的二十大胜利召开！

政府工作报告

——2022年1月25日霍州市第八届人民代表大会第二次会议

霍州市人民政府市长　李青雁

一、2021年政府工作回顾

市政府坚持以习近平新时代中国特色社会主义思想为指导，深入贯彻党的十九大和十九届历次全会精神、习近平总书记视察山西重要讲话重要指示精神，全面落实山西省第十二次党代会、临汾市第五次党代会精神，在市委的坚强领导下，在市人大、市政协的监督支持下，围绕“转型出雏型、率先蹚新路”总体目标，聚力攻坚、勇毅前行，高质量发展迈出了坚实步伐。

（一）经济发展稳中向好。我们全力稳增长、调结构、兴产业、保生态、抓改革、惠民生，全市地区生产总值完成100.53亿元，同比增长5.3%；固定资产投资完成26.41亿元，同比增长13.3%；规模以上工业增加值同比增长4%；社会消费品零售总额累计完成37.96亿元，增速为16.4%；一般公共预算收入完成5.59亿元，同比增长14.71%；全市城镇常住居民人均可支配收入预计为37177元，同比增长8.5%；农村常住居民人均可支配收入预计为17785元，同比增长11%。主要经济指标全部实现年初预期目标，全市经济社会持续平稳健康发展。

（二）产业转型步伐加快。我们千方百计强基础、引项目、提品质、增效益，产业结构进一步优化。全年新增规上企业4家，“四上”企业[1]24家。经开区建设有序推进，储备“标准地”468亩，新建标准化厂房32000平方米，全年工业投资完成5.2亿元，增速30.7%，规模以上工业增加值完成9.94亿元，转型项目完成投资占比达94.7%。紫晟煤业矿井充填开采项目有序推进，霍州电厂长输供热工程启动，光伏+储能融合发展示范项目进展顺利，康宝生物医疗综合体项目建成投产，科技智创园标准厂房及医药用品制造项目、辛能电力环保建材石膏生产线建设项目快速推进。全年共签约项目16个，总投资85.48亿元。贯彻落实“碳达峰、碳中和”[2]重大战略决策，大力发展新能源产业，全力推动40万千瓦的国电、兆光、华得宇、国盛集中式光伏发电项目和6万千瓦屋顶分布式光伏发电项目落地建设，全力打造新能源产业集群和示范基地。

（三）防疫防汛精准高效。我们从严从实抓好常态化疫情防控，全力开展防汛抢险救灾和灾后重建。疫情防控更加科学精准。坚持“外防输入、内防反弹”总策略，防控等能力全面提升。疫苗接种工作有序推进。核酸检测应急演练、网格化管理实战演练取得良好效果。面对全国多点散发、周边省市局部聚集的严峻形势，及时采取果断措施，严格重点人员排查、重点场所防控，坚决遏制疫情传播蔓延，全市无一例确诊和疑似病例，守好了霍州阵地。灾后重建取得全面胜利。面对多年不遇的持续强降雨，我们在省市的指导支持下，在市委的坚强领导下，全市上下众志成城，全力以赴抢险救灾。灾后重建措施精准、推进高效，全市1662户需修缮和重建的受损农房全部如期竣工，切实保障了受灾群众吃得饱、穿得暖、住得舒心，彰显了霍州干群和衷共济、勠力同心的精神风貌。

（四）城乡品质同步提升。我们深入推进城乡一体化建设，大力实施“创国卫”和农村“六乱”[3]整治，城市品质不断提升，农村基础设施和公共服务不断完善。城市颜值得到改观。深入推进靓城提质，拆除各类违建165处、取缔店外经营摊点185处、清理流动摊点1000余处，对滨河路、南外环等街道进行了环境整治，新增城市绿化面积15万平方米。形成了鼓楼周边和开元街等多个城市新街区。全民健身中心建设完成，汇元小区、丽景·中央公园等房产项目稳步推进，城市品质大幅提升。乡村振兴提质增效。扎实推动巩固拓展脱贫攻坚成果同乡村振兴有效衔接，114户“三类户”[4]消除风险72户，落实衔接资金1248万元，发放小额信贷400余万元，实施乡村振兴项目16个。完成5000亩高标准农田建设和1万亩农业生产托管。农业现代化步伐加快，农产品加工销售收入完成5.59亿元。农村“六乱”整治深入推进，生活垃圾收运处置体系实现村庄全覆盖，农村改厕完成2050座，人居环境得到全面改善。农村建房“四办法一标准”[5]管理办法取得初步成效。

（五）环境质量明显改善。我们以超常举措、超常力度加强生态环境保护，铁腕推进治气、治水、治土和汾河流域综合治理。46家涉气企业完成深度治理，31家工业企业实行错峰生产和运输管控。清洁取暖改造1632户，超额完成年度任务。“清洁煤”补贴标准达1100元，为历史最高，保障了群众温暖过冬。全年优良天数达到226天，空气质量综合指数5.04，取得“十三五”以来最好成绩。汾河干支流河道“清四乱”[6]2万余立方米、拆违建2000余平方米，汾河流域生态修复治理工程有序推进，水环境质量稳步改善。

（六）文旅商贸提档升级。我们积极塑造文旅品牌，努力培育新兴服务业，加快释放消费潜力，助推三产持续向好。《霍州市全域旅游发展规划》《霍州署创建国家4A旅游景区规划》编制完成，七里峪景区通过“省级旅游度假区”复核验收。“霍州市游客集散中心”建成启用，七里峪村至尉候村路段全线通车。千佛崖考古有重大发现，摩崖造像重新完整面世。《石兰峰》电影在省委党校首映，电影《锣鼓》摄制完成，蒲剧《廉吏曹端》精彩亮相。“礼享生活·晋情消费”霍州文旅商贸推介活动、“中镇霍山·华夏州署”第十一届文化旅游月暨“寻根·铸魂·悦生活”等系列活动精彩纷呈。完成了“天下霍姓出霍州”展陈，启动了霍氏文化产业园项目，召开了“迎宗亲·兴霍州·携手筑梦”2021年招商引资推介会。霍州的山水之美、人文之韵、发展之势得到展示，知名度、美誉度得到提升。红星美凯龙进驻霍州，香江广场商业综合体开业在即，霍州年馍、每日坚果、鸣梦粗布等特色产品销售额实现新突破，电商产业网络交易额增长30%，霍州成功入选2021中国县域电商竞争力百强榜。

（七）改革创新活力迸发。我们着力在体制机制上破难题、强效能。持续深化“放管服”[7]改革，全面推开“一件事”[8]集成服务改革，全年办理事项516件，营商环境不断优化。“跨省通办”[9]改革取得实效，“证照分离”[10]改革不断深化。“一网通办”[11]政务服务事项全程网办率达90%以上。开发区行政管理事项授权新增67项，要素保障全面提升。国企国资改革持续深化，“三供一业”[12]维修改造完成，18 家国企退休人员实现社会化管理。霍州市国有资产投资运营有限公司挂牌运营。

（八）民生福祉持续增强。我们顺应群众期盼，确保 85%以上的可用财力用于民生建设。持续接力举办第 13 届爱心助学活动，筹集资金 155 万元，资助困难学生 236 名。积极推动教育教学改革，聘请北京培文国际教育科技集团管理团队入驻霍州一中，创新了教学管理机制。西张小学建成投用，新人民医院、妇计中心项目有序推进，中医院荣升二甲，技工学校获批“山西省省级高水平中等职业学校”和“高技能人才实训基地”，全市职业技能培训 5814 人，从业人员持证 87570 人。全年共发放各类社会救助资金 2852.44 万元，医保参保人数达 27.87 万人，参保率 99.38%。城乡居民养老保险参保人数完成 99147 人，完成率超 100%。邮储银行投放创业担保贷款 2128 万元，进一步促进创业、带动就业。全市新增城镇就业 5630 人，城镇登记失业率控制在 3.03%以内。同时，深入推进安全生产专项整治三年行动，扎实开展全领域安全生产隐患排查整治，严格安全监管执法，全年未发生较大以上安全事故。常态化抓好信访维稳、社会治安、扫黑除恶等工作，社会和谐稳定局面不断巩固。

一年来，我们着力转作风、强法治、塑形象，政府服务效能不断提高。切实增强“四个意识”、坚定“四个自信”、做到“两个维护”，深入开展党史学习教育，扎实推进“我为群众办实事”实践活动，广泛开展“争先、进位、崛起”解放思想大讨论。严格落实政府系统全面从严治党主体责任，认真落实中央“八项规定”精神，坚持不懈推进党风廉政建设和反腐败斗争。严格执行市人大及其常委会的决议决定，主动接受人大、政协监督，广泛听取社会各界的意见建议，全年办理人大代表议案和建议 84 件、政协委员提案 108 件，办复率达到 100%。全年受理群众来信来访 620 件，办理市长热线 7534 件，做到了件件有回复、事事有着落。

与此同时，国防动员、人民防空、双拥共建和优抚安置工作扎实推进，统计、审计、气象等工作取得新进展，妇女儿童、老龄、残疾人、红十字等事业取得新成绩。

各位代表，过去的一年，我们上下齐心，攻坚克难，各项工作均取得较好成效。这是市委总揽全局、坚强领导的结果，是市人大、市政协大力支持、有效监督的结果，是全市干部和广大群众勠力同心、拼搏进取的结果。在此，我代表市政府，向全市人民，向各位人大代表、政协委员、离退休老领导、老同志和社会各界人士，向驻霍部队和武警官兵，向所有霍州在外创业人士，向所有关心、支持、参与霍州建设发展的朋友们，致以崇高敬意和衷心感谢！

在肯定成绩的同时，我们也清醒地看到，我市发展还存在不少困难和问题，主要表现在结构调整步伐不快、民营经济活力不足、农业产业化层次较低、污染防治任务艰巨、基础建设短板较多等方面，需要采取坚决有力措施，切实加以解决。

一年来的实践探索，让我们深刻体会到：面对复杂多变的经济形势、千帆竞发的强劲态势，全市上下唯有保持清醒头脑，增强忧患意识，提高能力和本领，奋力争先进位，才能在临汾市进军全省第一方阵的进程中做出霍州贡献。因此，我们要有“发展，时不我待”的责任感，少说“不能办”，多说“怎么办”，承诺的事“尽快办”，以躬身入局、舍我其谁的担当，主动作为、赶超进位；要有“民生，责无旁贷”的使命感，持续加大民生投入，补齐民生短板，使人民的获得感、幸福感、安全感更加充实、更有保障、更可持续；要有“精神，永不懈怠”的意志力，始终保持昂扬向上、锐意进取的精神状态和敢闯敢干、一往无前的奋斗姿态，锻炼卓越胆识，磨砺坚强意志，奋发有为做好各项工作。

二、2022 年政府工作目标

2022 年是党的二十大召开之年，也是贯彻落实省、临汾市和我市党代会精神，全方位推动高质量发展的关键一年。做好今年工作，必须坚持以习近平新时代中国特色社会主义思想为指导，全面贯彻党的十九大和十九届历次全会精神，弘扬伟大建党精神，深入学习贯彻习近平总书记视察山西重要讲话重要指示精神，认真贯彻中央经济工作会议精神，全面落实省委全方位推动高质量发展的目标要求和临汾市委“1355”[13]战略，按照临汾市委五届二次全会暨经济工作会议和霍州市委八届四次全会暨经济工作会议部署，围绕“转型出雏型、率先蹚新路”总体目标，坚持稳中求进工作总基调，准确把握新发展阶段、深入贯彻新发展理念、加快构建新发展格局，立足“四区”[14]战略定位，按照全方位推动高质量发展的目标要求和工作矩阵，以供给侧结构性改革为主线，统筹疫情防控和经济社会发展，统筹发展和安全，继续做好“六稳”[15]“六保”[16]工作，着力在推动产业转型、城乡发展、文旅融合、生态建设、改革创新、民生改善等领域实现新突破，保持经济稳定运行、社会大局安定和谐，以优异成绩迎接党的二十大胜利召开。

综合考虑各方面因素，今年全市地区生产总值增长 7.5%，固定资产投资增长 10%，社会消费品零售总额增长 7%，一般公共预算收入增长 9%，城乡居民人均可支配收入分别增长 7.5%、8%。各项约束性指标力争超额完成省、临汾市定任务。

围绕实现上述目标，我们要稳字当头、稳中求进、难中求成，在统筹做好各项工作的基础上，重点从六个方面走好霍州高质量发展之路。

（一）走好产业转型升级之路，夯实高质量发展根基。产业转型升级是我们霍州经济快速发展的必由之路，是全方位高质量发展的重中之重，我们要以非常之举、下非常之力、尽非常之责，全力推动产业转型升级取得重大成效。

建好开发区这个转型发展主战场。按照省市要求，以项目落地破机制、以深化改革建机制、以全面赋权活机制，全力推进煤机装备制造、绿色建材、新能源、新材料、电子产品制造五大产业板块发展。要加大投入、拉动投资，加快推进园区道路、变电站、污水处理厂等基础设施建设和宗地出让，再建设标准厂房 3 万平方米，做到“地等项目”“厂房等项目”“要素跟着项目走”，年底开发区工业投资增长 20%以上，规上工业增加值增长 15%以上。要推动投产、强化产出，落实好“三个一批”[17]，当年新开工项目完成投资不低于 10 亿元。完善聘任制、任期制、退出制，推动更多大项目、好项目签约落地、投产达效，全力打造开发区升级版。

优化传统产业这个转型发展支柱。持续推动传统煤电产业转型升级，尽快完成兴盛园煤矿复工复产，加快推进紫晟煤业矿井充填开采、霍州发电厂安全节能技术改造、兆光发电厂超低排放区技改等项目，有效发挥传统优势产业“稳盘托底”作用。持续做好绿色建材产业，完成年产20万吨高品质建筑石膏生产线等项目建设。配合保障霍州电厂长输供热项目，稳妥有序推进“僵尸企业”处置，积极盘活煤电等传统产业转型腾退资源，真正实现“腾笼换凤”。

强化新兴产业这个转型发展新引擎。落实“碳达峰、碳中和”目标要求，实施减碳低碳发展，建立碳中和研究院，做好规划引领，着力发展战略性新兴产业。做大新能源产业，完成6万千瓦屋顶分布式光伏发电项目和40万千瓦的4个集中式光伏发电项目建设，推进光伏发电多场景融合开发，不断提升新能源装机占比，全力打造新能源产业集群和示范基地。积极布局光伏组件新材料产业和人工智能等新兴产业，抢占产业发展制高点。做强装备制造产业，打造高端装备制造标杆区。

做强现代服务业这个转型发展加速器。深入实施服务业提质增效十大行动[18]，加快现代服务业蓬勃发展。积极推进生产性服务业5G网络基础设施建设及商用，引导企业搭建互联网产业平台，带动更多产品和服务实现产业聚集、线上销售。着眼增强消费吸引力，加快推进香江广场商业综合体建成运营，有效推动红星美凯龙星艺佳等现代商贸业提档升级。大力支持互联网物流平台产业发展，推动现代物流业降本增效提质。培育优质主体，加快推动育幼、养老、健康、家政、物业等生活性服务业向高品质、多样化升级，不断拓宽消费领域、优化消费结构。

壮大民营经济这个转型发展生力军。扎实开展“市场主体建设年”活动，坚持上规模、争实力、提效益，推动市场主体倍增。落实落细支持民营经济发展优惠政策，鼓励民营企业进入基础设施、公共服务、公用事业、生态保护修复等领域。支持中小微企业和个体工商户蓬勃发展，扶持“专精特新”“小巨人”企业。深入开展入企服务，强化财税金融支持，为企业发展纾困解难。

（二）走好城乡统筹发展之路，铸好高质量发展载体。坚持规划引领，下足绣花功夫，建好城市“会客厅”，美化乡村“后花园”，让我们的城市更靓，乡村更美，人民的生活更舒心。

高品位推进城市建设。坚持高标准规划、高质量建设，在完善城市功能中提升城市品质，在传承历史文脉中厚植人文底蕴，让历史文化和现代生活融为一体，全力打造精致秀美、灵动文明之城。拓展城市框架。完成霍州市国土空间总体规划编制，高质量推进土地征收和报批工作，高起点谋划霍东新区开发建设。启动中镇大道建设，加快推进经一路、经二路、纬一路、纬三路、纬五路建设，全力服务保障国道108线霍州—襄汾过境改线和黎霍高速公路等重点项目建设，不断拉大城市框架，完善城市功能。力促城市更新。持续深化靓城提质，加快推进鼓楼东西南北四街，及开元街、滨河路等片区综合改造提升，持续打造香江城商业街、鼓楼地下商业街、州里街等特色街区。启动前进街南延、光明路北延、南环路改造等重点主干道路工程建设，大众南路棚户区拆迁及道路建设要有明显进展。年内完成17个老旧小区改造提升。加快新区建设。加快实施新人民医院、政务服务中心、农商行综合办公大楼、第二消防站等项目建设，不断完善霍东新区基础设施配套建设，全力推进汇元小区、泰府、丽景·中央公园等房产项目建设，切实加快新区建设，进一步完善功能、聚集人气、提升品位。

高标准加强城市管理。加快国家卫生城市创建步伐，建立健全长效机制，提升精细化管理、人性化服务水平。扎实开展城乡结合部、背街小巷、夜宵市场、流动摊位等专项治理。实施城区路面修护工程，加大违法建筑清理力度，进一步改善城市环境面貌。加大重要堵点、重点时段交通管理，规范交通秩序，鼓励错峰出行。加快城乡垃圾收集、转运、处置一体化建设，建成第二生活垃圾处理厂、餐厨垃圾处理厂，有序推进生活垃圾分类管理。推广新能源交通和智慧交通，丰富居民公共出行方式。加快智慧城市建设，构建数据资源共享体系，推行“数字城管”[19]，实现高效治理。倡导城市文明新风，让城市更加整洁、美观、清爽、和谐。

大力度实施乡村振兴。健全完善防返贫动态监测和精准帮扶机制，严格落实“四个不摘”[20]要求，巩固拓展脱贫攻坚成果同乡村振兴有效衔接。完成乡镇总体规划与实用型村庄规划编制，因地制宜发展乡村产业。始终扛牢粮食安全政治责任，严守耕地红线，加强农田水利基础设施建设，实施2万亩高标准农田建设项目，加大力度发展农业生产托管，推进社会化服务高质量发展。加快现代农业产业化步伐，全力推进东方希望12.5万头生猪养殖循环产业链项目、同兴禽业200万只肉鸡养殖和3000万只肉鸡屠宰加工项目建设。健全农产品生产、加工、仓储保鲜、冷链物流等全产业链。实施“四好农村路”道路提升工程和农村生活垃圾中转项目等基础设施建设，加快污水收运处置体系建设和改厕步伐。持续深化“六乱”整治，推动乡村振兴示范村串点成线、连线成片。加强农村基层社会治理，培育文明乡风，推动移风易俗，不断提升治理水平。

（三）走好文旅深度融合之路，增强高质量发展动能。三千年的文化积淀和秀美山川，造就了霍州得天独厚的文旅资源，我们最应该吃好“旅游饭”，做大做强文旅产业这个战略性支柱产业，努力开创文旅融合提档增速、高质量发展的崭新局面。

加快魅力景区打造。突出龙头景区带动、精品景区推动和全域旅游互动，按照《全域旅游规划》，健全工作机制和配套政策，积极构建“2＋10＋N”[21]的旅游景区项目体系。实施七里峪景区林场至观景台、五龙壑至油盆峪等旅游道路建设，推进七里峪旅游度假区建设，完善游客中心、旅游厕所等一批配套服务设施。加快“中国天然氧吧”创建，开辟“相约森林人家，沐浴天然氧吧”旅游专线，让七里峪成为人人向往的“诗和远方”。加快霍州署国家AAAA级旅游景区创建工作，重推“四级官衙”[22]旅游线路，再启陶唐峪景区开发建设，完善旅游公路，串联七里峪、悬泉山、陶唐峪等沿霍山精品景点，形成成熟的风景旅游线路。叫响“山水霍州·熨帖之州”文旅品牌。

推动资源优势转换。精心策划旅游形象宣传，加快特色旅游产品开发，提高旅游接待能力，推动山水增值、生态变现。做好“天下霍姓出霍州”文章，全力打造天下霍姓宗亲的根祖圣地，加快推进霍氏文化产业园项目建设。实施“旅游＋”，依托七里峪国家森林康养基地，大力推行休闲避暑、森林康养，叫响“夏养山西·康养霍州”品牌。持续举办国家级滑翔伞体育赛事，全力打造华北地区滑翔伞基地，加快推动旅游业与体育健身产业融合发展。举办森林音乐节活动，全力打造城市音乐新地标，让霍州旅游变得更加“有声有色”。继续筹办更高标准、更大规模的“中镇霍山·华夏州署”旅游月文旅活动，真正把旅游业发展成为实实在在的富民产业。

丰富文旅产品业态。推动霍州窑遗址开发，将考古发掘与艺术创新有机结合，启动霍州窑文旅小镇规划招商，擦亮千年瓷窑艺术名片。充分利用镇山文化、廉政文化、门神文化等独特的人文优势，创作独具地方特色的情景剧目，打造威风锣鼓、莺歌、霍州书等非遗演艺精品。大力发展七里峪村特色民宿、许村民俗民情体验园、贾村东方文人娱教生活体验地、义城村美好环境与幸福生活共同缔造等乡村旅游新业态。

（四）走好生态环境改善之路，厚植高质量发展底色。人不负青山，青山定不负人。我们要坚持走生态优先、绿色发展的道路，持续加大生态环境治理力度，厚植绿色发展生态底色，全力描绘绿水青山与金山银山相得益彰的美丽画卷。

狠抓污染防治。有效发挥中科三清等专家团队作用，精准施策、靶向整治，积极开展挥发性有机物达标综合整治、散煤污染整治等行动，强化低空面源管控，进一步提升环境空气质量，实现“蓝天常驻”。坚持“五水同治”[23]，全面完成第二生活污水处理厂、经开区工业污水处理厂、5座农村生活污水处理站和3座小型污水处理设施建设。扎实开展城镇污水处理提质增效行动，实施老城区9条道路雨污分流改造，巩固沿汾“9＋1”[24]污水处理成果，保障汾河出境断面水质稳定达标，实现“绿水长清”。开展重点行业企业用地土壤污染调查，规范危险废物、医疗废物规范化管理，确保土壤环境稳定可控，实现“黄土复净”。

狠抓生态修复。认真贯彻黄河流域生态保护和高质量发展要求，深入落实“河长制”[25]“林长制”[26]，压实巡查管护责任，筑牢生态保护屏障。着力实施汾河干流防洪能力提升工程，启动汾河干流生态治理工程，实施月亮湾湿地、郭庄泉湿地、许村湿地等生态修复项目，加快推进水污染防治向水生态保护转变。严格执行《山西省泉域水资源保护条例》，全力保障汾河生态基流。持续开展造林绿化和生态修复，加快推进汾河沿岸和环城山体生态绿化，实施7200亩黄土高原水土流失综合治理工程，完成荒山造林800亩，退化林修复3000亩。

（五）走好改革开放创新之路，激发高质量发展活力。坚持有效市场和有为政府相结合，抓住关键环节，以改革增活力，以开放促发展。

提升创新能力。深刻践行创新理念，致力技术创新。加强校地合作，促进北京科技大学、北京师范大学、太原理工大学、山西能源学院等合作院校和科研机构科技成果在霍转化，弥补产业发展技术短板。强化企业作为技术创新主体的地位，发挥智能再制造产业技术创新联盟作用，鼓励企业加大研发投入，支持设立研发机构、创新中心。加快数字技术与传统行业深度融合，打造一批互联网、健康医疗大数据等平台经济示范引领项目。深入实施人才强市战略，汇聚各类人才在霍州就业创业兴业。

释放改革潜力。深化开发区改革，着眼“区内事、区内办”，做好67项赋权事项，出台配套政策及操作细则，深化“承诺制＋标准地＋全代办”[27]，引深“一枚印章管审批”[28]和“五减”[29]专项行动，推行“一网通办”和“一件事一次办”集成服务，涉企事项全程网办率要达90％以上。推进“证照分离”改革全覆盖，落实惠企政策、优化审批流程，加快打造“三无”“三可”[30]营商环境。落实国企改革三年行动计划，加快市场化转型，统筹做好经营性国有资产集中统一监管。深化财税金融体制和投融资体制改革，开展政府性债务化解审计，有效防控债务风险。同时，统筹抓好国资国企、农村、医疗领域各项改革。

激发开放活力。积极融入沿汾板块，主动对接京津冀、关中平原城市群、晋陕豫黄河金三角，加强务实合作，深化经贸往来。进一步扩大裕鑫博康、磊源肥业、晋丰肥业等进出口贸易。紧盯高端装备制造、节能环保、新能源、新材料、文旅文创、现代服务业等重点领域，积极开展长板招商、精准招商、研究型招商、链主企业招商、专业招商、情感招商，不断提高招商精准度、项目落地率，形成要素跟着项目走、服务跟着项目走的格局。全年我市招商引资投资额要完成 70 亿元，签约项目开工率要达到 80%以上。创新投融资服务体系，发挥国投公司资产配置、多元化融资作用，用好霍州市产业发展基金，引导金融资本和社会资本共同参与项目建设。

（六）走好民生福祉增进之路，守好高质量发展底线。千头万绪的事，说到底是千家万户的事。我们要始终把人民放在心中最高位置，用心用情用力解决好群众的“急难愁盼”，让人民群众的日子更有盼头、更有甜头。

全力促进富民增收。多措并举拓展收入渠道，力争城乡居民收入增速高于全国平均水平。持续抓好稳岗就业，搭建用工保障平台，提升劳动者素质。叫响“霍嬷嬷”区域公共品牌，大力推动霍州年馍产业发展，成立工作专班，构建集生产加工、标准制定、品牌推广、市场营销于一体的运营机制，推动霍州年馍向标准化、规模化、产业化发展，把小馒头做成大产业，带动更多的城乡劳动力就业增收。深入实施职业技能提升专项行动，持续打造“霍州技工”特色劳务品牌，年内开展职业技能培训 4000 人次以上。深入开展全民创业，完善扶持政策，优化创业环境，加大扶持力度，全年投放创业担保贷款 2000 万元以上。落实各项补助救助政策，稳步提升特殊困难群体社会保障水平。加大欠薪治理力度，保障农民工合法权益。

全力抓好疫情防控。开展健康教育宣传，引导公众做好个人防护。保证群众日常生活必需品、基本医疗用品供给充足、价格稳定。

全力完善社会事业建设。加快新人民医院、妇计中心建设，完善基层卫生院硬件设施，建立健全医保支付和医疗救助制度。着力“兜底线、织密网、建机制”，健全完善覆盖全民、统筹城乡、公平统一、可持续的多层次社会保障体系。大力推动“双减”[31]政策落地落实，深化职业教育产教融合、校企合作，启动霍东学校建设、北环路中心幼儿园改造，招录教师充实师资队伍。完善扶困救助体系，继续举办爱心助学活动，持续加强对农村留守儿童、老人、残疾人等社会弱势群体的关爱保护。扎实做好退役军人就业创业、待遇保障等工作。

全力抓好安全生产工作。牢固树立发展决不能以牺牲安全为代价的红线意识，按照“理直气壮、标本兼治、从严从实、责任到人、守住底线”的工作要求，严格落实“三管三必须”[32]实施细则和安全生产责任制特别规定，压实“党政、属地、行业、企业”四方责任。深入开展“严厉打击私挖盗采和整治煤矿违规生产专项行动”“安全生产领域风险隐患大排查大整治百日攻坚集中行动”，扎实推进安全生产专项整治三年行动，毫不放松地抓好全领域安全生产工作，不断提升本质安全水平，坚决遏制各类安全事故发生。完善应急救援体系，加强应急救援队伍、应急物资储备和应急指挥信息化建设，提高防灾救灾减灾能力，科学有效应对处置各类事故灾害。

全力提升社会治理水平。加强和完善城乡社区治理，充分发挥全科网格员作用，建设更高水平的平安霍州。坚持和发展新时代“枫桥经验”，加强和改进信访工作，继续做好“重复信访治理和积案化解”工作。加强和改进食品药品安全监管，推进追溯体系建设，严防严控各类食品药品安全风险。有效防范金融领域风险，守住不发生系统性、区域性金融风险的底线。常态化开展扫黑除恶斗争，依法打击和惩治各类违法犯罪活动，营造安全稳定的社会环境。

三、全面加强政府自身建设

各位代表，在新的一年，我们将时刻牢记为人民服务宗旨，自觉践行伟大建党精神，落实全面从严治党要求，深入推进政府职能转变，为人民群众提供更加优质高效的服务。

（一）始终坚持政治引领。坚持以习近平新时代中国特色社会主义思想为指导，坚定捍卫“两个确立”，切实增强“四个意识”、坚定“四个自信”、做到“两个维护”，持续巩固党史学习教育成果，不断提高政治判断力、政治领悟力、政治执行力，坚决有效、不折不扣执行中央、省、临汾市和霍州市委的各项决策部署，将每项工作落地落实落细。

（二）始终坚持人民至上。牢记“江山就是人民，人民就是江山”。在工作理念上坚持以民为本，在工作部署上体现民众意愿，在社会服务上追求人民满意。坚持把发展责任扛在肩上，把群众冷暖放在心上，精准对接基层所盼、民心所向。持续开展“我为群众办实事”实践活动，弘扬“一线工作法”，坚持不懈为群众办实事、做好事，以政府工作的“服务指数”换取人民群众的“幸福指数”，让政府工作更有民生“温度”。

（三）始终坚持提升本领。适应全方位高质量发展现实需要，进一步加强学习型政府建设。养成自觉学习的习惯，加强知识储备，优化知识结构，克服本领恐慌，不断提高分析研判发展形势和解决复杂问题的能力，特别是要带头学经济、懂经济、研究经济，进一步深化对霍州市情和市域经济的认识和把握，用经济规律、市场手段、改革办法解难题、开新路。

（四）始终坚持实干争先。大力营造解放思想、担当作为的好氛围，勇于破解因循守旧、不思进取的坏风气，弘扬实干的作风，锤炼会干的本领，保持敢干的锐气，坚持重任面前敢作敢为、矛盾面前敢抓敢管、难题面前敢闯敢试，做到谋定后动、谋定快动，一抓到底、善始善终。用好抓落实工作机制和“13710”[33]督办机制，以更大的力度和更实的举措，把霍州的事情办得更好。

（五）始终坚持依法行政。坚持将法治思维和法治方式贯穿于政府工作的方方面面，依法履行政府职能、规范行政权力运行、强化权力制约监督，持续推进法治政府建设。落实“三项制度”[34]，持续推进综合行政执法改革，深入开展“八五”普法。坚决执行人大及其常委会的决议决定，自觉接受人大、政协及社会各界监督，认真办理人大代表建议、政协委员提案，积极回应社会关切。深入推进政务公开和信息公开，依法全面公开权责清单。

（六）始终坚持清正廉洁。严格落实政府系统从严治党、从严治政主体责任和“一岗双责”，严格执行“三重一大”制度，加大对民生资金、重点领域、投资项目的审计监督力度。坚持政府过“紧日子”，大力压减一般性支出，严控“三公”经费预算。持之以恒整治“四风”问题，推动干部清正、政府清廉、政治清明。

各位代表，奋进新征程，建功新时代！让我们更加紧密地团结在以习近平同志为核心的党中央周围，高举习近平新时代中国特色社会主义思想伟大旗帜，在中共霍州市委的坚强领导下，踔厉奋发、笃行不怠，奋力谱写全方位推动高质量发展的霍州篇章，以优异成绩迎接党的二十大胜利召开！

附件：

报告中有关名词解释

［1］“四上”企业：即规模以上工业企业、资质等级建筑业企业、限额以上批零住餐企业、限额以上服务业企业等这四类规模以上企业的统称。

［2］“碳达峰、碳中和”：力争2030年前实现碳达峰、2060年前实现碳中和，是我国重大战略决策，纳入了生态文明建设整体布局。

［3］“六乱”：即乱搭乱建、乱堆乱放、乱排乱倒。

［4］“三类户”：指的是脱贫攻坚完成后，防止产生新的返贫致贫情况，进行重点监测的农户，包括边缘易致贫户、脱贫不稳定户、突发严重困难户三种类型。

［5］“四办法一标准”：即《山西省农村宅基地审批管理办法》《山西省农村集体建设用地房屋建筑设计施工监理管理服务办法》《山西省农村村民自建房规划许可管理办法》《全省农村自建房用作经营准入管理办法》《山西省农村宅基地自建住房技术指南（标准）》。

［6］“清四乱”：即整治在河道附近乱占、乱采、乱建、乱堆等行为，保障河道附近环境整洁。

［7］“放管服”：即简政放权、放管结合、优化服务的简称。“放”即简政放权，降低准入门槛；“管”即创新监管，促进公平竞争；“服”即高效服务，营造便利环境。

［8］“一件事”：即“一件事一次办”，将企业和群众需要到各级政务服务机构办理的事项，特别是需到多个部门、需经多个环节办理的事项，通过环节整合、流程优化，成为企业和群众眼中的“一件事”，实行“一次性告知、一套表申报、一个窗受理、一次性办成”。

［9］“跨省通办”：即各省之间实现数据共享的一种政务服务模式，实现民生事项足不出户办理、不出省办理、跨区域不见面办理。

［10］“证照分离”：即只要到工商部门领取一个营业执照，就可以从事一般性的生产经营活动，如果从事需要许可的生产经营活动，再到相关审批部门办理许可手续。

［11］“一网通办”：即依托一体化在线服务平台，通过规范网上办理标准，优化网上办事流程，搭建统一的互联网政务服务总门户，整合政府服务数据资源等措施，推动政务服务事项网上办理，推动企业群众办事线上只登录一次即可全网通办。

［12］“三供一业”：即国有企业职工家属区供水、供电、供热和物业管理。

［13］“1355”：即临汾市第五次党代会上提出的，要坚持一个引领，统筹三大板块，聚焦五大重点，实现五个新跨越。“1”指的是坚持以全方位推进高质量发展为引领；“3”指的是按照资源禀赋、区位条件和产业基础，统筹推动沿黄、沿汾、沿太岳

“三大板块”联动发展、错位发展、互促共融，形成全市域高质量协同发展格局；“5”指的是立足实际，针对制约临汾经济社会发展的短板弱项，突出产业转型、环境改善、改革开放、民生保障、队伍建设五大重点；第二个“5”指的是通过全市上下共同努力，在综合经济实力、绿色转型发展、深化改革开放、社会民生事业、党的建设工作五个方面实现新的跨越，整体工作进入全省第一方阵。

[14]“四区”：指的是霍州市“十四五”时期的发展定位和战略方向，即全力打造能源革命先行区、高端装备制造标杆区、文旅融合发展示范区、乡村振兴样本区。

[15]“六稳”：即稳就业、稳金融、稳外贸、稳外资、稳投资、稳预期。

[16]“六保”：即保居民就业、保基本民生、保市场主体、保粮食能源安全、保产业链供应链稳定、保基层运转。

[17]“三个一批”：即开工一批、竣工一批、投产一批。

[18]“服务业提质增效十大行动”：即消费提质扩容、乡村e镇培育、大力支持网络货运发展、金融提振赶超、房地产优服务促稳定、数字化场景拓展、文旅体高质量发展、提升科技成果转移转化服务、养老惠民提升和人力资源服务业高质量发展十大行动。

[19]“数字城管”：即“数字化城市管理”，指用信息化手段和移动通信技术手段来处理、分析和管理整个城市的所有城管部件和城管事件信息，促进城市管理的现代化的信息化措施。

[20]“四个不摘”：即不摘责任、不摘政策、不摘帮扶、不摘监管。

[21]“2＋10＋N”：即两大核心项目、十大重点项目和N个支撑项目。“2”指的是霍州署城市历史文化街区和七里峪森林康养度假区；“10”指的是许村人文休闲村、油盆峪旅游景区、白龙1985主题矿洞公园、陶唐峪旅游风景区、霍窑文化村、悬泉山旅游风景区、卧牛山景区、贾村文化体验村、义城村田园综合体、下马洼文人村；“N”指的是在各乡（镇）、街办布局N个支撑项目。

[22]“四级官衙”：即北京故宫（中央）、河北省保定直隶总督署（省）、山西省霍州署（州）、河南省内乡县衙（县），其共同构成了我国古代从中央到地方的四级官衙体系。

[23]“五水同治”：即统筹推进饮用水源、黑臭水体、工业废水、城镇污水、农村排水治理。

[24]“9＋1”：即我市在汾河沿岸实施的9座生活污水处理站和1处管网收集工程。“9”指的是许村污水处理站、退沙污水处理站、月亮湾污水处理站、东湾村污水处理站、圣佛污水处理站、郭庄村污水处理站、团柏矿污水处理站、辛庄村污水处理站、辛置村污水处理站；“1”指的是寺庄村管网收集。

[25]“河长制”：即由中国各级党政主要负责人担任“河长”，负责组织领导相应河湖的管理和保护工作。

[26]“林长制”：即按照“分级负责”原则，构建省市县乡村五级林长制体系，各级林长负责督促指导本责任区内森林资源保护发展工作。

[27]“承诺制＋标准地＋全代办”：指的是将企业投资项目承诺制改革、项目供地标准化改革、投资项目建设领办代办改革进行集成，以服务项目和企业为主线，加强部

门间配合，缩短项目落地时间，为企业提供“保姆式”服务的一项改革。

［28］“一枚印章管审批”：即将同级人民政府有关部门的行政审批事项对应的行政审批职权相对集中到一个部门，并统一使用一枚行政审批专用印章开展行政审批的活动。

［29］“五减”：即减材料、减证明、减环节、减时限、减费用。

［30］“三无”“三可”：即“无差别、无障碍、无后顾之忧”“可预期、可信赖、可发展”。

［31］“双减”：即教育部门针对义务教育阶段提出的减负政策，具体指全面压减孩子作业负担和减轻校外培训负担。

［32］“三管三必须”：即管行业必须管安全、管业务必须管安全、管生产经营必须管安全。

［33］“13710”：“1”指的是当天要研究部署；“3”指的是3天内要向上级部门反馈办理情况；“7”指的是普通问题原则上7天内要落实解决；第二个“1”指的是重要问题，包括一些复杂问题要在1个月内落实解决；“0”指的是所有事项都要跟踪到底、销号清零，件件有结果。

［34］“三项制度”：即行政执法公示制度、行政执法全过程记录制度、重大执法决定法制审核制度。

中国人民政治协商会议
第八届霍州市委员会常务委员会工作报告

——2022年1月24日政协第八届霍州市委员会第二次会议

霍州市政协主席　田晋川

刚刚过去的2021年，是八届市政协的开局之年。去年4月，市政协顺利完成换届，新一届市政协及其常委会肩负新使命，承载新希望，开始了新征程。在中共霍州市委的坚强领导下，在市人大、市政府和社会各界的大力支持下，市政协以习近平新时代中国特色社会主义思想为指导，深入贯彻中央、省委、临汾市委政协工作会议精神，自觉服务于全市工作大局，立足专门协商机构性质定位，主动肩负起“落实下去、凝聚起来”的政治责任，坚持发扬民主和增进团结融会贯通，建言资政和凝聚共识双向发力，自身建设和岗位建功同步推进，应势而动、顺势而为、尽精诚之力、建睿智之言、献务实之策、谋创新之举，为霍州经济社会高质量发展作出了积极贡献，实现了本届政协工作的良好开局。

——换届以来，我们始终坚定维护核心，在加强思想理论武装、增强政治定力中把牢政治方向。把开展党史学习教育作为贯穿工作的主线，结合政协实际，创造性提出了党史教育“四两工作法”，扎实推进“我为群众办实事”，坚持党史学习与人民政协史学习相结合，与委员界别活动和调研视察相融合，与落实市委决策部署相贯通，引导广大政协委员、机关干部从党的百年伟大奋斗历程中汲取精神力量，学思践悟，筑牢信仰之基，不断提高政治判断力、政治领悟力、政治执行力，确保政协事业沿着正确政治方向前进。年内组织党史教育集中专题学习20余次、讲专题党课3次、观看微视频9次，开展系列主题活动12次，召开研讨会5次，为群众办实事22件。

——换届以来，我们积极投身抗疫救灾大战大考，在同舟共济、共克时艰中展现责任担当。去年10月，我市遭受了自1972年有气象记录以来最大强降雨灾害，面对灾情，市政协第一时间向全市政协委员发出行动倡议，动员全市政协组织、广大委员积极投身抢险救灾，助力灾后修缮重建。其间，政协委员和机关人员累计捐款捐物20余万元支援救灾工作，同时及时组织开展了市场稳价保供、受灾危房修缮重建、公共卫生防疫等重要协商，深入受灾群众和中小微企业调研走访，协调解决具体困难，先后提交社情民意信息30余条。

——换届以来，我们紧扣“实施十四五、迈向现代化”议政建言，在集思广益、共谋发展中贡献智慧力量。市政协围绕市委、市政府中心工作，精心制定年度协商计划，高质量履职尽责，主动向市委汇报重大事项、重点工作、重要情况，确保与市委同心同德、同心同向、同心同行。去年4月换届后，市政协班子成员带领各专委会、各界别接续调研、持续发力，从“三下乡”活动到农村“两委”换届选举，从排查安全隐患到灾后恢复重建，从安全维稳到疫情防控，从环境治理到入企入园服务，深入一线，现场督导

20余次，把政协工作纳入全市“一盘棋”。

——换届以来，我们着力搭建履职新载体，在与时俱进、守正出新中推进政协工作创新有为。我们开展“书香政协”活动，在政协办公楼二楼全力打造协商议政服务中心和书香政协委员之家，大力营造多读书、读好书、善读书的良好氛围。完善政协委员活动小组建设，推动协商下沉，拓宽委员履职渠道，鼓励政协委员深入基层，卷起裤腿“查”民情，同坐板凳“听”民声，虚心请教“问”民计，广求良方“解”民困，先后多次组织政协委员、机关干部参加上级政协举办的业务培训、“政协大讲堂”等活动，为政协工作提质增效搭建平台、夯实基础。

回顾换届以来的工作，主要有以下五个方面：

一、坚持以党的创新理论为引领定向领航

——用心学进去，做到学以铸魂。构建党组成员带头学、常委会议专题学、委员培训集中学、机关干部及时学、“学习强国”天天学的常态化学习机制。定期举办专题理论研讨活动，邀请高层次领导专家为广大委员作专题辅导，积极推动十九届历次全会精神深入界别、深入委员、深入群众。

——用情讲出来，做到学以明势。精心组织政协系统学习贯彻十九届六中全会、山西省第十二次党代会、临汾市第五次党代会精神，认真开展“争先、进位、崛起”解放思想理论研讨，召开2次反映社情民意信息工作经验交流，先后20余人次在工作经验交流会上作重点发言。

——用力干起来，做到学以致用。开展“引企入霍委员行动”，主动牵线搭桥，用心用情服务招商引资，活动开展以来，全市政协委员引进或参与、合作的项目（企业）20多个，为助推霍州“十四五”开局，形成一批重点协商成果。

二、坚持以服务中心大局为主业深耕专责

——围绕高质量发展深入协商。组织市政协委员开展实地调研，与政府部门进行互动式协商，多角度建言。先后围绕“高层建筑消防安全情况、推进我市中小微企业发展、叫响区域公用品牌”等议题开展了3项专题协商，6项对口协商，7项界别协商，8项重点提案办理协商，为市委、政府科学决策提供“政协方案”。

——紧盯高水平开放汇智献策。连续跟进中医药健康产业发展、城市规划建设、商贸物流和民营经济发展等事关霍州长远发展的问题，深入调研协商，形成4篇有价值、高质量的调研报告，报送市委、市政府作决策参考。政协领导班子挂钩包联多个重点项目，投身乡村振兴任务，参加创国卫工作，对包联的“康宝生物、开元名都综合体、中镇泰达园建设项目、许村朱家大院和霍州威风锣鼓”等多个市级重点项目工程成立工作专班高位推进，全力以赴助推工作落实。

——瞄准市域治理现代化合力作为。坚持开展法检“两长”与政协常委座谈协商，先后派出25名委员参与法检两院听证工作，探索“提案+监督”新方式。围绕“村社一体化管理、党建引领助推乡村振兴基层治理”，组织委员深入辛置镇霍电辛庄社区、辛置社区、云厦社区等地调研座谈。

三、坚持以履职为民为着力彰显担当

——全方位助力乡村振兴。市政协班子成员牵头挂帅，机关干部尽锐出战，政协委员力所能及，深入挂点包联李曹镇调研帮扶、解决问题，捐资贫困学生完成学业，线上线下多渠道协助解决农副产品滞销，帮助开展技能培训，帮助低收入群体寻找就业岗位、捐赠生活物资，市政协联系帮扶的2个村和挂牌作战的14个村全部高质量完成巩固脱贫成果任务。开展“乡村振兴委员行动”，围绕乡村振兴提交提案和大会发言50多件（篇），提出了壮大村级集体经济、农产品线上线下销售等一批建议，激活了为民办实事的“神经末梢”。

——大力度促进民生保障。先后围绕文明城市创建、交通建设管理、教育事业发展、饮用水安全、食品安全、城区公交便民、创国卫等民生领域问题，向市委、市政府报送社情民意信息111条，被省政协采用3条，临汾市政协采用18条；共征集提案179件，审查立案115件，分别交由29个单位办理，重点对“关于加大城市停车场建设力度的建议”“关于城市公厕管理的建议”等8件提案进行督办落实，有效助推民生改善，提案数量和质量实现“双提高”，打好高效履职建言的“组合拳”。

——高质量开展民情协商。围绕群众反映的“老旧小区改造和城、乡、村三级健身场所和器材及全民健身运动情况、消防救援及应急救援处置、秋冬大气污染防治”等热点问题，以“我为群众办实事”活动为载体，组织相关部门与政协委员深入开展现场协商，协商成果被吸纳到市政府制定的政策文件中，发挥了政协委员善议政、会协调、建诤言的作用，延伸拓展了“履职链”。

四、坚持以凝聚共识为目标聚力赋能

——推进合作共事筑同心。定期走访民主党派、工商联和无党派人士，主动征求他们对政协工作的意见建议。积极邀请党派团体参加抗灾减灾、康养产业发展、中等职业教育发展等10余项重点课题调研。

——密切联络联谊聚人心。坚持上下联动，加强对各委员活动小组的指导和联系，密切与“两新”组织群体的沟通，精心组织开展“委员小组活动日”，加强与界别人士的联系，推动政协基础工作出新出彩。

——强化文史宣传提信心。以宣传霍州特色文化为出发点，发挥好政协桥梁纽带作用，持续开展文史资料征集编撰工作，内容系列化、编撰精品化、成果品牌化建设进一步推进，完成了临汾政协《地名录》霍州部分的撰稿；接待广东佛山政协、乡宁政协等多个兄弟县市政协到霍调研交流，通过多方式多渠道推介霍州、宣传霍州。

五、坚持以提质增效为导向固本培元

——夯实制度之基。修订完善全体会议、常委会议、主席会议工作规则等10余项制度，将近年来的成熟经验上升为制度机制，制定修订20余项机关内部规则，完善了《政协提案和社情民意信息工作考核办法》《政协霍州市委员会常务委员会议事规则》《政协第八届霍州市委员会委员管理办法》等制度，形成了履职全过程的制度闭环。

——提高履职之能。加强党员委员履职管理，完善主席会议成员分工联系专委会制度、市政协副主席联系委员活动小组、专委会分工联系界别委员、常委提交履职报告、全体委员做好“年度作业”等制度。开展了多种形式的委员履职能力提升培训，引导党员委员带头讲政治、勤履职，发挥先锋模范作用，强化委员履职考核的动态管理和结果运用。

——强化作风之实。认真落实中央八项规定精神和省委、市委有关作风建设要求，力戒形式主义、官僚主义，加强政协机关干部和政协委员“两支队伍”建设，持续发扬“说了算、定了干、马上办”的工作作风，继续保持“严、细、深、实”的工作标准，各项履职活动更加求真务实，推动政协工作全面提质提效。

各位委员、同志们，市政协八届一次会议以来取得的成绩，是中共霍州市委正确领导、定向领航的结果，是市人大、市政府鼎力支持、协同配合的结果，是市直各部门、社会各界热情帮助、倾力参与的结果，是政协各参加单位、广大政协委员团结协作、共同奋斗的结果。换届以来，大家知重负重，担责尽责，认真做好“委员作业”，交出满意“委员答卷”，为我市人民政协事业发展作出了积极贡献。在此，我代表市政协常委会，向所有关心和支持政协工作的同志们、朋友们，致以崇高的敬意和衷心的感谢！

八届市政协工作虽然已经稳步开局，我们也清醒看到，同新时代新任务的要求相比、同人民群众期待相比还有一定差距：协商能力建设需要进一步加强，凝聚共识的水平需要进一步提高，协商式监督的方式需要进一步探索，界别优势作用需要进一步发挥，“两个薄弱”问题需要进一步解决等。对这些问题我们必须在今后的工作中高度重视，认真研究解决。

2022年是党的二十大召开之年，同心筑梦新征程，继往开来谱新篇，今年市政协工作的总体思路是：高举中国特色社会主义伟大旗帜，以习近平新时代中国特色社会主义思想为指导，坚持一个核心，围绕一个目标，画好一个同心圆，推进四大行动，提升四种能力，发挥政协专门协商机构作用，在建言资政和凝聚共识上双向发力，用协商为改革赋能、用建言为开放集智、用共识为发展聚力，全方位推动霍州高质量发展，书写好新时代的“政协答卷”。

一、坚持一个核心，着力在落实政治责任上取得新加强

人民政协是政治组织，必须旗帜鲜明讲政治。我们要坚持维护以习近平同志为核心的党中央权威和集中统一领导，把坚持和加强党的领导作为根本政治原则，把学习贯彻习近平新时代中国特色社会主义思想作为首要政治任务，深入学习贯彻习近平总书记“七一”重要讲话和视察山西重要讲话重要指示精神，自觉在思想上政治上行动上同党中央保持高度一致。坚持重大事项、重大问题请示报告制度，定期向市委汇报工作，始终与市委同心协力、同轴运转、同向推进。按照新时代党的建设新要求，切实加强政协党的建设，充分发挥政协党组把方向、管大局、保落实的重要作用，坚持“第一议题”“第二议题”学习制度，以党组理论学习为重点，以主席会议、常委会议集体学习、委员集中学习为主要形式，持续跟进学习习近平总书记最新重要讲话精神，用党的创新理论武装头脑、指导实践、推动工作。

二、围绕一个目标，着力在服务发展愿景上作出新贡献

围绕市第八次党代会提出的“转型出雏型，率先蹚新路”的奋斗目标，紧盯市委八届四次全体会议暨市委经济工作会议提出的部署要求，我们要把握新发展阶段，贯彻新发展理念，构建新发展格局，立足专门协商机构作用，聚焦霍州高质量发展愿景，建言应势、议政在点、监督有力。要主动对接市委政府中心工作，做到同频共振、同声共应、同舟共济、同向共行，精准选题、精准调研、精准协商、精准建言，把助推“十四五”规划实施作为民主监督的重点方向，2022年，我们要建立季度常委会协商机制，确定事关全市经济社会发展的4个重大问题作为季度协商议题，通过调研视察，座谈交流、专题协商、汇集民智，向市委、市政府报送一批有深度、有分量的调研协商成果。我们要围绕全面实施乡村振兴战略、创建国家卫生城市以及生态环境、城市治理、霍州经济开发区建设、建设高品质宜居霍州等全局性、战略性课题，通过“实地视察＋座谈交流＋协商研究”等形式，破解瓶颈、推动工作，凝聚政协力量、贡献政协智慧。围绕群众“急难愁盼”问题，确定8个视察监督议题，组织政协委员常态化联动履职，深入开展“微协商、微建言、微监督”，持续开展“我为群众办实事”实践活动，用心用情办实事、办好事、解难题。

三、画好一个同心圆，着力在广泛凝聚共识上汇聚新合力

把画好凝聚共识的同心圆作为政协履职工作的中心环节，把凝聚共识寓于政协视察考察、调查研究、协商议政、民主监督等履职活动各方面、全过程。建立健全政情通报、谈心交流、走访看望委员等制度，引导委员加强自我教育自我提高，争当党的政策宣传员、思想政治引领者、界别群众贴心人。密切加强同党外知识分子、非公有制经济人士、新的社会阶层人士的沟通联系，开展走访民主党派、工商联活动，为各界人士在政协更好发挥作用搭建平台、创造条件。加强与其他县市政协的联系交流，扩大“朋友圈”，讲好霍州故事，为霍州高质量发展汇聚更加磅礴的力量。

四、推进四大行动，着力在发挥委员作用上实现新突破

政协是“舞台”，委员是“主角”，发挥委员主体作用，引导委员投身“四大行动”，齐心协力谋发展，尽心竭力惠民生。

一是持续开展“乡村振兴委员行动”。坚持把助力乡村振兴作为围绕中心、服务大局的重要内容，以“乡村振兴委员行动”为主题，深化拓展“送服务进乡村”等活动，引导广大委员紧扣霍州城乡融合发展、乡村建设行动等重点工作，通过协商会议、委员提案、大会发言、反映社情民意信息等方式，提出更多有价值的意见建议，为党委、政府决策提供有益参考。组织政协委员开展送政策、送技术、送文化、送温暖活动，带动引领社会各界人士投资兴业、创办实体、助学助教，以实际行动更好助力乡村产业振兴、人才振兴、文化振兴、生态振兴，切实在服务乡村振兴中彰显政协的担当作为。

二是持续开展“引企入霍委员行动”。紧扣建成工业强市的目标，发挥委员优势作用，在精准对接引进、精准集聚产业、精准协商建言上下功夫，推动“引企入霍委员行动”扎实开展。引导企业家委员以商招商、以项目招商、以情招商，争当“引企入霍”的宣传者、牵线者、服务者，广泛凝聚起建成工业强市的思想共识。组织广大委员深入工业园区、重点企业开展专题调研，协调解决项目建设和企业生产经营中遇到的问题，营造尊商、亲商、安商的良好氛围。

三是持续开展“城市品质委员行动”。坚持问题导向，聚焦民心所向，围绕我市创建国家卫生城市以及加快城中村、老旧小区、城市管网改造和城市更新行动等工作，精准建言献策。采用民主监督、议政协商、提案“回头看”等方式，加大对涉及城市建设管理、基层社会治理等方面提案的督办力度，以提案督办推动城市品质提升。

四是持续开展“履职为民委员行动”。“江山就是人民，人民就是江山”，组织和引导广大委员沉下身子、深入一线，听民声、察民意、知民情，充分运用大会发言、专题协商、委员提案等各种形式，秉笔直书，敢于直言，反映社情民意，提出管用对策，促进党委、政府决策更加科学民主。牢记初心使命，在扶贫济困、捐资助学、帮扶就业等方面履职尽责，促进民生改善和社会发展，展现新时代人民政协的为民情怀。

五、提升四种能力，着力在夯实履职基础上迈出新步伐

新时代要有新作为，要切实提升“四种能力”，做到既“懂政协、会协商、善议政”，又“守纪律、讲规矩、重品行”，既政治过硬，又本领高强。

一是提升政治把握能力，坚定正确履职方向。要坚定政治理想、把好政治方向、加强政治历练、保持政治定力、恪守政治规矩，善于从政治上研究问题、分析问题、解决问题，做到坚定信心、维护核心、服务中心、凝聚人心。要增强政治敏锐性和政治鉴别力，在大是大非面前始终保持头脑清醒、立场坚定、旗帜鲜明，不断提高政治判断力、政治领悟力、政治执行力，做到守土有责、守土负责、守土尽责。

二是提升调查研究能力，增强建言资政实效。要坚持实事求是，把调查研究贯穿于政协协商、监督、视察、提案、社情民意信息等各项工作之中，拓展调查研究渠道、丰富调查研究手段、创新调查研究方式。要聚焦全面深化改革中的重大问题和群众关切的问题，深入基层、深入群众，找准选题、摸清实情、找出原因、选好对策，对症下药、深查细研，提出有效建议，提升资政能力，发挥党政决策“智力库”“参谋部”的独特作用。

三是提升联系群众能力，发挥桥梁纽带作用。人民政协为人民，要利用委员在界别、党派、群众中的独特优势，宣传党的路线方针政策，关注重大民生问题，民之所望，政之所向，站在群众的立场思考问题、研究问题，站在群众的角度提建议、谋对策，始终把重大民生问题作为政治协商的重点议题，作为民主监督的重要内容，作为参政议政的重要工作，与民同心，对民负责，为民代言，助民纾困，共创改革大业、共享改革成果。

四是提升合作共事能力，凝聚各方智慧力量。要尊重和保障政协委员的民主权利，支持委员依法依章履职，为委员知情明政搭建平台，创新载体，鼓励各民主党人士派、新的社会阶层人士通过政协大平台真诚协商、务实协商，凝聚共识、汇聚力量。加强委员队伍管理，鼓励引导委员深入界别群众，兼听各种意见诉求，兼容各方智慧力量，把团结联谊功能发挥得更加充分、更富实效。加强与党委政府工作的有效衔接，建立健全情况通报制度，形成畅通的外部沟通协调机制，有事多商量、有事好商量、有事会商量，实现商以求同、协以成事。

各位委员、同志们，集众智可定良策，合众力必献诤言，使命因担当而光荣，履职因有为而精彩。新的一年，让我们更加紧密地团结在以习近平同志为核心的党中央周围，在中共霍州市委的坚强领导下，坚持在大局中定位、在履职中作为，学在深处、谋在新处、干在实处、走在前列，在推动霍州高质量发展奋进道路上踔厉奋发，笃行不怠，以履职尽责的优异成绩迎接党的二十大胜利召开！

附　录

先进集体和个人

国家级集体

2022年12月，霍州市人民检察院荣获国家机关事务管理局颁发的节约型机关荣誉证书。

省级集体

2022年，四七五处被山西省直机关精神文明建设委员会评为2021年度省直文明单位。

2022年，霍州市人民医院被评为“山西省道路交通事故重伤员无差别急救绿色通道医院C级”。

2022年，中国太平洋人寿保险股份有限公司霍州支公司被山西省分公司授予“五月核心人力达成奖”“二季度U人力达成奖”“九月队伍为基优胜奖”“十月队伍为基优胜奖”“年度标保目标达成奖”。

2022年霍州市市场监督管理局被推选为山西省市场监管系统先进集体；霍州市市场监督管理局帮扶家家利超市、七里峪旅游开发公司获得山西省市场监管局ODR先进企业称号。

2022年武警霍州中队被武警山西总队评为基层建设先进中队。

省级个人

2022年2月，霍州市人民检察院许慧银同志在“检护幼苗、助力乡村振兴”山西省巡讲活动中，荣获“优秀巡讲员”称号。

2022年9月，霍州市人民检察院张艳同志荣获全省检察机关公益诉讼检察业务标兵称号。

2022年8月，霍州市档案馆李国忠被山西省档案局授予省级档案储备专家称号。

2022年8月，霍州市档案馆杜黎明、杨海燕被山西省档案局授予全省档案工匠型人才称号。

2022年8月，霍州市档案馆郭丽丽、李松蓉被山西省档案局授予全省青年档案业务骨干称号。

2022年，民革韩腊丽被山西省信访系统评为先进工作者。

2022年，霍州市市场监督管理局“12315”投诉举报中心任承华获得山西省“12315”投诉举报中心先进个人称号。

2022年，在省军区专武干部集训比武活动中，开元街道武装部部长张黎强取得军事体育第2名，方案推讲第5名，师庄乡武装部部长杨花花取得轻武器操作使用第5名，方案推讲第3名，被省军区、临汾军分区战备建设处、政治工作处、市委组织部通报表彰为“先进个人”。

刘志杰获国网山西省电力公司职工书画篆刻手工摄影作品征集活动书法作品三等奖。

市级集体

2022年，霍州市公安局交通警察大队五中队荣立临汾市公安局集体三等功。

2022年，霍州市消防救援大队被临汾市消防救援支队评为“先进大队”、防火监督岗位业务技能比武竞赛先进单位。

2022年，霍州市审计局被评为临汾市级“文明单位”标兵。

2022年8月霍州市总工会被临汾市总工会授予2022年“喜迎二十大　奋进新征程”全省职工演讲大赛优秀组织奖。

2022年5月，工商银行霍州支行获临汾分行零售业务发展工银成就奖；7月获临汾分行“最佳创标团队奖”。

2022年，霍州市融媒体中心拍摄制作的作品《六中全会精神在基层〈春望〉——记霍州市灾后重建》被中共临汾市委宣传部、临汾新闻工作者协会评为2022年度临汾新闻奖二等奖。

2022年，霍州市教育科技局被授予临汾市“悦读故事　童心向党”幼儿讲故事展演活动优秀团体组织奖、全国安全生产月“霍山杯”生命重于泰山演讲赛一等奖、山西省教育厅“爱眼护眼　从我做起”主题系列活动优秀组织奖等荣誉称号。

2022年，霍州市人民医院被临汾市委宣传部授予“社会主义核心价值观建设示范点”。

2022年，北环办武装部被临汾军分区授予“先进基层武装部”称号。

2022年，霍州市人民武装部被临汾军分区表彰为“全面建设先进人武部”；2022年度军分区文职人员集训比武霍州市人武部取得单位综合第一名，个人第二名、第三名，被临汾军分区表彰为“先进个人”；大张镇武装部、退沙街道办事处武装部、鼓楼街道办事处武装部被临汾军分区表彰为“先进基层武装部”。

国网霍州市供电公司城关供电所被授予国网临汾供电公司2022年度先进班组称号。

市级个人

2022年6月，霍州市公安局郜崇栋、段圣洁、韩文军被临汾市局授予全市公安机关在抗击新冠肺炎疫情工作中表现突出三等功。

2022年6月，霍州市公安局张亮、李宏伟、陈树平、张磊、陈龙兵、张海峰被临汾市局授予全市公安系统抗击新冠肺炎疫情通报表扬个人称号。

2022年11月，霍州市公安局刑警大队陈绍杰被临汾市局授予“百日行动”通报表扬个人称号。

2022年11月，霍州市公安局禁毒大队倪华被授予“二十大安保”通报表扬个人称号。

2022年7月，霍州市人民检察院贾小兵在2021年度临汾市人民检察院考核工作中，成绩优秀，获嘉奖。

2022年，霍州市消防救援大队曹豆获得临汾市消防救援支队个人嘉奖一次；曹帅军、武芳芳被临汾市消防救援支队评为“优秀政府专职队员”“优秀消防文员”。

2022年，民革韦娟被评为临汾市级优秀班主任。

2022年，霍州市人武部上校部长王强被临汾军分区表彰为“人武部建设优秀个人”。霍州市人武部中校副部长韩壮壮、军事科参谋（科员）殷瑞君、保障科助理员（办事员）杨东瑞被临汾军区记嘉奖一次；职工孔少林被临汾军分区评为“优秀职工”；开元街道办事处武装部部长张黎强、师庄乡武装部部长杨花花被临汾军分区表彰为“优秀专武干部”。

2022年，霍州一中晁泽峰在临汾市教育系统“三优”命名活动中，荣获“优秀教师”称号。

2022年，融媒体中心周丽琴被中共临汾市委宣传部、临汾新闻工作者协会授予“2022年度优秀新闻工作者”荣誉称号。白雪亮、晁琰、刘文龙被临汾日报社授予“优秀通讯员”荣誉称号。

王琦被国网临汾供电公司评为2022年度先进工作者。

主要机构和负责人名单

中共霍州市委

李青雁 （女）书 记
李 强 书 记（3月离职）
张可新 副书记（4月任职）
蔡献君 副书记（4月任职）
邢鑫伟 副书记（墩苗）
晋红峰 副书记（4月离职）
王昕光 常 委（墩苗）
张发宁 常 委（8月任职）
任鹏伟 常 委（6月任职）
吕文博 常 委
史 澎 常 委（8月任职）
王 强 常 委
马德辉 常 委（9月任职）
郭 婧 常 委（8月任职）
王卫成 常 委（9月离职）
张伟兴 常 委（6月离职）
任 臻 常 委（8月离职）
郭丽华 （女）常 委（8月离职）

霍州市人大常委会

陈占平 主 任
郭宏生 副主任
沈晓静 副主任
张云峰 副主任

霍州市人民政府

李青雁 市 长
张可新 代市长（4月任职）
张发宁 副市长
任鹏伟 副市长（6月任职）
靳阳阳 副市长
郭惠民 副市长
张强强 副市长
王 强 副市长
胡文杰 副市长（9月任职）

政协霍州市委员会

田晋川 主 席
薛云彪 副主席
杜 明 副主席
陈 英 （女）副主席

市直机关机构设置和领导人员名单

市委办公室

吕文博 主 任
陈菊菊 副主任
乔昌鸿 副主任
朱军军 副主任

市委组织部

任 臻 市委常委、组织部部长（8离职）
郭 婧 市委常委、组织部部长（8任职）
成卫华 副部长
郭 辉 市委党建办主任、副部长

张文轩　副部长
杨华伟　副部长
刘伟伟　副部长

市委宣传部

史　澎　部　长
毋永明　副部长
高俊春　副部长
安建华　副部长

市委统战部

晋红峰　市委副书记、统战部部长（4月离职）
蔡献君　市委副书记、统战部部长（4月任职）
路　林　主持日常工作副部长
薛学文　副部长

市委政法委

张伟兴　市委常委、市委政法委书记（7月离职）
张发宁　市委常委、市委政法委书记（7月任职）
关文旗　主持日常工作副书记
孙　华　副书记
朱壮平　四级调研员、政法系统党委书记

市委党校

董　娟　常务副校长（9月离职）
朱　泽　常务副校长（9月任职）
吴慧平　副校长
段文洋　副校长

市委编办

段永存　主　任（5月离职）
张文林　主　任（5月任职）
张倩倩　副主任
黄晓珊　运行评估中心副主任
杨　涛　研究中心主任（5月离职）
蒲江华　研究中心主任（11月任职）

市机关事务服务中心

刘　杰　主　任
陈华斌　副主任
郑　颖　副主任
马小龙　副主任

市委老干部局

张文轩　局　长
郭庆峰　书　记
卫秀琴　副局长
郭园勤　副局长
郭兰凤　副主任科员

市委党史研究室

杜燕忠　主　任
李宝珍　副主任
杨建骁　副主任

市委档案馆

李国忠　馆　长
杨海燕　副馆长
郝庆华　副馆长

市政府办公室

朱文平　政府办主任
张文林　副主任
韩腊丽　副主任（3月任职）
范燕琴　副主任
毋海晓　党组成员（12月任职）
范振宇　党组成员（12月任职）
闫　昭　党组成员（7月任职）
张　剑　党组成员（12月任职）
高　峰　党组成员（7月任职）

市民政局

闫会波　党组书记、局长（8月任职）
张壮丽　党组成员、总支书记
杨卫华　党组成员
庞瑞林　党组成员、副局长
张凌燕　党组成员、副局长
李晓红　党组成员

市人力资源和社会保障局

刘建平　党组副书记
朱予平　党组成员、副局长

安琳娜 党组成员、副局长
赵建玲 党组成员
陈 剑 党组成员

市退役军人事务管理

薛国平 党组书记、局长
李旺龙 党组成员、副局长
戴宏伟 党组成员
曹永刚 党组成员
朱莹华 党组成员
安宝山 党组成员
刘薛平 党组成员、中心主任

市应急管理

董 阳 党组书记、局长
(9月任职)
李 红 党委成员、主任科员
闫万林 党委成员、主任科员
韩黎平 党委成员、副局长
周云龙 党委成员、副局长
张 军 党委成员、副局长
段来友 党委成员

消防救援大队

闫云龙 大队长
闫瑞杰 教导员(8月离职)
邓 钦 教导员(8月任职)
曹 豆 参 谋(11月任职)

市行政审批管理

段小刚 局 长(4月离职)
段永存 局 长(5月任职)
高 锐 副局长
宋晓玲 (女)党组成员
伍雅娟 (女)党组成员
刘 瑞 (女)党组成员

市信访局

韩腊丽 (女)负责人
朱慧锋 党组书记
陈荣华 (女)党组成员

市人大常委会办公室

孙友臣 主 任

市政协办公室

刘新华 主 任
杜 娟 副主任(女)
刘新华 社会法制委员会副主任
毛丽花 经济科技委员会主任(女)
郭永红 提案信息委员会主任
张红明 统宣文史委员会主任

市纪律检查委员会

王卫成 市委常委、纪委书记、监委主任
(9月离职)
马德辉 市委常委、纪委书记、监委代主任
(9月任职)
张建军 纪委副书记、监委副主任
杨敬奎 纪委副书记、监委副主任
孙 华 纪委常委、监委委员
白银峰 纪委常委、监委委员
(3月任职)
刘成军 纪委常委
董 强 纪委常委
梁 栋 监委委员
关晓燕 监委委员

市人民法院

张晋君 院 长
宋李强 副院长
魏武昌 副院长(1月任职)
张燕萍 (女)副院长(1月任职)
孙建峰 副院长(1月任职)
韩卫远 审判委员会专职委员
薛亦茹 审判委员会专职委员
陈建斌 审判委员会专职委员

市人民检察院

张临生 党组书记、检察长
成晓林 党组成员、副检察长
郭锐华 党组成员

乔华民　党组成员、政治部负责人

市总工会

晋红峰　主　席（9月离职）

蔡献君　主　席（9月任职）

杨五锁　党组书记、常务副主席

朱欣平　党组成员、副主席

陈晓丽　党组成员、副主席

薛忠虎　兼职副主席

蒲林珍　兼职副主席

吴国波　兼职副主席

张军丽　兼职副主席

张丽萍　兼职副主席

王雪兰　兼职副主席

共青团霍州市委

赵　涛　书　记

刘军野　副书记

樊春谷　副书记

市妇女联合会

赵利娟　主　席

成麦珍　副主席

市科学技术协会

马　丽　主　席

杨丽霞　副主席

张曼丽　副主任（12月任职）

孙俊芬　秘书长

市文学艺术界联合会

董　娟　主　席

贺文斌　支部书记

李达鹏　副主席

市残疾人联合会

安忠伟　理事长（5月离职）

朱红平　理事长（5月任职）

何广文　副理事长

高　荣　（女）党组成员

朱燕丽　（女）党组成员

何东红　理　事

市工商业联合会

乔玉川　主　席（1月任职）

市红十字会

武　翔　专职副会长（12月免职）

刘学军　专职副会长（12月任职）

薛　炜　副会长

田向东　副会长

市公安局

张强强　市政府副市长、党委书记、局长

关玉龙　党委副书记、政委

张诚党　党委委员、副局长

刘雅斌　党委委员、副局长

周　鹏　党委委员

郜岽栋　党委委员、交警大队长

段圣洁　驻局纪检监察组组长、党委委员

马秀峰　副局长

市公安交警大队

郜岽栋　霍州市公安局局党委委员、党总支书记、大队长

王力党　总支副书记、教导员

曾广平　党总支委员、副大队长

朱耀平　党总支委员、副大队长

朱敏党　党总支委员、副大队长

李玉平　党总支委员、副大队长

樊海波　党总支委员（9月任职）
副大队长（8月任职）

刘　亮　党总支委员（9月任职）
副大队长（8月任职）

薛新红　党总支委员

冯建平　党总支委员

市司法局

张　伟　党组书记、局长

孙亚丽　党支部书记

杨　堃　副局长

宋根宝　党组成员

成建忠　党组成员

李小涛　党组成员
李晓琳　党组成员

霍东分局

朱　平　负责人
赵峰泽　党委委员

市武装部

王　强　部　长
迟大鹏　政治委员
韩壮壮　副部长
张　文　政工科科长

武警霍州中队

张旺旺　中队长
肖海鹏　指导员
武世栋　排　长

市发展与改革局

马建华　党组书记、局长
武维斌　党组成员、副局长
李建国　党组成员、副局长
胡泽军　党组成员
刘红华　党组成员
郭彦青　党组成员（7 月任职）
段华平　党组成员（7 月任职）

市自然资源局

左晓斌　局　长（9 月任职）
李宏伟　副局长
曹明忠　二级主任科员
范晔红　党组成员
闫秀峰　党组成员
牛红光　党组成员（12 月任职）

市审计局

尚海虹　局　长
张文莲　（女）支部书记
李　明　副局长
赵　芳　副局长
晋明华　党组成员
李宝平　总审计师

市场监督管理

李晋峰　党组书记、局长、综合行政执法队队长
崔世娟　（女）党组成员、副局长
解永刚　党组成员、副局长
朱明元　党组成员、副局长
李旺民　党组成员、副局长
李俊杰　党组成员、副局长
高琴玲　（女）党组成员、副局长
刘向东　党组成员

市统计局

时宏伟　局　长
李英副　局　长

市农业和农村局

段小刚　党组书记、局长（5 月任职）
王保平　党组成员、副局长（2 月任职）
王亚平　副局长
成志明　党组成员
徐强党　党组成员
赵建国　党组成员
马奎军　党组成员
席光明　党组成员（8 月任职）

市畜牧中心

杜继保　主　任
韩国华　副主任
吴舟平　总　工

市农机中心

刘国斌　主　任
周进华　工会主席

市气象局

贾康民　局　长
李计萍　（女）副局长
李晓燕　（女）气象台长

市水利局

张　斌　党组书记、局长
王记栓　总支书记

安五达　党组成员
祁朝辉　总支副书记
乔晓东　副局长
李文忠　水资办副主任
樊荣平　水资办副主任

市林业局

徐水林　党组书记、局长
杨红平　党组成员、副局长
王建平　党组成员
高雅鹏　党组成员
焦国军　党组成员（12 月任职）

市工业和信息化局

李晓燕　党组书记、局长
范振宇　党组成员、副局长
王建军　党组成员、副局长
朱军华　党组成员、副局长
薛文林　党组成员
成慧斌　党组成员
朱建文　党组成员
朱瑞峰　党组成员

市能源局

郭国彪　党组书记、局长
薛文斌　党组成员、副局长
朱文华　党组成员
李　军　党组成员

市煤炭运销

霍俊杰　经理、书记
闫斌华　副经理
杨水平　副经理
闫淑琴　（女）副经理

国网霍州市供电公司

王　宇　党总支副书记、经理
刘锦江　党总支书记、副经理
王翼平　副经理
李海洋　副经理兼工会主席
赵　鹏　副经理

张　健　五级职员

市中小微企业发展中心

关　莉　主　任（3 月任职）

市城镇集体工业联合社

陈建华　负责人
段小勇　工会主席

市商务局

董　阳　局　长（9 月离职）
陈菊菊　局　长（9 月任职）
芦　芳　副局长
叶耀新　党组成员
乔志峰　党组成员
张志勇　党组成员

市供销社

朱朝晖　主　任
段耀峰　副主任

市石油公司

李　俊　支部书记、经理
孙黎明　副经理
周小明　副经理（12 月任职）

市烟草专卖局

张仰宇　局长、经理
赵凯军　专卖副局长
王永锋　营销副经理

市电信公司

张艳峰　总经理
胡鑫龙　总经理助理

市联通公司

冯安平　总经理（4 月免职）
卫锐副　总经理
李炎忠　副总经理
王晋光　副总经理（3 月免职）
王连生　副总经理（3 月免职）
毛雳震　总　监（3 月任职）
白华亮　总　监（3 月任职）

市移动公司

刘振峰　经　理

李　敏　副经理

王永连　副经理

市邮政公司

谷建荣　总经理

郝政峰　副总经理

景红亮　副总经理

市文化和旅游

付　帅　党组书记（10月任职）

马四玲　党组副书记、局长（10月任职）

关志红　党组成员、副局长

梁学军　党组成员、副局长

薛晓波　党组成员

刘树伟　党组成员

成笃文　党组成员

孙　炳　党组成员

董文莲　党组成员

市财政局

李新平　党组书记、局长

陈建斌　党组副书记

孙建斌　副局长

张芙蓉　副局长

王荣安　党组成员

车和平　党组成员

李　辉　党组成员

董玉萍　总会计师

市税务局

王小奇　党委书记、局长

朱建平　党委委员、副局长

李军军　党委委员、副局长

曹淑娟　党委委员、副局长

段海洪　党委委员、纪检组组长

中国人民银行霍州支行

张忠民　行　长

申子正　副行长

王铁军　副行长（7月任职）

市银保监组

胡秀斌　组　长

王红云　（女）副组长（7月任职）

中国工商银行霍州支行

张　敏　党支部书记、行长

张　伟　副行长

王　凯　副行长（5月任职）

薛　华　副行长（11月任职）

张晓东　副行长（11月任职）

中国建设银行霍州支行

秦维国　行　长（4月免职）

刘海亮　行　长（4月任职）

奚学勤　副行长

马红霞　营动主管

郝广宏　营运主管

中国银行霍州支行

张严平　行　长

刘培德　副行长

薛振峰　副行长

赵秀波　副行长（10月任职）

申晓敏　副行长（10月任职）

中国邮政储蓄银行霍州支行

冯华明　行　长（3月任职）

陈慧轩　副行长（10月任职）

中国农业银行霍州市支行

常元虎　党委书记、行长

贾洪平　党委副书记、副行长

陈记平　纪委书记

成　蓉　副行长

张晓瑾　副行长

拜江波　副行长

山西霍州农村商业银行

张云清　党委副书记（主持全面工作）

杜泓江　党委副书记、行长

公衍彬　纪检书记、监事长

朱　杰　党委委员、副行长（9月任职）
张双秀　党委委员、副行长

中国人寿保险公司霍州分公司

翟志刚　经　理
韩灵芝　副经理

中国人民财产保险霍州公司

张国齐　经　理
李红明　副经理
张叶新　业务主管

中国太平洋人寿保险股份有限公司霍州支公司

续春霞　经　理

市交通运输局

荀彦龙　党组书记、局长
张晓波　党组成员、总支书记
王震党　党组成员、副局长
韦月杏　党组成员、副局长
刘　飞　党组成员、工会主席、执法队副队长
李　民　党组成员、总工程师
成晓文　党组成员、运管中心主任
王荣荣　执法队副队长

市公路管理

王海清　段　长
王建国　副段长
齐青海　副段长

霍州车站

吕亚东　站　长
樊丹丹　总支书记
刘建明　副站长
李国荣　副站长
李　鹏　副站长
邢惠灵　工会主席

辛置车站

张作琴　站　长
李松虎　书　记
贾红卫　副站长
焦亮川　副站长
高怀玉　工会主席

圣佛车站

范东波　站　长
贾晓龙　书　记
乔学雷　副站长
闫润龙　副站长
薛　海　工会主席

市运输管理局

成晓文　支部书记、主任
刘永平　副主任
成　华　副主任
梁晓华　副主任
荀海军　副书记

市住房和城建局

刘　峰　住建局负责人、党支书记
孟祥林　党组成员、副局长
乔鹏军　副局长
董文华　副局长
房延忠　党组成员
张记锁　党组成员
段志华　党组成员
李建伟　党组成员
王惠勤　党组成员
郭建国　正科级干部

市城市管理局

刘亚明　党组书记、局长
杨生全　党组成员、副局长
郭　飞　党组成员
原俊山　党组成员
薛亚红　党组成员

市生态环境局

杨民祥　党组书记、局长
成周明　党组成员、副局长
薛小记　党组成员、副局长

段向党　工会主席
秦仰军　党组成员
张丽兵　党组成员
张玲丽　党组成员
陈永平　党组成员
朱水龙　副主任科员

市教科局

房文斌　党组书记、局长
董　江　党组副书记
朱志峰　党组成员、副局长
杨武锁　党组成员、副局长
赵学惠　党组成员
李海龙　党组成员
马俊岗　党组成员（9月离职）
高　霞　党组成员（2月任职）
王虎广　主任科员

市一中

韩彦平　党支部书记（10月离职）
马俊岗　党支部书记（10月任职）
杨军伟　校　长（7月离职）
杨武锁　（代）校长
陈海平　副校长（9月离职）
成文安　副校长（9月离职）
安国华　副校长（9月离职）
刘光明　副校长（9月离职）
吕永乾　副校长（7月离职）
赵邸龙　副校长（7月离职）
贺志峰　副校长（9月任职）
陈军平　副校长（9月任职）

市二中

李林锁　校　长（8月免职）
房建斌　副校长（9月任职，主持工作）
胡泽斌　副校长
李秀玲　副校长
白玉林　副校长
张蓉丽　党支部书记
成国军　党支部副书记

市职业中专

张　峰　负责人（9月离职）
韩彦平　负责人（9月任职）
刘平生　副校长
何　斌　副校长（10月任职）

市实验中学

都福平　校长、支部书记
安海峰　副校长
杜杏龙　副校长
刘秋平　副书记

新华书店

李　云　经　理

老年书画

赵子俊　主　席
晋从华　常务副主席
张福义　常务副主席
张作文　常务副主席
王斌正　常务副主席
韦山栋　常务副主席
段新莲　常务副主席
刘九林　常务副主席
何文进　常务副主席
朱壮军　党务副主席
张美玉　秘书长
宋守宽　副秘书长
刘月虎　副秘书长
薛兆俊　副秘书长
曹曙平　副秘书长
李红富　副秘书长

老龄人才

李青雁　名誉会长
张可新　名誉会长
靳阳阳　名誉会长
郭　婧　名誉会长
米培人　名誉会长

郭思红　会　长
肖培芳　副会长
薛李珠　副会长
张明光　副会长
董双锁　副会长、秘书长
傅谨璧　副会长

三晋文化研究会

胡中华　负责人

老区建设促进会

李青雁　名誉会长
张可新　名誉会长
郭　婧　名誉会长
米培人　名誉会长
郭思红　会　长
肖培芳　副会长
薛李珠　副会长
张明光　支部书记、副会长
任光福　副会长
董双锁　副会长
郝国锁　副会长、秘书长
王文明　副秘书长

市融媒体中心

张海平　党组书记、负责人（9 月离职）
朱朝晖　党组书记、负责人（9 月任职）
张韦韦　党组成员、副主任
梁建峰　党组成员、副主任
关　莉　（女）党组成员、副主任
叶革新　党组成员
杨治红　（女）党组成员
杨燕华　（女）党组成员

市卫生健康和体育局

崔亚峰　局　长
荀三林　副局长
赵保平　副局长（9 月任职）
武燕平　党组成员
张　铭　党组成员
郭姣香　党组成员
张建平　党组成员

市疾控预防控制中心

孙建勇　主　任
马晓丽　副主任

市妇幼保健中心

范晔兵　负责人、书记

市医药公司

张国新　董事长、总经理
张海杏　董事、副总经理
李成文　董事、副总经理
宋永利　董事、总经理助理
刘世保　董事、总经理助理

市人民医院

乔亚明　党委书记、院长
张春生　党委专职副书记
张军丽　党委委员、院长助理
薛华刚　党委委员
吴志华　党委委员
范亚龙　党委委员

市中医院

薛华斌　院　长
崔素山　副院长
郭玉红　副院长（聘）
燕耀军　院长助理（2022 年 12 月任职）
马国平　书　记
孙根锁　副书记
荀艳华　工会主席

市爱国卫生服务中心

范燕琴　主　任（2022 年 10 月任职）
曹　永　副主任（2022 年 4 月任职）

中国国民党革命委员会霍州总支

韩腊丽　主任委员
成娟副　主任委员
高兴平　副主任委员
陈亚平　支部委员

刘振洪　支部委员

中国民主建国会霍州市委员会

段　向　党主任委员

苗永华　副主任委员

方晓莉　（女）副主任委员

郭　斌　副主任委员

梁文龙　副主任委员

姚　璐　（女）秘书长

中国民主促进会霍州市委员会

叶　励　民主委

薛华斌　副主委

苏建东　副主委

李泽辉　（女）副主委

张安莉　委　员

田艳华　委　员

张峰峰　委　员

检验检测中心

张大利　主　任（6月离职）

王文亮　党组书记、主任（12月任职）

周霍龙　副主任

段超娴　副主任（6月任职）

市医疗保障局

张文萍　党组书记、局长

李建华　党组成员、副局长

董春波　党组成员

市住房资金管理中心

王建文　主　任

四七五处

张小宁　党委书记、处长（3月免职）

马国申　党委副书记、副处长（3月任职）

霍志强　纪委书记

杜长英　副处长

闫惠斌　副处长（3月任）

韩文杰　工会主席

市华润燃气有限公司

郝文彬　总经理

吴涛副　总经理

王凯元　副总经理

市华新液化天然气有限公司

房　飞　党支部书记、总经理

陈丽珍　副总经理

李　萌　安全总监

庞　琦　财务总监

霍煤集团

曹怀建　党委书记、董事长（7月任职）

屈　平　党委副书记、副董事长、总经理（7月任职）

田澍丰　专职党委副书记、董事（10月任职）

王建鹏　党委常委、纪委书记

张　晋　党委常委、董事、工会主席

张文平　副总经理

师　敏　副总经理

白晓生　总工程师

侯毅柱　副总会计师

申小林　副总经理

温千峰　副总经理

市发电厂

齐保新　厂长、党委副书记

武丽梅　党委书记、副厂长

孙林旺　党委委员、副厂长

李宪文　党委委员、副厂长

陶　冶　党委委员、纪委书记、工会主席

肖劲涛　总工程师

兆光电厂

秦晓林　党委书记、总经理

许红山　党委委员、副总经理

姚　喆　党委委员、副总经理

周　朋　党委委员、副总经理

乡镇、街道办

三教乡

邢鑫伟　党委书记

曹艳玲　（女）党委副书记、乡长
杨京瑾　（女）党委副书记、乡长（2022 年 5 月任职）

师庄乡

朱瑞华　党委书记
张　超　党委副书记、乡长

陶唐峪乡

张　斌　党委书记
陈宇鹏　党委副书记、乡长

大张镇

郭伟华　党委书记
陈　鹏　党委副书记、镇长（2022 年 12 月任职）

白龙镇

王昕光　党委书记
郭　斌　党委副书记、镇长

李曹镇

王云平　党委书记
张　超　党委副书记、镇长（2022 年 4 月离职）
曹艳玲　（女）党委副书记、镇长（2022 年 5 月任职）

辛置镇

乔宝山　党委书记
成彩梅　（女）党委副书记、政府镇长

南环路街道

马四玲　（女）党工委书记（2022 年 9 月离职）
杨华伟　党工委书记（2022 年 10 月任职）
马　琴　（女）街道办主任

鼓楼街道

郭　辉　（女）党工委书记
陈　鹏　党工委副书记、办事处主任（2022 年 12 月离职）
要　将　党工委副书记、办事处主任（2022 年 12 月任职）

北环路街道

孙　峰　党工委书记
刘峻林　（女）党工委副书记、办事处主任

开元街道

王丰奇　党工委书记
薛忠华　党工委副书记、办事处主任

退沙街道

闫会滨　党工委书记
杨京瑾　党工委副书记、办事处主任
刘羽飞　党工委副书记、办事处主任（2022 年 10 月任职）

霍州经济开发区

张伟兴　党工委书记、管委会主任（6 月任职）
张卫东　党工委副书记、管委会常务副主任
马魁东　党工委委员、管委会副主任

霍州市七里峪景区旅游开发有限责任公司

于晓艳　总经理

统计数据

行政区划

表 1　　　　单位：个

区　域	全市总计
街道办事处	5

续表

区　域	全市总计
镇	4
乡	3
社区居委会	25
村（居）民委员会	127
鼓楼街道办事处	0
北环路街道办事处	1
南环路街道办事处	7
开元路街道办事处	0
退沙街道办事处	7
白龙镇	10
辛置镇	16
大张镇	11
李曹镇	27
陶唐峪乡	16
三教乡	19
师庄乡	13
自然村	297

土地面积

表 2　　单位：平方公里

区　域	面　积
土地面积	765
鼓楼街道办事处	4.8
北环路街道办事处	4.8
南环路街道办事处	14.9
开元路街道办事处	2.8
退沙街道办事处	41.6
白龙镇	53.5
辛置镇	52.4

续表

区　域	面　积
大张镇	50.5
李曹镇	214
陶唐峪乡	86.7
三教乡	148
师庄乡	91
平原	238
丘陵	294
山地	233

规模以上工业总产值行业构成

表 3　　单位：千元、%

	2022 年现价产值	构成
规模以上工业总产值	14062888	
煤炭采选业	7936679.44	56.4
电气机械和器材制造业	91505.81	0.65
专业设备制造业	1007138.78	7.2
电力、热力生产和供应业	4410482.77	31.4
金属制品业	245131.39	1.7

注：行业分类不全。

金融机构信贷现金收支

表 4　　单位：万元

	2022 年	2021 年
一、各项存款余额	2200967	1916883
单位存款	174128	171494
城乡居民储蓄存款	2026794	1745389
二、各项贷款余额	1405050	1232511
（一）短期贷款	666220	518894
（二）中长期贷款	616817	611017

社会消费品零售总额

表 5　　　　单位：万元

	2022 年	2021 年
社会消费品零售总额	378092.5	379610.9
按销售地区分		
城镇	297049	289932.1
乡村	81043.5	89678.8
按消费形态分		
餐饮收入	167739.6	167356.6
商品零售	210352.9	212254.3

地区生产总值

（按当年价格计算）

表 6　　　　单位：万元、%

	2022 年	2021 年	2022 年为 2021 年（%）
地区生产总值	1151691	1005310	114.6
第一产业	51628	45484	113.5
第二产业	706301	560614	126.0
工业	692041	544095	127.2
建筑业	14260	16519	86.3
第三产业	393762	399212	98.6
交通运输、仓储和邮政业	66994	68011	98.5
批发和零售业	38815	47402	81.9
住宿和餐饮业	6616	6729	98.3
金融业	44233	40675	108.7
房地产业	15199	15764	96.4
其他服务业	219137	218068	100.5
农林牧渔服务业	2768	2563	108.0

农林牧渔业总产值

（当年价格）

表 7　　单位：万元、%

	2022 年	2021 年	2022 年为 2021 年（%）
农林牧渔业总产值	81834.4	73120.6	111.9
农业产值	40156.3	31559	127.2
林业产值	4897	6105.6	80.2
牧业产值	31833.2	30770.7	103.5
渔业产值	92.1	117	78.7
农林牧渔专业及辅助性活动产值	4855.8	4568.3	106.3

农林牧渔业总产值

（可比价格）

表 8　　单位：万元、%

	2022 年	2021 年	2022 年为 2021 年（%）
农林牧渔业总产值	76935	80882.4	95.1
农业产值	33445.5	31022.1	107.8
林业产值	5784.3	4098	141.1
牧业产值	32825	41131.8	79.8
渔业产值	117.7	107.4	109.6
农林牧渔专业及辅助性活动产值	4762.5	4523.1	105.3

主要农作物播种面积

表 9　　单位：公顷

	2022 年	2021 年	2022 年为 2021 年（%）
总播种面积	22752.8	22625.2	100.6
粮食作物	21848.45	21767.75	100.4
其中：小麦	10383	10367.49	100.1
玉米	10288.31	10179.01	101.1
油料	186.53	168.27	110.9
棉花	3.67	3.93	93.4
药材	35.67	42.8	83.3

续表

	2022 年	2021 年	2022 年为 2021 年（%）
蔬菜	658.15	616.18	106.8
瓜类	20.33	25.27	80.5

注：粮食播种面积为调查队核定数据。

主要农产品产量

表 10 单位：吨、%

	2022 年	2021 年	2022 年为 2021 年（%）
粮食	54007.42	51348.66	105.2
其中：小麦	30676.1	30174.21	101.7
玉米	19669.96	17227.17	114.2
油料	298.9	285.1	104.8
棉花	1.89	2	94.5
蔬菜	31844.1	29819.7	106.8
瓜类	446.2	535.7	83.3

注：粮食产量为调查队核定数据。

牲畜年末存栏情况

表 11 单位：头、匹、只、%

	2022 年	2021 年	2022 年为 2021 年（%）
一、大牲畜年末数量	3033	2561	118.4
牛	2940	2492	118.0
马	14	12	116.7
驴	72	46	156.5
骡	7	11	63.6
在大牲畜中：役畜	795	852	93.3
二、年末猪存栏头数	59575	53556	111.2
三、年末羊存栏只数	40211	37884	106.1
能繁殖母羊	16085	12628	127.4
四、家禽	749938	835942	89.7
五、养兔	0	0	—

注：猪、牛、羊、禽存栏为调查队核定数据。

畜牧业主要产品产量

表 12　　单位：头、只、吨、%

	2022 年	2021 年	2022 年为 2021 年（%）
当年出栏的肉猪	101428	96979	104.6
猪肉产量	7822.9	7482.9	104.5
当年出栏的肉牛	1320	1563	84.5
牛肉产量	208.4	239.3	87.1
当年出栏的肉羊	19732	23154	85.2
羊肉产量	282.6	327.3	86.3
当年出栏的家禽	882545	804819	109.7
禽肉产量	1215.9	1087.5	111.8
肉类总产量	9531.4	9155.8	104.1
奶类产量	4038	4235.1	95.3
牛奶产量	3375.5	3572.8	94.5
山羊毛产量	22.3	22.3	100.0
绵羊毛产量	24.6	23.6	104.2
羊绒产量	3.2	3.1	103.2
蜂蜜产量	10.2	6.3	161.9
禽蛋产量	3675.5	3651.3	100.7

注：猪、牛、羊、禽出栏及畜牧业主要产品产量为调查队核定数据。

全市规模以上主要工业产品产量

表 13　　单位：万吨、亿千瓦时

产品名称	2022 年	2021 年
原　煤	466.15	436.29
洗精煤	299.71	281.43
发电量	116.56	111.11

城乡居民收入

表 14　　单位：元

	2022 年	2021 年
居民人均可支配收入	31100	29312
城镇常住居民人均可支配收入	39117	36903
农村常住居民人均可支配收入	19041	17947

旅　游

表 15　　　　单位：人次、万元

2022 年	2021 年	
游客数	131607	127100
其中：七里峪景区	50000	34100
陶唐峪景区	70000	50000
霍州署	11607	43000
门票直接收入	162.5	157.16
其中：七里峪景区	50	48.2
陶唐峪景区	81.9	58.57
霍州署	30.6	50.39

财政预算收支（一）

表 16　　　　单位：万元

	2022 年	2021 年
财政总收入	146401	132768
一般预算收入	61070	55951
增值税	23387	20223
地方财政支出	210847	176870
支援农业生产	5647	3232
林业费	1548	1343
水利费	5931	2820
教育事业费	37491	33616

财政预算收支（二）

表 17　　　　单位：万元

	2022 年	2021 年
地方财政一般公共预算收入	61070	55951
其中：各项税收	51965	42560
其中：企业所得税	1538	1180
个人所得税	1334	749

续表

	2022 年	2021 年
地方财政一般公共预算支出	210847	176870
一般性公共服务支出	29362	22519
科学技术支出	530	529
文化体育与传媒支出	4481	3819
医疗卫生与计划生育支出	17229	24612
节能环保支出	8550	7140
城乡社区事务支出	15938	14803
交通运输支出	8949	6242
社会保障和就业支出	38643	33701
社保保险基金支出	18501	9058
教育支出	37491	33616
住房保障支出	5731	2449

分县市区生产总值

表 18　　单位：亿元

	2022 年	比上年增长（%）
全　市	2227.9	5.2
尧都区	442.1	2.2
曲沃县	181.5	5.8
翼城县	106.3	5.7
襄汾县	178.4	1.3
洪洞县	222.9	5.8
古　县	73.5	5.5
安泽县	117.2	11.2
浮山县	55.6	0.2
吉　县	34.4	7.7
乡宁县	259.7	6.9
大宁县	14.8	0.1

续表

	2022 年	比上年增长（%）
隰　县	26.2	8.0
永和县	24.9	9.5
蒲　县	174.9	12.8
汾西县	29.6	2.1
侯马市	170.7	6.0
霍州市	115.2	5.3

分县市区固定资产投资

表 19　　　　单位：万元

	2022 年	比上年增长（%）
全　市	6232966	9.1
尧都区	1260739	4.5
曲沃县	571480	2.1
翼城县	224795	26.7
襄汾县	439406	0.4
洪洞县	467199	-8.1
古　县	286482	45.8
安泽县	277614	50.7
浮山县	131356	31
吉　县	164063	16.7
乡宁县	439982	9.8
大宁县	174690	10.6
隰　县	80098	30.9
永和县	173088	7.9
蒲　县	270292	11.1
汾西县	95874	17.6
侯马市	481563	10.2
霍州市	291486	10.4

分县市区社会消费品零售总额

表 20　　单位：万元

	2022 年	比上年增长（%）
全　市	7541009.7	-0.3
尧都区	2869037.7	-1.5
曲沃县	336157.4	3.1
翼城县	425864.7	-1.2
襄汾县	638776.6	-1.6
洪洞县	845420.2	-0.6
古　县	134769.1	0.8
安泽县	126496.2	1.9
浮山县	155832	1.8
吉　县	103934.8	2.3
乡宁县	253270.5	2.8
大宁县	66026.5	1.4
隰　县	125755.7	2.1
永和县	77807.3	1.6
蒲　县	107745.9	0.6
汾西县	182090.4	0.9
侯马市	713932.2	1.2
霍州市	378092.5	-0.4

分县市区财政总收入

表 21　　单位：万元

	2022 年	比上年增长（%）
全　市	4547022	38.8
尧都区	794259	28.1
曲沃县	147564	9.2
翼城县	136446	52.1
襄汾县	211564	-7.5
洪洞县	295799	38.9

续表

	2022年	比上年增长（%）
古 县	183321	7.6
安泽县	355530	69.6
浮山县	31158	4.1
吉 县	46236	32.1
乡宁县	1099828	62.1
大宁县	18567	-42.4
隰 县	23058	2.5
永和县	39731	3.1
蒲 县	702447	111.7
汾西县	17102	12.5
侯马市	77769	-19.8
霍州市	146401	10.3

分县市区一般公共预算收入

表22　　单位：万元

	2022年	比上年增长（%）
全 市	2005978	25.5
尧都区	253297	11.8
曲沃县	61781	9.2
翼城县	48033	18.5
襄汾县	77227	-14.2
洪洞县	122691	15.6
古 县	62594	10.3
安泽县	99459	54.1
浮山县	18329	3.5
吉 县	16807	1.3
乡宁县	322696	36.8
大宁县	10323	-9.5

续表

	2022 年	比上年增长（%）
隰　县	13144	6.7
永和县	17666	-14.1
蒲　县	207072	60.2
汾西县	12787	16.1
侯马市	55606	0.1
霍州市	61070	9.2

分县市区居民人均可支配收入

表 23　　单位：元

	2022 年	比上年增长（%）
全　市	27375	6.5
尧都区	35575	5.3
曲沃县	28349	6.4
翼城县	23297	6.5
襄汾县	25663	5.6
洪洞县	24229	6.2
古　县	24683	7.0
安泽县	23220	7.6
浮山县	22289	6.6
吉　县	15452	7.6
乡宁县	22668	6.5
大宁县	17224	8.5
隰　县	19597	8.6
永和县	17861	9.5
蒲　县	23505	6.3
汾西县	20437	7.0
侯马市	31045	6.2
霍州市	31100	6.1

分县市区农村常住居民人均可支配收入

表 24　　　　单位：元

	2022 年	比上年增长（%）
全　市	16334	6.8
尧都区	19984	5.6
曲沃县	20490	6.2
翼城县	15732	6.5
襄汾县	18144	5.9
洪洞县	16519	6.6
古　县	15234	7.0
安泽县	14558	7.6
浮山县	13228	7.3
吉　县	9376	8.2
乡宁县	14870	6.2
大宁县	7790	13.5
隰　县	10901	12.8
永和县	8222	14.2
蒲　县	13637	6.8
汾西县	8115	11.7
侯马市	20046	5.8
霍州市	19041	6.1

分县市区城镇常住居民人均可支配收入

表 25　　　　单位：元

	2022 年	比上年增长（%）
全　市	39075	5.7
尧都区	43758	4.8
曲沃县	42717	6.4
翼城县	38521	6.1
襄汾县	39079	5.3
洪洞县	37002	5.5

续表

	2022 年	比上年增长（%）
古　县	39736	5.6
安泽县	37659	6.7
浮山县	38225	4.8
吉　县	26701	5.0
乡宁县	39198	6.5
大宁县	26338	5.8
隰　县	29842	5.7
永和县	29875	6.9
蒲　县	35808	5.5
汾西县	33917	5.1
侯马市	37918	6.2
霍州市	39117	6.0

表 26　**规模以上工业企业主要经济指标（一）**

指标名称	企业单位数	亏损企业数			流动资产合计		
	12 月（个）	12 月（个）	上年同期（个）	增减（%）	12 月（亿元）	上年同期（亿元）	增减（%）
总　计	29	7	9	-22.22	539.58	289.78	86.20
在总计中：国有企业	1	1	2	-50.00	0.43	0.49	-12.24
股份制企业	26	26	5	420.00	527.33	280.52	87.98
外商及港澳台商投资企业	2	2	2	0.00	11.81	8.77	34.66
在总计中：亏损企业	7	7	—	—	32.68	274.96	-88.11
在总计中：国有控股企业	14	5	6	-16.67	522.36	276.61	88.84
其中：亏损企业	5	5	—	—	—	—	—
其中：中央企业	1	1	1	0.00	6.98	3.73	87.13
在总计中：大中型工业	8	4	5	-20.00	515.48	269.64	91.17
其中：国有控股企业	—	—	—	—	—	—	—
其中：亏损企业	4	—	—	—	—	—	—

续表

指标名称	企业单位数	亏损企业数			流动资产合计		
	12月（个）	12月（个）	上年同期（个）	增减（%）	12月（亿元）	上年同期（亿元）	增减（%）
在总计中：国有控股	15	15	—	—	—	—	—
集体控股	0	0	—	—	—	—	—
私人控股	13	13	—	—	5.41	4.40	22.95
港澳台商控股	2	2	—	—	11.81	8.77	34.66
其他	0	0	—	—	—	—	—

表 27 **规模以上工业企业主要经济指标（二）**

指标名称	企业单位数	资产总计			负债合计		
	12月（个）	12月（亿元）	上年同期（亿元）	增减（%）	12月（亿元）	上年同期（亿元）	增减（%）
总 计	29	866.25	641.33	35.07	739.09	513.58	43.91
在总计中：国有企业	1	1.47	1.51	-2.65	0.22	0.27	-18.52
股份制企业	26	827.05	602.29	37.32	701.64	478.71	46.57
外商及港澳台商投资企业	2	37.73	37.53	0.53	37.23	34.59	7.63
在总计中：亏损企业	7	83.57	604.8	-86.18	64.31	473.09	-86.41
在总计中：国有控股企业	14	816.38	592.35	37.82	690.77	468.53	47.43
其中：亏损企业	5	—	—	—	—	—	—
其中：中央企业	1	27.32	30.41	-10.16	16.02	19.12	-16.21
在总计中：大中型工业	8	810.18	585.93	38.27	687.05	464.40	47.94
其中：国有控股企业	—	—	—	—	—	—	—
其中：亏损企业	4	—	—	—	—	—	—
在总计中：国有控股	15	816.38	—	—	690.77	—	—
集体控股	0	—	—	—	—	—	—
私人控股	13	12.14	11.45	6.03	11.08	10.46	5.93
港澳台商控股	2	37.73	37.53	0.53	37.23	34.59	7.63
其他	0	—	—	—	—	—	—

表 28　　**规模以上工业企业主要经济指标（三）**

指标名称	企业单位数	营业收入			营业成本		
	12 月（个）	1—12 月（亿元）	上年同期（亿元）	增减（%）	1—12 月（亿元）	上年同期（亿元）	增减（%）
总计	29	177.16	159.73	10.91	144.50	142.56	1.36
在总计中：国有企业	1	0.45	0.50	-10.00	0.20	0.30	-33.33
股份制企业	26	453.10	141.00	221.35	119.88	116.13	3.23
外商及港澳台商投资企业	2	23.61	18.23	29.51	24.41	26.41	-7.57
在总计中：亏损企业	7	530.03	126.53	318.90	52.61	116.68	-54.91
在总计中：国有控股企业	14	145.51	131.17	10.93	113.85	108.11	5.31
其中：亏损企业	5	—	—	—	—	—	—
其中：中央企业	1	21	13.51	55.44	20.41	18.22	12.02
在总计中：大中型工业	8	137.83	126.24	9.18	106.39	103.10	3.19
其中：国有控股企业	—	—	—	—	—	—	—
其中：亏损企业	4	—	—	—	—	—	—
在总计中：国有控股	15	145.51	—	—	113.85	—	—
集体控股	0	—	—	—	—	—	—
私人控股	13	8.04	10.33	-22.17	6.24	8.32	-25.00
港澳台商控股	2	23.61	18.23	29.51	24.41	26.14	-6.62
其他	0	—	—	—	—	—	—

表 29　　**规模以上工业企业主要经济指标（四）**

指标名称	企业单位数	税金及附加			利润总额		
	12 月（个）	1—12 月（亿元）	上年同期（亿元）	增减（%）	1—12 月（亿元）	上年同期（亿元）	增减（%）
总计	29	3.68	3.99	-7.77	1.79	-14.00	-112.79
在总计中：国有企业	1	0	0	—	-0.02	-0.02	0
股份制企业	26	3.54	3.82	-7.33	4.10	-3.76	-209.04
外商及港澳台商投资企业	2	0.13	0.17	-23.53	-2.29	-10.22	-77.59
在总计中：亏损企业	7	0.36	2.83	-87.28	-8.98	-16.96	-47.05
在总计中：国有控股企业	14	3.21	3.66	-12.30	3.33	-4.75	-170.11
其中：亏损企业	5	—	—	—	—	—	—

续表

指标名称	企业单位数	税金及附加			利润总额		
	12月（个）	1—12月（亿元）	上年同期（亿元）	增减（%）	1—12月（亿元）	上年同期（亿元）	增减（%）
其中：中央企业	1	0.12	0.15	-20.00	-5.51	-5.07	8.68
在总计中：大中型工业	8	3.50	3.76	-6.91	3.34	-3.76	-188.83
其中：国有控股企业	—	—	—	—	—	—	—
其中：亏损企业	4	—	—	—	—	—	—
在总计中：国有控股	15	—	—	—	—	—	—
集体控股	0	—	—	—	—	—	—
私人控股	13	0.33	0.16	106.25	0.75	0.97	-22.68
港澳台商控股	2	0.13	0.17	-23.53	-2.29	-10.22	-77.59
其他	0	—	—	—	—	—	—

表30 **规模以上工业企业主要经济指标（五）**

指标名称	企业单位数	应交增值税			平均用工人数		
	12月（个）	1—12月（亿元）	上年同期（亿元）	增减（%）	1—12月（万人）	上年同期（万人）	增减（%）
总计	29	6.53	5.97	9.38	1.88	1.84	2.17
在总计中：国有企业	1	0.01	0.01	0.00	0.04	0.04	0.00
股份制企业	26	5.9	5.76	2.43	1.81	1.78	1.69
外商及港澳台商投资企业	2	0.62	0.2	210.00	0.03	0.03	0.00
在总计中：亏损企业	7	1.26	4.55	-72.31	0.34	1.59	-78.62
在总计中：国有控股企业	14	5.54	5.54	0.00	1.77	1.75	1.14
其中：亏损企业	5	—	—	—	—	—	—
其中：中央企业	1	0.4	-0.08	-600.00	0.06	0.07	-14.29
在总计中：大中型工业	8	5.62	5.43	3.50	1.72	1.69	1.78
其中：国有控股企业	—	—	—	—	—	—	—
其中：亏损企业	4	—	—	—	—	—	—
在总计中：国有控股	15	—	—	—	—	—	—
集体控股	0	—	—	—	—	—	—
私人控股	13	0.37	0.23	60.87	0.08	0.07	14.29
港澳台商控股	2	0.62	0.2	210.00	0.03	0.03	0.00
其他	0	—	—	—	—	—	—

大中型工业企业主要经济指标（一）

表 31　　　　单位：千元

企业名称	隶属	工业总产值（现价）	实现利税	营业收入
霍州煤电集团有限责任公司	省	6240525	1196766	8735324
山西兆光发电有限责任公司	其他	2311616.7	-155361	2309657
国电华北电力有限公司霍州发电厂	集体	2098866	-498	2100047
霍州煤电集团鑫钜煤机装备制造有限责任公司	集体	393138.3	-76604	307767
山西鑫创晟智能科技发展有限公司	集体	59440	3218	63710
霍州煤电集团辛置实业有限公司	集体	159767.1	7613	175380
霍州煤电集团白龙工贸有限公司	集体	141942	5795	139017

大中型工业企业主要经济指标（二）

表 32　　　　单位：千元、人

企业名称	资产总计	负债合计	流动资产额	从业人员平均人数
霍州煤电集团有限责任公司	77117650	65954541	52081156	11780
山西兆光发电有限责任公司	3715877	3685637	1161957	354
国电华北电力有限公司霍州发电厂	2731774	1601971	697596	656
霍州煤电集团鑫钜煤机装备制造有限责任公司	642903	310951	477646	969
山西鑫创晟智能科技发展有限公司	97337	66410	76498	78
霍州煤电集团辛置实业有限公司	231183	162194	222242	242
霍州煤电集团白龙工贸有限公司	102191	78997	92989	210

全市公安户籍人口数

表 33　　　　单位：人

	户数	人数	城镇	乡村	男	女	出生	死亡
全　市	126376	301534	127284	174250	156701	144833	1855	1301
鼓楼办	38856	86292	69144	17148	44719	41573	657	311
南环办	3458	9083	969	8114	4544	4539	51	39
退沙办	4913	12561	5660	6901	6457	6104	62	53
白龙镇	7393	19004	4	19000	9731	9273	106	63
辛置镇	30639	65760	49580	16180	35712	30048	339	275

续表

	户数	人数	城镇	乡村	男	女	出生	死亡
大张镇	10901	29803	1913	27890	14732	15071	183	152
李曹镇	10168	26183	14	26169	13359	12824	138	142
陶唐峪乡	6804	18634	—	18634	9543	9091	114	97
三教乡	8048	21179	—	21179	11015	10164	123	108
师庄乡	5196	13035	—	13035	6889	6146	82	61

分乡镇主要农村经济指标

表 34　　单位：亩、吨

	蔬菜播种面积	蔬菜产量	果园面积	水果产量
鼓楼办	268	803.8	40.0	51.2
北环办	245	802.3	160.0	208
南环办	722	2533.8	0	0
开元办	228.5	838.9	0	0
退沙办	612	1712.5	15.5	26.5
白龙镇	1556.5	5681.0	631.0	75.9
辛置镇	286.3	1133.3	0	0
大张镇	2319	9224.7	131	135.4
李曹镇	1205	3924.6	4114	8045.2
陶唐峪乡	964	3695.7	1199	2956.7
三教乡	1435	1398.5	2873.5	6656.5
师庄乡	30.9	95.0	30	94.8
合　计	9872.2	31844.1	9194.0	18250.2

索　引

说明：

1. 本索引采取主题分析方法，按汉语拼音字母顺序排列。

2. 本索引名称后的数字表示内容所在页码、数字后的拉丁字母（a、b）表示该页自左至右的栏别。

A

B

C

D

F

K

L

M

N

P

T

W

X

Y

Z